Ein beschleunigter sozialer Wandel führt zu einer Vielzahl von veränderten und neuen Aufgabenstellungen für die Soziale Arbeit und ihre Träger. Zugleich brechen gesellschaftliche Konzepte sowie Rahmenbedingungen für deren Verständnis und Bearbeitung um. Für eine angemessene Bewältigung der mit dem Struktur- und Perspektivwandel verbundenen Herausforderungen bedarf es eingehender Analysen, vertiefter Theorien und neuer Praxiskonzepte. Dies gilt in besonderem Maß für die Situation in den neuen Bundesländern.

Mit ihrer Publikationsreihe „Praxis, Forschung und Entwicklung in der Sozialen Arbeit" will *apfe* als Forschungsinstitut der Evangelischen Hochschule für Soziale Arbeit Dresden einschlägigen Untersuchungen und Diskussionen zu den damit angesprochenen Themen ein aktuelles Forum bieten. Insbesondere werden Veranstaltungen dokumentiert und Forschungsergebnisse der Öffentlichkeit zugänglich gemacht, die im Rahmen des Instituts stattfanden bzw. dort entstanden sind.

Praxis, Forschung und Entwicklung in der Sozialen Arbeit

Herausgegeben von Franziska Wächter und Thomas Drößler

Band 6

apfe - *Arbeitstelle Praxisberatung, Forschung und Entwicklung an der Evangelischen Hochschule Dresden*

Praxis, Forschung und Entwicklung in der Sozialen Arbeit

Band 6

Benno Fabricius

**Sozialpädagogische Intervention
als symbolische Kopplung**

Eine theoretische Erörterung und empirische Untersuchung zur Abstinenzstabilisierung postakut behandelter abhängigkeitskranker Menschen mittels narrativer Reflexionsprozesse

Shaker Verlag
Aachen 2012

Bibliografische Information der Deutschen Nationalbibliothek
Die Deutsche Nationalbibliothek verzeichnet diese Publikation in der Deutschen
Nationalbibliografie; detaillierte bibliografische Daten sind im Internet über
http://dnb.d-nb.de abrufbar.

Zugl.: ehs Dresden, Diss., 2009

Copyright Shaker Verlag 2012
Alle Rechte, auch das des auszugsweisen Nachdruckes, der auszugsweisen
oder vollständigen Wiedergabe, der Speicherung in Datenverarbeitungs-
anlagen und der Übersetzung, vorbehalten.

Printed in Germany.

ISBN 978-3-8440-1148-7
ISSN 1614-144X

Shaker Verlag GmbH • Postfach 101818 • 52018 Aachen
Telefon: 02407 / 95 96 - 0 • Telefax: 02407 / 95 96 - 9
Internet: www.shaker.de • E-Mail: info@shaker.de

Benno Fabricius

Sozialpädagogische Intervention als symbolische Kopplung

Eine theoretische Erörterung und
empirische Untersuchung zur
Abstinenzstabilisierung
postakut behandelter abhängigkeitskranker
Menschen mittels narrativer Reflexionsprozesse

Danke

denen, die mir ihre Geschichten erzählten und damit die Idee dieser Forschung begründeten.
Die fürsorgende und sachliche Begleitung durch Prof. Dr. Harald Wagner gab Kraft und wichtige Impulse zur Durchführung der Arbeit. Dr. Mario Wernado unterstützte durch seine vielfältigen Erfahrungen auf dem Gebiet der Behandlung von Menschen mit Abhängigkeitserkrankungen.
Herzlich bedanke ich mich für die wertvollen Hinweise und Anregungen von Dr. K. Schmidinger und die fruchtbaren Diskussionen mit T. Pruschmann und vielen anderen.

Inhalt

Einführung 9

I. Theoretischer Teil – Forschungsstand und Verortung der Forschungsarbeit 17

1. Abhängigkeitserkrankungen und ihr bio-psycho-sozialer Handlungsbedarf 17

1.1 Ein-Blick in den Forschungsstand zu Ursachen, Entwicklung und Folgen von Abhängigkeitserkrankungen 23

1.1.1 Geschlechtsspezifische Forschung 25

1.1.2 Familiäre und gesellschaftliche Einflussfaktoren 28

1.1.3 Multifaktorielle Ansätze zur Erklärung von Abhängigkeitsentwicklungen 31

1.1.4 Folgen schädlichen Konsums toxischer Substanzen 32

1.1.5 Zwischenresümee 32

1.2 Postakute Behandlung alkoholabhängiger Menschen 34

1.3 Die soziale Lage adaptiv zu behandelnder Personen 42

1.4 Die Notwendigkeit nachsorgender sozialpädagogischer Begleitung Abhängigkeitskranker in Schwellensituationen 45

2. Narration und Identität im Kontext von Abhängigkeitserkrankungen – Theoretische Grundlagen der Forschungsarbeit .. 50

2.1 Narrative Identitätskonstruktionen im Kontext der Abhängigkeitserkrankung 50

a) *Rekonstruktion von Persönlichkeit mit dem Mittel der Narrationsanalyse* 53

b) *Narration als Voraussetzung von Identitätsbestimmung und -veränderung* 56

c) *Autopoiesis und Veränderung von Bewusstsein* 59

d) Narration als Beobachtung der Beobachtung 61
e) Gedächtnis – Voraussetzung der Identitätsbildung durch Erinnern 62
f) Zwischenbilanz 69
2.2 Identität – Konstitution und Rekonstruktion bei Abhängigkeitskranken 70
    a) Identitätsbildung im Medium symbolischer Kommunikation nach G. H. Mead 72
    b) Identität, Bedeutungsbildung und das Gefühl der Kohärenz 80
    c) Identität in der reflexiven Moderne 87
    d) Krisen und psychosoziale Beratung 91
    e) Identität im Schatten der Abhängigkeit 94
2.3 Zusammenfassung des bisherigen Diskurses 96

3. Grundlagen und Möglichkeiten therapeutischer und sozialpädagogischer Intervention vor dem Hintergrund systemtheoretischer Basis 98

3.1 Entwicklung systemtheoretischer Grundlagen 98
3.2 Die Systemtheorie Luhmanns 103
    3.2.1 Komplexität – Kontingenz – Doppelte Kontingenz 107
    3.2.2 Selbstbezüglichkeit, Selbstgestaltung und Beobachtung 111
    3.2.3 Sinn und Sinndimensionen 114
    3.2.4 Kommunikation als Grundlage Sozialer Systeme 117
    3.2.5 Bewusstsein als Grundlage psychischer Systeme 121
    3.2.6 Interpenetration 126
    3.2.7 Inklusion und Exklusion 130
    3.2.8 Abhängigkeitserkrankungen aus einer systemischen Perspektive 140
    3.2.9 Bilanz der Systemtheorie 144
3.3 Intervention 146
    3.3.1 Intervention, Identität und Veränderung 147

3.3.2 Bedingungen und Möglichkeiten kontrollierter Veränderungen in Sinnsystemen 152

3.3.3 Systemische Interventionsstrategien 155

3.4 Zusammenfassung 161

4. Intervention als Kopplung operational geschlossener Systeme 163

4.1 Systembeobachtung als Beobachtung von Kopplungen 164

    4.1.a Kopplung und Interaktion 164

    4.1.b Interaktion beobachtet 166

4.2 Zum Kontinuieren eines Interventionszusammenhanges 170

    4.2.a Die Person zwischen Selbstentwicklung und -kontinuierung ... 170

4.3 Kopplungen im Medium Sinn 177

    4.3.a Belegerzählungen 177

    4.3.b Sinn, Gedächtnis und Zeit 177

4.4 Symbolische Kopplung 183

4.5 Intervention als symbolische Kopplung – ein Fazit 193

4.6 Abschließende Hypothesen zur Änderung von Systemzuständen 198

II. Empirischer Teil 200

5. Methodologie und Methodik – Grundlagen und Dimensionierung der empirischen Untersuchung 200

5.1 Von der Fragestellung zur Wahl der Methoden – allgemeine Vorbemerkungen 200

5.2 Forschungsprozess 203

5.3 Datenerhebung mit der Methode des narrativen Interviews 206

    5.3.1 Das narrative Interview 206

    5.3.2 Auswahl der zu Interviewenden 216

    5.3.3 Das narrative Interview in der biografischen Arbeit mit Abhängigkeitskranken 218

5.4 Auswertung der erhobenen Daten 221
   5.4.1 Die Grounded Theory als Hilfsmittel zur Auswertung narrativer Interviews 221
   5.4.2 Konsensuelle Auswertung und Kontextualisierung 224
5.5 Das Katamneseinterview 228
5.6 Zusammenführung 230

6. Theorieentwicklung 232
6.1 Darstellung des Verfahrens an der Person A 232
   6.1.1 Kurzbiografie und Interview-Memo Textstruktur des erzählten Lebens 232
   6.1.2 Kodierungen und Einzelanalyse (A)-Die Offene Kodierung 239
   6.1.3 Auswertung des Katamneseinterviews 251
   6.1.4 Veränderung der Selbstbeschreibung 261
6.2 Darstellung des Verfahrens an der Person C 262
6.3 Vergleich der Interviews und Analysen A und C 283

III. Teil – Auswertungen und Herstellung von Zusammenhängen 286

7. Auswertung der vorliegenden Untersuchung, Forschungstätigkeit, Schwierigkeiten, Erkenntnisse 286
7.1 Begegnungen 286
7.2 Erfahrungen 287
7.3 Erste Erkenntnisse 289
7.4 Grenzen der Intervention und methodische Schwierigkeiten 294

8. Aus der Analyse resultierende Erkenntnisse 296
8.1 Mögliche Faktoren zur Abhängigkeitsentwicklung 296
   8.1.1 Vergleichbare Kategorien im Erstinterview 297
      a.)   Umgang mit Objekt- und Bindungsdefiziten 302

    b.) Ich-Funktionen und ihre Rolle bei der Bewältigung identitäts-
        kritischer Situationen 309
    c.) Unerfüllte Sinn- und Handlungskonzeptionen 318
  8.1.2 Zuordnung spezifischer Schemata zur Abhängigwerdung 322
 8.2 Bewusstmachung der Abhängigkeitserkrankung 329
 8.3 Katamneseinterviews - Reflexionen zweiter Ordnung 334
 8.4 Zusammenfassung 341

9. Narrative Konstituierungen in Schwellensituationen 343
 9.1 Narration als Kreuzen der Form – Der Brown'sche Formenkalkül 343
 9.2 Psychosoziale Dynamik – Die Feldtheorie Kurt Lewins 350
  9.2.1 Allgemeine Einführung 350
  9.2.2 Barrieren und Optionen 354
  9.2.3 Psychosoziale Situation abhängigkeitskranker Menschen im
      Übergang 359

10. Von der Inklusion und Integration 370
 10.1 Inklusion/Exklusion vs. Integration/Desintegration? – Einord-
      nungen 371
  10.1.a Integration aus der Sicht des Lebensweltkonzeptes von
       Jürgen Habermas 372
  10.1.b Die differenztheoretische Sichtweise Niklas Luhmanns 376
  10.1.c Systemintegration und Sozialintegration – Essers
       Perspektiven 379
  10.1.d Integration und Inklusion – Schlüssel und Schloss? 383
 10.2 Abhängigkeitskranke aus- und eingeschlossen 389
  10.2.1 Sucht und Gefangenschaft – eine Analogie 389
  10.2.2 Rückkehr in die Fremde – Abhängigkeitskranke zwischen
       Klinik und Alltag 396
 10.3 Von der komplementären Struktur Integration/Inklusion zur
      Dynamik integrativer Funktionen und Inklusion 401

10.3.1 Das integrierte positive Selbst *401*
10.3.2 Reflexionsprozesse als Voraussetzung stabilisierter Abstinenz und gelingender Inklusion *409*
10.4 Buten un Binnen 415
10.5 Soziale Arbeit 418
  10.5.1 Soziale Arbeit als Intervention in Lebensbedingungen *418*
  10.5.2 Narrative Intervention – helfende Kommunikation zur Inklusion *420*
10.6 Inklusionspraxis und Kritik 427

11. Zusammenfassung und Ausblick 430

Literaturverzeichnis 434
Abbildungsverzeichnis 461

Einführung

> *Solange etwas ist, ist es nicht das, was es gewesen sein wird.*
> *Wenn etwas vorbei ist, ist man nicht mehr der, dem es passierte.*
> *Allerdings ist man dem näher als anderen.*
> *Obwohl es die Vergangenheit, als sie Gegenwart war, nicht gegeben hat,*
> *drängt sie sich jetzt auf, als habe es sie so gegeben,*
> *wie sie sich jetzt aufdrängt.*
> *Aber solange etwas ist ...*
> *(Martin Walser: Ein springender Brunnen)*

Das Thema der vorliegenden Dissertation lautet: Sozialpädagogische Intervention als symbolische Kopplung – Eine theoretische Erörterung und empirische Untersuchung zur Abstinenzstabilisierung postakut behandelter abhängigkeitskranker Menschen mittels narrativer Reflexionsprozesse.

Die Forschungsarbeit entstand im Kontext der sozialpädagogischen Tätigkeit des Verfassers in der Adaption des Suchtbehandlungszentrums Soteria Klinik Leipzig. Untersucht werden Reflexionsprozesse abhängigkeitskranker Menschen in der Phase des Übergangs von der medizinisch rehabilitativen Behandlung hin zum eigenverantwortlichen Leben unter Einhaltung von Abstinenz. Der Reflexionsprozess des Einzelnen wird im Rahmen biografisch-narrativer Gesprächsführung in Gang gesetzt. Diese Handlungsform ist durch eine Bedingung zwischen Teilnehmer und Intervenierendem gekennzeichnet, welche als symbolische Kopplung beschrieben werden soll. Inhaltlich geht es um die Einbeziehung und Nutzung narrativer Reflexionsprozesse in der Form von Einzelfallanalysen. Praktisch zielt die sozialpädagogische Intervention auf die soziale Reintegration und Inklusion der einzelnen Person mit dem Effekt der

Verringerung und Verhinderung weiterer Folgen einer Abhängigkeitserkrankung. Untersucht wird, inwieweit eine Intervention zu Reflexion und Differenzierung anregen kann, die zur Veränderung der Selbstbeschreibung des Abhängigkeitskranken führt und dessen soziale Inklusion fördert. Somit soll festgestellt werden, ob das Rückfallrisiko bei abhängigkeitskranken Menschen in der Realität selbst gestalteten Alltags mit der vorzustellenden Intervention gemindert werden kann.

Eine Besonderheit der vorliegenden Arbeit besteht darin, dass das Medium der Narration unter zwei Aspekten genutzt wird: Zum einen dient Narration dazu, eine Unterstützung zur Persönlichkeitsentwicklung mit dem Ziel einer zufriedenen Abstinenz zu geben. Zum anderen wird mit dem Mittel der Narrationsanalyse der sozialpädagogisch in Gang gesetzte Reflexionsprozess beobachtet. Der Begriff wird bewusst für beides verwendet, da die Potenziale bzw. Besonderheiten von Narration in beiden Aspekten zwar unterschiedlich zum Tragen kommen, in jeweils spezifischer Weise jedoch Sinn binden. Zur theoretischen Fundierung der Forschungsarbeit wird im Wesentlichen deutschsprachige Literatur herangezogen.

Viele Menschen mit einem zeitweise problematischen Suchtmittelkonsum finden in ihrem weiteren Leben zu einem normalen Umgang mit dem Suchtmittel und lösen entstandene Konflikte auf eine erfolgreiche und von professionellen Kräften unabhängige Weise.

Abhängigkeitserkrankungen entwickeln sich in sachlichen, sozialen und zeitlichen Dimensionen mit jeweils eigenen Einflüssen auf die Identität des Einzelnen bzw. seiner sozialen Kontexte. Sie sind in verschiedene Handlungsstränge der Lebensgeschichte des Betroffenen eingewoben, werden in ihrem Gefährdungspotenzial unterschätzt, nicht bzw. zu spät erkannt oder in selbstverletzender Absicht forciert.

Die Rehabilitation[1] von Abhängigkeitskranken vereint Behandlungsansätze und Begleitung für Menschen, die ohne professionelle Hilfe die Leiden an sich selbst und ihrer Abhängigkeit nicht beenden können. Sie dient als Initialzündung für veränderungsfördernde Prozesse und zielt auf ein besseres Selbstverständnis, Beziehungsfähigkeit und zufriedene Abstinenz ab. Die durch Folgeerkrankungen der Sucht geminderte Erwerbsfähigkeit wird medizinisch im Rahmen des Möglichen wiederhergestellt. Es wird Unterstützung gegeben, vorhandene Ressourcen zu reaktivieren. Menschen mit vielfältigen Ausgrenzungserfahrungen werden spezifisch begleitet, um in sachlicher und sozialer Hinsicht wieder kompetent und beziehungsfähig zu werden. Verschiedene Professionen sind an der Sinnkonstitution des jeweilig zu Behandelnden[2] unter den Aspekten der Multidisziplinarität und der Indikationsstellung beteiligt. Die Form der Hilfe reicht dabei von der Akutbehandlung über die stationäre Rehabilitation und Adaptionsphase bis hin zu spezifischen Formen der Nachsorge.

Intervention (wörtlich übersetzt: Dazwischenkommen) geschieht in der Form von Irritationen und Anregungen sowohl beim unmittelbar Betroffenen, als auch mittelbar in den Systemen[3], in die er inkludiert ist. Die dadurch angeregten Rückkopplungsprozesse dienen der Selbstregulierung betroffener Personen und der über Kommunikationen sich konstituierenden sozialen Zusammenhänge. Intervention *kommt* nicht wirklich *dazwischen*. Im kommunikativen Miteinander wird Sinn konstituiert und konstruiert, der Grundlagen zur Veränderungsmöglichkeit bereitstellt, Veränderung aber nicht erzwingt.

---

[1] Das Leistungsspektrum einer stationären Entwöhnungsbehandlung umfasst die medizinische (Anamnese, Diagnostik, Therapie), psychotherapeutische (Einzel-, Gruppen-, Großgruppengespräche) und sozialpädagogische Versorgung, Behandlung bzw. Begleitung sowie Bewegungstherapie und Ergotherapie. Daneben gibt es im Rahmen der medizinischen Betreuung Indikativbehandlung, bspw. Diabetikergruppen und Ernährungsberatung.
[2] Die männliche bzw. weibliche Form wird in dieser Arbeit wertneutral verwendet.
[3] System steht hier für Vielfalt der funktionalen Zusammenhänge, deren Teilhaber und Teilgeber Person ist.

Ein immer noch zu großer Teil der Behandelten kehrt in den Zirkel der Sucht zurück, bestehend aus Substanzkonsum, psychischen und körperlichen Folgeschädigungen, sozialer und ökonomischer Ausgrenzung und akutem wie postakutem Behandlungsbedarf. Aus der Beobachtung nachklinischer Verläufe dieser Personengruppe wird folgendes deutlich: Der Übergang aus Klinik oder Adaption[4] in einen wieder selbst verantworteten Alltag stellt eine besondere Herausforderung dar. Diese besteht darin, Fremd- und Selbstbeobachtungen als zusammengehörig zu integrieren und auf die Anforderungen und Erwartungen der Umwelt angemessen zu reagieren. Routinen und Erfordernisse des Alltags abstinent zu bewältigen, scheint für Menschen mit einer Suchterkrankung unmittelbar nach der Behandlung mit besonderen Schwierigkeiten verbunden zu sein. Deshalb ist von Interesse, auf welcher Basis Abstinenz stabil gehalten und soziale Zufriedenheit erzeugt werden kann. Der Gedanke liegt nahe, dass diese Basis etwas mit dem Bewusstsein der Person über sich selbst, ihrem Identitätsverständnis, ihrer Beziehungsfähigkeit und Sinnkonstituierungen zu tun hat. Selbstentwicklung und Miteinander als ein ausgewogenes Verhältnis zwischen Autonomie und Eingebundensein sowie Fordern und Fördern sind in der Regel gute Voraussetzungen zur Bildung einer stabilen Persönlichkeit. Das Gefühl von Zugehörigkeit und des *mit sich selbst Übereinstimmens* mündet in den Begriff Identität (s. 2.2.). Identität ist die Form der Selbstbeschreibung des Individuums im Rahmen seines Selbstverständnisses und in Differenz zur Umwelt. Mit der Verstrickung in Abhängigkeiten verändert

---

[4] Adaption als zweiter medizinisch rehabilitativer Schritt in der Behandlung Abhängigkeitskranker unterstützt Prozesse des Hineinwachsens in eine abstinente Alltagsgestaltung im Sinne einer Realitätsprüfung in den Bereichen der Arbeitsorganisation, des Alltagsmanagementes und der Strukturierung freier Zeit. Sie ist ein wichtiges Instrument der Minimierung des Rückfallrisikos für Personen mit spezifischen Problemlagen. Ein erhöhtes Rückfallrisiko erklärt sich aus bestimmten Hintergründen wie Langzeitarbeitslosigkeit, zerbrochenen familialen Bindungen und Langzeitabhängigkeit. Der Begriff Adaption ist in zwei Richtungen hin anschlussfähig. Zum einen erklärt er das Moment der Anpassung im Sinne des Sich-Einstellens auf Gegebenes. Zum anderen steht er für den Prozess der aktiven Auseinandersetzung der Person mit seiner Umwelt im Sinne einer verbesserten Organisation zwischen psychischen und sozialen Zusammenhängen.

sich das Verhältnis des Einzelnen zu sich selbst und zu seiner Umwelt. Die bisher gültigen Binnen- und Außensichten werden verdrängt, überlagert und verzerrt.

Im Mittelpunkt des forschenden Interesses stehen von Alkoholabhängigkeit betroffene Menschen, die am Übergang von der Institution in einen eigen verantworteten und abstinent zu gestaltenden Alltag stehen bzw. in der Realität des Alltags bestimmte Hilfestellungen erbitten. Sie erzählen in narrativen Interviews ihre Lebensgeschichte und operieren in einer bestimmten Weise damit weiter. Bohlleber schreibt, auf einen prominenten Vertreter der Erinnerungsarbeit, Sigmund Freud, Bezug nehmend: „Rekonstruktive Deutungen erhalten somit [...] einen zentralen Platz in der analytischen Arbeit [...]. Die Aneignung der historischen Realität durch Erinnerung eröffnet für Freud die Möglichkeit, sich vom Wiederholungszwang und damit von der Tyrannei der Vergangenheit zu befreien." (Bohlleber 2003: 783)

Die Reflexionsprozesse sollen dazu beitragen, das in der Entwöhnungsbehandlung aufgebrochene Wissen über sich selbst und die eigene Erkrankung in neue Selbstbeschreibungen und verändertes Handeln zu transformieren. Dies geschieht im Rahmen spezifischer Gesprächsformen und Auswertungen. Im Reflexionsprozess werden damit die eigenen Erfahrungen und Problemlösungsressourcen der Adressaten aufgewertet.[5] Die im empirischen Teil der Arbeit gesammelten narrativen Interviews enthalten zum einen Aussagen über Handlungs- und Verarbeitungsmechanismen spezifischer Ereignisse. Zum anderen geben sie den Erzählenden selbst Anlass zu weiteren Differenzierungen. Aus die-

---

[5] Thiersch schreibt davon, dass im Rahmen der Institutionalisierung von Hilfen die Gefahr eines Machtgefälles zu ungunsten der Hilfebedürftigen entstanden ist: „Werden im Zeichen von Hilfsangeboten nicht die Erfahrungen und Problemlösungsressourcen der Adressaten entwertet? [...] Etabliert sich im institutionalisiert-professionalisierten Hilfsystem ein System von Ineffektivität und Entfremdung?" (Thiersch 2006: 16)

sen vorgenannten Überlegungen entwickelte sich die Idee eines ergänzenden sekundärpräventiven Bausteins in der Behandlung Abhängigkeitskranker.

Ausgangsfragestellungen: **Inwieweit findet im Rahmen der Narration eine Rekonstruktion von Sinn statt und auf welche Weise wirkt diese unterstützend bei der sozialen Reintegration und Inklusion abhängigkeitskranker Menschen? Welche Bedeutung kommt im Interventionsgeschehen als einer sozialpädagogisch angeregten, professionell begleiteten Selbstreflexion der symbolischen Kopplung zu?**

Die Frage, wozu ein so komplexes Werk wie die Systemtheorie zur Hinterlegung der Vorstellung einer praktischen Intervention in diese Forschung eingebracht wird, wird mit Dirk Baeckers Position 1 seines *Tetralemmas des Systems* und Heinz Kerstings erster Antwort auf die Frage *Was tun dann aber Interventionisten?* beantwortet. Baecker schreibt: „Alle Kommunikation ist Kommunikation in einem System." (Baecker 2002: 11) Kersting äußert sich zur Rolle der Intervention wie folgt: „Interventionisten kommunizieren, wenn sie intervenieren." Und er führt weiter dazu aus: „Offensichtlich sind menschliche Systeme dank der Sprachfähigkeit [...] nicht total abgeschlossene Systeme und in der Lage, tatsächlich im Vermitteln von Botschaften sich auf gemeinsamen Sinn zu verständigen, Sinn zu konstituieren, Sinn zu konstruieren, was nicht heißt, dass sie nun „eines Sinnes" sind, was aber Möglichkeiten eröffnet, Vereinbarungen für gemeinsames Handeln zu treffen." (Kersting, in: Bardmann et al. 1991: 109) Eine systemtheoretisch begründete (s. Kap. 3) und personenzentrierte systemische Konzeption der Arbeit mit Abhängigkeitskranken umfasst mehrere Ebenen bzw. berücksichtigt und respektiert die Eigenleistung der zu intervenierenden Personen bzw. ihrer sozialen Zusammenhänge. Die Systemtheorie bzw. Theorie funktionaler Differenzierung wird als Folie genutzt, um systemische Zusammenhänge der Abhängigkeitserkrankung, der gegenseitigen Bezugnahme Person/Umwelt und die Verortung Sozialer Arbeit darzustellen und hinreichend zu begründen. Spezifische Begriffe, die zum Teil in der Systemtheorie wurzeln oder von dieser adaptiert wurden, sind von Interesse. Das betrifft Begriffe wie Inklusion/Exklusion, den Begriff der strukturellen und der symbolischen Kopplung, sowie der Selbstreferenzialität und Selbstbeschreibung.

Es wird der Frage nachgegangen, wie die einzelne Person mit ihren vielfältigen alltäglichen und besonderen Erfahrungen umgeht. Dabei werden Denken und Handlungen[6] (in dieser Arbeit im Interesse einer empirischen Sicht) letztlich einem Ich bzw. Selbst zugerechnet, das sich in einer bestimmten Weise von der Umwelt differenziert und darüber definiert.

Das Interventionsgeschehen selbst wird im Rahmen dieser Forschungsarbeit unter dem Gesichtspunkt der symbolischen Kopplung untersucht. (s. Kap. 4) Den Ausgangspunkt hierfür bilden die systemtheoretischen Überlegungen der Neurobiologen Francisco J. Varela und Humberto Maturana, des Soziologen Niklas Luhmann und die Arbeit zu symbolischen Systemen von Helmut Willke. Darüber soll ein vertieftes Verständnis des Zusammenhanges zwischen Kommunikation und Bewusstseinsbeteiligung an Sozialisation und Rehabilitation von Abhängigkeitserkrankungen in seiner Spezifik erlangt werden.[7] Dieser Aspekt

---

[6] Aus der systemtheoretischen Perspektive Luhmanns organisiert sich ein Soziales System auf der Basis von Kommunikation als Handlungssystem. Handlungen werden durch Zurechnungsprozesse konstituiert. Die laufende Herstellung von Einzelhandlungen in Sozialen Systemen lässt sich demzufolge begreifen als Vollzug einer mitlaufenden Selbstbeobachtung, durch die elementare Einheiten so markiert werden, dass sich Abstützpunkte für Anschlusshandlungen ergeben. (Luhmann 1987: 229)

[7] Beispiele im Sinne der Illustration aus der eigenen empirischen Arbeit werden im I. und im III. Teil der Forschungsarbeit durch Kastenrahmung hervorgehoben. Zitate aus den Interviews werden kursiv hervorgehoben.

wird noch einmal im Zusammenhang mit der Reflexion von Schwellensituationen vertieft (Kap. 9/10).

Die Forschungsarbeit soll der Anregung einer Schnittstellendiskussion zwischen der stationären Rehabilitation Abhängigkeitskranker und der sozialpädagogisch orientierten Nachsorge dienen. Erkenntnisse aus der niedrigfrequenten nachsorgenden Begleitung wie in dieser Forschungsarbeit vorgestellt, könnten auf die klinische Behandlung rückwirken und Impulse zur weiteren Qualitätssteigerung geben.
Eine sich dieser Forschung anschließende quantitative Untersuchung könnte zur Evaluierung der Wirksamkeit der Methode dienen. Ein Transfer der spezifischen Interventionen in andere Felder therapeutischer und sozialer Arbeit kann mögliches Resultat dieser Überlegungen sein.

I. Theoretischer Teil – Forschungsstand und Verortung der Forschungsarbeit

In den folgenden Kapiteln wird erläutert, in welchen Kontexten sich das Forschungsthema bewegt. Die drei nachstehenden Aspekte bilden die Grundlage der Forschungsarbeit bzw. ihrer Verortung in der Praxis:

- Abhängigkeitserkrankungen und ihre Behandlung;
- die soziale Lage abhängigkeitskranker Menschen;
- sozialpädagogische Konzepte zur Abstinenzstabilisierung.

1. Abhängigkeitserkrankungen und ihr bio-psycho-sozialer Handlungsbedarf

In einem Ranking zum sozialen Status verschiedener Erkrankungen fänden sich Suchterkrankungen vermutlich am unteren Ende dieser Skala. Begriff und Klang sind negativ gefärbt und die Träger des Syndroms stigmatisiert. Es gibt wohl verschiedene begriffliche Alternativen, die weniger die betroffene Person entwerten. Dies gilt für *Toxikomanie*, *Pharmakothymie* (Radò) oder den von Wurmser vorgeschlagenen Begriff des *zwanghaften Drogenkonsums*. Durchgesetzt haben sich aber nach wie vor die Begriffe Suchtkrankheit bzw. Abhängigkeitserkrankungen. (vgl. Wurmser 1997: 21)

„Es war 1968 ein Fortschritt, dass das Bundessozialgericht den Alkoholismus als Krankheit i.S. der Reichsversicherungsordnung (RVO) anerkannte, während er bis dahin als Laster und als moralisches Versagen galt. Aber inzwischen hat sich die Perspektive erneut verändert [...] Alkoholismus kann auch als – vielleicht unvermeidbarer Teil – der individuellen und familiären Lebensgeschichte betrachtet werden. Die Kommunikation in der ganzen Familie des Süchtigen ist krank; alle tragen dazu bei, dass er trinkt, alle leiden, jeder verhält sich so, dass die alkoholbegründete Homöostase der Familie erhalten bleibt." (Fengler 1994: 38) Abhängigkeit vom Suchtmittel wurde bereits im 19. Jahrhundert im Zusammenhang mit Krankheit gesehen, gesellschaftlich aber lange noch nicht als behandlungsverpflichtende Erkrankung anerkannt. (vgl. Spode 1993: 252)

Die Ausdifferenzierung der sich stetig wandelnden Gesellschaft bewirkt, dass Suchterkrankungen vor den Kontexten der jeweilig befassten Systeme unterschiedlich definiert bzw. beobachtet werden.[8] Aus Sicht des Wirtschaftssystems ist die Alkohol trinkende Person ein wichtiger Konsument und Absatzpartner, am Arbeitsplatz ein zu kontrollierender Risikofaktor. Das Rechtssystem befasst sich mit den justiziablen Folgen der über suchtrelevanten Konsum entstehenden Normabweichungen im Sinne delinquenten Verhaltens. Das Bildungssystem sieht sich mit der Vermittlung von Bildungsinhalten und Verantwortungsübernahme konfrontiert, die Kinder und Jugendliche auf ihre spätere Teilhabe an der Gesellschaft vorbereiten. Riskanter Alkoholkonsum im Elternhaus bzw. durch die Heranwachsenden selbst führt nicht selten zur Ausgrenzung aus gesellschaftlichen Zusammenhängen. Das Gesundheitssystem kämpft und existiert mit den gesundheitlichen Folgen überbordenden Suchtmittelgebrauches. Die Begriffe Abhängigkeit und Sucht werden bedeutungsgleich verwendet. Sie weisen auf ein Erleben (von etwas oder jemandem abhängig sein) und Verhalten (sich nach etwas sehnen)

---

[8] Zur Kultur- und Sozialgeschichte des Alkohols in Deutschland sei auf Hasso Spode *Die Macht der Trunkenheit* (1993) verwiesen.

der Betroffenen hin. Der Begriff Sucht leitet sich aus der früheren Krankheitsbezeichnung „siech" ab, die als Erscheinungsbild für verschiedene Arten von Erkrankungen steht. Der Wandel in der Wortbedeutung zielt heute auf eine Manifestation bestimmter Verhaltensweisen ab, die gerade in ihrem Überhandnehmen als nicht normgerecht empfunden werden. Während im alten Duden Sucht im übertragenen Sinne auch „Sünde" heißen und „Laster" bedeuten konnte, weist der neue Duden Sucht nur noch als ein krankhaftes Verlangen aus.

Definitionen transportieren die Ideologie ihrer jeweiligen Zeit. Seit dem Beginn der Industrialisierung und Massenproduktion wird von den Individuen gefordert, persönlich autonom, aber angepasst an die gesellschaftlichen Erfordernisse zu handeln. Alkohol erhält bspw. in dieser Zeit die Funktion der Druckentlastung im Umgang mit den Folgen des Fordismus.[9] Wer diesem Druck nicht gewachsen ist, kann dann aus Sicht der Gesellschaft krank sein. Legnaro weist in seinem Artikel *Rausch und Sucht in der Sozial- und Kulturgeschichte Europas* auf das Zustandekommen von Arbeitssucht hin, die nur vor dem Hintergrund einer abnehmenden Bedeutung der Leistungsorientiertheit in der Gesellschaft wahrnehmbar wird. (vgl. Uchtenhagen/ Zieglgänsberger 2000: 17) Kellermann definiert Sucht bzw. Abhängigkeit als eine „psychische Störung. Wie alle psychischen Vorgänge hat sie auch körperliche (sog. neurobiologische) Korrelat-Vorgänge." (Kellermann 2005: 23) Ergänzend verweist er auf die durch Böning (1994) in Bezug auf Mello (1972) beschriebene Schlüsselrolle des Gedächtnisses (addiction memory) und die Rolle des Belohnungssystems, einer im Bewusstsein vorhandenen Lerndisposition. So hat das *"Suchtgedächtnis"* große Bedeutung für das

---

[9] Die steigenden technisch-organisatorischen Anforderungen führen bereits in den 1880-er Jahren wieder zu einem Rückgang des Alkoholgebrauchs am Arbeitsplatz. (Vgl. Spode 1993: 254f) Der Beobachtung, dass sich der Alkoholkonsum vom Arbeitsplatz weg in die Freiräume verlagerte, ist auch heute noch zuzustimmen. Das wirft die Frage nach der Sinn gebenden Funktion fremdstrukturierter Beschäftigung auf.

Rückfallgeschehen. Edwards und Gross (1976) bezeichnen mit *"reinstatement"* die erneute Etablierung des gesamten klinischen Abhängigkeitssyndroms nach langer Abstinenzzeit. Das von Schrappe (1978) als Lern- und Konditionierungsphänomen beschriebene *"Sucht-Körpergedächtnis"* kann in bestimmten Schlüsselsituationen reaktiviert werden und Rückfälle auslösen. (vgl. Böning 1994: S. 53) spricht in diesem Zusammenhang von der „Lauerstellung" des alten Suchtverhaltens. (ebd.: 62) Die Tatsache, dass ein Teil der alkoholkranken Menschen auch ohne jede Behandlung zu einem normalen Umgang mit Suchtmitteln findet bzw. nach langjähriger Abstinenzphase sozial angepasst trinkt, relativiert die Konstruktion des bis dato eher vage beschriebenen Suchtgedächtnisses.

Eine mögliche Unterscheidung zwischen Missbrauch und Abhängigkeit findet durch das Symptom der Kontrollbeeinträchtigung über den Konsum des Suchtmittels statt. „Suchtmittel sind zu definieren als psychotrope Substanzen oder Tätigkeiten durch deren Konsum erfahrungsgemäß eine Sucht bzw. ein Abhängigkeitssyndrom im Sinne von ICD-10 [International Statistical Classification of Diseases and Related Health Problems, 10. Revision der Klassifikation] hervorgerufen werden kann. Es ist das kennzeichnende Merkmal eines Suchtmittels, dass es seinen Konsumenten von sich abhängig (süchtig) machen kann." (Kellermann 2005: 24) Abhängigkeit und Kontrollbeeinträchtigung erscheinen in ihrer ausgeprägten Form, wenn die betroffenen Personen über den Punkt der Selbst- und Fremdschädigung hinaus dauerhaft Drogen konsumieren bzw. sich süchtig verhalten. Die betroffenen Personen erleben die Abnahme an Handlungs- und Teilhabemöglichkeiten. Sie büßen ihre Abgrenzungsfähigkeit ein und eine Rückkehr zu normalem Verhalten scheint ohne äußere Anstrengungen nicht mehr möglich.

Unterschieden werden stoffgebundene und stoffungebundene Abhängigkeiten. Drogen sind solche „Stoffe, die unmittelbar verändernd auf die Funktionen des zentralen Nervensystems einwirken. Sie verändern die psychischen Befindlichkeiten, weshalb sie auch als psychotrope und psychoaktive Substanzen bezeichnet werden." (Schneider 1998: 14)

Epidemiologie: Alkoholproblematik in Deutschland
Alkohol ist eine legalisierte stoffgebundene toxische Substanz. Für 2007 erhebt der *Drogen- und Suchtbericht* 2008 folgende zentrale Daten: Rund 1,3 -1,6 Millionen Bundesbürger sind vom Alkohol abhängig, das entspricht 3,1 % der Gesamtbevölkerung Deutschlands vom Neugeborenen bis zum Greis. 2,7 Millionen Menschen missbrauchen Alkohol. Mehr als 9,5 Millionen trinken in riskanter Weise. Das Zahlenmaterial weist in den letzten 10 Jahren eine relative Konstanz auf - und das trotz gestiegenen Bewusstseins für die Notwendigkeit von Prävention. Die Tendenz zum riskanten Konsum steigt besonders bei Jugendlichen. Während 9.500 Jugendliche im Jahr 2000 alkoholbedingt in Krankenhäusern behandelt werden mussten, waren es im Jahr 2006 bereits 19.500. Von 2005 auf 2007 ist eine deutliche Zunahme des so genannten Binge-Drinking in den Altersgruppen von 12-17 Jahren zu verzeichnen. (s. Fachverband Sucht e.V. 2008) In einem Ranking der 20 häufigsten Diagnosen bei stationärer Behandlung im Freistaat Sachsen stehen Störungen durch Alkohol mit einer Fallzahl von 15.499 an vierter Stelle im Berichtsjahr 2002. Im Berichtsjahr 2005 stehen diese Störungen mit einer Fallzahl von 16.506 an zweiter Stelle nach Herzinsuffizienz. Laut Mitteilung der Sächsischen Krankenhausgesellschaft lag die Hauptursache für stationäre Aufenthalte von Männern bei Störungen durch Alkohol.[10] Etwa 70% der Behandelten sind zwischen 30 und 49 Jahre alt und

---

[10] Statistisches Landesamt des Freistaates Sachsen – AIV-I/02 und 05

damit in einem für Erwerbstätigkeit interessanten Alter. Hier macht die sächsische Krankenhausstatistik darauf aufmerksam, dass Alkoholabhängige zweieinhalb Mal häufiger krank werden als Nichtabhängige und nur dreiviertel der normalen Arbeitsleistung erbringen können. Im Jahr 2006 wurden 20.685 Alkoholunfälle im Straßenverkehr, davon in 599 Fällen mit tödlichem Ausgang verzeichnet.[11]

Konsumformen und Funktionalität schädlicher psychoaktiver Substanzen
Das Brauen von Bier gehörte bereits in Mesopotamien zu den normalen Versorgungsaufgaben. Nicht so alkoholhaltig wie die heutigen Getränke wurde es dennoch in allen Bevölkerungsschichten und Lebensaltern getrunken. Der Genuss unterlag alters- und geschlechtsspezifischen Regeln. Männer konsumierten täglich bis zu zwei Liter, Frauen und Kinder deutlich weniger von dem einem dünnen Malzbier ähnlichen Getränk. Man war sich schon damals der Wirkung des Alkohols durchaus bewusst.

Wurmser nimmt eine Einteilung nach der Intensität und Kontakthäufigkeit mit Suchtmitteln an. Während die Kategorien *experimenteller Konsum und sozialer/entspannter Konsum* eher als unbedenklich gelten, sind die Kategorien *starker Konsum* und *psychisch/physisch süchtiger Konsum* Arten mit erheblichen Auswirkungen auf Person und Umwelt und behandlungswürdig. In einer ungewissen Übergangsschicht bewegt sich *situationsabhängiger Konsum*, der oft genug eine Tendenz zur Verschlimmerung aufweist, aber nicht zwangsweise zu süchtigem Verhalten führen muss. (vgl. Wurmser 1997: 22f) Bei den verschiedenen Arten des Konsums, auch bei der Wahl der Suchtmittel, Einnahmeweisen usw. ist von einem Zusammen- oder Wechselwirken verschiedener Faktoren wie

---

[11] Weißinger, V.: Aktuelle Trends und Empfehlungen FVS 2008 zum 21 Heidelberger Kongress FVS e.V.

etwa kognitiver Prozesse, Tätigkeiten, Interaktionen, Aufforderungscharakter von Substanzen oder Drogen, körperlichen Zuständen und äußeren erwarteten oder unvorhersehbaren Ereignissen auszugehen. Das Vermeiden oder Vermindern von etwas Unangenehmen, das Hoffen auf Angenehmes oder die Ambivalenz zwischen beiden Erwartungen wird gemeinhin als Grund des Missbrauches von psychotropen und psychoaktiven Substanzen angenommen. „Alkoholabhängigkeit ist eines der komplexesten und verbreitetsten Belastungsprobleme der Erwachsenenphase in unserer Industriegesellschaft." (Böhnisch 2005: 243) Die seiner Einschätzung nach stattfindende Biografisierung des Alkoholmissbrauchs dehnt ihren Wirkungsbereich in alle Lebensalter und soziale Zusammenhänge aus.

1.1 Ein-Blick in den Forschungsstand zu Ursachen, Entwicklung und Folgen von Abhängigkeitserkrankungen

Im Folgenden wird der Stand der Forschung bzw. Hauptströmungen zum Forschungsgegenstand, vorerst ohne den Anspruch auf Detaillierung dargestellt.
Biologisch begründete Suchtkonzepte liefern verschiedene Nachweise über zustandsbedingtes Lernen, und biomechanische Vorgänge, die für eine Toleranzentwicklung oder Entzugssymptomatiken verantwortlich sind. Schlüsselworte dieser Konzepte sind bspw. die genetische Konstellation eines Serotonin-Transporter-Gens (5HTT-II), verantwortlich für den Wirkgrad bei Aufnahme von Alkohol, und Störungen im Belohnungssystem (Dopamin-Rezeptoren), verantwortlich für die Modifikation des Belohnungssystems bei vorliegender Abhängigkeit.
Sozialwissenschaftliche Konzepte basieren auf der Annahme, dass sich Abhängigkeit vor dem Hintergrund der Anpassung von Individuen an

gesellschaftliche Gegebenheiten wie Milieu bzw. Subkulturen verstärkt entwickeln kann.[12]

Individualpsychologische Konzepte beschäftigen sich mit Auslösern verstärkten Konsums durch das Individuum, zum Beispiel zur Bewältigung von Unter- oder Überforderungssituationen. Das Vorhandensein oder Versuche der Selbstmedikation von Psychopathologien werden im Rahmen *Psychopathologischer Konzepte* untersucht.

Ökonomische Konzepte erklären das Zustandekommen von Abhängigkeitsentwicklungen mit dem Vorhandensein hinreichender Angebote und Nachfragen. Neben der Werbung für entsprechende Produkte spielen Preise und das Vorhandensein eines Marktes eine große Rolle.

Integrative Suchtkonzepte vereinen die Erkenntnisse verschiedener Richtungen in multifaktoriellen Forschungsansätzen. Das Konzept der *Risiko- und Schutzfaktoren* erklärt nicht mehr linear Ursachen, sondern überprüft Faktoren auf ihre Katalysatorwirkung für Abhängigkeitsentwicklungen.

Aus *systemtheoretischer Perspektive* lassen sich Suchterkrankungen als Differenzierungs- und Anpassungsproblem an die Leitdifferenz System/Umwelt auffassen. Die dabei auftretenden Probleme schlagen sich in einer je spezifischen Operationsweise des biologischen, des psychischen und der sozialen Systeme nieder und führen zu Unterscheidungen wie gesund/krank, angepasst/unangepasst usw. Die Vorstellungen darüber, was Gesundheit von Krankheit differenziert, beruhen ebenfalls auf Unterscheidungen, die in spezifischen Funktionssystemen der Gesellschaft, exemplarisch Rechtssystem, Gesundheitssystem und Wissenschaftssystem getroffen werden.

---

[12] Vertreter des medizinischen Paradigmas merken dazu an: „Milieutheoretische Konzepte liefern zwar einen Beitrag zum Verständnis des Gebrauchs, aber nicht das Zustandekommen von Abhängigkeit. Sie erklären nicht, unter welchen Bedingungen es zur Abhängigkeit kommt oder nicht." (Uchtenhagen/Zieglgänsberger, 2000: 194)

Der Konkretionsgrad im Fall der Aufstellung sozialer bzw. ökologischer Faktoren und der Darstellung abhängigkeitstypischer Persönlichkeitsmerkmale bzw. familialer Merkmalsmuster ist hoch. Auf einige Untersuchungen wird exemplarisch eingegangen.

1.1.1 Geschlechtsspezifische Forschung

Sowohl die Biologie, Verträglichkeit, Trinkmenge, gesundheitliche Folgen usw. als auch die Funktionalisierung von Suchtmitteln für die Konstruktion geschlechtsspezifischer Identitäten unterscheiden sich voneinander. Die Geschlechtsspezifik zur Prävalenz süchtigen Verhaltens verliert jedoch allmählich an Bedeutung. (vgl. Bloomfield 2005)

Männliche Sozialisation und Suchtentwicklungen

Der Berliner Männerforscher Hollstein (1996) geht davon aus: „[...] dass männliche Sucht stringent mit der männlichen Rolle verknüpft ist und als ein Linderungsmittel dient, um mit den Imperativen der Männerrolle, u. a. einem eingeschränkten Gefühlsleben und ausgeprägten Macht- und Konkurrenzdenken, klarzukommen."[13] In sehr anschaulicher Weise beschreibt Goldberg „sieben maskuline Imperative:

1. Je weniger Schlag ich benötige,
2. je mehr Schmerzen ich erdulden kann,
3. je mehr Alkohol ich vertragen kann,
4. je weniger ich mich darum kümmere, was ich esse,
5. je weniger ich jemanden um Hilfe bitte und von jemandem abhängig bin,
6. je mehr ich meine Gefühle kontrolliere und sie unterdrücke,

---

[13] Das obige Zitat stammt aus dem Artikel *Männer sind schon als Babys blau. Alkoholkonsum und Männlichkeit*. (Vosshagen) Quelle: Dr.med. Mabuse 125, www.mabuse verlag.de (keine URL.Angabe) vosshagen bestätigt: „Offensichtlich bildet Trinken und Männlichkeit eine solche Einheit, dass es dort wenig zu überlegen gibt und dieser Aspekt zum Mannsein einfach dazugehört." (Vosshagen 1996: 83)

7. je weniger ich auf meinen Körper achte, desto männlicher bin ich."[14]

Mit dem Aufbrechen der Rollenbilder in der modernen Gesellschaft bilden die von Goldberg genannten Imperative nur einen der möglichen Gründe für die Enstehung süchtigen Verhaltens. Allerdings kommen Böhnisch/Winter (1993) schon zu ähnlichen Mustern und Strategien des Umgangs mit männlicher Identität, von denen der Mangel, die eigenen Bedürfnisse und Gefühle ernst zu nehmen, und die Durchsetzung der Geschlechtsidentität über auto/-fremdaggressives Verhalten exemplarisch benannt sein sollen. (vgl. Böhnisch/Winter: 1993: 218)

Ein anderes Erklärungsmodell für männliche Suchtmittelabhängigkeit wird in den empirischen Forschungen Mc Clelland's (1993/2001) als defizitäres Erleben von Macht und Stärke beschrieben. Die „Dependency Theory" von Mc Cloud (1960) und Blaine (1968) stellt auf die nicht ausreichende Befriedigung männlicher Anlehnungsbedürfnisse in der Kindheit ab, die zu einem kompensatorischen Trinken im späteren Alter führen können. Im Sinne einer Überkompensation wird Trinken als männliche Verhaltensweise sozusagen als Fassade vorgehängt und mit teils aggressiven Zügen ausgestaltet.

Die „andere" Sozialisation wirkt sich bei Männern oft als körperdistanziertes Verhältnis aus. Warnsignale werden missachtet, das bekannte Risiko in Kauf genommen. (vgl. Lelanz 2006) ‚Ein Indianer kennt keinen Schmerz'. Die jüngste Ausprägung dieser Identitätsgestaltung findet sich im Besuch von so genannten Flatrate-Partys, bei denen für eine bestimmte Summe Geld Alkohol schnell und in großen Mengen getrunken wird.

---

[14] In: Hollstein 2008: 71

Hell/Ryffel (1986) stellen bei einem Vergleich zwischen einer alkoholkranken Gruppe und einer nicht abhängigen männlichen Kontrollgruppe fest, dass beim überwiegenden Teil der abhängigen Gruppe die jeweiligen Väter in den Ursprungsfamilien entweder weitgehend fehlten oder als schwach, inkompetent und aggressiv erlebt werden. Sie schließen aus dieser Information auf eine ungenügend positive männliche Rolleninternalisierung durch die untersuchten Personen. Holtmann et al. (2004) verweisen in ihrer Untersuchung *Biologische Korrelate der Resilienz im Kindes- und Jugendalter* gegenüber verschiedenen psychischen Störungen auf Studien zu geschlechtsspezifisch unterschiedlichen Prädispositionen. Resilienz wird im Laufe der Sozialisation in der aktiven Auseinandersetzung mit der Umwelt erworben. Aus einer Analyse der Studien von Moffitt, Caspi, Rutter & Silva (2001) schließen Holtmann et al. auf eine erhöhte Resilienz von Mädchen gegenüber psychischen Erkrankungen bzw. frühen Formen von antisozialem Verhalten. Demnach gelingt es männlichen Kindern schlechter, sich von negativen Folgen früher Erfahrungen zu erholen. Psychopathologische Konzepte gehen von einem Zusammenhang zwischen erhöhtem Suchtrisiko und psychischen Erkrankungen aus.

Frauen und Suchtentwicklungen
Graf et al. (2006) schlussfolgern in Bezug auf die Annäherung weiblichen Konsumverhaltens psychotroper Substanzen an das männlicher Konsumenten die emanzipative Entwicklung der Frau als einen möglichen Faktor. Franke (1998/2000) stellt die Frage nach den Bedingungen zur Entwicklung weiblicher Abhängigkeit.[15] Sie untersucht Variablen wie; Berufliche Stellung, Kohärenzgefühl, Kompetenzerleben, soziale Belastungen und Unterstützung sowie Copingstrategien. Gesunde Be-

---
[15] vgl. Jahrbuch Sucht 2001: 221

ziehungen tragen zu einem verringerten Abhängigkeitsrisiko mit unproblematischem Konsum bei. Im Vergleich zu einer substanzunauffälligen weiblichen Vergleichsgruppe stellte Franke fest, dass substanzauffällige Frauen deutlich häufiger einen hohen Schulabschluss erreichten. Ebenfalls schienen sie höhere Belastungen im Berufs- und / oder Familienleben tragen zu müssen, sie nahmen aber diese Belastungen nicht oder kaum als solche wahr. Die Variable Kohärenzgefühl wurde von den betroffenen Frauen defizitär erlebt. Sie zweifelten an der Sinnhaftigkeit und Handhabbarkeit ihres Lebens. Im Bereich der Emotionalität stellt Franke indes keinen signifikanten Unterschied zur unauffälligen Vergleichsgruppe fest. Der geschlechtsspezifisch deutlichste Unterschied im Konsum und Missbrauch von Alkohol gegenüber Männern findet sich in der Erwartung einer Spannungsreduktion durch Alkoholgebrauch. Frauen, die sich unter hoher Belastung Entspannung durch Alkohol erhoffen, sind nach Franke potenziell gefährdet. [16]

Die spezifischen Merkmale abhängigkeitskranker Frauen bestehen u.a. in Rollenunsicherheiten, mangelhaft ausgeprägtem Selbstwertempfinden, Schuldgefühlen und der Unfähigkeit, sich gegenüber Wünschen und Forderungen anderer abzugrenzen.

1.1.2 Familiäre und gesellschaftliche Einflussfaktoren

Soziale Faktoren und die Beziehungen des Menschen zu seiner räumlichen, materiellen und sozialen Umwelt haben im Krankheitsverständnis – zur Genese von Abhängigkeit, aber auch zu deren Überwindung – eine große Bedeutung. Dabei findet sich das „System Mensch" nach Heath (1989) in einem Faktorengeflecht, bestehend aus „natürliche(r) Umwelt, sozialem Setting des Alkoholkonsums, Verfügbarkeit von Alko-

---

[16] Der Anteil an Patientinnen in der Soteia Klinik Leipzig – Fachklinik für Abhängigkeitserkrankungen be-trug zwischen 2005 – 2008 ca. 15%. Noch geringer, mit 13,58% fiel der Anteil an Frauen in der Adaption aus. Die Basisdokumentation 2007 – Adaptionseinrichtungen dokumentiert den Anteil der Patientinnen bei 18,5%.

hol, beeinflusst durch Gesetze, Medien und intellektuelles Klima, soziale Struktur, Status, Klassen, Religionssysteme, Urbanität, soziale Anpassung an andere Kulturen, kulturelle Systeme (Werte, Normen). (Feuerlein/Küfner/Soyka 1998:75) In der Folge wird auf verschiedene Merkmale in familiären und gesellschaftlichen Kontexten näher eingegangen.

Ein auf der Beziehungsebene häufig zu beobachtendes Phänomen wird als Co-Abhängigkeit bezeichnet. Als spezifisches Merkmal in suchtbelasteten Familien und Partnerschaften erweitert es den Suchtbegriff um die Komponente der äußeren Einflussnahme. Der Begriff „weist auf die Verflochtenheit zwischen dem Süchtigen und einem Partner hin; der Angehörige wird gerade in der Biografizierung auch von Schuld freigesprochen: Er tritt nicht nur als Täter, sondern auch als Opfer des Geschehens in Erscheinung." (Fengler 1994: 104) Der Nachteil eines solchen Begriffs liegt in der möglichen Festschreibung gleicher Anteile dieser zweiten Person(en) an der Abhängigwerdung des Süchtigen. Familien, in denen Abhängigkeitserkrankungen eine Rolle spielen, generieren besondere Formen der Kommunikation nach innen und außen, bspw. im Sinne von Verschleierungen, Idealisierungen, der betroffenen Partner, Eltern, Kinder oder Rollenveränderungen im Familiengefüge.

„Die Charakteristika der Alkoholikerfamilien [...] sind eine geringe Familienkohäsion, wenig emotionaler Austausch und eine geringe Übereinstimmung in unterschiedlichsten Fragen zwischen beiden Elternteilen." (Feuerlein/Küfner/Soyka 1998: 77) Allerdings stellen (Antons/Schulz 1977, Köster u. MA 1978) fest, dass viele spätere Alkoholiker nicht in familiären Verhältnissen aufwachsen, die nach bisherigen Vorstellungen spätere deviante Verhaltensweisen begünstigen. (ebd.) Lieb et al. (2001) kommen im Rahmen einer repräsentativen Studie über die *Auswirkungen des familiären Alkoholismus auf die Kinder* zu folgenden Ergebnissen: Eltern haben mehr oder weniger eine Vorbildfunktion. Jugendliche betroffener Eltern beginnen deutlich früher schädlich zu trinken und zu rauchen als Kinder nichtbelasteter Eltern.

Bis zu 2.000000 Kinder leben nach Schätzungen der *Deutschen Hauptstelle gegen Suchtgefahren* in Haushalten mit mindestens einem alkoholabhängigen Elternteil. Etwa 30% dieser Kinder werden später abhängig, ein Großteil davon leidet an Ängsten, Depressionen oder Persönlichkeitsstörungen. Klein benennt die Zahl von etwa 2.65 Millionen Kindern und Jugendlichen, die temporär von der Alkoholabhängigkeit der Eltern betroffen sind. Diese Zahl gilt für den Erhebungszeitraum 1999 bei einer Gesamtzahl von 16,58 Millionen Jugendlicher und Kinder. Das entspricht etwa 16%! der Kinder und Jugendlichen unter 18 Jahren in der Bundesrepublik (vgl. Klein 2001: 118-124). Die vielfältigen Problemlagen aus broken-home-Situationen, Armut, Bildungs- und Reifungsdefiziten sind Treibsätze späterer eigener Suchtentwicklungen der Kinder und Jugendlichen.

Die gesellschaftliche Akzeptanz des Alkoholgebrauches Jugendlicher als Auseinandersetzung mit Suchtmitteln auf dem Weg zum Erwachsenwerden führte zeitweise zu einer Unschärfe in der Beurteilung der Gefährlichkeit des Konsums der jeweiligen Mittel. Seitz spricht von einer Verharmlosung des Alkoholkonsums in der Gesellschaft, die präventive Bemühungen kontakariert. So wird beispielsweise über Medien die gesundheitsfördernde Wirkung bestimmter Getränke, bspw. im Zusammenhang mit coronaren Erkrankungen propagiert (vgl. Seitz, in: Beutel 2005: 57). In der Praxis der Suchtberatungsstellen wird eine Zunahme an Beratungsbedarf für Jugendliche mit Substanzgebrauch beobachtet. Dem sich verjüngenden Einstiegsalter stehen (zumindest in der Vergangenheit) zu wenig geförderte Projekte zur Prävention gegenüber (vgl. sz-online.de 12.09.2008).

1.1.3 Multifaktorielle Ansätze zur Erklärung von Abhängigkeitsentwicklungen

Multifaktorielle Ansätze zur Entstehung abhängigen Verhaltens ermöglichen die Zusammenführung der Annahmen aus psychodynamischen Theorien, lerntheoretischen Modellen, soziologischen und sozialpsychologischen Erkenntnissen aus ihrer jeweiligen Spezifizierung. So spielen neben der Verfügbarkeit schädlicher psychoaktiver Substanzen und der ökonomischen Lage, die soziale Umwelt mit ihren jeweiligen Wertorientierungen sowie biologische Gründe und psychologische Kriterien eine große Rolle. Einigkeit herrscht in der Forschung über Kriterien einer Abhängigkeitsentwicklung dahingehend, dass Abhängigkeit „als Folge komplexer, vernetzter und dynamischer Bedingungen." (Heigl-Evers, Helas, Vollmer 1995: 49) gesehen werden kann.

Nach klinischen Erfahrungen sind im Einzelfall meist mehrere Faktoren beteiligt. Schmidt weist auf die Gefahr der Motivverschiebung in Aussagen befragter Abhängigkeitskranker hin, deren Erklärungen zur Sucht nach einer Realitätsprüfung von ihnen selbst zum großen Teil wieder verworfen werden: „Befragungen Alkoholkranker nach Verhalten von Bezugspersonen in der Kindheit, Klima in der Ursprungsfamilie, Kindheitstraumen, Erziehungsfaktoren usw. lieferten keine konkreten Aussagen über ursächliche Faktoren der Alkoholismus-entwicklung. Untersuchungen über Zusammenhänge zwischen Alkoholismus und Partner- bzw. Angehörigenbeziehungen ließen [...] keine verbindlichen ursächlichen Faktoren zur Entstehung der Alkoholkrankheit gewinnen." (Heigl-Evers/Helas/Vollmer 1995: 107) Zum Stand der Forschung drückt sich Schmidt (1993) nur vage aus. Neben einer diffus vorhandenen Suchtdisposition, die sich im Erleben und Verhalten von Menschen widerspiegelt, scheinen genetische Dispositionen im Hinblick auf die Kontrollbeeinträchtigung eine Rolle zu spielen. Mit dieser Unbestimmtheit im Rücken wendet sich die gegenwärtige Forschung den möglichen Katalysatoren von Suchtentwicklungen zu. Dazu zählen ungünstige Familieneinflüsse, abweichende Leitbilder, Ziellosigkeiten, inadäquate Coping-Strategien, niedrige Frustrationstoleranz. Einen großen Raum scheinen Selbstwertstörungen einzunehmen.

1.1.4 Folgen schädlichen Konsums toxischer Substanzen

Babor et al. untersuchen Kausalzusammenhänge zwischen Alkoholkonsum und möglichen Folgen im Sinne von Krankheiten, Behinderungen, Gesamtsterblichkeit, sozial auffälligem Verhalten und in Bezug auf ausgewählte Todesarten und Krankheiten. (vgl. Babor et al.2005: 72) Gestützt auf verschiedene Studien und Metaanalysen (English et al. 1995, Gutjahr et al. 2001, Rehm et al. 2004) beschreiben sie das höhere Risiko der konsumierenden Person hinsichtlich *Krebserkrankungen* (Singletary/Gapstur 2001), *psychischen/ neuronalen Störungen, Kardiovaskulären Erkrankungen* (Corrao et al. 1999), *Krankheiten des Verdauungssystems, prä- und perinatale Auffälligkeiten, akuten toxischen Wirkungen, Unfällen und gewaltsamen bzw. selbstinduzierten Toden* (Rossow/Amundsen 1995). Soziale Folgen schädlichen Konsums äußern sich als familiäre Probleme, Konflikte im Erziehungs- und Schulbereich, finanzielle Nöte, sowie weiteren zwischenmenschlichen Problemen in und außerhalb der Öffentlichkeit bis hin zur Isolation und Kriminalität.

1.1.5 Zwischenresümee

Ein erstes Fazit lautet: Seit der Anerkennung von Sucht als Krankheit hat sich das Forschungsfeld aufgeweitet und aus dem Stiefkind der Psychiatrie erwächst eine etablierte Teildisziplin. War die Bekämpfung von Abhängigkeit und deren Folgen am Beginn des 20. Jahrhunderts noch stark sozial fokussiert, lässt sich in der Gegenwart eine Medizinierung und Psychiatrisierung des Phänomens beobachten.

Menschen, die Abhängigkeiten entwickeln, befinden sich in einem Gefüge verschiedener Beziehungen und Faktoren, denen sie bestimmte Bedeutungen beimessen. Situative Gegebenheiten wie Zugehörigkeit zu suchtnahen sozialen Zusammenhängen, Verfügbarkeit psychotroper Substanzen, niedriger Bildungsstand usw. können Negativprediktoren für eine Suchtentwicklung sein. Die Konstellation und Gerichtetheit einzelner Faktoren hat einen Einfluss auf die Entstehung süchtigen Verhaltens. Eine im psychischen System messbare Komponente zur Abwehr negativer Auswirkungen von Risikofaktoren ist die in der aktiven Auseinandersetzung mit der Umwelt zu erwerbende Resilienz. Die in einzelnen Untersuchungen festgestellten geschlechtsspezifischen Besonderheiten bei der Entwicklung von Abhängigkeiten lassen sich in der Regel mit der gesellschaftlich unterschiedlichen Einbindung von Männern und Frauen und vor dem Hintergrund der mit der Sozialisation übernommenen Rollenerwartungen und Verhaltensmuster erklären. Ob man einer so akzentuierten Differenzierung zwischen männlichen und weiblichen Begründungen zu Suchtentwicklungen folgen kann, ist in der Moderne zu bezweifeln. Alles scheint gleichzeitig vorhanden zu sein und sich auf die Bildung des Individuums und seiner sozialen Positionierung auszuwirken, Schichtungen, Klassen, ethnische Besonderheiten im Kampf um Anpassung und Integration, Feminisierung und Irritation der männlichen Geschlechtsidentität, eben je nach dem Standpunkt des Beobachters. Es scheint nicht die Menge, sondern die Kombination aus intrapsychischen, biologischen (bspw. Verträglichkeit) und sozialen Faktoren zu sein, die Abhängigkeitsentwicklungen vorantreibt.

So vielfältig wie die Ursachen sind auch die Folgen. Ausgrenzungen und Autonomieverlust verstärken sich gegenseitig im Prozess einer Abhängigkeitsentwicklung. Körperliche und kognitive Einschränkungen infolge der Abhängigkeit bedeuten nicht selten eine Barriere auf dem Weg zurück in die gesellschaftliche Normalität. Das gestörte soziale Gefüge lässt sich oft nur mit äußerer Unterstützung in ein Gleichgewicht bringen.

Das soziale Umfeld und im größeren Maßstab die Gesellschaft haben die Aufgabe, frühzeitig das Individuum zu gesunder Autonomie und Eingebundenheit zu befähigen. Wichtig ist die Vermittlung von basalen psychosozialen Fähigkeiten wie Selbstvertrauen, Konfliktfähigkeit, Abgrenzungsbereitschaft und durch die Förderung von Risikokompetenz. Sind allerdings Suchtentwicklungen in Gang gesetzt, die nicht mehr kraft der Persönlichkeit des Betroffenen und aus einem angemessen reagierenden Umfeld heraus gestoppt werden können, so bedarf es Formen der spezifischen Unterstützung. Die postakute Behandlung ist eine solche Maßnahme und wird im folgenden Kapitel hinsichtlich ihrer Funktion und Wirksamkeit untersucht.

1.2 Postakute Behandlung alkoholabhängiger Menschen

Ausgangssituation

Häufig nach mehreren erfolgten Entgiftungen werden Menschen im Rahmen einer stationären medizinischen Rehabilitation als Form der Postakutbehandlung Abhängigkeitskranker, auf dem Weg zu einer möglichst dauerhaften Abstinenz begleitet. „Neben die medizinische Behandlung […] tritt gleichwertig die Notwendigkeit, einen Menschen, der einer stationären Entzugsbehandlung bedarf, zu begleiten, zu betreuen und zu beraten. […] In der stationären Behandlung und auch bei der Beratung zu einer solchen Maßnahme erfährt der Patient, das, was er ahnt oder oft auch schon weiß: dass nämlich eine Veränderung der bisherigen Umgangsweise mit dem Suchtmittel ansteht." (Wernado 2002: 116f) Das Leistungsspektrum der Entwöhnungsbehandlung umfasst die medizinische (Anamnese, Diagnostik, Therapie), psychotherapeutische (Einzel-, Gruppen-, Großgruppengespräche) und sozialpädagogische Versorgung, Behandlung bzw. Begleitung sowie Bewegungs- und Ergotherapie. Daneben finden Indikativbehandlungen, bspw. Diabetikergruppen und Ernährungsberatung statt. Die Suchterkrankung wird als komplexes Problem mit biologischen, psychischen und sozialen Folgen bearbeitet. Veranderungsbereitschaften werden mit dem Ziel verstärkt, Veränderungen dauerhaft zu stabilisieren. Die durch die Folgeerkrankungen der Sucht geminderte Erwerbsfähigkeit der Betroffenen wird durch medizinische Intervention im Rahmen des Möglichen wiederhergestellt. Ressourcen werden (re)aktiviert. Mit der Suchtentwicklung in Verbindung stehende Konflikte werden zugänglich gemacht und bearbeitet. Betroffene bereiten sich antizipatorisch auf den Wiedereintritt in den Lebensalltag vor, wobei dem Gedanken der Enthaltsamkeit vom Suchtmittel eine besondere Bedeutung zukommt. Die hohe Zahl von Personen ohne Arbeit am Behandlungsende (die BADO 2007 des FV Sucht e.V. beschreibt 46,7%) bedingt eine Kopplung medizinischer und beruflicher Rehabilitationsziele für diese Patientengruppe.

Adaption als zweiter medizinisch rehabilitativer Schritt in der Behandlung Abhängigkeitskranker unterstützt (immer noch stationär) Prozesse der abstinenten Bewältigung in Bereichen der Arbeitsorganisation, des Alltagsmanagements und der Strukturierung freier Zeit. Eine größere Realitätsnähe und der verstärkte Blick auf den Übergang von der Entwöhnung in den abstinent zu bewältigenden Alltag sind die handlungsleitenden Kriterien der Adaptionsphase. Adaption verortet sich damit an der Schnittstelle klinischer Realität und praktischer Alltagsbewältigung.

Die Trägerschaft der medizinischen Rehabilitation liegt nach § 6 SGB IX (Rehabilitation und Teilhabe behinderter Menschen) bei den gesetzlichen Rentenversicherungsträgern, den gesetzlichen Krankenkassen und den Trägern der Sozialhilfe. § 5 SGB IX begründet den Anspruch auf Leistungen zur Teilhabe als Inhalt der Leistung zur medizinischen Rehabilitation.

Forschungsstand zu Behandlungsansätzen

Die Wissenschaft hat in den letzten 50 Jahren große Anstrengungen unternommen, eine qualitativ hochwertige Behandlung abhängigkeitskranker Menschen zu unterstützen. Eine Vielzahl an Therapieansätzen, verbesserte Diagnostik, präventive Maßnahmen, Akutversorgung und postakute Behandlung sowie Nachsorge sind in einer ständigen Kopplung zwischen Theorie und Praxis entstanden und gut erforscht. Die Schwerpunkte neuerer Forschungsaktivitäten liegen beim Nachweis neurobiologischer und psychosozialer Faktoren als Katalysatoren von Abhängigkeitsentwicklungen. Daneben interessieren Möglichkeiten und Grenzen der Suchtprävention und Rückfallprophylaxe.

Mann (2002) stellt eine Hierarchie der Therapieziele bei Alkoholabhängigen auf. Diese umfassen die „Sicherung des Überlebens; Behandlung von Folgeerkrankungen; Förderung von Krankheitseinsicht und Motivation zur Veränderung; Aufbau alkoholfreier Phasen; Verbesserung der psychosozialen Situation; dauerhafte Abstinenz und eine angemessene Lebensqualität." (Mann 2002: 61)

Die Angebotspalette entsprechender Interventionen ist vielfältig und weitestgehend auf Stadien der Abhängigkeit abgestimmt. Sie reicht von frühpräventiven Maßnahmen, die in Bildungseinrichtungen durchgeführt werden, Frühinterventionen zwischen Selbstmanagement und motivierender Gesprächsführung, über ambulante und stationäre Rehabilitationen unterschiedlicher Therapieschulen, medikamentengestützten Entwöhnungen – bis hin zu Nachsorgen und differenzierten Angeboten für Menschen, denen eine normale Rückkehr in ein eigen verantwortetes Leben auf Grund der Schwere ihrer Erkrankung nicht mehr oder nur unter großem betreuerischem Aufwand möglich ist. Die Wirtschaftlichkeit der verschiedenen Angebote rückt mit dem Absinken der zur Verfügung stehenden Mittel in den Blickpunkt der Forschungen, die sich mit der Gesundheitsökonomie beschäftigen.

Im Jahr 2000 wurde der Begriff der *Postakutbehandlung* „zur Erstellung von Behandlungsleitlinien substanzbezogener Störungen" (Geyer et al. 2005: 9) in Abgrenzung zu dem der Akutbehandlung konsentiert (vgl. Mundle et al. 2003). Postakute Behandlungen zielen „auf den Erhalt, die Verbesserung oder die Wiederherstellung der Funktions- und Leistungsfähigkeit des chronisch Kranken oder behinderten Menschen in Alltag und Beruf. Wichtige behandlungsleitende Ziele sind z.B. die Sicherung von Selbstbestimmung und gleichberechtigter Teilhabe am Leben in der Gesellschaft und die Herstellung von Arbeits- und Erwerbsfähigkeit." (Geyer et al. 2005: 9f) Adaptionsbehandlungen als Teil postakuter Intervention werden in der Behandlungsleitlinie namentlich gar nicht erst genannt. „Maßnahmen der Nachsorge ergänzen und stabilisieren die Entwöhnungsbehandlungen. Nachsorge im Rahmen der Medizinischen Rehabilitation wird durch die ‚Vereinbarung Abhängigkeitserkrankungen' vom 04.05.2001 geregelt. Als soziale Rehabilitation wird sie durch das SGB XII (§§ 53, 54) geregelt." (L. G. Schmidt et al. 2006: 55) Die Gültigkeit der angegebenen Leitlinie bezieht sich auf die medizinische Behandlung substanzbezogener Störungen und zielt auf die Verbesserung klinischer Behandlung und Forschung.

Burlinghame, MacKenzie & Strauß (2002) geben einen Überblick über Konzepte und klinische Verfahren in der postakuten Behandlung Abhängigkeitskranker. Der überwiegende Teil der Konzepte orientiert auf psychoanalytische und tiefenpsychologische Verfahren und Techniken. Die verschiedenen Konzepte wurden in mehreren Wirksamkeitsstudien untersucht (z.B. Leichsenring, Rabung & Leibing 2004). Dabei wurde festgestellt, dass keine signifikanten Unterschiede in der Wirksamkeit verschiedener Behandlungskonzepte auszumachen sind. Subkowski (2007) weist in einem Vortrag zur Wirksamkeit klinischer Verfahren auf eine Untersuchung von Rogner, Hüls & Vargas (1997) hin. Diese beobachten eine Verbesserung der Beziehung der Patienten zum Introjekt Alkohol und seiner Abstinenz als Ergebnis stationärer Prozesse. Eine gute Beziehung zwischen dem Patienten und seinem Therapeuten benennen Lambert (1992) und Bergin (1994) als Grund für die Wirksamkeit der verschiedenen Verfahren.

Die sich aus systemischen Ansätzen heraus entwickelnde Einzel-, Paar- und Familientherapie zielt im Gegensatz zur Genese einer zu behandelnden Störung in der Psychotherapie und -analyse stärker auf den Zusammenhang von Kommunikation und Emotion als sich um ein leidvolles Erleben herum gruppierende Aspekte. Die Evaluation eines systemischen Therapieangebots resultiert „eine signifikante Erhöhung der eingeschätzten Verfügbarkeit von Ressourcen, eine Zunahme der Konsistenz zwischen verfügbaren, potentiellen und gewünschten Ressourcen sowie eine signifikante Erhöhung der eingeschätzten Lebensqualität Für die soziale Unterstützung und den Kohärenzsinn ergaben sich schwach-positive Effekte, bezüglich der wahrgenommenen interpersonellen Probleme dagegen schwach-negative Effekte (n = 44). In einer direkten Einschätzung von Behandlungszufriedenheit und Zielerreichung am Ende des stationären Aufenthalts wurde das Rehabilitationsangebot sehr positiv bewertet." (Schiepek et al. 2001: 243-251)

Im Rahmen der postakuten Behandlung Abhängigkeitskranker kommt dem Bereich Klinischer Sozialarbeit hinsichtlich Ressourcenorientierung und Lebensweltverständnis der Patienten eine eigene Bedeutung zu. Mit verschiedenen Beratungsangeboten, Krisenintervention, Soziotherapie und Case-Mangement ist sie interdisziplinär an der Rehabilitation Suchtkranker beteiligt. „Klinische Sozialarbeit steht in der Tradition der von Mary Richmond und Alice Salomon konzipierten Methoden der ‚sozialen Diagnose' und ‚sozialen Therapie' und dem daraus resultierenden Social Case Work." (Geißler-Piltz et al. 2005: 15) Daraus, wie die Patienten ihren Adaptionsalltag, bestehend aus Arbeit (Berufserprobungspraktikum), Lebensalltag (Selbstversorgung, behördliche Angelegenheiten, Sozialverhalten) und Umgang mit freier Zeit (Interessenfindung, Kultur) bewältigen, ergeben sich Hinweise des Umgangs mit all diesen Anforderungen außerhalb der schützenden, kontrollierenden und haltenden Institution. Senftleben et al. schätzen mittels einer Studie von 1992/93 die Rolle klinischer Sozialarbeit wie folgt ein: „Krankenhaussozialarbeit bleibt additives Beiwerk, sie bleibt eine multidisziplinäre Facette ohne wesentliche Ansätze der Interdisziplinarität." (Forum 4/98: 37) Die Problematik einer professionsbezogenen Standortbestimmung verdeutlicht auch das folgende Zitat: „So einhellig Beratung als Kernkompetenz akzeptiert ist, so umstritten war und ist Behandlung als Aufgabe der Sozialarbeit, auch wenn Sozialarbeit in Behandlungskontexten tätig ist." (Hahn/Pauls 2008: 22) Über folgende Studien [Henkel et al. 2004; Peters, Witty/O'Brien 1993, Wolkenstein/Spiller 1998] wird allerdings die Notwendigkeit sozialtherapeutischen und sozialpädagogischen Handelns als unterstützendes Element zur medizinischen Rehabilitation ausgeführt.

Effektivität der stationären Suchtbehandlung

Zum Stand der Effektforschung suchtbezogener Behandlungen resümiert Süß (1988/1995) eine Varianz der ermittelten Abstinenzraten von 10,5 – 53,3% innerhalb der ihm vorliegenden Studien. Die umfangreichen Studien und Metaanalysen seit 1974 deuten darauf hin, dass etwa 20 – 30% der Behandelten nach den verschiedenen Therapieangeboten dauerhaft abstinent leben (vgl. Süß 1988: 38). Tritt Alkoholmissbrauch als komorbide Störung (zu bspw. psychosomatischen Störungen) auf, verbessern sich die Effekte der psychosomatischen Behandlung bei Kombination mit einem substanzstörungsbezogenen indikativen Programm (vgl. Schuhler/Jahrreis 1996). Andererseits geben katamnestische Untersuchungen (vgl. Sonntag/Künzel 2000, Fischer et al. 2007) darüber Aufschluss, dass bei aller Qualität der durchgeführten stationären Entwöhnungen immer noch eine große Anzahl der Behandelten ein erhebliches Rückfallrisiko mit sich führt. So werden nach den Studien 46,1% in den ersten vier Wochen und 71% innerhalb der ersten drei Monate nach Behandlungsende rückfällig. Die Katamnese des Fachverbandes Sucht, die über den Zeitraum 2005 und eine Stichprobe von 10.269 Rehabilitanden berichtet, berichtet von 35% abstinenten Personen in einem Ein-Jahreszeitraum nach der Rehabilitation. Dem stehen 54,7% Personen gegenüber, die nach der konservativen Schätzung als rückfällig eingestuft werden müssen (vgl. Sucht Aktuell 1-2008:13).[17] Eine weitere *Studie zur Effektivität der medizinischen Rehabilitation bei Alkoholabhängigkeit* führt zu folgender Schlussfolgerung: „Die medizinische Rehabilitation Alkoholabhängiger erfüllt ihren gesetzlichen Auftrag, eine Berentung wegen verminderter Erwerbsfähigkeit zu verhindern oder zumindest hinauszuschieben. Für einen erheblichen Teil dieser Versi-

---

[17] Die Berechnung der Quoten erfolgte nach DGSS 4, d.h., die Gesamtstichprobe wurde einbezogen. Nach DGSS 1 wird nur der Rücklauf der erreichten Personen berechnet. Das ergäbe eine deutlich höhere und damit irreführende Erfolgsquote von 61,9% abstinenter Betroffener im Ein-Jahreszeitraum nach der Behandlung.

cherten wird die (Wieder-)Aufnahme einer versicherungspflichtigen Beschäftigung jedoch nicht erreicht. Dies gilt insbesondere für vor der Rehabilitation arbeitslose Alkoholkranke. Die medizinische Rehabilitation verbessert also erfolgreich die persönlichen Voraussetzungen für eine Re-Integration in das Erwerbsleben, ist aber nur begrenzt in der Lage, ungünstigen Kontextfaktoren, wie z.B. hoher Arbeitslosigkeit, entgegen zu wirken." (Buschmann-Steinhage/Zollmann 2008; 2009: 63-69)

Fazit
Eine Reihe von Studien belegt die Effektivität postakuter Behandlung von Abhängigkeitskranken. Adaptionsmaßnahmen als eigenständige Bausteine postakuter Behandlung wurden bei der Erstellung der AWMF- Leitlinie[18] nicht konsensiert und aussagekräftige Evaluierungen sind erst am Entstehen. Die immer noch hohe Zahl von Personen, die nach einer Entwöhnungstherapie wieder in den Suchtkreislauf zurückkehren verdeutlicht den Bedarf an fortgesetzter qualitativer Begleitung und Behandlung.

Verortung der Forschungsarbeit
Diese Forschungsarbeit setzt an den Nahtstellen zwischen geschütztem klinischen Umfeld und Lebensalltag an. Sie kann einen Beitrag zum Fallverstehen von abhängigkeitskranken Menschen in Schwellensituationen bzw. zu sozialpädagogischen Interventionsmöglichkeiten zur Minderung des Rückfallrisikos leisten. Die Legitimation, in die angegebene Richtung weiter zu forschen ergibt sich aus dem grundsätzlichen Mangel universitärer und außeruniversitärer Forschungsbereiche auf alkoholbezogene Störungen in der Bundesrepublik. Wenn schon die biomedizinische und klinische Alkoholismusforschung trotz ihrer Fortschritte in den

---

[18] AWMF = Arbeitsgemeinschaft der Wissenschaftlichen Medizinischen Fachgesellschaften

letzen Jahrzehnten als Stiefkind (vgl. Bloomfield et al. 2008) bezeichnet wird, so lässt sich diese Rolle der sozialwissenschaftlichen Forschung in diesem Bereich erst recht zuordnen. Mit einer verstärkten konzeptionellen Arbeit lassen sich die Effekte der postakuten Behandlung sicher weiter steigern. Behandelte sind in der Phase des Übergangs aus der Adaption in die Realität in besonderem Maße gefährdet, anstehende Probleme, Krisen oder auch als positiv erlebte Ereignisse unter Zuhilfenahme von Suchtmitteln zu bewältigen. Diese Erfahrung motiviert zur Suche nach Möglichkeiten, die Betroffenen noch zielgerichteter in Schwellensituationen zu unterstützen.

1.3 Die soziale Lage adaptiv zu behandelnder Personen

<u>Ausgangssituation</u>

Die zunehmende Verstrickung einer Person oder eines sozialen Systems in die substanzbezogene Abhängigkeit schlägt sich im Phänomen des Ausschlusses aus verschiedenen sozialen Zusammenhängen nieder. Diese zeigt sich u.a. im

- Verlust sozialer Beziehungen;
- eingeschränkter Teilhabe am Finanz- und Warenverkehr;
- Einschränkungen im Bereich Erwerbstätigkeit und -fähigkeit.

Eine Indikation zur Adaptionsbehandlung ergibt sich in der Regel aus der psychosozial diagnostizierten erhöhten Rückfallgefährdung am Ende der Entwöhnungsbehandlung. Sie tritt vor dem Hintergrund erlebter Langzeitarbeitslosigkeit, drückenden Schuldenlasten und Problemen im Umgang mit Wohnraum, vor allem aber schwierigen und zerbrochenen sozialen Beziehungen auf.

Eine eigene unveröffentlichte Erhebung (2008) in der Adaption der Soteria Klinik Leipzig über 800 Patienten ergab exemplarisch folgende soziale Eckdaten: 13,7% weibliche und 86,3% männlichen Patienten nutzten die Möglichkeit der Adaption. Mit einem durchschnittlichen Alter von 37 Lebensjahren befanden sich die Patienten zum Zeitpunkt der Aufnahme in einem für Erwerbstätigkeit interessanten Alter. Die durchschnittliche Gesamtdauer der Arbeitslosigkeit lag bei einem Mittel von 55,9 Monaten, gerechnet ab dem Jahr 1990. Aus den anamnestischen Erhebungen wird eine Vielzahl an Ausgrenzung bis hin zu kumulierender Exklusion deutlich. 165 Personen erlebten Obdachlosigkeit. 201 Personen hatten zum Teil lange Hafterfahrungen. Von zuletzt untersuchten 150 Patienten gab etwa ein Drittel an, keine Schulden zu haben, ein Drittel hatte keinen Überblick über Schulden und mögliche Regulierungen und ein Drittel wies Schulden bis zu einer Höhe von 55.000 € auf.

In der Gruppe der unter 24-Jährigen (n = 80) verfügen nur wenige Personen über eine abgeschlossene Berufsausbildung. Die Bemühungen, unter solchen Umständen (wieder) in eine normal bezahlte Erwerbstätigkeit hinein zu kommen, sind ohne Unterstützung häufig zum Scheitern verurteilt.

Abhängigkeitskranke und Erwerbseingebundenheit – gegenwärtiger Forschungsstand

Zusammenhänge zwischen Erwerbslosigkeit und Alkoholmissbrauch wurden durch die Studien von Henkel (1992) Trabert (1995) und Beyer/Spatz (1997) belegt. Demnach verschärften sich Suchtentwicklungen, die während bzw. bei drohender Arbeitslosigkeit entstanden. (vgl. Trabert 2001: 56f) Der FVS (Fachverband Sucht) stellte darüber hinaus zum Themenfeld ‚Sucht und Erwerbsfähigkeit' fest, dass überproportional viele arbeitslose Patienten nach Abschluss einer Alkoholentwöhnungstherapie bei fehlender Erwerbsperspektive wieder rückfällig wurden.

Richter et al. (2006) untersuchen die soziale Lage psychisch Kranker in Deutschland unter dem Blickpunkt der Erwerbsminderung bzw. -berentung als Folge von Erkrankungen nach ICD-10. Störungen durch Substanzgebrauch liegen die Häufikeit ihres Auftretens betreffend nahezu gleichauf mit depressiven Erkrankungen, den zu einer Gruppe zusammengefassten Belastungsreaktionen, Schizophrenien und somatoformen Störungen. Abhängigkeitskranke haben häufig neben der Substanzabhängigkeit weitere Diagnosen, die sich auf psychische Erkrankungen, Persönlichkeitsstörungen und körperliche Folgen der Abhängigkeit beziehen. Richter et al. stellen fest, dass psychisch erkrankte Männer im Median 53 Monate weniger sozialversicherungspflichtige Erwerbszeiten aufweisen als Männer mit somatischen Erkrankungen. Dies betrifft besonders Personen mit Suchterkrankungen bzw. Schizophrenie. Die Autoren der o.g. Studie weisen auf die Kosten für Erwerbsminderungsberentungen hin und kommen zu dem Schluss, dass die gegenwärtig angewandten Verfahren der Arbeitsrehabilitation in Deutschland offenbar kaum in der Lage sind, diese Exklusionstendenz zu verhindern (vgl. Richter et al. 2006).

Seine Untersuchungen lassen den Schluss zu, dass Menschen mit chronischen psychischen Beeinträchtigungen als Folge schädlichen Substanzgebrauchs in einem deutlich höheren Maß von Ausgrenzung (Exklusion) betroffen sind als Menschen mit körperlichen Erkrankungen.

Verortung der Forschungsarbeit

Das Ziel der Rehabilitation Abhängigkeitskranker besteht in der Wiederherstellung eines biologischen, psychischen und sozial ausgewogenen Zustandes als Voraussetzung der Erwerbsfähigkeit. Die zunehmende Verkürzung der Behandlungsdauer und die Einengung des Blickfeldes auf durch Leistungsträger anerkannte abrechenbare Leistungen erhöht jedoch den Druck auf eine in der Regel qualitative, aber nicht selten auf den künstlichen Wirkrahmen der Klinik beschränkte Behandlung. Signifikante Zusammenhänge zwischen substanzbezogenen Störungen und der sozialen Lage Betroffener bedingen eine über den klinischen Kontext hinausreichende nachsorgende Begleitung, die auf die situativen und kontextuellen Bedingungen Abhängigkeitskranker eingeht. Diese Bedingungen erzeugen in den Personen einen erhöhten Integrationsdruck – ihren eigenen Erwartungen und den Erwartungen ihrer Umwelt zu entsprechen.

Diese Forschungsarbeit kann zum Verständnis der sozialen Situation Abhängigkeitskranker im Übergang Rehabilitation/Alltag beitragen, Inklusionsbarrieren, aber auch eigene Lösungsansätze der Betroffenen verdeutlichen und deren Behebung in Gang setzen.

1.4 Die Notwendigkeit nachsorgender sozialpädagogischer Begleitung Abhängigkeitskranker in Schwellensituationen

Ausgangssituation

Aus der Beobachtung nachklinischer Verläufe wurde ersichtlich, dass die Fähigkeit zur Selbstbeobachtung und Selbstkontrolle bei einem Teil der Rehabilitanden mit dem Übergang aus Klinik oder Adaption in einen wieder selbst verantworteten Alltag nachlässt und damit das Risiko anwächst, wieder in süchtiges Verhalten zu verfallen.

Mehr als die Hälfte der Patienten, die die Adaption der Soteria Klinik Leipzig in Anspruch genommen haben, entschieden sich im Verlauf ihrer Behandlung für einen Ortswechsel. Für viele verband sich die Vorstellung einer Rückkehr an den alten Ort bzw. in alte soziale Bezüge mit einer höheren Rückfallgefährdung. Dass eine Verortung in neuen sozialen und räumlichen Zusammenhängen mit Schwierigkeiten einhergehen könnte, wurde hingegen oft bagatellisiert. Dies zeigte sich u.a. in der zögerlichen Annahme des Angebotes von Selbsthilfegruppen.

Basale Grundfertigkeiten wie Selbstsorge und -achtsamkeit, der Umgang mit Konflikten im Alltag und die Strukturierung in den Bereichen Arbeit, Alltag und Freizeit erhalten in der Adaption eine besondere Bedeutung. All diese Anforderungen an die behandelten Personen beschweren die Situation des Übergangs, werden aber vor dem Hintergrund des sicheren klinischen Rahmens häufig realitätsfern eingeschätzt.

Mit dieser Ausgangssituation steigen die Anforderungen an Soziale Arbeit. Primäres Ziel ist dabei die Unterstützung der Rehabilitanden bei der Entwicklung von Bedingungen für eine erfolgreiche Rückkehr in ihren Lebensalltag und damit einhergehend eine Verhinderung bzw. Minderung erneuter Ausgrenzungen aus sozialen Zusammenhängen aufgrund unbewältigten Suchtleidens.

Forschungsstand zur Nachsorge

Der Begriff *Tertiäre Prävention* wird allgemein im Kontext der Rehabilitation verwendet. Bei Vorliegen einer Abhängigkeitserkrankung zielt er auf die weitere Minimierung des Rückfallrisikos, Schadensminimierung, Wiederteilhabe am gesellschaftlichen Leben und Nachsorge (vgl. Sting/Blum 2003: 39f). Zu unterscheiden sind in diesem Bereich *struktur-* und *personenbezogene* Prävention – die erste richtet sich auf die Verbesserung äußerer Bedingungen, die zweite Form auf die Optimierung innerer Haltungen und Einstellungen. Im Zuge sich ausdifferenzierender Behandlungsansätze in der Suchthilfe verändert sich auch das Bild von Nachsorge. Ursprünglich der Behandlungskette nachgelagert ist sie heute ein stärkerer Bestandteil des Suchtbehandlungsprozesses. Nachsorge ist in der AWMF-Leitlinie zur Postakutbehandlung alkoholbezogener Störungen rechtlich verankert. „Maßnahmen der Nachsorge ergänzen und stabilisieren die Entwöhnungsbehandlungen. Die Nachsorge im Rahmen der Medizinischen Rehabilitation wird durch die „Vereinbarung Abhängigkeitserkrankungen" vom 04.05.2001 geregelt. Nachsorge als soziale Rehabilitation wird durch das SGB XII (§§ 53, 54) geregelt." (s. Leitlinie)

Anlaufstellen für Nachsorge sind (nach der MEAT-Studie von Küfner/Feuerlein 1989) u.a. Selbsthilfegruppen, Suchtberatungsstellen bzw. Sozialpsychiatrischer Dienst, Gesundheitsamt, Hausarzt, Psychiater.

Küfner (2004) erforscht Nachsorge im Suchthilfesystem als möglichen Faktor der Stabilisierung von Behandlungsergebnissen. Er untersucht empirische Befunde zur Wirksamkeit und zu Wirkfaktoren. Dies führt zu weiteren konzeptionellen Überlegungen zur Gestaltung von Nachsorge (vgl. Küfner 2004: 247).

Zum einen führt er, die generelle Wirksamkeit von Nachsorge betreffend aus, sie erscheine „sei es in Form von Selbsthilfegruppen oder als professionelle Nachsorge, ausreichend empirisch nachgewiesen." (ebd. 249) Seine Aussage stützt sich auf die Untersuchungsergebnisse von McKay 2001 und Connors et al. 2001. So ergab sich in McKays Metaanalyse über zwölf Studien eine signifikante Verbesserung des Behandlungserfolgs gegenüber der Vergleichsgruppe ohne Nachsorge. Andererseits unterscheidet Küfner Formen der Nachsorge hinsichtlich ihrer Wirksamkeit. Die Schlussfolgerungen Küfners aus einer Studie zum Selbsthilfegruppenbesuch ist insofern interessant als er feststellt: „Bei den im 1. Halbjahr abstinenten Alkoholabhängigen trägt eine Selbsthilfegruppe oder eine professionelle Nachsorge nur relativ wenig zu einer größeren Aufrechterhaltung der Abstinenz bei. Bei Rückfälligen ist der Effekt professioneller Nachsorge größer als der von Selbsthilfegruppen. Wichtig ist dabei, dass die Wahl der Nachsorge mit der Präferenz des

Patienten übereinstimmt." (Küfner 2004: 252) Dieser Hinweis stellt auf die Tatsache ab, dass bei Vorliegen komorbider Störungen bzw. erheblicher sozialer oder psychischer Auffälligkeiten eine professionelle Form der Nachsorge angeratener scheint als der Besuch einer Selbsthilfegruppe. So reicht die Spannweite der Nachsorge von motivierender Gesprächsführung über den zeitweiligen Einsatz von abstinenzstabilisierenden Medikamenten bis hin zu verschiedenen Formen Betreuten Wohnens.

Eine besondere Form der Nachsorge mit starker Hilfs-Ich-Funktion entwickelte die MPI Forscherin Heidenreich und MA in den 1990er Jahren – im Anschluss an ALITA (Ambulante Langzeit-Intensivtherapie). Das Programm wirbt mit dem Begriff der „aggressiven Nachsorge". Das bedeutet, nach vorheriger Vereinbarung erfolgen bei den zuvor zwei Jahre intensiv behandelten schwerst Alkoholabhängigen spontane Hausbesuche. Verwandte, Freunde und Bekannte werden rückfallpräventiv einbezogen. Die Abstinenzraten liegen bei stark nachgehender Arbeit und Kontrolle nach 7-9 Jahren bei etwa 50%. (bei n= 180)

Fazit

Für Personen, bei denen vor dem Hintergrund ihrer komplexen bio-psycho-sozialen Situation am Ende der Adaptionsbehandlung noch eine Rückfallgefahr besteht, ist grundsätzlich ein auf die Übergangszeit fokussiertes Angebot der Nachsorge sinnvoll und notwendig. Die Nachsorge als Abstinenz stabilisierender Faktor ist anerkannt. In indizierten Einzelfällen bzw. bei Rückfälligen ist eine professionelle Form von Beratung und Begleitung dem Besuch von Selbsthilfegruppen vorzuziehen. Die vielfältigen Formen von Nachsorge dienen der Vermeidung weiterer Exklusion und unterstützen zielgerichtet Personen in ihrem Ziel zufriedener Abstinenz. Sozialpädagogische

Interventionen als Bestandteil der Nachsorge sind hingegen wenig untersucht.

Verortung der Forschungsarbeit
Nachsorge ist ein wichtiger Teilaspekt im Gesamtkonzept der Behandlung und Begleitung von Abhängigkeitskranken mit dem Ziel der beruflichen und sozialen Inklusion. Aus der Menge der zu bewältigenden Schritte auf dem Weg zur sozialen Zufriedenheit und zufriedenen Abstinenz ergibt sich ein sozialpädagogischer Handlungsbedarf. Eingeordnet in ein Konzept der narrativen Identität sollen von außen angeregte Reflexionsprozesse das Spektrum nachsorgender Begleitung alkoholabhängiger Menschen bereichern.

2. Narration und Identität im Kontext von Abhängigkeitserkrankungen – Theoretische Grundlagen der Forschungsarbeit

Dieses Kapitel widmet sich der Frage, wie eine auf die Dynamik in Übergangssituationen ausgerichtete sozialpädagogische Intervention zur Verbesserung der Reinklusionschancen suchtkranker Menschen theoretisch zu untersetzen ist. Eine Grundlage des spezifischen Handelns bietet das Konzept der *narrativen Identität*. Dazu werden in zwei Unterkapiteln zentrale Fragestellungen behandelt.

Unter 2.1 wird der Aspekt der Narration dargestellt und entwickelt. Narration ist sowohl als Forschungsmedium grundlegend als auch als Forschungsgegenstand bedeutsam – beide Verwendungsweisen sollen nachfolgend vorgestellt werden.

Unter 2.2 wird der Aspekt der Identität mit den Teilbereichen der Identitätsbildung und der Identitätsarbeit behandelt. Dieser Aspekt taucht letztlich als hinter dem konkreten Handeln stehende Zielbestimmung der sozialpädagogischen Intervention unter dem Titel Identitätskonstruktion auf.

2.1 Narrative Identitätskonstruktionen im Kontext der Abhängigkeitserkrankung

Die zentralen Fragestellungen für die Einführung des Aspektes Narration und Narrationsforschung lauten: Können Narrationen der Rekonstruktion von Sinn und damit der Reflexion und Entwicklung von Persönlichkeit dienen? Auf welche Weise tragen sie als Forschungsgegenstand dazu bei, Entwicklungen in, während und aus der Abhängigkeit heraus zu erhellen? Lassen sich die doch zu erwartenden sehr unterschiedlichen subjektiven Sichten der Erzählenden zu Aussagen und Erkenntnissen über Verläufe und Faktoren von Suchtentwicklungen verdichten und innerhalb mehrerer Lebensgeschichten vergleichen? In den einzelnen Unterkapiteln werden die Fragestellungen spezifiziert.

Einführung in die Narration und Narrationsforschung
An der Grenze zwischen dem individuellen psychischen System und der sozialen Gestalt des Individuums kondensiert etwas, was wir als Identität wahrnehmen oder vermitteln. Dieses Kondensat versteckt sich häufig mehr in Andeutungen und Belegerzählungen als in vermeintlich klar definierten Aussagen über sich selbst. Die täglich dialogische Aushandlung eigener Identitätskonstruktionen zwischen Selbst- und Fremdreferenzen sowie Rollenerwartungen geschieht unbewusst oder bewusst, aber immer wieder im Abgleich mit bzw. sich differenzierend von einer Umwelt (vgl. hierzu Neumann 2005: 63, Keupp et al. 1999: 99, Emcke 2000: 48). Das hat Auswirkungen auch in Bezug auf die Authentizität erzählten Lebens. Die Erzählung wird zu einem identitätskonstituierenden Moment, indem eine Auswahl zu erzählender Details und Kontexte gegenüber „realen bzw. imaginierten Adressaten" (Neumann 2005: 63) getroffen wird. Die Möglichkeiten der Festschreibung solcher Momente sind begrenzt, indem sie sich an der Bestätigung/Ablehnung der jeweiligen Adressaten orientieren. Neumann spricht von der sozialen Akzeptanz des Selbstentwurfes durch ein Alter Ego als Voraussetzung seines Bestehens.

Die Interventionsmöglichkeiten, die sich in der Anwendung der Narration bieten, bauen auf dem Vorgang des Erzählens als basaler Verständigungs- und als Bewältigungsform auf. „Nachdem der ‚Sinn' wieder Einzug in die Betrachtungen halten durfte, wird beispielsweise verstärkt auf die Geschichten geachtet, mit denen Partner und Familienangehörige sich und ihre Beziehungen, Bilder von Krankheit, Gesundheit und Veränderung, Schuld und Unschuld, Gut und Böse, Ursache und Wirkung, Wahrheit und Lüge, biosomatischer, psychischer und sozialer Eingebundenheit, Macht und Ohnmacht und viele andere Themen des konkreten Lebens darstellen. Das Ziel ist, […] die Geschichten (bzw. Narrationen) so zu verändern, dass einengende, destruktive und Entwicklung behindernde Aspekte zugunsten eines größeren Freiheitsbereiches von Interpretations- und Handlungsoptionen umgedeutet werden können." (Kriz 1998: 107)

Abhängigkeitskranke Menschen tragen in sich Geschichten, die auf Verkrümmungen und Verkümmerungen von Persönlichkeit, auf Abweichungen aber auch auf Ressourcen hinweisen können. Diese Potenziale gilt es mit dem Mittel von Stegreifgeschichten aufzuspüren und positive Tendenzen bzw. Einsichten entsprechend zu verstärken. Aus den vorgenannten Überlegungen heraus werden folgende Aspekte eingehender untersucht:

- Rekonstruktion von Persönlichkeit mit dem Mittel der Narrationsanalyse
- Narration als Vorausetzung von Identitätsbestimmung und -veränderung
- Autopoiesis von Bewusstsein
- Narration als Beobachtung der Beobachtung
- Gedächtnis – Identitätskonstitution durch Erinnern
- Nutzung narrativer Darstellungen

Narration wird in der Forschungsarbeit als Medium der symbolischen Kopplung im Interventionsgeschehen (Kap. 4) und als Bestandteil der Forschungsmethodik (Kap. 5) einbezogen.

a) **Rekonstruktion von Persönlichkeit mit dem Mittel der Narrationsanalyse**

Die nachstehende Thematik soll an der folgenden Fragestellung entwickelt werden: Inwieweit ist es dem Forschenden möglich, durch Narrationsanalyse Einblicke in die Entwicklung der Persönlichkeit eines Menschen zu erhalten?

Der Mensch ist Forschungsgegenstand der verschiedensten Wissenschaften, die er - dank seiner Symbole nutzenden und sich weiter entwickelnden Sprache – erst schaffen konnte. Die Anthropologie, die Verhaltensforschung und Medizinische Wissenschaften thematisieren die Entwicklung, das Verhalten und die Gesundheit des Menschen. Die Psychologie und die Sozialwissenschaften beschäftigen sich mit Entwicklungen der individuellen Persönlichkeit und des Lebens in der Gemeinschaft.

Die Entstehung der qualitativen Sozialforschung verbindet sich mit der Erkenntnis, dass es Phänomene gibt, die sich einer Quantifizierung entziehen. Hier geht es darum, Sinnwelten und Komplexität des Erlebens und Handelns aus der Sicht von Individuen oder Gruppen zu verstehen. Die prinzipielle Offenheit des Forschungsgegenstandes und des Forschungsprozesses ermöglicht den Blick über vorformulierte Theorien hinaus. Die Mittel und Methoden qualitativer Sozialforschung sind vielfältig und kommen bereits in anderen Wissenschaften, bspw. im narrativ-entwicklungspsychologischen Ansatz zum Einsatz. Hauptsächlich drei Datenquellen stehen dem empirisch orientierten Forscher zur Verfügung: *Beobachtungen, Befragungen* und *Dokumente*. In der vorliegenden Arbeit gilt das Interesse einer besonderen Form der Befragung, dem narrativen Interview (s. Kap 5.2.1.). Die Form des nicht standardisierten Interviews hat im Einzelfall einen eher explorativen denn einen repräsentativen Charakter und trägt auf diese Weise zur Anregung von Hypothesen bei. Eine Lebenserzählung, insbesondere, wenn sie nicht äußeren Strukturierungen und Lenkungen unterliegt, bringt eine Fülle an Datenmaterial hervor, dass es zu ordnen und zu interpretieren gilt. Dies ist die Aufgabe der Narrationsanalyse. Doch welche Bereiche genau können mit Unterstützung der Narrationsanalyse zugänglich gemacht werden? Eine Analyse narrativer Interviews hat es einerseits immer mit biografischen Hintergründen der berichtenden Personen zu tun. Zum anderen lassen sich Strategien im Umgang mit biografisch relevanten und einer Erzählung für bedeutsam gehaltenen Ereignissen herausstellen. Da es immer Interaktionen sind, die bestimmte Entwicklungen fördern und begleiten, erfahren die Forschenden sowohl sachliche, als auch zeitliche und soziale Hintergründe der Formung von Persönlichkeit. Eine Narrationsanalyse ist stets Einzelfallanalyse. Sie greift die Sprache des bzw. der Erzählenden auf und ermöglicht Aussagen über bestimmte Merkmale, Bedingungsgefüge und Prozessverläufe dieser einzelnen Person oder der erzählenden Gruppe. Damit trägt sie zur Rekonstruktion der Entwicklung von Persönlichkeit und Identität bei.

Der besondere Zusammenhang zwischen Sozialpädagogik und rekonstruktiven Forschungsmethoden besteht zum einen in der Fallbezogenheit sozialpädagogischen Handelns. Diese drückt sich über Reflexionen sowohl hinsichtlich des Falls als auch des eigenen Handelns aus. Case Management oder Multiperspektivische Fallarbeit zählen mittlerweile zum Handwerkszeug sozialpädagogischen Handelns und setzen die Entwicklungen theoriegenerierender *rekonstruktiver* Fallforschung (vgl. Giebeler, in: Giebeler et al. 2007: 9) in die Praxis um. Zum anderen bedeutet die ressourcenfokussierte Arbeit des Sozialpädagogen eine Orientierung an Methoden, die zur Sinnrekonstruktion geeignet sind. Die Rekonstruktion von Sinn begründet sich aus der Verwobenheit aktueller Problematiken der Zielgruppe sozialer Arbeit mit ihren jeweiligen eigenen Biografien und ihren Relationierungen im gesellschaftlichen Kontext (vgl. v. Wensierski 1997: 77f). Eine sozialpädagogisch orientierte Narrationsanalyse greift die angeführten Bedingungsgefüge fallfokussiert auf. Obwohl jede Fallrekonstruktion auf die Besonderheiten des jeweiligen Falles abstellt, lassen sich doch Gemeinsamkeiten bestimmter Fallgruppen abstrahieren. Abstraktionen fördern ein fallübergreifendes Verstehen. Angestrebt wird damit ein qualitativeres sozialpädagogisches Handeln. Die Fallrelevanz der beschriebenen Zielgruppe Abhängigkeitskranker ergibt sich aus der spezifischen Erkrankung, deren Folgen und der dadurch erschwerten Rückkehr in einen eigen verantworteten und gestalteten Alltag.

Biografieforschung als Part qualitativer Sozialforschung geschieht durch die „Erhebung und Auswertung von lebensgeschichtlichen Dokumenten" (Krüger/Marotzki 2006: 8). Sie liegen in der Form unterschiedlichen biografischen Materials dem Forscher vor oder werden bspw. als Narrative Interviews erst produziert. Biografie wird in der Behandlung im Rahmen anamnestischer Erhebungen zur Diagnostik und zur Eruierung des individuellen therapeutischen- bzw. Hilfebedarfs genutzt. Eine Reihe von Arbeiten nutzt das qualitative Erhebungsinstrument zur Erforschung bestimmter Abschnitte der Suchtentwicklung (vgl. Schütze 1995, Reim 1997). Narrationsanalysen tragen zur Wissensproduktion bei, indem sie die subjektiven Sichten der Erzählenden aufgreifen, interpretieren, einordnen oder zur Theoriegenerierung nutzen. Und sie tragen, wie im Folgenden dargestellt, zur Identitätsbildung bzw. -veränderung bei.

b) Narration als Voraussetzung von Identitätsbestimmung und -veränderung

Die Voraussetzung eines Zusammenhanges von Narrativität und Identität führt zur Frage: Kann die Identitätskonstruktion gegenwärtiger Menschen durch Narration gestärkt bzw. weiter entwickelt werden?

Um die aktuelle Bedeutung der Narration im Interaktionsgeschehen Einzelwesen/Umwelt zu verstehen, ist es wichtig, sich mit den Aspekten der gesellschaftlichen Moderne auseinanderzusetzen. Die Moderne hat ihre eigenen spezifischen Auswirkungen auf die Selbstbeschreibung des Individuums. Hier interessieren weniger Schichten, Klassen und festgelegte biografische Verläufe, in denen Individuen fixiert sind. Vielmehr wird Identität in einer „lebenszeitlich erstreckten Prozessdarstellung modelliert; das Individuum wird biografisch bzw. autobiografisch in Bezug zur Gesellschaft gesetzt." (Fischer-Rosenthal/Rosenthal, in: Hitzler/Hohner 1998: 133) Jenes In-Bezug-Setzen geschieht narrativ. In der symbolischen Kopplung (s. Kap. 4.4.) zwischen dem Bewusstsein der einzelnen Person und der sozialen Zusammenhänge, in denen sie sich temporär verortet, wird auf Erfahrungen und Vorstellungen des jeweiligen anderen Systems zugegriffen. Diese dienen zur Grundlage der Entwicklungen des eigenen Systems. Narrationen sind Produkte und Treibsätze kommunikativen Geschehens und als solche untrennbar mit der Entwicklung von Identität verbunden.

Zur Klärung, ob Narrationen die Entwicklung von Persönlichkeit und Identität beeinflussen, ist zu fragen: Welche Funktion erfüllen narrative Konstruktionen? Inwiefern ist das autobiografische Erzählen Sinn- und Identität stiftend?

Erzählungen stellen eine besondere Form der Verständigung dar. Sie unterscheiden sich von funktional alltäglichen Gesprächen, von Small Talk, von Spezialkommunikationen (Fluglotse), von Intim-

Kommunikationen usw. Erzählung ist die Form, in die Erinnerungen und Erwartungen interpretierend hineingegossen werden, in die auf Grund der im Gedächtnis gespeicherten Erfahrungen auch Gegenwart gedeutet und Zukünftiges prognostiziert wird. „Identität ist das Selbst in der Zeit. [...] Erst im narrativen Modus gewinnt es Gestalt: jene Gestalt, die sich ein Individuum – im diskursiven Wechselspiel mit realen und imaginierten Adressaten und »Miterzählern« seiner Erzählung – in Form seiner Lebensgeschichte gibt." (Brockmeier 1999: 23) Deutungen und Bewertungen vorangegangenen Handelns und Erlebens werden durch die kulturellen, sachlichen, zeitlichen und sozialen Kontexte, in denen sich Erzählende befinden, mitbestimmt. Sie bewegen sich in einer durch Beobachter nachvollziehbaren Bandbreite. Die selbstreflexiven Leistungen der Erlebenden beschränken sich dabei nicht auf die Infragestellung des eigenen Seins und das Spiel mit den Möglichkeiten an Lebensgestaltung. Der autobiografische Prozess „ist nicht nur ein Öffnen, sondern auch ein Abschließen und Verfestigen, ein Verdichten der Vielfalt zu einer bestimmten Einheit und sei es auch nur die Einheit einer vorübergehenden »Konfiguration«." (Brockmeier 1999: 25) Lebensgeschichten versprachlichen diese Konfigurationen und verleihen dem, „was wir Identität nennen, für einen Moment Stabilität, ja überhaupt erst Existenz." (ebd.)

Was erinnert wird und was nicht, was erinnert aber nicht ausgesprochen wird, hängt von der aktuellen Dynamik des autobiografischen Prozesses ab. Sie entsteht als ein polykontextuelles Konstrukt, in das Faktoren der Affektivität, Selektivität, Interpretativität usw. hineinwirken. Narration verdichtet so den Zustand des Individuums, in dem es sich befindet, sich deutet, aber auch die Vorstellungen, die es von seinem Sein hat, zu einem handhabbaren Rahmen. Aus dieser fortwährenden Standortbestimmung erwächst die Aufgabe des Individuums, zu entscheiden, ob es in einem Zustand verbleiben will oder ob Veränderungen der Selbstkonstitution angebracht sind. So bewegt sich dieses Sein zwischen den Polen der Selbstkontinuierung und der Selbstentwicklung.

Fischer-Rosenthal/Rosenthal beschreiben biografische Arbeit als einen lebenslangen Prozess, in dessen Brennpunkt die ständige Aktualisierung der Selbstbeschreibung steht: „im Kontext familialer und milieuhafter Kommunikation notwendig zur Identitätsbildung und -sicherung für alle Gesellschaftsmitglieder ungeachtet sonstiger stratifikatorischer und Gruppenzugehörigkeiten" (In: Hitzler/Hohner 1998: 134). An anderer Stelle fassen Fischer und Goblirsch (2004) die kommunikative Konstitution des Selbst wie folgt: „Die regelhaften und individuellen Prozesse der Ontogenese formen sich anlässlich des Erlebens gesellschaftlich typischer und einmaliger Ereignisse in wirksame individuelle Strukturen um, die jedes neue Erleben strukturieren und potenziell dazu führen, die Strukturen und Orientierungsleistungen neu zu fassen. Es baut sich ein Strukturierungspotenzial auf, das seinen Ausdruck in alltagsweltlichen Narrationen finden kann, dort kommunikativ konstituiert wird und modifiziert werden kann. Man bleibt angesichts vieler heterogener Erlebnisse und Anpassungsformen derselbe, indem man seine Orientierungsstrukturen narrativ modifiziert (Adaptation und Akkomodation in Piagets Begriffen), sich also fortlaufend erzählend nicht nur darstellt, sondern als Selbst konstituiert." (Fischer/Goblirsch 2004: 72)

Narration kann in zweifacher Weise zu Veränderungen der Persönlichkeit bzw. der Identität führen. Zum ersten fordert und fördert die differenzierte Beobachtung bisheriger Kommunikationen eine Positionierung – und zwar in dem Sinne, sich für eine Fortführung bzw. Veränderung dieser Kommunikationen zu entscheiden. Zum zweiten geht es ab dem Punkt der Erkenntnis, chronisch abhängigkeitskrank zu sein, darum, sich mit dieser Erkrankung in der alltäglichen Lebenspraxis zu arrangieren. Erleidensprozesse somatischer Folgeerkrankungen werden ebenso narrativ verarbeitet wie die Veränderung von Handlungsmöglichkeiten in den Bereichen Arbeit, Alltag, Freizeit und sozialer Beziehungen. Das Innewerden der biografischen Position ist dabei eine Momentaufnahme. Narrativ wird diese Position auf ihre Gültigkeit für die Person hinterfragt, manifestiert oder verändert. Der Ort, an dem sich diese Prozesse ansiedeln, ist das Bewusstsein. Bewusstwerdung erfordert eine neue Selbstbeschreibung.

c) Autopoiesis und Veränderung von Bewusstsein

Das in den vorangehenden zwei Unterkapiteln herausgearbeiteten Konzept der narrativen Identität soll nun ausgehend von folgender Frage systemtheoretisch reflektiert werden: Wie lassen sich die Stärkung und Entwicklung von Identität systemtheoretisch beschreiben?
Nicht die einzelne Person ist aus dieser Perspektive Objekt der Identifizierung. Identität gewinnt Gestalt aus kommunikativen Vorgängen. Es sind die Selbst- und Fremdbeschreibungen von Interaktionen, die ein jeweiliges System (Konstrukt) sichtbar machen.
Luhmann, es wird noch ausführlich auf dessen differenztheoretische Beobachtungsperspektive (Kap 3) eingegangen werden, lehnt es ab, Identität einem Subjekt zuzuordnen und verzichtet dabei auf Identitätsvorgaben. Wichtig ist das *Wie* des Umgang mit diesen Beobachtungen: „Die Frage, wie Identität produziert wird [...] zielt auf eine genetische Theorie der Sinnkonstitution. [...] Wir fragen nicht, was etwas Identisches ist, sondern wie das erzeugt wird, was dem Beobachten als Identisches zu Grunde gelegt wird." (Luhmann 2005: 27)[19]

---

[19] Empirisch betrachtet sprechen Personen miteinander und in unterschiedlichen Kontexten. Sie nehmen sich identifizierend aufeinander Bezug und sich gegenseitig in Anspruch. Die Einführung einer systemtheoretischen Perspektive an dieser Stelle dient mir als grundlegende (analytische) Betrachtungsweise von Interaktionen und der Eingebundenheit von Bewusstsein und Kommunikation.

Die Identitätsrekonstruktion wird in dieser Forschungsarbeit als *autopoietisch* und zugleich *symbolisch gekoppelter Reflexionsprozess* (s. Kap. 4) beschrieben. Die Adressaten dieses Prozesses sind soziale und psychische Systeme mit ihren jeweiligen Modulierungen in Kommunikation und Bewusstsein. Autopoiesis des Bewusstseins bedeutet, dass die Erhaltung des Systems Bewusstsein aus systemeigenen Elementen erfolgt. Elemente des Bewusstseins sind Gedanken in der Form von Vorstellungen, Erwartungen, Erinnerungen usw. Narrationen tragen als Produkt der Verlautbarung von Vorstellungen und Erinnerungen zur Neustrukturierung des Bewusstseins bei. Dazu müssen Narrationen Unterscheidungen markieren, sonst entsteht ein autopoietischer Leerlauf. Über die Form des Erzählens einerseits und der eigenen Beobachtung der Erzählung andererseits ‚irritiert' sich Bewusstsein. Es regt sich zu einem veränderten Umgang mit dem Verlautbarten an und es ist über den Umweg der Verlautbarung in der Lage, sich selbst zu thematisieren. Eine Voraussetzung der Selbstthematisierung besteht im sozial angelieferten Material, Zeichen und Symbolen.

Sowohl Bewusstsein als auch Kommunikation sind auf ein gemeinsam zur Verfügung stehendes Medium angewiesen. Dieses Medium ist *Sinn* als Auswahl des Aktuellen aus dem Möglichen. Eine zweite Voraussetzung ist Zeit. Alle Interventionen, auch so genannte Kurzinterventionen sind verzeitlicht. Intervention be- und entschleunigt Prozesse der Selbstthematisierung. Lässt sich eine Person auf das Interventionssystem ein, werden andere Handlungsvollzüge und nicht systemimmanente Kommunikationen für die Dauer der Intervention ausgesetzt. „Um zwischen den damit gegebenen Optionen entscheidungsfähig zu werden, muss auf etwas zurückgegriffen werden, das in der Vergangenheit liegt, sich bewährt oder gerade nicht bewährt hat – Zukunft und Vergangenheit werden modalisiert." (Großmaß 2006: 490) Das Bewusstsein bedient sich selektiv des im Interventionssystem entstehenden zeitlichen, sachlichen und sozialen Sinns. Dabei bleibt das Interventionssystem aber stets nur Umwelt des Bewusstseins. Auf diese Weise wahrt es seine Unabhängigkeit.

Narration als lebensgeschichtliche Erzählung stellt eine Form der Auswahl des Aktuellen aus dem Möglichen dar. Sinn liegt beispielsweise in der Wahl des zu Erzählenden, in Glättungen, Hinzufügungen, Deutungen und Interpretationen des Erlebten oder Vorgestellten. Narration setzt damit an früheren Bewusstseinszuständen an und stellt deren aktuelle Gültigkeit reflektierend zur Disposition. Die sich daraus ergebenden Konsequenzen sind neue Bewusstseinszustände. Unter dem Stichwort *Brownsches Formenkalkül* wird das Thema der Narrativen Identitätskonstituierung in Kapitel 9 noch einmal aufgegriffen. Die Stärkung und Entwicklung von Identität geschieht, indem sich das Bewusstsein der einzelnen Person von seiner sozialen Umwelt differenziert, zugleich aber für Anregungen öffnet. Diese Anregungen werden selbstreferenziell weiter verarbeitet und führen zu einer neuen Festlegung interner Operationsweisen. Diese wiederum sind bspw. als Veränderungen oder Manifestationen von Haltungen und Einstellungen erkennbar.

d) Narration als Beobachtung der Beobachtung

Die Ausgangsfrage für diesen Abschnitt lautet: Auf welche Weise lassen sich durch Narration in Gang gesetzte Entwicklungen und Veränderungen der Persönlichkeit bzw. Identität beobachten?

Narrationen sind Rekonstruktionen von Lebensläufen aus der subjektiven Sicht der Erzählenden. Die Schwerpunktsetzung des zu Berichtenden ermöglicht Intervenierenden die Beobachtung der gegenwärtigen Bedeutungszuweisungen. Während die eine Person sich um chronologische Exaktheit und Lokalisation bestimmter Phasen und Ereignisse des

Lebenslaufes bemüht, halten andere ihren Werdegang in Beleggeschichten fest. Häufig sind die Texte schon vorab von Deutungen und Wertungen durchsetzt, mischen sich also Rekonstruktionen des Vergangenen mit gegenwärtigen Deutungsmustern.

Der Begriff Beobachtung aus einer systemtheoretischen Perspektive (s. Kap. 3) bezeichnet einen Differenzierungsvorgang. Eine Person, eine Gruppe, eine Institution oder ein anderes spezifisches System markieren als Beobachter eine Differenz. Eine der beiden Seiten der Differenz (bspw. Innen/Außen; Vorher/Nachher) wird bezeichnet und die weiteren Operationen des Beobachters (bspw. eine Anschlusskommunikation) beziehen sich auf die bezeichnete Seite. Im Prozess der Narration finden solche Differenzierungen durch Beobachtung in vielfältiger Weise statt.

Die erzählende Person beobachtet ihren Lebensverlauf und rekonstruiert auf diese Weise Sinn. Dabei steht sie in sozialer Interaktion mit dem Rezipienten. Durch dessen Nachfragen kann die Aufmerksamkeit auf bestimmte Teilbereiche der Biografie gelenkt werden.

Erzählungen können auf Inhalte, Schlüssigkeit, Brüche, Verwerfungen und Stimmigkeit der Deutungen hin beobachtet werden.

Die Narration selbst ist Teil der autopoietischen Prozesse im Bewusstsein erzählender Personen. Ein Außenstehender kann diese Prozesse von außen als Veränderung oder Beibehaltung der Beobachtung 2.Ordnung beobachten.

e) Gedächtnis – Voraussetzung der Identitätsbildung durch Erinnern

Eine Person ist mehr als die Summe ihrer Grundfähigkeiten und -fertigkeiten, ihrer Affekte und Kognitionen. Sie ist ebenso mehr als die Menge ihrer sozialen Bezüge. Die Bündelung ihrer Erfahrungen und

Vorstellungen geschieht im Gedächtnis in einem unauflösbaren Zusammenhang der Kategorien Sinn und Zeit. Im Erinnern rekonstruiert die Person Ereignisse und Interaktionen in einer eigenen Weise. Die Auseinandersetzung mit dem zu Erinnernden findet in Form von Verwischungen, Hinzufügungen und anderen Formen der Manipulation statt. In der Folge werden drei Gedächtnisformen, das *individuelle* Gedächtnis, das *kollektive* Gedächtnis und das *kulturelle* Gedächtnis vor dem Hintergrund ihrer Relevanz für das Forschungsvorhaben vorgestellt. Zusätzlich wird auf das Problem des durch Abhängigkeitserkrankungen beeinträchtigten Gedächtnisses eingegangen sowie auf die inhaltliche Beziehung von Gedächtnis und Sinn.

Das *individuelle* Gedächtnis

Die Basis jedweden individuellen Gedächtnisses besteht in den biophysischen Grundlagen, die im werdenden Leben bereits angelegt sind. Das ‚individuelle Gedächtnis' als Voraussetzung von Persönlichkeit des einzelnen Individuums erhält Informationen über den Austausch mit seiner sozial relevanten Umwelt. Es braucht zur Überprüfung und Manifestierung von Erinnerungen die wechselseitigen Anschlüsse an das kollektive Gedächtnis. Individuell werden Prioritäten hinsichtlich der Auswahl des zu Erinnernden und zu Vergessenden gesetzt, die sich nur bedingt im Kollektivgedächtnis wiederfinden. Individuelles Erinnern gründet auf der einzigartigen Perspektive (vgl. Assmann, A. 2007: 24) jedes einzelnen Individuums. Es vereint zeitlich begrenzt und sprachlich fixiert, Erfahrungswissen sowie soziale und kulturelle Elemente in einem nicht auf andere Personen übertragbaren Deutungszusammenhang.

Das *kollektive* Gedächtnis

Der von Maurice Halbwachs in den 1920er Jahren gesetzte Begriff des „‚kollektiven Gedächtnisses' (mèmoire collective)" (vgl. Neumann 2005:72) baut auf Durkheims (1858-1917) ‚collective conscience' auf. Halbwachs differenziert das Gedächtnis von seiner physiologischen Umgebung und begreift es als soziales Phänomen, das sich im Verlauf der Sozialisation und damit in der Interaktion herausbildet.

Jede Form der Erinnerung ist nach dem Verständnis von Halbwachs sozial geprägt. So lassen sich seine Überlegungen zum individuellen Gedächtnis mit dem von Aleida Assmann formulierten Begriff des sozialen Gedächtnisses in ihren Ansätzen überinbringen, die ebenfalls von einer sozialen Grundierung (Assmann. A. 2008: 3) des individuellen Gedächtnisses ausgeht. Zum Zusammenspiel des individuellen und kollektiven Gedächtnisses äußert sich Halbwachs wie folgt: Erinnerungen „werden mir ja von außen ins Gedächtnis gerufen und die Gruppen, denen ich angehöre, bieten mir in jedem Augenblick die Mittel, sie zu rekonstruieren, unter der Bedingung, dass ich mich ihnen zuwende und dass ich zumindest zeitweise ihre Denkart annehme. Es würde in diesem Sinne ein kollektives Gedächtnis und einen gesellschaftlichen Rahmen des Gedächtnisses geben, und unser individuelles Gedächtnis wäre in dem Maße fähig, sich zu erinnern, wie es sich innerhalb dieses Bezugsrahmens hält und an diesem Gedächtnis partizipiert." (Halbwachs 1985: 21)

Soziales und kollektives Gedächtnis regen sich im Erinnern an, indem das einzelne Individuum den Standpunkt einer Gruppe und die Gruppe den Standpunkt eines einzelnen Individuums bezieht.

Volkan (2000) beschreibt das ‚kollektive Gedächtnis' im Zusammenhang des Konzeptes von Großgruppenidentität. Diese Identität wird durch ein dauerndes subjektives Empfinden des Gleichseins mit einer großen Menge von Personen erzeugt. Gleichzeitig teilen die Personen individuelle Charakteristika mit anderen Gruppen. Elemente, die von einer Gruppe geteilt werden, fehlen demzufolge bei anderen Gruppen, die mit der erstgenannten in Verbindung stehen (vgl. Volkan 2000: 28).

Aleida Assmann unterscheidet zwischen sozialem, kollektivem und kulturellem Gedächtnis. Den wichtigsten Unterschied zwischen sozialem und kollektivem Gedächtnis sieht sie in der Kurzfristigkeit gespeicherter Erinnerungen im sozialen Gedächtnis gegenüber der auf Stabilität der Erinnerungen angelegten Form des kollektiven Gedächtnisses. „Das wichtigste Medium des sozialen Gedächtnisses ist das Gespräch. Dieses Gedächtnis lebt vom und im kommunikativen Austausch am Leben. Solange eine Gruppe mit einer gemeinsamen Erfahrungsbasis sich über diese Erfahrungen aus ihren verschiedenen Perspektiven heraus immer wieder austauscht, solange besteht ein soziales Gedächtnis. [...] im kollektiven Gedächtnis werden mentale Bilder zu Ikonen und Erzählungen zu Mythen, deren wichtigste Eigenschaft ihre Überzeugungskraft und affektive Wirkmacht ist. Solche Mythen lösen die historische Erfahrung von den konkreten Bedingungen ihres Entstehens weitgehend ab und formen sie zu zeitenthobenen Geschichten um, die von Generation zu Generation weitergegeben werden.[...] Ihre Dauer wird nicht dadurch begrenzt, dass die Träger wegsterben, sondern dadurch, dass sie dysfunktional und durch andere ersetzt werden." (Assmann, A. 2008: 2)

Jan Assmann (1992) führt die Überlegungen von Halbwachs bzgl. der sozialen Konstruktion von Gedächtnis weiter und differenziert ein kommunikatives vom kulturellen Gedächtnis. Das kommunikative Gedächtnis erfüllt die Funktion der kurzzeitigen Bewahrung gegenwärtigen Erfahrungswissens. Worüber Personen sprechen, das wird bewahrt. Das kulturelle Gedächtnis geht in seinen Wirkungsbereich über die Zeitspanne eines Menschenlebens hinaus.

Das *kulturelle* Gedächtnis

Die Wurzeln des kulturellen Gedächtnisses sind ursprünglich im Totenkult angelegt (vgl. Assmann, A: 2006: 33). Lebende und Tote korrespondieren über Riten und Ehrungen und halten auf diese Weise Erinnerungen präsent. Menschen sorgen dafür, dass sie über ihr Ableben hinaus im Gedächtnis der anderen verbleiben, sei es durch Mäzenatentum, moralische, künstlerische, politische, soziale Leistungen oder durch besondere Grausamkeiten. Um über drei Generationen hinaus Bestand zu haben, bindet sich ‚das nicht vererbbare Gedächtnis des Kollektivs' (ebd. 19) an Medien, bspw. in Lieder, Tagebücher usw. „Dieses Gedächtnis setzt sich nicht einfach fort, es muss immer neu ausgehandelt, etabliert, vermittelt und angeeignet werden. Individuen und Kulturen bauen ihr Gedächtnis interaktiv durch Kommunikation in Sprache, Bildern und rituellen Wiederholungen auf." (Assmann, A. 2006: 19) Im epochenübergreifenden Erinnern geht es nicht um bloßes Verwalten von Wissen, sondern um eine Form der Identitätskonstituierung. Diese geschieht, wie sie bildhaft darstellt, als „partielle Ausleuchtung von Vergangenheit, wie sie ein Individuum oder eine Gruppe zur Konstruktion von Sinn, zur Fundierung ihrer Identität, zur Orientierung ihres Lebens, zur Motivierung ihres Handelns brauchen." (ebd. 408) Notwendigerweise muss eine Auswahl des zu Erinnernden getroffen und damit zugleich der weitaus größere Teil vergessen werden.

Bei aller Differenzierung der verschiedenen Formen von Gedächtnis sind Menschen im Alltag auf jede einzelne dieser Facetten angewiesen. Den routinierten Handlungsabläufen und gegenwartsbezogenen Kommunikationen des Alltags steht der im kulturellen Gedächtnis verfügbare Sinn nicht einfach gegenüber. Eher scheint das individuelle Gedächtnis, sich be- und entlastend Zugriff auf beide Welten zu haben. Kommunikatives und kulturelles Gedächtnis durchdringen einander und halten auf diese Weise Wissen und Erfahrungen lebendig.

Abhängigkeitserkrankungen und Gedächtnis
Suchtentwicklungen hinterlassen tiefe Spuren im Gedächtnis betroffener Personen, umso tiefere, je länger diese Entwicklung stattgefunden hat und keine Behandlung in Anspruch genommen worden ist. Die Funktionen des Speichern und Erinnerns werden schon bei kurzzeitigem Konsum beeinflusst. Blackouts können die Folge zu hoher Blutalkoholkonzentration im Gehirn sein. Paradoxerweise scheinen Verknüpfungen im Gehirn zu entstehen, die beim bloßen Anblick von Suchtmitteln Verlangen und erwartete angenehme Wirkungen zusammenbringen, das so genannte Suchtgedächtnis. Gleichzeitig kann auf der neuronalen Ebene eine Abhängigkeitsentwicklung zu Einschränkungen der Leistungsfähigkeit führen. Diese äußert sich bspw. in Gedächtnisstörungen, wie sie in extremerer Form für das Hirnorganische Psychosyndrom typisch sind. Gedächtnisstörungen sind zum Teil (Bsp. Gedächtnistraining) reversibel, zum Teil nicht. Dies hat Auswirkungen auf die Reflexionsfähigkeit und damit Anwendbarkeit der narrativen Intervention. Im Zuge der Suchtentwicklung gehen Deutungsmuster, die mit anderen Personen oder Gruppen geteilt werden, verloren. Die soziale Seite des Gedächtnisses verringert sich mit den nachlassenden Interaktionsmöglichkeiten. Mit dem Verlust sozialer Kompetenzen, die doch die Grundlage dafür bilden, sein eigenes Verhalten auf das der Gemeinschaft hin angemessen auszurichten, verschwindet zugleich das Individuum aus dem Bereich sozialer Gemeinschaft. Die Selbstisolation oder der Ausschluss betroffener Personen aus sozialen Zusammenhängen tragen dazu bei, dass gemeinschaftlich wichtige Erinnerungen entweder funktional abgespalten oder tatsächlich vergessen werden. Im kulturellen Bereich ist das

nachlassende Interesse an kulturell vermittelten Gütern und Werten zu beobachten. Der Zugriff auf das der Gemeinschaft zur Verfügung stehende kulturelle Wissen zum Thema Alkohol ist eher nicht zu empfehlen. Hier findet über bestimmte Mythen, bspw. die belebende Wirkung des Weins, eher eine ideologische Stützung des Konsums statt.

Gedächtnis und Sinn
An dieser Stelle wird nur exkursiv auf den inneren Zusammenhang von Gedächtnis und Sinn eingegangen. Beide Kategorien teilen sich über ihre Zeitbezogenheit mit (s. Kap. 4.3.b). Sinn schließt an Vergangenem an und verweist auf Zukünftiges. Selbst, wenn er scheinbar auf Vergangenes weist, richtet sich Sinn in der gegenwärtigen Auseinandersetzung mit dem Vergangenen auf Zukünftiges. Sinn liegt nicht unverrückbar an einer bestimmten Stelle, sondern oszilliert in der Zeit durch seine Verweisungszusammenhänge. Das Gedächtnis bindet Zeitlichkeit und Sinn, indem es verschiedene Vergangenheiten bereit hält, auf die sinnhaft Bezug genommen werden kann.

Zusammenfassung
Das Gedächtnis ist der Ort biografischer Ressourcen. Prozesse der Identitätsbildung bedingen verschiedene Facetten von Gedächtnis, auf die jeweils Bezug genommen werden kann und die in unterschiedlichen Intensitäten zusammenwirken. Zu Erinnerndes wird im Wechselspiel zwischen Individuum und Gesellschaft und im Kontext sachlicher, zeitlicher und sozialer Bezüge vergegenwärtigt. „Wollen wir eine Antwort auf die Frage, wer wir sind und sein möchten, formulieren, so operieren wir mit erinnernden Vergegenwärtigungen der Vergangenheit, die darauf angelegt sind, identitätsrelevante Erfahrungen gemäß aktueller Orientierungsanforderungen zu deuten. Wir sind, was wir sind, weil wir uns

erinnern und weil wir auf der Grundlage dieser Erinnerungen gegenwärtige Selbstbilder imaginieren und stabilisieren." (Neumann 2005: 20f) Aus einer differenztheoretischen Perspektive werden Erfahrungen von einer Person als identitätsrelevant/nicht relevant codiert und mit ersterem weiter selbstreferentiell operiert. Dieses Geschehen mündet in eine aktualisierte Selbstbeschreibung. In Erzählungen werden die an sich fragilen Gebilde der Erinnerungen strukturiert und für den Moment der Erzählung in einen inhaltlichen Zusammenhalt gebracht. Wandlungen der Identitätskonstitution schlagen sich in der Auswahl des zu Vergessenden und des zu Erinnernden nieder.

f) Zwischenbilanz

In dieser Forschungsarbeit hat die narrative Darstellung autobiografischer Prozesse abhängigkeitskranker Menschen sowohl die Funktion eines Mediums als auch die des Forschungsgegenstandes. Beide Aspekte kommen in spezifischer Weise Sinn bindend zum Tragen. Als Medium dient Narration der Eigenanregung und Motivierung zur Persönlichkeitsentwicklung und Stabilisierung von Abstinenz. Als Forschungsgegenstand liefern Narrationen wichtige Hinweise zum Verstehen der Prozesse auf dem Weg zur Abhängigkeit, zur Veränderung, zur stabilen Abstinenz bzw. anderer Entwicklungen.

Im Rahmen der Narrationen beobachten sich Menschen zum einen in ihrer Auswahl des zu Erinnernden und zum zweiten in der Überprüfung dieser Erinnerungen, wenn sie in transkribierter Form zur Verfügung stehen. Narration selbst gewinnt die Bedeutung des autopoietischen Prozessierens mit diesen Erinnerungen. Der Intervenierende kann von außen den Prozess des Beobachtens in seiner eigenen Logik beobachten. Die in den Narrationen erinnerten und verlautbarten Ereignisse können nur zur Äußerung gelangen, weil der Mensch über ein Gedächtnis verfügt, in dem selektiv Elemente des Individuellen, des Sozialen und des Kulturellen speicher- und abrufbar sind. Im Zusammenhang von Abhängigkeitsentwicklungen kann es zu Funktionseinschränkungen bis hin zum Verlust von Gedächtnis kommen. In diesen Fällen ist die Anwendung narrativer Verfahren problematisch bzw. kontraindiziert.

2.2 Identität – Konstitution und Rekonstruktion bei Abhängigkeitskranken

Aus der sozialpädagogischen Perspektive erscheint der Begriff *Identität* facettenreich und zugleich schwer zu fassen. In der vorgegebenen Richtung haftet ihm etwas Brüchiges und Vorübergehendes an. Allgemein formuliert verortet sich Identität zwischen dem Selbstverständnis und Zuschreibung. Die völlige Übereinstimmung einer Person mit sich selbst wäre aus Sicht des Individuums ein Ideal-Ich-Zustand. Einzelne versuchen diese Zustände durch Meditation oder Kontemplation zu erreichen. Ein gesundes Miteinander, das den Einzelnen einbindet und Freiräume lässt, begleitet im Normalfall die Bildung persönlicher Identität. Die Zuordnung einer Menge von Merkmalen verweist auf die soziale Seite des Individuums. Das Wir – oder das Ihr – entsteht über eine mit anderen geteilte Identität.

Wenn ein Mensch aus dem von ihm selbst oder/und von anderen gesetzten Rahmen ausbricht, und wenn er dabei Veränderungen erlebt, die sein Kohärentsein mit sich selbst und der Gruppe nachhaltig beeinflussen, driftet er zwischen den verschiedenen sozialen Zusammenhängen, ohne wirklich Halt zu finden. Driften erscheint im Merkmal psychisch/sozialer Exklusion (s. Kap. 3). Diese begründet in bestimmten Fällen die Inklusion in eine Gruppe von Individuen, die eine spezifische Form von Hilfe benötigen. Bürkle (2004) sieht die verschiedenen Aspekte der Identität (Leiblichkeit; soziale Eingebundenheit; Arbeit und Leistung, Besitz und Haben; Werte und Sinn) durch die Entwicklung einer Abhängigkeitserkrankung nachhaltig bedroht (vgl. Bürkle 2004: 36). Von diesem Ausgangspunkt wird folgende Fragestellungen für dieses Kapitel entworfen: In welches Verhältnis lassen sich Begriffe wie Identität, Identitätskonstitution oder Identitätsrekonstruktion zum Erleben und Verhalten von abhängigkeitskranken Menschen setzen? Wie entwerfen sie sich als Individuen und in verschiedenen sozialen Zusammenhängen? Welche psycho-sozialen Entwicklungen begleiten sie auf dem Weg in die Abhängigkeit und wieder heraus? Kann die zur Selbstreflexion anregende spezifische Intervention eine Hilfestellung zur (Wieder-)Herstellung ihrer Identität sein?

Zunächst wird ein kurzer Überblick über den Forschungsstand und die derzeitige Diskussion zum Thema Identität gegeben. Im Anschluss daran werden verschiedene Betrachtungsebenen eingenommen und schließlich Identität und ihre verschiedenen Aspekte in den Kontext der Abhängigkeitserkrankung gestellt und diskutiert.

Identität auf ausgewählten Betrachtungsebenen

„Wollen wir verstehen, was die Erfahrungen des Biografen, zu denen auch seine gegenwärtige Erfahrung mit uns gehört, für ihn bedeuten, so hilft es uns, wenn wir wissen, wie er sich zu seiner Welt in Beziehung setzt." (Kegan 1986/1994: 21) Dieses in Beziehung setzen geschieht auf der Basis einer über Austausch und Reflexion sich konstituierenden Identität. In fünf Schritten werden Teilaspekte der Identitätsforschung dargestellt:
- Vorgestellt wird zunächst der sozialtheoretische Gedanke symbolisch interaktionell vermittelter Identität nach George Herbert Mead als his-

torische Markierung der Herleitung eines sozialpsychologischen Identitätsbegriffs.

- Eine psychoanalytische Einordnung von sich zyklisch entwickelnder Identität nimmt Kegan (1994) im Sinne des Erlebens bzw. Bewältigens von Krisen vor. Er baut dabei auf Eriksons psychosozialen und Piagets entwicklungspsychologischen Arbeiten auf. Ein zentraler Begriff Kegans ist dabei der der *Bedeutungsbildung*.

- Höfer setzt dem Konzept der Bildung einer Kernidentität ihre Auffassung eines Identitäts-Managementprozesses in der reflexiven Moderne entgegen.

- Krisen sind Teil des Prozesses, über den sich Identität stabilisiert bzw. in Frage gestellt wird. Frey und Haußer benennen drei Formen identitätskritischer Krisenlagen.

- Schließlich wird der Begriff Identität in psychodynamischer Terminologie in den Kontext der Abhängigkeitserkrankung gestellt.

a) Identitätsbildung im Medium symbolischer Kommunikation nach G. H. Mead

George Herbert Mead (1863 - 1931) begründet u.a. mit John Dewey (1859 - 1952) fußend auf den Ideen des Evolutionstheoretikers Charles Darwin (1809 - 1882) eine Sozialtheorie. Diese beschreibt menschliches Verhalten als *symbolische Interaktion*.[20] Dabei kommt der Sprache als Medium der symbolischen Vermittlung von Bedeutungszuweisungen in

---

[20] „Der symbolische Interaktionismus beruht letztlich auf drei einfachen Prämissen. Die erste Prämisse besagt, dass Menschen ‚Dingen' gegenüber auf der Grundlage der Bedeutung handeln, die diese Dinge für sie besitzen. Unter ‚Dingen' wird hier alles gefasst, was der Mensch in seiner Welt wahrzunehmen vermag - physische Gegenstände wie Bäume oder Stühle; andere Menschen, wie eine Mutter oder einen Verkäufer, Kategorien von Menschen, wie Freunde oder Feinde; Institutionen [...] Leitideale [...] Handlungen anderer Personen, [...]; und solche Situationen, wie sie dem Individuum in seinem persönlichen Leben begegnen. Die zweite Prämisse besagt, dass die Bedeutung solcher Dinge aus der sozialen Interaktion, die man mit seinen Mitmenschen eingeht, abgeleitet ist oder aus ihr entsteht. Die dritte Prämisse besagt, dass diese Bedeutung in einem interpretativen Prozess, den die Person in ihrer Auseinandersetzung mit den ihr begegnenden Dingen benutzt, gehandhabt und abgeändert werden." (Blumer 1973: 81)

Beziehungen und Situationen eine entscheidende Rolle zu. Meads Überlegungen richten sich im Wesentlichen auf die Fragestellung: Wie entstehen Identität und Bewusstsein im Laufe der individualbiografischen Entwicklung und im gesellschaftlichen Kontext?

„Wenn auch Meads eigener Standpunkt behavioristisch ist, handelt es sich jedoch um einen Sozialbehaviorismus [...]; er fand in keiner der Stadien oder Schulen der Psychologie die Antwort auf die Frage, wie Geist – voll entwickelter, reflektiver, schöpferischer, verantwortungsbewusster, selbstbewusster Geist – innerhalb der Naturgeschichte des Verhaltens aufgetreten sei. Ein anderer Faktor musste hier in Rechnung gestellt werden: die Gesellschaft." (Morris, in: Mead 1934/73: 16)

Die Genese von Bewusstsein, Individuum und Gesellschaft leitet Mead von Prozessen der symbolischen Hereinnahme und Spiegelung der ihn umgebenden sozialen Umwelt durch das einzelne Individuum ab (vgl. Morel et al. 2001: 52). Soziale Beziehungen sind Voraussetzung und zugleich Merkmal zur Entwicklung von Geist und Identität. Bewusstseinsbildung und die Entwicklung signifikanter Symbole (Sprache) laufen coevolutionär als komplementäre Stränge. Mead konstruiert auf diesen Überlegungen basierend eine weitere komplementäre Struktur, bestehend aus dem personalen *beobachtenden Ich* (I) und dem aus der Beobachtung durch Alter resultierenden Objekt, dem *sozialen Ich* (Me). Identität beschreibt Mead als „die Fähigkeit des einzelnen, reflexiv aus sich selbst herauszutreten und sich damit selbst zum Objekt zu werden." (Tillmann 1989: 136)

Das *Ich* und das *Andere*

Sprache, das kindliche Spiel und der Wettkampf bilden nach Mead die gesellschaftlichen Voraussetzungen der Identitätsentwicklung. Identität entsteht im Rahmen des Sozialisationsprozesses in der Auseinandersetzung mit sich selbst als Subjekt und als Objekt über interaktionelle Austauschprozesse. „Identität entwickelt sich; sie ist bei der Geburt anfänglich nicht vorhanden, entsteht aber innerhalb des gesellschaftlichen Erfahrungs- und Tätigkeitsprozesses, das heißt im jeweiligen Individuum als Ergebnis seiner Beziehungen zu diesem Prozess als Ganzem und zu anderen Individuen innerhalb dieses Prozesses." (Mead 1973: 177) Maßgebenden Einfluss auf die Bildung von Identität hat Mead zufolge der Sprachprozess. Kommunikation ist eine Voraussetzung zur Selbstobjektivierung, indem sie sich sowohl an andere Personen richtet als auch auf das Subjekt selbst zurückwirkt – und zwar im Reagieren auf das an Andere Adressierte und in der Integration der Reaktion als Teil eigenen Verhaltens. Dessen, was eine Person einer anderen gegenüber äußert, kann sie sich bewusst werden und darüber die weitere Kommunikation bestimmen. Sozusagen in einer Gegenprobe stellt Mead fest, „ist der Einzelne solange keine Identität im reflektiven Sinn, als er nicht sich selbst Objekt ist. Diese Tatsache gibt der Kommunikation entscheidende Bedeutung, da sie ein Verhalten ist, bei dem der Einzelne in dieser Weise auf sich selbst reagiert." (ebd.: 184)

Im so genannten Nachahmungsspiel erzeugt das Kind eine Vorstellung von den mit realen Rollen verbundenen Erwartungen. Mit der Hereinnahme verschiedener Rollen (Briefschreiber, Postbote, Empfänger) verbinden sich Reize, die in einem Kind die gleichen Reaktionen auslösen, wie in anderen Individuen. „Es nimmt diese Reaktionen und organisiert sie zu einem Ganzen. Das ist die einfachste Art und Weise, wie man sich selbst gegenüber ein anderer sein kann. […] Das Kind sagt etwas in einer Eigenschaft und reagiert in einer anderen, worauf dann seine Reaktion in der zweiten Eigenschaft ein Reiz für es selbst in der ersteren Rolle ist, und so geht der Austausch weiter. So entwickelt sich in ihm und in seiner anderen, antwortenden Identität eine organisierte Struktur. Beide Identitäten pflegen einen Dialog mit Gesten." (ebd.: 193)

Im späteren Wettkampf identifiziert sich das Individuum mit den an der gemeinschaftlichen Tätigkeit Beteiligten. Das bedeutet, während im einfachen kindlichen Spiel eine Rollenwechsel keine Interaktion und damit Abstimmung mit der Gruppe erfordert, muss dass Individuum im Wettkampf die Rollen der Beteiligten berücksichtigen und sich entsprechend auf diese einstellen können. Es muss die äußeren Verhaltensmöglichkeiten und -erwartungen als Inventar angelegt haben, um angemessen auf die zeitgleich verschiedenen Reize reagieren zu können. Mead beobachtet im Wettkampf den Übergang des Kindes von der spielerischen zur organisierten Rollenübernahme. „Alle Haltungen anderer Menschen, die organisiert und in die eigene Identität hereingenommen werden – wie spezifisch oder verallgemeinert sie auch sein mögen -, bilden nun das ‚Ich' [Me]." (Morris, in: Mead 1934/73: 27) Die Rolle des *sozialen Ich* bindet Mead an das Vorhandensein eines sozialen Systems, zu dem ein Individuum gehören kann. Es übernimmt die Haltungen und Einstellungen der Gruppe gegenüber gemeinschaftlichen Normen und Tätigkeiten und richtet sein Verhalten auf diese Gemeinschaft hin aus. Das Individuum identifiziert sich. (vgl. Mead 1973: 197f). Gesellschaftliches Handeln als der/das *verallgemeinerte Andere* bildet demgemäß die Voraussetzung für das Bewusstsein des Individuums. Die Hereinnahme der Rolle im Sinne des *Me* ohne den schöpferischen Pol des personalen *I* wäre eine bloße Spiegelung des Bestehenden. Aus diesen Wechselprozessen, eben symbolischer Interaktion, gewinnt das ursprünglich biologische Wesen Bewusstheit und Identität. Diese „entsteht innerhalb des gesellschaftlichen Erfahrungs- und Tätigkeitsprozesses, das heißt im jeweiligen Individuum als Ergebnis seiner Beziehungen zu diesem Prozess als Ganzem und zu anderen Individuen innerhalb dieses Prozesses." (ebd. 177) Mead betrachtet die Fähigkeit zur Selbstobjektivierung des Individuums als Voraussetzung für Intelligenz und rationales Handeln.

Gesten – Symbole – Kommunikation

„Alle Kommunikation ist symbolisch vermittelt und alle Symbole dienen der Kommunikation." (Willke 2005: 7) Austauschprozesse und Reflexionen bedürfen einheitlicher Symbole, die sowohl vom Einzelnen wie auch durch andere Individuen gleichermaßen anerkannt und zur Verhaltensabstimmung genutzt werden. Mead beschreibt die Wirkung dieser Austauschprozesse auf das Individuum. „Der Einzelne beginnt damit, sich selbst Gesten aufzuzeigen. Er sagt etwas, das wiederum eine bestimmte Antwort in ihm selbst auslöst, die ihn dazu veranlasst, seine Rede zu ändern." (Mead: 1973: 183) Sprache ist ein über Gesten hinausreichendes „objektives Phänomen des Zusammenspiels innerhalb einer gesellschaftlichen Gruppe, […] die auch dann gesellschaftlich bleibt, wenn sie nach innen verlegt wird, um das innere Forum für den Geist des Individuums abzugeben – eine Möglichkeit, im Individuum durch die eigenen Gesten die Haltungen und Rollen der anderen, die einer gemeinsamen gesellschaftlichen Betätigung nachgehen, auszulösen." (Morris, in: Mead 1934/73: 19f) [21] Allein der Mensch verfügt demnach über die Fähigkeit, sein Handeln über Symbole zu organisieren. Dies gelingt jedoch nur, wenn die „Sprache der Worte und die Sprache der Gesten, vielleicht auch die Sprache des Mienenspiels" (Mead 1973: 189) gleichsinnig verstanden wird. Die Denkrichtung Meads in Bezug auf die signifikanten Stadien der Kommunikation setzt nicht etwa beim Individuum

---

[21] „Die Sprache muss unter dem Gesichtspunkt eines gestischen Verhaltens untersucht werden, in dem sie existierte, ohne als solche schon eine definitive Sprache zu sein. Dann müssen wir herauszufinden versuchen, wie aus dieser vorgeordneten Verhaltensweise die kommunikative Funktion entstehen konnte." (Mead 1934/73: 55f)

an, sondern in gesellschaftlichen Prozessen, die mit der Hereinnahme dieser Prozesse über die vokale Geste (Sprache) durch das Individuum enden. Identität bindet sich an das Vorhandensein einer gemeinschaftlich handhabbaren Menge von signifikanten Gesten bzw. Symbolen. „Die vokale Geste wird zum signifikanten Symbol, wenn sie auf das sie ausführende Individuum die gleiche Wirkung ausübt wie auf das Individuum, an das sie gerichtet ist, oder das ausdrücklich auf sie reagiert und somit einen Hinweis auf die Identität des Individuums enthält, das die Geste ausführt." (Mead 1934/73: 85)

Die Funktion der Sprache besteht in der Ermöglichung der Verhaltensanpassung. Diese wird durch die Passform signifikanter Gesten oder Symbole erzeugt, die sowohl im ausführenden Individuum die gleiche Haltung sich selbst gegenüber als auch im adressierten Individuum hervorrufen, sofern sich dieses andere Individuum im gleichen Kontext bewegt. Das bedeutet, das gemeinschaftliche Handeln setzt den Rahmen der Verständigung und Identität, indem es objekt- oder handlungsbezogen die Haltungen der beteiligten Individuen vergleichbar macht. Die Haltung der anderen wird durch Bewusstwerdung als mögliche Komponente des eigenen Verhaltens beobachtbar und damit zur Grundlage der Positionierung, ob das Individuum sein eigenes Verhalten weiter der Gemeinschaft der anderen anpasst (vgl. ebd: 85). Die Reaktion des einen Individuums auf die Geste eines anderen schafft, indem sie die Geste interpretiert – Sinn. Mead beobachtet Sinn als Beziehung zwischen Phasen des gesellschaftlichen Handelns. Der Sinn der Geste bzw. des Symbols konstituiert sich über das folgende Interpretieren und Handeln des Empfängers der Geste. Diese Trias wird im Verständnis des Kommunikationsprozesses als dreistellige Selektion (s. Kap. 3.2.4) wieder aufgenommen.

Was bedeuten Meads Untersuchungen zum Zusammenhang zwischen Einzelwesen und Gesellschaft konkret für diese Forschungsarbeit? Mead begründet die Entwicklung von Bewusstsein und Identität als dynamische Vorgänge, die ohne Sprache im wahrsten Sinne des Wortes nicht denkbar wären. „Nicht nur öffnen wir uns bestimmten Reizen und verschließen uns anderen, sondern unsere Aufmerksamkeit ist ebenso ein organisierender Prozess wie ein selektiver. […] Unsere Aufmerksamkeit ermöglicht es uns, jenen Bereich zu organisieren, in dem wir handeln werden." (ebd. 64) Das Individuum bestimmt über die Selektivität seiner Sinnesorgane hinausgehend, worauf es reagiert und organisiert auf solche Weise sein Sein in der Welt. Die Verhaltensabstimmung sowohl im Alltag als auch in der künstlichen Situation eines Interventionsgeschehens ist somit kein vorgezeichneter und statischer sondern ein ergebnisoffener Prozess. Entscheidend, dass ein brauchbares Resultat im Sinne funktionierender Kommunikation entsteht, ist „dass das Symbol in der eigenen Identität das gleiche wie im anderen Individuum auslöst." (Mead 1934/73: 191) Die mit den Mitteln der signifikanten Symbole (bspw. Sprache, insofern sie in der Interaktion bei den Beteiligten das gleiche Verhalten auslöst) erfolgende Selbstobjektivierung ermöglicht dem Einzelnen, sich im Kontext der Umwelt zu kontrollieren und zu entwickeln.

„So entwickelt sich die Identität, indem sie die(se) individuellen Haltungen anderer in die organisierte gesellschaftliche oder Gruppenhaltung hereinbringt und damit zu einer individuellen Spiegelung der allgemeinen, systematischen Muster des gesellschaftlichen oder Gruppenverhaltens wird, in die sie und die anderen Identitäten eingeschlossen sind – ein Muster, das als ganzes in die Erfahrung des Einzelnen eintritt nach Maßgabe dieser organisierten Gruppenhaltungen, die er, durch den Mechanismus seines Zentralnervensystems, genauso gegenüber sich selbst einnimmt, wie er die individuellen Haltungen anderer einnimmt." (Mead 1934/73: 201)

Das Individuum spiegelt die individuellen Haltungen anderer Personen in der Gruppe wieder und richtet sein eigenes Verhalten nach der Gesamtheit des Gruppenverhaltens aus. Die Spiegelung innerhalb der Gruppe wird von jedem Individuum auf seine eigene Weise und aus seiner eigenen Beobachtungsperspektive vollzogen. Deshalb bleibt der Prozess der Identitätsentwicklung dynamisch.

Der Einzelne, in unserem Sinne die Person im Kontext der Abhängigkeitserkrankung und des Übergangs in den abstinenten Alltag, kann sich an seiner sozialen Umwelt – im Interventionsgeschehen am Sozialpädagogen in der Rolle des verallgemeinerten Anderen – spiegeln und so zu einer neuen Verhaltensabstimmung gelangen. Dabei wird ihm nicht seine Einzigartigkeit und persönliche Identität abgesprochen. Diese geht nicht etwa im gesellschaftlich organisierten Prozess unter. Vielmehr trägt sie zur Bereicherung der Gemeinschaft bei. „Die Tatsache, dass sich jede Identität durch den oder im Hinblick auf den gesellschaftlichen Prozess bildet […] ist sehr leicht mit der Tatsache zu vereinbaren, dass jede einzelne Identität ihre eigenen einzigartigen Merkmale hat […]. In anderen Worten, die organisierte Struktur jeder einzelnen Identität innerhalb des menschlichen gesellschaftlichen Erfahrungs- und Verhaltensprozesses spiegelt die organisierten Beziehungen dieses Prozesses als Ganzen wider und wird durch ihn gebildet. Jede einzelne Identitätsstruktur spiegelt aber (und wird gebildet durch) einen andersartigen Aspekt oder eine andere Perspektive dieser Beziehungen, weil eine jede diese Beziehungen aus ihrer eigenen einzigartigen Position spiegelt." (ebd. 245)

Meads Konzept bezieht sich auf die Identitäts- und Bewusstseinsbildung im Rahmen von Interaktionsstrukturen. Es liefert keine breitere Basis für die Analyse der komplexen Verwobenheit des Individuums in der Gesellschaft, die faktisch in ihren Macht- und Einflusssphären, sowie in ihren Handlungszusammenhängen unberührt bleibt. Als Ertrag der Beschäftigung mit dem Identitätskonzept G.H. Meads wird markiert, dass sich die einzelne Person an der sozialen Wirklichkeit durch Spiegelung bestimmter Facetten Anderer entwickelt und dass diese Verhaltensausrichtung an das Vorhandensein gemeinschaftlich handhabbarer signifikanter Symbole geknüpft ist. Dieser Aspekt wird als Grundgedanke im Interventionsgeschehen in der Form symbolischer Kopplung (s. Kap. 46) wieder aufgegriffen.

b) Identität, Bedeutungsbildung und das Gefühl der Kohärenz

<u>Identität im Focus der Entwicklungspsychologie</u>

Der Psychoanalytiker Eric H. Erikson beschreibt Identität als ein „dauerndes inneres Sich-Selbst-Gleichsein wie ein dauerndes Teilhaben an bestimmten gruppenspezifischen Charakterzügen" (Erikson 1956/73: 124). Damit erklärt Erikson Identität als soziales Konstrukt. Ein wesentlicher Inhalt menschlichen Lebens besteht ihm zufolge im Streben nach dem oben benannten Zustand. Identität bleibt dabei in der Auseinandersetzung mit sich selbst und der Umwelt einem ständigen Wandel unterworfen. Erikson und andere versuchen, mit Stufen- bzw. Phasentheorien psychosoziale Entwicklungen der Persönlichkeit zu beschreiben (vgl. Kegan 1994: 22). In jeder der acht in seinem Modell des Lebenszyklus dargestellten psychosozialen Entwicklungsphasen müssen Krisen durchlebt werden, die letztlich zur „Entstehung einer Grundstärke oder Ich-Qualität führen" (Erikson 1995: 106). Diese Stufen sollen hier nur auszugsweise angeführt werden:

- Im ersten Lebensjahr erlebt sich das Kind im Spannungsfeld zwischen *Vertrauen vs. Misstrauen*. Die Grundstärke des Urvertrauens entwickelt sich über eine einfühlsame und sorgende frühe Bezugsperson.
- Die psychosoziale Krise *Autonomie vs. Scham, Zweifel* im zweiten/dritten Lebensjahr greift die Situation gewachsener Kompetenz des Kindes, aber auch die Spannung, vermehrt Misserfolge aushalten zu müssen, auf.
- Das Problem der Selbstfindung wird im Zusammenhang *Identität vs. Identitätsdiffusion* besonders in der Adoleszenz prekär. Der junge Mensch probiert sich in verschiedensten Rollen und sozialen Zusammenhängen aus. Frühere Identitätsvorstellungen müssen integriert und neue in der Realität überprüft werden. Bei nicht gelingender Integration erlebt sich die Person zwischen ihren Vorstellungen, Gefühlen und Zielen hin- und hergerissen.

Krisen und ihre Bewältigung, „syntone und dystone, sympathische und antipathische Potenziale sind für die menschliche Anpassung wichtig." (Erikson 1995: 107) In der frühen Auseinandersetzung mit seiner Umwelt lernt das Kind, dieselben Personen und sich selbst libidinös zu besetzen aber auch abzulehnen. Im Alter von etwa drei Jahren verfügt es über realistischer integrierte Selbst- und Fremdbilder und bildet so die Grundlage seiner sich in der Folgezeit bis zur Adoleszenz und darüber hinaus weiter entwickelnden Identität aus (vgl. Volkan 2000: 39f). Die Stärkung der kindlichen Persönlichkeit hängt nach Eriksons Modell mit dem erfolgreichen Bestehen eines altersgerechten Konfliktes zusammen.

Kritisch ist Eriksons Modell zu sehen, weil die Vorstellung eines kontinuierlichen Durchlaufens der einzelnen Stufen als Prämisse gesetzt und damit jegliche Beobachtung der Persönlichkeitsentwicklung durchgerastert wird. So bleibt wenig Spielraum für individuelle Entwicklungen. Eriksons Arbeit am Thema Identität erschließt sich im Blick auf eine Zeit der relativ linearen biografischen Individualverläufe und deren Pendant, einer in sich relativ stabilen Gesellschaft. Demgegenüber überlagern sich in der aktuellen Gegenwart gesellschaftliche Prozesse der reflexiven Moderne, in denen sowohl Linearität als auch Brüchigkeit, Berechenbarkeit und Haltlosigkeit eine Rolle bei der Bestimmung des eigenen Selbst spielen. Das sind genau die Konflikte, denen sich die in dieser Arbeit beschriebenen Abhängigkeitskranken ausgesetzt sehen. Identitätskonflikte werden nicht nur im Erwachsenenalter reaktualisiert. Sie brechen vor den verschiedensten persönlichen und gesellschaftlichen Hintergründen immer wieder auf und sind Bestandteil der Auseinandersetzung mit sich selbst und der Umwelt.

<u>Bedeutungsbildungen bei Kegan</u>
Im Rahmen der Entwicklung einer Metapsychologie, die Erkenntnisse der psychoanalytischen (Erikson, Winnicott) und der strukturell-kognitiven (Piaget, Kohlberg) Entwicklungstheorie umfasst, setzt sich Kegan (1982/1994) mit folgenden Faktorenbeziehungen der Person auseinander:
- *Beziehungen zwischen psychischen und sozialen Faktoren,*
- *Beziehungen zwischen Vergangenheit und Gegenwart,*
- *Beziehungen zwischen Fühlen und Denken.*

Da bisherige Persönlichkeitstheorien jeweils von einem Faktor (bspw. Theorie der Affekte vs. Theorien der Kognition) beherrscht wurden, zeigt Kegan interdisziplinäre Zusammenhänge auf „… bis es uns gelingt – auf der Grundlage von Philosophie, Psychologie und Biologie, von Theorie und Empirie – ein vollständigeres Bild der Persönlichkeit zu entwerfen." (Kegan 1994: 37) [22] Er geht über die kognitiv theoretische Stufenbeschreibung seines Vorgängers Jean Piaget und die Stufenbeschreibung der moralischen Urteilsbildung durch seinen Lehrer Lawrenc Kohlberg hinaus und beschäftigt sich im Zuge seines Konzepts der Entwicklung des Selbst mit der Frage, wie Bedeutungsbildung stattfindet. „Das Kind, das nach einem Gegenstand greift, tut etwas, was es – in anderer Form – sein ganzes Leben lang tun wird (Dinge begreifen); auch wenn es um Aufmerksamkeit wirbt, tut das Kind etwas, was es sein ganzes Leben lang versuchen wird (zu erkennen und erkannt zu werden) – im Grunde handelt es sich in beiden Fällen um das gleiche: um die Aktivität der Bedeutungsbildung. Bedeutung ist in ihrem Wesen körperliche Aktivität (greifen, sehen), soziale Aktivität (es bedarf einer anderen Person) und lebenserhaltende Aktivität (indem wir Bedeutungen bilden, leben wir). So verstanden ist Bedeutung der grundlegendste Vorgang im Menschen; ein Vorgang, der auf nichts weiter zurückführbar ist. Er kann weder vom Körper noch von sozialer Erfahrung, ja nicht einmal vom Überleben des Organismus getrennt werden." (Kegan 1994: 41) Menschen können einander begegnen, sie gehen sich an und sie messen sich ab ihren frühesten Interaktionen einen Grad an Bedeutsamkeit zu, der sie sowohl in Individual- als auch in Gemeinschaftssituationen trägt. Kegan stellt mit Piaget fest, dass auf jeder Stufe der Entwicklung das Verhältnis von Subjekt und Objekt neu bestimmt wird und dass sich

---

[22] Kegan gibt einen Überblick über die Theorieentwicklung der Persönlichkeit. „Unter den vielen Theoetikern und Richtungen, die sich für den Menschen in seiner Funktion als Schöpfer von Bedeutung interessieren, finden sich zwei psychologische Schulen [...]: zum einen die neo-psychoanalytischen Theorien, zu denen die neo-psychoanalytische Ich-Psychologie (Anna Freud 1936; Hartmann 1939; Erikson 1950; Kris 1975) und die neo-psychoanalytische Theorie der Objektbeziehungen (Fairbairn 1952; Jacobsen 1964; Winnicott 1965; Mahler 1968; Guntrip 1971) gehören, zum anderen die existenzialistisch-phänomenologischen Ansätze (Lecky 1945; Maslow 1954) als deren einflussreichster Vertreter für Therapie und klinische Psychologie wohl Carl Rogers (1951) gelten kann." (Kegan 1994: 22) Kegan zielt nicht auf die Verschmelzung der unterschiedlichen Theorierichtungen: „Vielmehr wird eine dritte psychologische Denkrichtung vorgeschlagen. [...] Diese dritte Auffassung möchte ich mit den Begriffen >Konstruktion< und >Entwicklung< kennzeichnen (es geht um die Entwicklung der Aktivität der Bedeutungsbildung)." (ebd.)

der Mensch im Verlaufe seines Wachsens und Reifens zunehmend von seinen Wahrnehmungen trennt und auf andere Weise und vor dem Hintergrund gemachter Erfahrungen zu Urteilen über seine Welt gelangt.

„Es gehört zur Aktivität der Entwicklung, dass wir Objekte selbst schaffen (ein Prozess der Differenzierung) und Beziehungen zu ihnen eingehen (ein Prozess der Integration). So verstanden spielen sich Subjekt-Objektbeziehungen nicht in einem »Raum« zwischen einem Menschen ohne Welt und einer Welt ohne Menschen ab, vielmehr machen sie die Unterscheidung zwischen Mensch und Welt erst möglich. Subjekt-Objekt-Beziehungen gehen aus einem Entwicklungsprozess hervor, der das ganze Leben über wirksam ist, ein Prozess qualitativer Differenzierung, in dem sich das Selbst immer mehr von der Welt löst und das Objekt, mit dem Beziehungen eingegangen werden können, ständig größer wird; es ist der Prozess einer natürlichen Entwicklung, in dessen Verlauf wir der Welt ein qualitativ zunehmendes Maß an Unabhängigkeit zugestehen, in dem die >Beziehungen< eine Reihe von Triumphen über das >Eingebundensein in< erzielen. Für eine solche Auffassung ist der Begriff >Objektbeziehungen< akzeptabel, ja sogar willkommen, weil er richtig verstanden, nicht Personen mit Dingen in Verbindung bringt, sondern eine allgemeinere Kategorie schafft. In diesem Begriff ist die Erkenntnis enthalten, dass ein Mensch nicht nur deshalb Eigenständigkeit für uns gewinnt, weil er sich selbst von anderen unterscheidet. Für die Art, wie wir andere sehen, ist unsere spezifische Form der Bedeutungsbildung verantwortlich, und zwar besonders das Ausmaß, in dem wir den anderen als von uns verschieden erkennen." (Kegan 1994: 112)

Kegan betont die Gleichrangigkeit seiner konstruierten Phasen der Selbst-Entwicklung als Prozess der Herstellung des Subjekt-Objekt-Gleichgewichtes. Er setzt dieses Gleichgewicht als gemeinsames Prinzip verschiedener Entwicklungstheorien (von Piaget, Kohlberg, Loevinger, Maslow, McClelland/Murray, Erikson und seiner eigenen) an. Die frühe Kindheit ist zwar Ausgangspunkt für Differenzierungs- und Integrationsprozesse, andere Entwicklungsstadien werden jedoch ebenso von bedeutungsbildenden Aktivitäten beein-flusst. Sowohl kognitive als auch affektive Erscheinungen ordnen sich im grundlegenden Prozess der Entwicklung einer komplexeren Stufe der Selbstorganisation durch aktive Bedeutungsbildung unter. Kegans These ist, dass nach der Schöpfung des Objekts in den ersten 18 Lebensmonaten das Individuum ständig zwischen Anteilen, die dem Selbst bzw. der Objektwelt zugeschlagen werden, einen Ausgleich zu schaffen sucht. Der Weg zur Selbstbestimmung schließt nach diesem Modell lebenslang schmerzliche und positiv besetzte Erfahrungen der Zentrierung und Dezentrierung (Piaget 1937) als zirkuläre Prozesse ein. „Für die neo-Piagetsche Theorie sind Objektbeziehungen Teil der aktuellen Realität; […] jede qualitative Veränderung […] eine Antwort auf die Komplexität der Welt, eine Antwort auf die Erkenntnis, dass der Unterschied zwischen der Welt und mir wieder ein Stück größer geworden ist – und dass wir daher wieder ein Stück mehr in Verbindung treten können." (Kegan 1994: 124)

Die zwei bestimmenden Grundbedürfnisse des Individuums sieht Kegan in dem Wunsch nach Bindung (Gehaltensein, Zugehörigkeit, Fürsorge usw.) und nach Unabhängigkeit. Beide stehen zueinander in einer spannungsvollen Beziehung. Ein weiterer für diese Forschungsarbeit wichtiger Ertrag ist der Begriff der Bedeutungsbildung. Der Einzelne ist in der Bedeutungsbildung nicht auf einzelne Phasen seiner Entwicklung beschränkt, sondern muss und kann sich stets aktualisieren. Er handelt, wie Mead und Blumer im Symbolischen Interaktionismus postulieren, Dingen, Personen und Verhalten gegenüber auf der Grundlage der Bedeutung, die er ihnen jeweils zuweist. Die Fähigkeit zur Bedeutungsbildung wird im Austausch und in der Abgrenzung des Individuums von seiner sozialen Umwelt erworben. Kegans Konstruktions- und Entwicklungsansatz lenkt den Blick auf die Eigenständigkeit einer Person und damit auch auf das Handeln ihres Gegenübers in sozial vordefinierten Situationen wie bspw. Pädagogik und Therapie.

Ich-Identität als Voraussetzung für Kohärenzgefühl
Die Frage, welche Funktion die personale bzw. Ich-Identität erfüllt, lässt sich im Anschluss an Frey/Hauser wie folgt beantworten: Identität – als Resultat von Reflexion und Selektion – stellt eine „Syntheseleistung zwischen verschiedenen Erfahrungen" (Frey/ Haußer 1987: 7) dar, die in Relationen zueinander gesetzt werden. Höfer beschreibt in Bezug auf die Beschäftigung des Soziologen Antonovsky mit dem Zusammenhang zwischen Salutogenese und Ich-Identität, letztere als „emotionale Widerstandsressource, als personales Kapital […], das der Person Erfahrungen von persönlichen Sicherheiten und Klarheiten vermittelt, die dazu führen, dass man seine äußere Umgebung als sinnvoll, vorhersagbar und geordnet erlebt." (Höfer, in: Wydler/Kolip/Abel 2000: 59)
Das Kohärenzgefühl ist eine über einzelne Details hinaus verweisende Sicherheit der Person, dass Dinge und Entwicklungen in einer bestimmten erwarteten Weise eintreten und die eigene innere und äußere Umwelt als adäquat zur Situation erlebt werden. Diese Sicherheit schlägt sich im Handeln der Person nieder. Höfer folgert, dass Kohärenz „nicht mehr über eine innere Einheitlichkeit bzw. über eine Anpassung an äußere Vorstellungen hergestellt wird, sondern, dass in der „reflexiven

Moderne" die Selbstreferenzialität eine weit wichtigere Rolle zur Bewertung der eigenen Person spielt." (ebd. 63) Damit setzt sie eine Unterscheidung zu früheren Konzepten, die die Identität des Individuums stärker an der sozialen Umwelt ausgerichtet sahen. Höfer betont die Selbstbezüglichkeit des Menschen. „Es geht [...] weniger um Kohärenz als Inhalt als vielmehr um Kohärenz als Prozess. Allein über die Teilhabe an sozialen Rollen und die Anpassung können Individuen nicht mehr genügend Selbstwert und Handlungsfähigkeit gewinnen. Die eigenen Ziele, Referenzpunkte und die damit verbundenen Bewertungsprozesse werden zu einem Motor der Identitätsarbeit. Je mehr selbstreflexive Prozesse mit dieser Qualität ein Subjekt erfährt [...] desto stärker wird das Selbst- und Kohärenzgefühl." (ebd. 63)

Identität und Kohärenzgefühl sind nach diesem Konzept Ergebnis des Ausbalancierens innerer Zielvorstellungen und äußerer Anforderungen – als ein lebenslanger Prozess. Das positive Kohärenzgefühl ist ein wichtiger Faktor der individuellen Gesundheit und zugleich Voraussetzung zur besseren Bewältigung von Krisen.

c) Identität in der reflexiven Moderne

Um zu einem Identitätsverständnis der *reflexiven Moderne* zu gelangen, scheint es sinnvoll, diese zuerst vom allgemeinen Begriff der *Moderne* abzugrenzen. Generell beschreibt der sozialwissenschaftliche Begriff der Moderne den sozialen Wandel von der tradierten zu einer anderen Form gesellschaftlichen Zusammenlebens. Damit einhergehende Begriffe sind bspw.: Individualisierung, Säkularisierung und Rationalisierung. Das Merkmal der *reflexiven Moderne* besteht in der Hinterfragung der Veränderungen, die der Modernisierungsprozess mit sich führt. Reflexivität bedeutet die Akzeptanz fortwährenden Wandels, sowohl mit positiven als auch negativen Folgen, mit neuen Formen des Gehaltenseins und mit neuen Formen der Unsicherheit. Das unserer Zeit innewohnende Charakteristikum ist die Zunahme an Fragmentierungen. Daraus folgt entsprechend ein eigenes Verständnis von Identität.

Keupp (1999) und Höfer (2000) verstehen Identität als „reflexiven Bezugsrahmen, innerhalb dessen eine Person ihre Lebenserfahrungen interpretiert und Fragen der Bedeutung, des Zwecks, der Stimmigkeit und der Richtung des eigenen Lebens retrospektiv bewertet." (Wydler/Kolip/Abel, 2000: 60) Höfer (s.o.) weist auf die Verflochtenheit des Identitäts-gefühls, das sich aus der Komprimierung der verschiedenen alltäglichen und besonderen Erfahrungen in Teilidentitäten speist, mit dem Kohärenzgefühl hin. Kohärenzgefühl entsteht als Prozess und Ergebnis der Selbstbewertung der Person entlang einer Reihe von in Projekte zu überführenden Identitätszielen. Eine Überprüfung dieses Prozesses kann in Form der Selbstreflexion erfolgen: Gelingt es der Person, Identitätsziele (Wie ich sein möchte.) in Entwürfe und Projekte umzuformen, die eine positive Selbstwertschätzung ermöglichen? Kann die Person ihre eigene Kompetenz daran wahrnehmen (Ich hab das geschafft.)? Ist die Person in der Lage, diese Prozesse zu thematisieren und zu reflektieren? Identität muss vor dem Hintergrund sich ständig wandelnder Gegebenheiten stets neu erfunden werden. Damit wird die Vorstellung von einem relativ stabilen Zustand der persönlichen Identität als Syntheseleistung, die Begrenzung der Entwicklung von Identität durch das Erwachsenenalter sowie die bisherige Zuschreibung pathologisch/normal anhand des Vorhandenseins bzw. des Umganges mit Identität problematisch (vgl. Frey/Hauser 1987: 7).

Im Rahmen der Selbstkonzeptforschung und der Psychoanalyse wurde Identität unter dem Aspekt der Entwicklung einer Selbstbeschreibung mit der Frage verbunden, wie das Individuum zu einem Bild von sich selbst gelangt. Mit Blick auf die soziologischen Bedingungen der Gegenwart wird die Komplexität der Eingebundenheit von Personen und Gruppen in die Gesellschaft noch einmal auf eine andere Weise deutlich. Diese andere Perspektive richtet sich auf das Verständnis der Veränderung von Lebenslagen und biografischen Mustern unter den Bedingungen einer sich wandelnden Gesellschaft.

Die Veränderungen der gesellschaftlichen Umwelt, in die ein Mensch der Gegenwart hineinwächst, fordern die Herstellung einer Identität, die sowohl dem Kriterium der Individualisierung genügt als auch entsprechende (An)passungsleistungen an komplexere Formen gesellschaftlichen Zusammenlebens ermöglicht. Der wissenschaftlich-technische Fortschritt, die praktische Einsetzung der Person in Menschenrechte und verschiedene Postulate der Gleichbehandlung schaffen neue Qualitäten sozialen Zusammenlebens. Zugleich entfremden sich der Einzelne oder Gruppen von bisher geltenden Identitätsvorgaben. Zum einen haben Individuen mehr Möglichkeiten der Selbstentfaltung. Zum anderen haben diese Selbstentwürfe in einer beschleunigten Welt eine kürzere Lebensdauer. Identität erscheint in der reflexiven Moderne im Widerspruch zur vermittelten medialen Scheinwelt als fragiler Flickenteppich. Beck (1986) benennt drei Merkmale der Individualisierung. „Modernisierung führt nicht nur zur Herausbildung einer zentralisierten Staatsgewalt, zu Kapitalkonzentrationen und zu einem immer feinkörnigeren Geflecht von Arbeitsteilungen und Marktbeziehungen, zu Mobilität, Massenkonsum usw., sondern eben auch [...] zu einer dreifachen »Individualisierung«: Herauslösung aus historisch vorgegebenen Sozialformen und -bindungen im Sinne traditioneller Herrschafts- und Versorgungszusammenhänge (»Freisetzungsdimension«), Verlust von traditionalen Sicherheiten im Hinblick auf Handlungswissen, Glauben und leitenden Normen (»Entzauberungsdimension«) und – womit die Bedeutung des Begriffes gleichsam in ihr Gegenteil verkehrt wird – eine neue Art der Einbindung (»Kontroll- bzw. Reintegrationsdimension«)." (Beck 1986: 206) In einem weiteren Schritt betont er den Zusammenhang zwischen objektiven Lebenslagen und subjektivem Bewusstsein. Den Begriff der Individualisierung ordnet er dabei dem Bereich der Lebenslagen als historisch soziologische und gesellschaftsgeschichtliche Kategorie (vgl. ebd. 207) zu. Die Gegensätze zwischen institutionell entworfener und gesellschaftlich geltender „Normalität" verschärfen sich. „In der individualisierten Gesellschaft muß der einzelne entsprechend bei Strafe seiner permanenten Benachteiligung lernen, sich selbst als Handlungszentrum [...] in Bezug auf seinen eigenen Lebenslauf, seine Fähigkeiten, Orientierungen, Partnerschaften usw. zu begreifen." (Beck 1986: 217) Der Begriff *Reflexive Moderne* von Beck auch als *Zweite Moderne* bezeichnet, charakterisiert eine gegenwärtige Situation der Gesellschaft, die sich mehr und mehr mit den Folgen der von ihr selbst in Gang gesetzten ersten Moderne (Industriealisierung) in Form von Risiken konfrontiert sieht. In diesem Zusammenhang können die Situationen der Globalisierung, des Begehrens im Aufbruch befindlicher Staaten, interreligiöse Konflikte und Klimawandel nicht außer Acht gelassen werden. Sie werden vom Individuum in ihren spezifischen Auswirkungen wahrgenommen und mit entsprechenden Bedeutungen versehen. Als Beispiele sind die im Zuge der Europäisierung und Globalisierung stattfindende Wanderung von Arbeitsplätzen bzw. deren Verlust und die Abnahme staatlicher Handlungskompetenzen sowie die Folgen der 2008 von den USA ausgehenden globalen Finanzkrise anzumerken.

Eine nur als Gewinn/Verlust-Rechnung getarnte Auseinandersetzung im Sinne positiver und negativer Folgen der Individualisierung wird der Vielgestaltigkeit des Themas ebenso wenig gerecht wie die unterstellte Passungsleistung zwischen Individuum und Gesellschaft. Das Individuum konzipiert sich als *Kreuzungspunkt kultureller Sinnsysteme* (Dilthey 1883), als *Kreuzungspunkt sozialer Kreise,* (Simmel 1890) bzw. *als Beziehungsschnittpunkt* (vgl. Willems und Hahn 1999: 13ff), variabel kombinierend und keinem sozialen System total inkludiert. „Die Unmöglichkeit einer „Passung", auch wenn sie als aktive Passungsleistung entworfen ist, zwischen „Subjekt und Gesellschaft", zwischen dem Angehörigen eines definierten kollektiven Zusammenhangs ist demnach konstitutiv für die Moderne." (Jungwirth 2007: 29)

d) Krisen und psychosoziale Beratung

Identitätskritische Lebenslagen sind Kreuzwege mit Entscheidungscharakter. Frey und Haußer verstehen darunter „relativ andauernde bzw. wiederkehrende Situation(en), in der die Identität einer Person in Frage steht." (Frey/Haußer 1987: 11) Sie unterscheiden drei Klassen identitätskritischer Lebenslagen:

Gesellschaftlich periodisierte Krisenlagen meinen bestimmte Lebensphasen, die in Gesellschaften mit kritischen Übergängen verbunden sind. Erikson beschreibt sieben solcher identitätskritischen Phasen mit bio-psycho-sozialem Charakter im Leben eines Menschen von der Entwicklung eines *Grundvertrauens vs. Grundmisstrauen* im Säuglingsalter bis hin zu *Integrität vs. Verzweiflung* im Umgang mit dem Alter. Andere Phasenübergänge sind die Ablösung vom Elternhaus oder der Ruhestand.

Individuelle Krisenlagen sind nicht periodisiert, nicht Kohorten-schicksal, sondern Ereignisse der individuellen Biografie. Oft benennen Abhängigkeitskranke solche Ereignisse wie beispielsweise den Verlust einer wichtigen Bezugsperson, Verlust der Arbeit als Definitionsgrundlage der eigenen Identität oder ein Trauma als wichtigen Faktoren ihrer Abhängigkeitsentwicklung. Auch positive Veränderungen, wie die durch

Mehrarbeit erworbene Anerkennung können zu einer solchen individuellen Krise geraten, wie am Beispiel nicht weniger Aufsteiger in den Medien bekannt ist.

Unter *individuellen Sinnkrisen* verstehen Frey und Haußer Seinskrisen, die sich allmählich entwickeln und an einem Punkt ihrer Entwicklung zur Frage geraten, ob eine Kongruenz zwischen dem bisher Gelebten und der Vorstellung von Leben übereinkommt und wie ein Individuum sein möchte, um mit sich selbst übereinstimmen zu können. Menschen mit homosexuellen Neigungen oder Transsexualität erfahren in bestimmten Phasen einen starken psychosozialen Leidensdruck, bevor sich die Spannung in einem *coming out* oder einer entsprechenden Umwandlung auflöst. Die Person kann eine neue Identität annehmen oder die Verschärfung des leib-psycho-sozialen Konfliktes erfahren.

Frey/Haußer weisen darauf hin, dass sich alle drei Formen von Krisen in einen sozialstrukturellen Kontext einpassen lassen und benennen den Individualisierungsschub der Moderne als Grund einer möglichen Manifestierung andauernder Sinnkrisen, die sich bis hinein in die Individuallagen fortpflanzen (vgl. Frey/Haußer 1987: 13).

Dass psychische Krisen auch Anlass, Begleiterscheinung und Folge von Differenzierungsschüben in der Gesellschaft sein können, verdeutlicht Großmaß (vgl. Großmaß 2000: 126ff). Psychische Krisen betrachtet sie vor dem Hintergrund ihrer Einbettung in soziale Räume und schlussfolgert einen Zusammenhang zwischen Individualisierungsprozessen und der Entwicklung psychosozialer Beratung. Am Beispiel der Hochschulberatung zeigt sie auf, dass die gesellschaftlichen Bedingungen des 20. Jahrhunderts mit ihren Dynamiken besondere Anforderungen an die Individuen stellen. Beratungsprozesse, so die These von Großmaß, bilden eine mögliche Ressource zur individuell zu erbringenden Leistung der Herstellung von Lebenswelt.[23]

Krisen werden sowohl bei Frey/Hauser als auch bei Großmaß in einen soziokulturellen Kontext eingebettet. Sie sind Teil und Folge gesellschaftlicher Differenzierungsprozesse. Während die einen Individuen in der Lage sind, die (nicht immer selbst verschuldeten) Krisen in kompetenter Weise zu bearbeiten und daran zu reifen, erleben andere Personen Krisen als unüberwindbare Barrieren. Sie gehen in die innere Emigration, flüchten sich in Krankheit, abweichendes Verhalten und selbstauferlegte Unmündigkeit. Die Entwicklung von Beratungsangeboten steht in einem engen Zusammenhang mit dem Fakt, dass die Person zunehmend Entscheidungsprozessen gegenübersteht, die sie allein immer schwerer bewältigen kann. Welche Schule ist die richtige ab der 5. Klasse, Mittelschule oder Gymnasium? Soll es eine mathematisch-naturwissenschaftliche, praktische oder musische Ausrichtung geben? Welcher Beruf ist zu ergreifen? Welche von den zweiten und dritten Möglichkeiten sollen gewählt werden, wenn bereits die erste Wahl auf Grund einer zu hohen Zugangsschwelle verworfen werden muss? Während die Forderung sich zu entscheiden, vor dem Hintergrund gesellschaftlicher Entwicklung steigt, reißen zugleich die Halteseile und die Orientierungsmöglichkeiten verschwinden im Nebel. Chance und Niederlage liegen scheinbar immer enger beisammen und sind immer schwerer auszumachen. Großmaß beschreibt den pathologischen Rückzug der Person als mögliche moderne Form der Depression. „Dies lässt sich [...] damit erklären, dass keine psychische Legitimation mehr dafür herzustellen ist, einen Teil der Erwartungen, die das Bewusstsein produziert, in Ansprüche zu verwandeln. Die Folge davon ist, dass es keine

---

[23] Jedes neue System oder jede Systemveränderung schafft dabei neue Probleme. Es entsteht der Eindruck, dass die scheinbare Antwort auf die Bedürfnisse einer bestimmten Klientel, sei es in Form medizinischer oder beratender Einrichtungen, erst für eine Zunahme der betroffenen Personen in deren Umfeld sorgt.

Berührungspunkte mit Sozialität mehr gibt, die aus der gleichmäßigen Abfolge von Erwartungen und Enttäuschung/Bestätigung herausgehoben sind, die Identifizierung ermöglichen und Engagement auslösen." (Großmaß 2000: 128) Die Veränderung sozialer Legitimationen und Begründungsmuster für Positionen und Rollen kann sowohl innovativ als auch verstörend erlebt werden, z.B. Gender, Status in Beruf und Karriere. Krisen und Legitimationskonflikte werden so zum Gegenstand von Beratung. Zunehmend entsteht aber auch der Eindruck, dass mit der Ausdifferenzierung von Beratungsangeboten die Nutzung dieser Angebote inflationär erfolgt und damit eine Schwächung der eigenen Konfliktbewältigungsfähigkeiten in Kauf genommen wird (Bsp. Supernanny). Beratung hat den Auftrag, die aus Sicht der erlebenden Personen bestehende Perspektivlosigkeit und Alternativlosigkeit aufzubrechen, die Mächtigkeit der Entscheidungsdichte zu mildern und die Reflexionsfähigkeit zu erhöhen.

e) Identität im Schatten der Abhängigkeit

Die von Mead beschriebene Fähigkeit zur Selbst-Objektivierung wird im Rahmen der Abhängigkeitsentwicklung zu einem Zerrbild. Sich mit den Augen *Alters* zu betrachten und darüber sein Handeln angemessen zu steuern, diese Fähigkeit geht mit der zunehmenden Verstrickung in die Abhängigkeit vom Suchtmittel verloren. Aus psychoanalytischer Sicht sind es zumeist *Ich-Funktionsdefizite,* die eine Abhängigkeitsentwicklung begünstigen. So kann das *Ich* nicht genügend zwischen Realität und innerem Regelwerk vermitteln. Alkohol, Drogen, Medikamente usw. übernehmen zeitweise eine Regulierungsfunktion. Die Beziehungen der beschädigten Identität zur Umwelt werden dann zunehmend vom Suchtmittel organisiert. Den Annahmen der psychoanalytischen Tradition folgend werden die Grundlagen zur Abhängigkeitsentwicklung im frühesten Lebensalter gelegt. Demnach entstehen Ich-Störungen im Gefolge ambivalent erlebter Objektbeziehungen, die im Rahmen von Über- bzw. Mangelversorgung stattfinden. Werden diese internalisiert, ohne dass es zum Fusionsprozess zwischen gutem und bösem Teilobjekt kommt, bleiben auch die sich im Bewusstsein bildenden Selbst- und Objektrepräsentanzen mangelhaft. Es kann sich keine entsprechende Selbst- und Objektkonstanz formen. Diese, so nimmt die Psychoanalyse an, ist aber Grundlage für die Heranbildung des Empfindens von Selbstwert und Ausgangspunkt zum adäquaten Umgang mit anderen Objekten. Mit dem eben beschriebenen Mangel kann das Individuum den Vergesellschaftungs- und Individualisierungsprozess nur ungenügend erleben und differenzierend verinnerlichen. Das internalisierte Muster der Ambivalenz, das sich von seinen kausalen Zusammenhängen abgelöst hat, taucht als Zwiespältigkeit in späteren Entscheidungssituationen auf und setzt sich mangels Vertrauen in eigene und fremde Entscheidungsfähigkeit über die Balance von personaler und sozialer Identität. Zweifel und Misstrauen kontrollieren das Handeln des Individuums. Die nötige Sicherheit und Kontinuität in der Begegnung des Anderen wird durch diese Kontrolle gestört. So gewinnen besondere Halteseile an Bedeutung. Die Anerkennung im Arbeitskollektiv oder Team stärkt die libidinöse Seite des Selbstbildes der Person. Bei einem Mangel an narzisstischer Zufuhr stellt sich als mögliche Alternative eine depressive Verarbeitungsstruktur der Kränkungserlebnisse ein. Diese wiederum wird mit den Mitteln der Sucht in Grenzen gehalten oder gefördert. Ohne ein Wissen, wie sich die Betroffenen gern gesehen hätten und welche Beziehung zur Realität besteht, droht die Gefahr einer oberflächlichen Typisierung.

Bürkle (2004) benennt Abbau- bzw. Veränderungsprozesse im Rahmen einer Suchterkrankung. Gesundheit und körperliches Wohlbefinden leiden unter dem verstärkten Konsum. Menschen isolieren sich, beginnen Versprechungen zu machen, zu lügen, zu stehlen oder andere Menschen zu bedrohen. Dinge und Personen, die wichtig waren, verlieren ihre bisherige Bedeutung. Anerkennung, Besitz und besondere Fähigkeiten, über die sich die Person definieren konnte, gehen verloren. Die Vielfalt der Kommunikationen reduziert sich auf Beschaffung, süchtigen Konsum und den Umgang mit den Folgen der Erkrankung.

2.3 Zusammenfassung des bisherigen Diskurses

Begriffe wie Enttraditionalisierung, Biografiebrüche, Individualität und Kollektivität, Flexibilität und Autonomie werden in den Dienst der Beschreibung eines sozialen Phänomens genommen, das im heutigen Sprachgebrauch inflationär verwendet, wissenschaftlich schwer fassbar und zwischen den einzelnen Disziplinen hin- und her gebogen wird – Identität. Der hier vorgestellte Diskurs findet auf ausgewählten Betrachtungsfeldern statt. Dennoch lässt sich ein wichtiger Aspekt für die vorliegende Forschungsarbeit fixieren. Identität wird in einem Prozess der Auseinandersetzung zwischen Einzelwesen und Umwelt (bspw. über Spiegelungen) erworben, geformt und hinterfragt. Ein Individuum wird sich bedeutsam. Andere Personen und Ereignisse erlangen individuelle Bedeutung und gehen in die Vita des Individuums ein. Selbstwerdung und Selbstsein verlaufen als in Kommunikationen sichtbarer und im Bewusstsein der einzelnen Person als von außen nicht beobachtbarer Vorgang ab.

Abhängigkeitserkrankungen stehen in einer besonderen Beziehung zur Identitätsbildung von Individuen. Die narrative Intervention ist eine Form der Identitätsarbeit. In der täglichen Begegnung mit suchtkranken Menschen wird der Spagat zwischen der gesellschaftlich geforderten

Passungsleistung der Betroffenen und deren tatsächlichen und im Alltag beobachtbaren Störungsniveaus deutlich. Je früher und schwerwiegender störende Einflüsse auf dem Weg zu einer sich entwickelnden Persönlichkeit stattfanden, desto ausgeprägter können sich Erosionen im Gefüge der Identität festsetzen. Desto verkümmerter und verkrümmter begegnet uns dann der Mensch. Dieser *Verunstaltung* gilt es, mit der Schaffung von Bedingungen zur Möglichkeit alternativer Gestaltung entgegenzutreten. Die Begegnung auf Augenhöhe ist eine solche Bedingung.

3. Grundlagen und Möglichkeiten therapeutischer und sozialpädagogischer Intervention vor dem Hintergrund systemtheoretischer Basis

3.1 Entwicklung systemtheoretischer Grundlagen

Systeme ordnen, für einen Beobachter,
den Zusammenhang von Freiheit, Blindheit und Abhängigkeit:
Systeme sind frei in der Setzung ihrer Ausgangsunterscheidung;
blind für die Folgen; und für den Erfolg dieser Setzung
abhängig von allem, was sie ausschließen.
Dirk Baecker 2002

Im Folgenden wird, soweit es für das vorliegende Thema von Bedeutung ist, zur Entwicklung systemtheoretischer Grundlagen referiert. Es wird auf die Ursprünge des Begriffes der Systemtheorie eingegangen. Mit dem Namen Bertalanffy verbindet sich der Übergang von naturwissenschaftlichen Erkenntnissen in sozialwissenschaftliche Erklärungen bestimmter Phänomene. Der funktional-strukturelle Ansatz von Luhmann wird in Abgrenzung zu Parsons strukturfunktionalistischem Ansatz beschrieben und schließlich die Interventionstheorie Willkes als Ausgangspunkt der Überlegungen für spezifische sozialarbeiterische Interventionen diskutiert. Die Intention, Systemtheorie als Hintergrund für die spezifische sozialpädagogische Intervention einzuführen, liegt in der Komplexität des Gegenstands begründet. Es geht um ein vertieftes Verständnis der Phänome sozialer Eingebundenheit, um Beziehungen,

Bedingungen und Wechselwirkungen, mit dem Ziel, sozialpädagogisches Handeln in der Praxis weiter zu qualifizieren.

Die durch dieses Kapitel leitende Fragestellung lautet: Welchen Teil kann Systemtheorie zum Verstehen der uns in der Intervention begegnenden Phänomene und Zusammenhänge beitragen und wie lassen sich diese Erkenntnisse im Forschungszusammenhang einordnen?

Der Begriff System[24] stammt aus einer Verknüpfung des griechischen *syn* (zusammen) und *hystema* (stellen) und erhält in der Antike die Bedeutung eines aus Teilen oder Gliedern bestehenden Ganzen, bspw. als Bezeichnung für eine Polisgemeinschaft (Aristoteles 384 – 322), Staatenbünden (Platon 427 – 347) oder im Stoizismus als in Ethik, Logik und Physik dreigeteiltes Erkenntnissystem (Zenon der Stoiker 340 – 260). Bis in das Mittelalter hinein finden sich nur wenige Hinweise auf die Verwendung des Systembegriffs. Im 17.Jahrhundert allerdings erfährt der Begriff eine erste Renaissance im Zusammenhang der Suche nach dem wahren System der Erkenntnis in den Naturwissenschaften und der Philosophie. Gegenüber den ersten Verwendungen des Systembegriffs fällt im Spätmittelalter eine Kognitivierung des Begriffs auf. Damit verbindet sich die Vorstellung des Systems als geistigem Konstrukt und seiner Arbeitsweise als die eines Organismus. Im 20. Jahrhundert erfährt Systemdenken eine zweite Renaissance. Dabei spielen die Entdeckungen des Chemikers Prigogine zu dissipativen Strukturen[25] und Maturana/Varelas zu autopoietischen Systemen die Rolle von Entwicklungshelfern.

Forschungsgegenstand der soziologischen Systemtheorie ist Gesellschaft und mithin alle die mit ihr in Verbindung gebrachten Phänomene

---

[24] Das Problem einer Systemdefinition besteht u. a. in der Ontologisierungsfalle. Diese besteht darin, etwas als unumstößlich Gegebenes zu bezeichnen „Das ist ein System", was durch die beobachtende Größe erst zu dem gemacht wird.
[25] Ilja Prigogine fand heraus, dass sich offene, also nicht im thermodynamischen Gleichgewicht befindliche Systeme, im Energieaustausch mit ihrer Umwelt zu einer höheren Ordnung entwickeln können und erhielt dafür 1977 den Nobelpreis.

menschlichen Zusammenseins. Systemtheorie beobachtet soziologisch interessante Phänomene auf ihre eigene abstrakte Weise. Sie beobachtet Gesellschaft als Ganzes, Funktionen, Strukturen, Organisationen und sich selbst. Und sie leistet einen Beitrag zur Selbstbeschreibung dessen, wie die soziale Wirklichkeit durch Beobachtung konstruiert wird.
Ludwig van Bertalanffy (1901 – 1972) verwendet den Begriff der Allgemeinen Systemtheorie (General System Theory) zu Beginn der 1960er Jahre im Rahmen der Erstellung einer Metabiologie[26]. Sein auf Haldane (1860 –1936) gründender methodischer Holismus ist der Beginn eines neuen wissenschaftlichen Ganzheitsdenkens. Unter diesem Paradigma werden disziplinübergreifend Gesetzmäßigkeiten in physikalischen, biologischen, aber auch sozialen Systemen vorausgesetzt und zum Untersuchungsgegenstand gemacht. Zugleich werden mechanistische Vorstellungen überwunden. Der Begriff des methodischen Holismus leitet sich aus der holistischen Position ab, gemäß derer die Erklärung eines Gegenstandes nicht auf die Beschreibung des Verhaltens einzelner Teile von ihm reduziert werden kann. Bertalanffy stellt fest, dass Wirkzusammenhänge, die sich in einer Klasse von Systemen finden, auch in anderen gelten, bspw. Prinzipien der Selbstorganisation, Rückkopplung oder der Homöostase. „Es gibt allgemeine Prinzipien für Systeme schlechthin, gleichgültig, welcher Art die zusammensetzenden Elemente und die zwischen ihnen bestehenden Beziehungen oder ‚Kräfte' sind." (Bertalanffy 1977: 16) Als Arbeitsgrundlage im Umgang mit dem Begriff des Systems wird Strukturiertheit und Ganzheitlichkeit als Eigenschaft postuliert und das System zu einem geordneten abgegrenzten Ganzen

---

[26] Bertalanffy führt in sein Werk *Biophysik des Fließgleichgewichts* ein: „Als physikalisches System betrachtet, entspricht ein lebender Organismus nicht den Systemen und Gleichgewichten, wie sie in der konventionellen Kinetik und Thermodynamik behandelt werden. Der Organismus ist kein geschlossenes System, das stets die identischen Bestandteile enthält; die elementare Tatsache des Stoffwechsels erweist ihn vielmehr als offenes System, das sich in einem ständigen Austausch von Substanzen erhält. [...] Für die Vorgänge im Organismus benötigt man daher eine Theorie, die offene Systeme und deren Eigenschaften beschreibt." (Bertalanffy 1977: 1)

erklärt. Auch geschlossene Systeme stehen in einem energetischen Austausch mit ihrer Umwelt, sie nehmen aber im Gegensatz zu *offenen Systemen* keine Materie auf oder geben solche an die Umgebung ab. (vgl. ebd.: 19)

Elemente innerhalb des abgegrenzten Raumes stehen zueinander in Relationen. Sie bilden in ihrer Gesamtheit die globalen Systemeigenschaften und die Struktur des Systems. Ziel der neuen Betrachtungsweise ist es, die Komplexität der untersuchten Gegenstandsbereiche besser erfassen zu können. Die Übertragbarkeit von Strukturbildungsgesetzen, beispielsweise auf verschiedene Formen sozialer Systeme wie Familie, Totale Institutionen oder Wirtschaftssysteme setzt einen hohen Grad an Abstraktion voraus. Systeme sind keine starren Gebilde, sondern folgen eigengesetzlichen Entwicklungen. Die Analyse eines Systems ist demzufolge immer nur „eine Momentaufnahme". (Miller 2001: 29)

Talcott Parsons integriert psychoanalytische Ansätze in sein soziologisches Konzept und sucht im Rahmen einer ‚General Theory' allgemeingültige Gesetzmäßigkeiten individuellen und sozialen Handelns in sozialen Systemen bis hin zu Gesellschaftssystemen zu formulieren, um Prozesse erfassen und voraussagend beschreiben zu können. Grundlegende Begriffe der Systemtheorie nach Parsons sind ‚Struktur' und ‚Funktion'. Die strukturell-funktionale Systemtheorie stellt als erster grundlegender Entwurf einer soziologischen Systemtheorie zu Beginn ihrer mehrstufigen Entwicklung die Struktur über den Funktionsbegriff. Funktionen dienen zur Struktur- und damit zur Systemerhaltung. Später wandelt Parsons den Begriff der Struktur in System um. Kritiker wie Willke wenden gegen Parsons Konzept ein, dass Strukturen nicht genügend auf ihre Funktion hin befragt werden (vgl. Willke 2000: 5). Mit dem von ihm entwickelten **AGIL**-Schema befragt Parsons Situationen oder Handlungen danach, ob sie zur Erhaltung des Systems geeignet (funktional) sind oder ob sie (dysfunktional) die Wirksamkeit des Systems beeinträchtigen. A steht für Adaption, für die Anpassungsleistung an eine Situation bzw. Systemumwelt. Diese Anpassungsleistung muss erbracht werden, um eine Aufgabe innerhalb eines Systems bewältigen zu können. G steht für Goal attainment, Zielerreichung bzw. Zielfestlegung für die Ressourcenverwendung. Verschiedenste Interessen einzelner Individuen ordnen sich in Kompromissen und münden in gemeinsame Zielformulierungen. I steht für die Integration relevanter Systemeinheiten. Konkret auf eine Gruppe bezogen bedeutet Integration eine Arbeitsteilung, um alle Aufgaben erfüllen und ein gemeinsames Ziel erreichen zu können. L steht für Latent pattern maintenance (Strukturerhaltung), die Erhaltung und Reproduktion der vom System vertretenen kulturellen Werte. Die Vermittlung und Auseinandersetzung mit kulturellen Werten findet v.a. in der primären familialen Sozialisation, sekundär in Schule oder Kirche als Wertevermittlung, später aber auch in der persönlichen Auseinandersetzung mit diesen Werten statt. Innerhalb einer Gruppe bedeutet Normerhaltung, dass die für die verschiedenen Aufgaben gesetzten Strukturen aufrechterhalten werden müssen.

Während Parsons Systemtheorie[27] handlungstheoretisch orientiert den Focus auf die Erhaltung von Systemstruktur bei einer sich ändernden Umwelt richtet, erweitern W. Buckley (1967) mit der kybernetischen Systemtheorie und J. Miller (1978), dieser beschäftigt sich mit lebenden Systemen vom Einzeller bis zur Gesellschaft, den systemfunktionalen Ansatz. Sie richten ihren Blick auf die interne Flexibilität und Entwick-

---

[27] **Talcott Parsons** wird am 13.12.1902 in den USA geboren. Er studiert 1920 – 24 Naturwissenschaften, wendet sich später aber dem Bereich der Sozialwissenschaften zu. Seine Hauptwerke sind: "The Structure of Sociale Action" (1937) und "The Social System" (1951). Hauptsächlichen Einfluss auf das Wirken Parsons haben Malinowskis kulturanthropologischer Funktionalismus, der Gesellschaft als ein einziges funktionierendes System sieht, Durkheims Anthropologie und Webers Ökonomie.

lungsmöglichkeit eines Systems bei sich ändernden äußeren Bedingungen. Anders als bei Parsons wird die Systemstruktur als eine Variable gesehen, die sich um des Systemerhaltes willen Umweltbedingungen anpassen kann und muss.

3.2 Die Systemtheorie Luhmanns

Niklas Luhmann[28] bezeichnet Systeme als real vorhanden. „Der Systembegriff bezeichnet also etwas, was wirklich ein System ist, und lässt sich damit auf die Verantwortung für Bewährung seiner Aussagen an der Wirklichkeit ein." (Luhmann 1987: 30) Mit seinem funktionalstrukturellen Ansatz refomuliert er die Prämissen des Parsonschen Strukturfunktionalismus, indem er die Funktionen eines Systems über die Struktur erhebt.[29] Luhmann definiert soziale Systeme als wechselseitig aufeinander bezogene Kommunikationen, die sich von anderen Kommunikationen abgrenzen und aus der Zurechnung von Kommunikationen als Handlung.[30] Umwelt ist konstitutiv für die Bildung von Systemen. Systeme entstehen, indem sie sich von ihrer Umwelt, bspw. durch ihre spezifische Funktion unterscheiden. Soziale Systeme lassen sich bis hin zu Gesellschaften als eine Anzahl von spezifischen Kommunikationen und sozialen Kontakten beobachten. „Jeder soziale Kontakt wird

---

[28] Niklas Luhmann wird am 8.12.1927 in Lüneburg geboren. Nach dem Krieg absolviert Luhmann ein Jura-Studium und übernimmt später Tätigkeiten in der lokalen Verwaltung und dem Kultusministerium Niedersachsen. 1960/61 studiert er bei Talcott Parsons Soziologie an der Harvard University. Nach der Dissertation und Habilitation bei Helmut Schelsky und Dieter Claessens lehrt Luhmann von 1968 bis 1993 an der Universität Bielefeld. 1998 stirbt Niklas Luhmann. Er veröffentlicht zahlreiche Artikel und Aufsätze. Sein Hauptwerk „Soziale Systeme: Grundriß einer allgemeinen Theorie" erscheint 1984.
[29] Den Universalitätsanspruch seiner Theorie ordnet Luhmann wie folgt ein: „Andererseits heißt Anspruch auf Universalität nicht Anspruch auf ausschließliche Richtigkeit, auf Alleingeltung und in diesem Sinne auf Notwendigkeit (Nichtkontingenz) des eigenen Ansatzes." (ebd. 34) Dieser Satz wird häufig von Kritikern überlesen.
[30] Luhmann bemerkt dazu: „Die Aussage »es gibt Systeme« besagt also nur, dass es Forschungsgegenstände gibt, die Merkmale aufweisen, die es rechtfertigen, den Systembegriff anzuwenden; sowie umgekehrt dieser Begriff dazu dient, Sachverhalte herauszuabstrahieren, die unter diesem Gesichtspunkt miteinander und mit andersartigen Sachverhalten auf gleich/ungleich hin vergleichbar sind." (Luhmann 1987: 16)

als System begriffen bis hin zur Gesellschaft als Gesamtheit der Berücksichtigung aller möglichen Kontakte." (ebd.: 33)

Wie lässt sich aber die Vielfalt an Kommunikation in eine Theorie fassen? Und warum genügte die Erforschung bestimmter Strukturen plötzlich nicht mehr? Wagner führt dazu aus: „Das Problem bestand darin, dass über Ähnlichkeit der Gestalt, also morphologische Kriterien, bestimmte Institutionen nicht auffindbar waren. Die Lösung kam dann in Sicht, als nicht nach Ähnlichkeit, sondern nach Funktionen gefragt wurde." (Wagner, H. 2002) Funktionen wiederum lassen sich spezifischen Kontexten zuordnen (bspw. Erziehung, Reproduktion etc.).

Luhmann kann auf die Vorarbeit Bertalanffys verweisen, der die Differenz von geschlossenen und offenen Systemen (s.o.) propagiert. Am vorläufigen Diskussionsstand der Systemtheorie postuliert Luhmann die Leitdifferenz *System/Umwelt*. Familie besteht nun nicht aus einzelnen Mitgliedern, sondern aus kommunikativen Zusammenhängen wie Partner/Partnerin oder Eltern/Kind mit jeweils entsprechenden Funktionen. Die Betonung liegt nicht mehr auf einzelnen veränderlichen Faktoren und Kausalbezügen, sondern auf Relationen zwischen einzelnen Elementen, bspw. Beziehungen zwischen den am jeweiligen Subsystem Beteiligten. Soziale Gebilde werden zu komplexen sinnhaft konstruierten Einheiten, „die eine Vielzahl von Problemen lösen müssen, wenn sie in ihrer Umwelt bestimmte Ziele erreichen wollen. Besonders aber muss das Problem der Verarbeitung von Komplexität gelöst werden." (Willke 2000: 7)

Systeme geben sich Bedeutungen in Form spezifischer Selbstbeschreibungen.[31] Diese können sich über Statute und andere formale Abgrenzungen, aber auch inhaltlich über die jeweils eigene Sprache und Ver-

---

[31] Identität, bspw. personale Identität stellt sich vor diesem Hintergrund als Produkt der Differenz identisch/nicht identisch dar. Sie wird im lebenslangen Prozess als Selbstbeschreibung erzeugt und ist die Voraussetzung für das Gefühl von Kohärenz.

haltensform der am System Beteiligten artikulieren. Partnerschaft wird anders wahrgenommen als eine Eltern/Kind-Beziehung. Die Fähigkeit eines Systems, sich in Bezug zu sich selbst zu setzen und diese Beziehungen gegenüber Relationen zur Umwelt zu differenzieren, bezeichnet Luhmann als Selbstreferentialität. Systemgrenzen dienen der Regulation dieser Differenz und der Systemerhaltung.

Umwelt ist selbst kein System und für jedes System eine andere, da jedes System sich selbst von der Umwelt differenzierend beschreibt. Umwelt verfügt nicht über Handlungsfähigkeit und Selbstreflexion. Externale Zurechnungen sind folglich Systemstrategien. Diese Feststellung hat Bedeutung für die Operationsweise psychischer Systeme und die Wirksamkeit entsprechender Interventionen. Die Komplexität des Systems und der Umwelt schließen jede totalisierende Form von Abhängigkeit aus. So ist das Individuum beispielsweise Partner in Partnerschaft, Vater im Eltern/Kind – Subsystem, Träger einer Leistungsrolle durch seine Arbeit in der Firma und Teilnehmer in einem weiteren System, wenn er den Hausarzt aufsucht.

Luhmann radikalisiert den Bruch mit der bis dahin in der soziologischen Gesellschaftstheorie herrschenden Subjektlogik. Weber (2005) beschreibt den „Wechsel in der Logk des Weltverstehens" (Weber 2005: 9) als einen Vorgang, der sich über drei gesellschaftlich relevante Umbrüche konstituiert:

„[…] der naturwissenschaftlichen Revolution des 16. Jahrhunderts, die zur Entstehung eines entsubjektivierten, entgeistigten Verständnis der physikalischen und biologischen Organisationsformen des Universums geführt hat, sowie den politischen und industriellen Revolutionen des 18. Und 19. Jahrhunderts. Sie haben das Bewusstsein entstehen lassen, dass die soziokulturellen, geistig organisierten Lebensformen der

Menschen, die gesellschaftsgeschichtlich in mannigfaltigen Variationen enstanden sind, ihren konstruktionslogischen Grund in den alltäglichen Handlungen und Kommunikationen körperlich realer Subjekte haben." (ebd.)

Die subjektlogische Eigenart, Objekte als Subjekte und Ereignisse als Handlungen zu verstehen wurde im Zuge der Ausdifferenzierung der modernen Gesellschaft durch ein prozesslogisches bzw. bei Luhmann differenzlogisches Denken ersetzt. Weber stellt bzgl. der Radikalisierung durch Luhmann fest, „dass mit der Durchsetzung eines differenzlogischen Denkens nicht nur die Eliminierung des absoluten Subjektes der Transzendentalphilosophie verbunden wird, sondern die Eliminierung der Subjektkategorie überhaupt." (ebd.: 13) An die Darstellung des Paradigmenwechsels anschließend ist zu fragen: Wo begegnet uns der Mensch unter analytischen Gesichtspunkten in Luhmanns Theorie? Die Frage ist wie folgt zu beantworten: Überall und nirgends. Überall, weil der Mensch quasi über seine Psyche Umwelt sozialer Systeme ist und weil er gleichsam in seinen Kommunikationen im Rahmen sozialer Systeme sichtbar wird. Nirgends, weil er, wie weiter oben bereits ausgeführt wurde, nicht ausschließlich einem System einverleibt werden kann. Die humanistische Tradition sieht den Menschen als Bestandteil sozialer Ordnung, als Letztelement der Gesellschaft selbst. (Individuum) Seine Existenzform ist nur in der Gesellschaft zu verwirklichen. Aus der Sicht Luhmannscher Systemtheorie ist der Mensch[32] weder selbst soziales System noch Teil eines sozialen Systems (Gesellschaft). Luhmann verwendet sowohl den Begriff Mensch, als auch den des Individuums

---

[32] Vielmehr gehören Leib und Psyche in andere definitorische Zusammenhänge. Luhmann merkt an, „[...] dass die Formel Mensch nur noch ein Einheitsbegriff [...] für unübersehbare Komplexität ist, aber nicht mehr ein Gegenstand, über den man direkt Aussagen formulieren kann; und dass der Name, der Begriff Mensch letztlich [...] eine innere Größe, Gegensätzlichkeit, Unendlichkeit oder Komplexität verdeckt." (Luhmann 1995:269)

und der Person. Dabei erhalten Begriffe, die sich auf die wechselseitige Irritation und Abhängigkeit der Systeme von- und miteinander beziehen, eine hohe Bedeutung. Es geht ihm darum, die Bedeutung der konstitutiven Wirkung der Differenz System/Umwelt zur Bildung von Systemen in das Blickfeld der Beobachtung zu nehmen. (vgl. Luhmann 1991: 166ff) Systemtheorie mit ihrer Unterscheidung System/Umwelt hat die Möglichkeit „den Menschen als Teil der gesellschaftlichen Umwelt zugleich komplexer und ungebundener zu begreifen, als dies möglich wäre, wenn er als Teil der Gesellschaft aufgefasst werden müsste; denn Umwelt ist im Vergleich zum System eben derjenige Bereich der Unterscheidung, der höhere Komplexität und geringeres Geordnetsein aufweist." (Luhmann 1987: 289)[33]

Im Folgenden werden Begriffe und Zusammenhänge aus dem komplexen Werk der Systemtheorie Luhmanns detaillierter dargestellt

3.2.1 Komplexität – Kontingenz – Doppelte Kontingenz

„Als komplex wollen wir eine zusammenhängende Menge von Elementen bezeichnen, wenn auf Grund immanenter Beschränkungen der Verknüpfungskapazität der Elemente nicht mehr jedes Element jederzeit

---

[33] Dass die konzipierte Subjektlosigkeit in Luhmanns Theorie geeignet ist, zu klären, wie empirische Subjekte zu dem geworden sind, was sie sind und worunter sie leiden, wird von Weber bezweifelt. (vgl. Weber, A. 2005: 70) Vielmehr vermutet er hinter dem differenztheoretischen Gebäude Luhmanns: „ein subjektlogisches Denken in einer neuartig subtilen Form [...] nämlich im Absolutismus des autopoietischen Systems." (ebd. 19) Er weist auf Schulte (1993) hin, der die therapeutische Funktion hinter der systemtheoretischen Eliminierung des Subjektes mutmasst. „Tatsächlich ist es auf der Grundlage eines systemtheoretischen Denkens, in dem die empirischen Subjekte schon auf kategorialer Ebene eliminiert wurden, problemlos möglich, der Auseinandersetzung mit beängstigenden als auch beschämenden Erkenntnissen aus dem Weg zu gehen." (Weber, A. 2005: 86) Eine interessante, wenn auch im Zusammenhang dieser Arbeit zu weit führende Idee, das Subjekt bzw. den Menschen quasi über den Begriff des Willens *backstage* auf die Bühne der Systemtheorie zu führen, benennt Ole Bjerg: „Es wird vorgeschlagen, den Begriff des Willens in die Systemtheorie einzuschließen. Damit verschiebt sich der Focus der systemtheoretischen Analyse von der Einheit der Systeme auf die gegenseitigen Bruchflächen zwischen den Systemen und auf den Moment, in dem gewählt werden muss, welche Beobachtungsform in „Tun" umgesetzt werden soll. Eine solche „Wahl" beruht notwendig auf den Charakter des Willens." (Bjerg 2005: 223f) Die Idee basiert auf der Auseinandersetzung mit Schopenhauers Kritik an Leibniz *Satz vom zureichenden Grund*[33]. Dieser weist nach Meinung des Autors Ähnlichkeit mit Erklärungen der Systemtheorie, wie Beobachtungen aneinander anknüpfen, auf.

mit jedem anderen verknüpft sein kann." (Luhmann 1987: 46) Ein Gesamtsystem gewinnt an Bedeutung als ‚interne Umwelt' für Teilsysteme und für jedes Teilsystem in je spezifischer Weise.

Ein Beispiel: Das Team bildet eine Einheit innerhalb der Rehabilitationsklinik. Die Belegschaft bildet ein System, ebenso wie die Verflechtungen der Klinik am Standort mit ihren angeschlossenen Unternehmen, der Konzern, das Gesundheits- und das Wirtschaftssystem bzw. der Markt innerhalb der Gesellschaft. Luhmann unterscheidet zwischen der Umwelt eines Systems und Systemen in der Umwelt. Es entstehen wechselseitige Beziehungen und Abhängigkeiten, in denen das Verhalten der einen Person oder eines kommunikativen Zusammenhangs das einer anderen Person oder eines weiteren Systems bedingt. Die so genannten Interdependenzen lassen sich wie folgt differenzieren. Systeminterne Interdependenz bedeutet, dass bspw. eine Familie mit Suchtproblematik ihre eigenen Themen und Sprachformen im Rahmen ihrer Kommunikationen entwickelt (bspw. Co-Abhängigkeit). Rollen, Funktionen und Ereignisse beziehen sich aufeinander. System/Umwelt-relationale Interdependenz bezeichnet den Fakt, dass die betroffene Familie sich in ihrer Abgeschlossenheit vom Nichtdazugehörenden unterscheidet, aber mit ihrer Umwelt interagiert. Interdependenzen zwischen Systemen spiegeln sich bspw. in der Verwobenheit politischer Entscheidungen mit marktwirtschaftlichen Bedürfnissen wieder, die einen Einfluss darauf haben, ob das Problem von Alkohol in Familien thematisiert wird und welche Rückwirkungen es auf die beteiligten Bereiche hat.

Interdependenzen führen zur Systemdifferenzierung im Sinne einer Wiederholung der Systembildung im Innern eines Systems. Systemdifferenzierung hat eine Steigerung der Komplexität zur Folge. Umgekehrt erfordert die Zunahme an Komplexität neue Ausdifferenzierungen vorhandener Funktionssysteme. So muss sich das Weltwirtschaftssystem auf die Globalisierungsfolgen der Dynamiken des 21. Jahrhunderts neu einstellen und andere Formen der Regulierung und damit Organisation finden, als für das 20. Jahrhundert galten. Dies hat Auswirkungen bis in die kleinsten Transaktionen des Marktes.

Die Leitdifferenz System/Umwelt findet sich auf der Ebene von Teilsystemen wieder. Eine Familie bildet als Mietpartei in einem Mehrfamilienhaus ein eigenes System und grenzt sich durch ihre besondere Lebensweise, die zugehörigen Mitglieder, durch ihre eigene Weise zu kommunizieren usw. vom Rest der Hausgemeinschaft als Umwelt ab. Elemente und Relationen[34] sind Teil der Struktur und Dynamik von Systemen. Aus dem eben beschriebenen wird deutlich, dass Komplexität immer ein Maß an Unbestimmbarkeit bedeutet.[35] Komplexität erscheint als dem System fehlende Information oder Gewissheit, um seine Umwelt (Umweltkomplexität) bzw. sich selbst (Systemkomplexität) vollständig erfassen und beschreiben zu können. Das heißt, das System kann seine eigene Komplexität nicht vollständig erfassen. Es reagiert, wie später auszuführen sein wird, auf ein durch einen eigenen blinden Fleck verursachtes unscharfes Bild seiner selbst. Komplexe Systeme sind zur

---

[34] Elemente sind bspw. im Kontext der Familie Mutter, Vater, Kind. Relationen bezeichnen die Bezüge zwischen Elementen. „Wenn man [...] das ‚System Familie' als ein relationales System [...] konzipiert – nämlich: *ein System besteht aus einer Menge von Elementen und einer Menge von Relationen, die über diese Elementen-Menge definiert sind* – müssen ‚Element' (bzw. ‚Objekt') und ‚Relationen' (bzw. ‚Beziehung') hinreichend präzise charakterisiert werden. Es ist üblich und sinnvoll, zwischen ein-, zwei-, drei- stelligen Relationen zu unterscheiden, je nachdem ob ein, zwei, drei oder mehr Elemente in bezug auf die Relation notwendig sind." (Kriz 1999: 102)
Eine einstellige Relation bezeichnet bspw. einen Beobachtungsgegenstand und eine einfache Charakterisierung. Als Beispiel wird die Beobachtung: *Das Kind verhält sich auffällig* gewählt. Die zweistellige Relation umfasst zwei Elemente als Beobachtungsgegenstände und könnte lauten: *Das Kind verhält sich auffällig im Gegensatz zu seinem Geschwister*. Bei einer dreistelligen Relation würde der Satz dann lauten können: *Das Kind verhält sich auffällig ruhig im Gegensatz zu seinem Geschwister, aber sein Verhalten weist Ähnlichkeiten mit einem Kind auf, bei dem eine spezifische Diagnose gestellt wurde*. Das Relationieren ließe sich nun fortführen, aber das Wesentliche ist bereits deutlich geworden. Bei zählbarer Zunahme der Elemente (quantitativ) und ihrer Relationen zueinander (qualitativ) nimmt der Grad der Systemkomplexität zu.
[35] Die „[...] Zweitfassung kann in Sinnsystemen benutzt werden, um die Komplexität des Systems in das System wiedereinführen zu können – als Begriff, als unbekannte und gerade dadurch wirksame Größe, als Angstfaktor, als Begriff für Unsicherheit oder Risiko, als Planungs- und Entscheidungsproblem, als Ausrede." (Luhmann 1987: 51)

Selbstanpassung gezwungen, im Doppelsinn an die eigene Komplexität.[36]

Wie gelangt man zu einem Urteil, fasst einen Entschluss, fällt eine Entscheidung? Zur Erklärung des Wie wird der von Luhmann im Aristotelischen Sinne „nicht notwendig und nicht unmöglich" genutzte Begriff der *Kontingenz* eingeführt. Kontingenz bezeichnet die Unwahrscheinlichkeit absoluter Gewissheit. Jede Erfahrung, jedes Wissen ist dabei eine mögliche Erfahrung, ein mögliches Wissen. Dieser Möglichkeitenüberschuss wird einerseits im Rahmen der Bildung sozialer (Interaktions-)Systeme durch mindestens zwei Adressaten beschränkt, andererseits entsteht im Gefolge der Reduktion von Komplexität andere Komplexität. Wird Komplexität wechselseitig zur Verfügung gestellt, ist die Situation durch doppelte Kontingenz gekennzeichnet. Das bedeutet, Kommunikation baut auf den kontingenten Handlungen des jeweiligen Gegenübers auf. Da schon Elemente komplex konstituiert sind, ist deren Verknüpfungskapazität limitiert. Komplexität bedeutet Selektionszwang, bedeutet Kontingenz, bedeutet Risiko. So kann der Wunsch nach Kommunikation sowohl zu einer gelingenden Konversation führen. Es können aber auch Hindernisse auf den unterschiedlichsten Ebenen, von einer dem Kontext nicht entsprechenden Botschaft, über die missverständliche Form der Äußerung bis hin zum Missverstehen und der qualitativ unterschiedlichen Beantwortung des Wunsches auftreten. Die Patientin, der Sozialarbeiter und die Psychotherapeutin stellen ihre Kontingenzen, Erfahrungswissen, Professionalität, Emotionalität usw. wechselseitig im Rahmen der Behandlung zur Verfügung. In erster Linie sind es die psychischen Systeme und deren Elemente, Gedanken, die sich

---

[36] „Sie müssen mit internen Unwahrscheinlichkeiten und Unzulänglichkeiten zurechtkommen. Sie müssen Einrichtungen entwickeln, die genau darauf aufbauen, etwa Einrichtungen, die abweichendes Verhalten reduzieren, das erst dadurch möglich wird, daß es dominierende Grundstrukturen gibt." (Luhmann 1988: 56)

versprachlichend an einem kommunikativen Dreieck anschließen. Die Patientin trägt in sich das Wissen um ihre Sucht- und Lebensgeschichte, Missbrauchserfahrungen, Demütigungen, Ressourcen und Defizite. Aus dem Gedächtnis werden Einzelereignisse aktualisiert und im Gespräch geäußert. Bereits an dieser Stelle wäre es unmöglich vorherzusagen, welche Elemente (Gedanken) miteinander in Verbindung gebracht und welche aus einer möglichen Kommunikation herausselektiert, nicht gedacht oder im sozialen System nicht versprachlicht werden.

Zusammenfassend kann gesagt werden: im Rahmen des Entstehens sozialer Systeme wird Komplexität reduziert, diese nimmt im Prozess der inneren Ausdifferenzierung wieder zu. Kontingenz benennt die Freiheitsgrade hinsichtlich der Auswahl möglicher Anschlüsse an Kommunikation oder Gedanken als systeminterne Operationsalternativen, um angemessen auf Umweltzustände reagieren zu können. Doppelte Kontingenz bezeichnet die Unwahrscheinlichkeit der genauen Passung der Systemzustände der an der Kommunikation Beteiligten, wenn sie versuchen, ihr jeweiliges Handeln an der Kontingenz des jeweils Anderen zu orientieren.

3.2.2 Selbstbezüglichkeit, Selbstgestaltung und Beobachtung

Soziale und psychische Systeme sind in der Lage, sich auf sich selbst zu beziehen[37] und sich durch ihre eigenen Elemente (bspw. Kommunikationen) zu reproduzieren. Kommunikation und Bewusstsein brauchen sich und sind doch eine Systemgrenze voneinander entfernt. In der Psyche bezieht sich ein Gedanke auf einen anderen, eine Vorstellung auf eine andere. Diese Vorgänge nennt Luhmann in Abgrenzung zu einem

---

[37] Im Zusammenhang mit der Reflexivität oder von Systemen verwendet Luhmann den Begriff Selbstreferenz, „[...] die Einheit, die ein Element, ein Prozeß, ein System für sich selbst ist. [...] unabhängig vom Zuschnitt der Beobachtung durch andere." (Luhmann 1988: 58) Der Begriff bezeichnet die Fähigkeit eines Systems, einen Bezug zu sich selbst in Differenz zur Beziehung zu seiner Umwelt herzustellen.

früheren Begriff der Selbstorganisation (Luhmann 1988: 60) und im Rückgriff auf Maturana und Varela *Autopoiesis*.[38]/[39]

Ein möglicher Prozess der Selbstgestaltung von Systemen ist die Selbstbeobachtung. Eine Besonderheit in der Selbstbeobachtung bildet der *blinde Fleck.* Heinz von Foerster (1998) beschreibt in *Wahrheit ist die Erfindung eines Lügners* die Wirkung des blinden Flecks als Bedingung der Möglichkeit des Sehens mit den Worten: „Man könne nicht sehen, dass man nicht sieht, was man nicht sieht." [40] Luhmann setzt die-

---

[38] Den Begriff der Autopoiesis beobachtet Fuchs als spezifische Transformation. Sie ist eine: „[...] sich selbst stabilisierende Interdependenzunterbrechung. Aber diese Unterbrechung setzt Interdependenzen voraus. Der Beobachter muss also Interdependenz und ihre Unterbrechung unterscheiden und aufeinanderziehen. Der Ausdruck für diese Unterscheidung ist: System." (Fuchs 2004: 53) Baecker unterscheidet Luhmanns Begriff der Autopoiese von dem der Selbstorganisation: „[...] beide haben nicht nur einen differenzialistischen, sondern auch einen prinzipiell operativen Systembegriff als Grundlage. [...] Wir haben es mit zwei Sachverhalten zu tun: erstens mit ‚Selbstorganisation' im Sinne einer Erzeugung einer Struktur durch eigene Operationen und zweitens mit ‚Autopoiesis' im Sinne einer Determiniation des Zustandes, von dem aus weitere Operationen möglich sind, durch die Operationen desselben Systems." (Baecker 2004: 100f)

[39] Die Verwendung des Autopoiese–Konzeptes zur Erklärung soziologischer Phänomene wird kritisch diskutiert. Varela und Maturana lehnen die einfache Übertragung ihres Konzeptes in Luhmanns Theoriegebäude ab. Kriz (1999) bemängelt die Unschärfe in der Unterscheidung des Begriffs der Autopoiese von dem der Selbstorganisation. Er macht die unterschiedlichen Positionen zwischen den Autopoiese-Konzepten der Neurobiologen Maturana und Varela und der des Soziologen Luhmanns deutlich. „Im Gegensatz zu vielen Arbeiten, in denen die Autopoiese- Konzeption von Maturana & Varela auf die Beschreibung anderer Systeme – wie z. B. Familiendynamik – übertragen wird, hat Maturana selbst immer wieder auf eine Beschränkung dieses Ansatzes zur Betrachtung von Leben in einer Zelle, ggf. noch einen mehrzelligen Organismus insistiert. M.E. geht die Konzeption Maturanas für die Fragen der Humanwissenschaftler in keinem Aspekt über den Erklärungswert von dissipativen Strukturen oder gar den der Synergetik hinaus: [...] Unglücklicherweise wird der Begriff „Autopoiese" auch noch in einem zweiten Theorien-Gebäude verwendet, das mit dem ersten außer der Annahme „operationaler Geschlossenheit" inzwischen wenig gemeinsam hat: Gemeint ist die Konzeption „soziale Systeme" des Soziologen N. Luhmann." Wie unversöhnlich sich die Urheber des Begriffs gegenüberstehen, zeigt Kriz mit dem folgenden Zitat Maturanas: „ Man suggeriert nämlich..., daß der Begriff der Autopoiesis etwas zu unserem Verständnis der sozialen Systeme beiträgt, was – wie ich behaupte – nicht der Fall ist. [...] ich würde sagen ..., daß es sich bei einer Familie bestimmt nicht um ein autopoietisches System handelt." (Kriz 1999: 84) Meyer hinterfragt ebenfalls die Stellung des Autopoiese-Konzeptes in Luhmanns Theorie, bestätigt aber dessen These, „dass die logisch-funktional sinnhafte, selbstbezügliche Verweisungsstruktur sozialer Systeme zu deren Selbststrukturierung ermöglichend beiträgt." (Meyer 1994: 19)

[40] „Für die Unvollständigkeit und Unschärfe, auch die Unwahrheit und Lüge der systemkonstituiven Selbstreflexion steht der aus der Physiologie bekannte *blinde Fleck*. Der systemfunktionale *blinde Fleck* verdeckt die Stelle, an der sich die Selbstreflexion zur Paradoxie oder Tautologie zuspitzt und konzentriert. Er schützt das System, sofern es durch Selbstreferenz oder Selbstbeobachtung funktioniert, vor sich selbst. Das, was sich dadurch der Beobachtung entzieht, bleibt latent wirksam. [...] Erst die nötige Blindheit sagt Luhmann: Invisibilisierung, Mystifizierung und Verschleierung ermöglichen es dem selbstreferentiellen System, in Rückbezug auf sich selbst nicht nur sich selbst, sondern auch noch anderes, also Fremdreferentielles, zu sehen, obwohl auch dieses nicht scharf abgrenzbar ist vom Selbst. Das Selbst und die Realität außer ihm sind beide nicht fixierbar. Wie die Welt in ihrer Einheit, so ist auch das Selbst unbeobachtbar bzw. nur als blinder Fleck beobachtbar." (Schulte 1993: 45)

ser Vorstellung seine Beobachtung zweiter Ordnung entgegen, in der die Beobachtung dessen möglich wird, was zuvor durch den blinden Fleck dem Erkennen verstellt ist. Ein anschauliches Beispiel liefert uns Googwin, der Ernest Hemingway über seinen Umgang mit Alkohol wie folgt zitiert und kommentiert: „»Trinkt soviel ihr wollt, aber werdet mir nur keine besoffenen Scheißkerle. Ich betrinke mich täglich, aber niemals habe ich jemanden belästigt.« (Die Faustkämpfe in der Floridita, im Toots Shor's in New York und anderswo hatte er offenbar vergessen.)" (Goodwin 2000: 108) Die in Klammern gesetzte Bemerkung Goodwins zu Hemingways Selbstbeschreibung geschieht als Beobachtung zweiter Ordnung.

Schulte fasst eine Verbindung zwischen der Systemtheorie Luhmanns und einem möglichen therapeutischen Wirken wie folgt: „Bei der Reflexion auf mich muss ich mich selbst voraussetzen und unterscheiden. Ich muss mich in zwei Perspektiven sehen und vergleichen, einmal von innen und einmal von außen. So bin ich der andere meiner selbst. [...] Luhmanns Systeme der realen, rekursiven Selbstbeobachtung und Selbstbeschreibung vollziehen „in Wirklichkeit" das, was paradoxe Beschreibungen mit meinen Vorstellungen anstellen, wenn ich dem Sinn dieser Beschreibung folge und z.B. zugleich als Beschreibender und auch als Gegenstand meiner Beschreibung auftrete." (Schulte 1993: 28) Systeme können Wirkungen auf sich selbst speichern und unter Zuhilfenahme von Differenzschemata nach Bedarf abrufen. „Alle Wirkungen, die man von außen im System oder mit dem System erzielen will, setzen voraus, daß das System auch den Anstoß von außen als Information, das heißt als Differenzerfahrung wahrnehmen und in sich in dieser Weise zur Wirkung bringen kann." (Luhmann 1988: 69)

Das Zwischenresümee lautet: Systeme sind in der Lage, einen Selbstbezug herzustellen und diesen zu Bezügen zur Umwelt zu differenzieren.

Sie gewinnen Gestalt im Rahmen von Selbstorganisationsprozessen und determinieren sich autopoietisch. Die zu diesen Prozessen nötigen Informationen werden durch Beobachtungen angeliefert.

3.2.3 Sinn und Sinndimensionen

„Wenn wir einen anderen Menschen verstehen wollen, kommt es weniger darauf an, dass wir seine Erfahrungen kennen, sondern wir müssen wissen, was seine Erfahrungen für ihn bedeuten." (Kegan 1994:156) Bedeutungszuweisung ist gleichbedeutend mit der Zuweisung von Sinn. Schulte fragt: „In welcher Weise ist Sinn etwas empirisch Reales? Sinn ist das Material, das die psychischen und sozialen Systeme verarbeiten; zugleich soll es das sein, aus dem sie selbst bestehen. Woher kommt die empirische Wirklichkeit von Sinn?" (Schulte 1993:18f) Luhmann verweist auf die Coevolution psychischer und sozialer Systeme. Das Medium, das diese Coevolution ermöglicht ist Sinn.

„Das allgemeinste Medium, das psychische und soziale Systeme ermöglicht und für sie unhintergehbar ist, kann mit dem Begriff »Sinn« bezeichnet werden. […] Das Prozessieren von Sinn läuft über die Wahl von Unterscheidungen, das heißt von Formen. […] Die Zwei-Seiten-Form funktioniert gewissermaßen als Weltrepräsentationsersatz. Anstatt die Welt phänomenal zu geben, führt sie den Hinweis mit, dass es immer noch etwas anderes gibt – sei es Unbestimmtes, sei es Bestimmtes, sei es Notwendiges oder nicht zu Leugnendes, sei es nur Mögliches oder Bezweifelbares, sei es Natürliches oder Künstliches." (Luhmann 1995: 173f)

Sinn bedeutet die Ausrichtung auf etwas hin bzw. die Einordnung in einen Zusammenhang. Psyche und Soziales sind sich jeweils Umwelten mit einem parallelen Entwicklungsverlauf. Das Individuum kann nicht ohne Bindungs- bzw. Sozialisationserfahrungen entstehen und umgekehrt können soziale Zusammenhänge nicht ohne die Beteiligung von Individuen existieren. So gehört die Wahrnehmung und Verortung einer Abhängigkeitserkrankung generell in einen psychosozialen Kontext. Unter der Bedingung, dass ein Bewusstsein oder ein sozialer Zusammenhang zum einen den Unterschied System/Umwelt produziert und ihn zum anderen im Inneren beobachtet, wird das System für sich selbst unkalkulierbar. Es erreicht einen Zustand der Unbestimmtheit und benötigt aus diesem Grunde ein Gedächtnis (memory function), um Resultate vergangener Selektionen als gegenwärtigen Zustand verfügbar zu machen. Hierbei spielen Leistungen des Vergessens und des Erinnerns eine Rolle. In einem Zustand des Oszillierens zwischen Selbst- und Fremdreferenz konfrontiert sich das System mit einer für es selbst unbestimmbaren Zukunft, für die gleichsam Anpassungsreserven für Unvorhergesehenes gespeichert sind. Das Resultat bezeichnet Luhmann als Sinn.[41] Komplexität und Selbstreferenz sind sinnintentiert. Durch die Attribuierung ‚Sinn' koppeln sich selbstreferentiell geschlossene Systeme mittels einer inhaltlichen Ausgestaltung psychischer bzw. sozialer Prozesse an ihre jeweiligen Umwelten.

Nach Luhmann dient Sinn der Reduktion von Komplexität bei gleichzeitigem Erhalt der Möglichkeiten.[42] So kann heute der Gedanke an Flucht bis hin zu ihrer Extremform Suizid eine legitime, sinnhafte Möglichkeit sein und unter anderen Vorzeichen am nächsten Tag wieder verworfen werden.

---

[41] „Es ist eine Selbstillusionierung sinnkonstituierender Systeme, wenn sie meinen, zeitüberdauernde Identitäten habe es schon immer gegeben und werde es weiterhin geben, und man könne sich daher auf sie wie ein Vorhandenes beziehen. Alle Orientierung ist Konstruktion, ist von Moment zu Moment reaktualisierte Unterscheidung." (Luhmann 1998:45)
[42] Luhmann knüpft hier an Husserls Vorstellung an, der eine Aktualität immer von einem Möglichkeitenhorizont umgeben sieht. (Vgl. Stäheli, U. 2000:64)

Wie andere Individuen oder Systeme erleben und handeln, erschließt sich durch Beobachtung. Beobachten ist eine Basis-Operation von Verstehen und arbeitet mit Unterscheidungen. Verstehen als eine Form der Sinnverarbeitung gehört zur sozialen Reflexivität. Luhmann führt Sinndimensionen ein, die vor dem Hintergrund von Unterscheidungen entstehen: *Sachdimension, Zeitdimension* und *Sozialdimension*. „In der Sachdimension wird der Verweisungshorizont nach der Differenz dies/anderes strukturiert, wobei die Bestimmung von etwas die implizite Negation dessen erfordert, was anderes ist. […] Im Falle sozialer Systeme betrifft die Differenz die Themen, über die kommuniziert wird, im Falle psychischer Systeme bezieht sie sich auf Gegenstände der bewussten Aufmerksamkeit." (Baraldi et al.: 174) Die *Zeitdimension* entsteht durch die Herauslösung eines Ereignisses aus seiner Gegenwartsverankerung durch die Differenz eines Davor und Danach. Für Sinnsysteme ist Zeit die Interpretation der Realität im Hinblick auf die Differenz Vergangenheit/Zukunft. Empfundene und durch eigenes Handeln entstandene Ungerechtigkeiten können z.B. durch eine neuerliche Betrachtung im narrativen Interview bearbeitet und es kann damit abgeschlossen werden. In der *Sozialdimension* (soziale Komplexität) gibt es neben der Ego-Perspektive auch eine (oder viele) Alter-Perspektiven. Sinn kann daraufhin abgefragt werden, ob ihn eine andere Person oder ein zweites System genauso erlebt oder anders. Je nach Zurechnung entscheidet ein Sinnsystem Erleben (in Bezug auf andere Systeme) und Handeln (in Bezug auf sich selbst).[43] In der Sozialdimension werden Alter und Ego für Zurechnungszwecke personalisiert bzw. mit bestimmten sozialen Systemen identifiziert. Sie erhalten Namen, Adressen und da-

---

[43] „Erleben aktualisiert die Selbstreferenz von Sinn, Handeln aktualisiert die Selbstreferenz sozialer Systeme […]." (Luhmann 1987: 124) Je nach Vorentscheidung wird über eine weitere Behandlung des Gegenstandes (Ereignis) entschieden, umgekehrt kann Praxis die Vorentscheidung problematisieren.

mit Identitäten. Ein Erzählender wägt verschiedene Optionen hinsichtlich der Auswahl preiszugebender Daten bzw. Beleggeschichten ab und stellt sie in den Kontext der drei Sinndimensionen. In der Sachdimension kann er aktuelle Gefühle zum via Gedächtnis gespeicherten Erleben beschreiben, in der Zeitdimension kommen sowohl seine biografischen Erfahrungen, die Einschätzung seines gegenwärtigen Zustandes und die Antizipation möglicher Ereignisse in der Zukunft zur Äußerung. In der Sozialdimension beobachtet sich der Erzählende selbst als Alter und die Prozessualisierung von Sinn in der Selektion möglicher Handlungsoptionen. Wie am Beispiel der transkribierten Interviews bewirkt Schrift die Differenzierung vom lebenden Gedächtnis der Interaktionsteilnehmer und von der jeweiligen Interaktion. Kommunikation erreicht nun auch Nichtanwesende und erreicht sie zu anderen Zeiten. Die Mutter, die sich zum Zeitpunkt ihrer Abhängigkeitserkrankung dem Kind nicht erklären kann, schreibt ihre Gedanken nieder oder konserviert sie auf andere Weise. Sie kann erklären, warum sie zunächst auf weitere Kontakte verzichtet und ihre Erklärung der Interpretation dem dann gereiften Kind überlassen. Auf diese Weise ist vielleicht nicht eine vollständige Rehabilitation im sozialen Gefüge möglich, aber in der Krise gegenwärtige Positionen bleiben nachvollziehbar.

3.2.4 Kommunikation als Grundlage Sozialer Systeme

Man betritt einen Raum, ein Restaurant, ein Seminar oder eine Party. Alle Personen sind mehr oder weniger in Gespräche eingebunden. Für eine kurze Zeit ebben die Gespräche ab. Man wird beobachtet, beobachtet andere und unter bestimmten Umständen – sich selbst. Dann werden Gesprächsfäden wieder aufgenommen, die eben noch aufgebaute Spannung löst sich im Fortgang der Gespräche auf. Kommunikation ist nicht ohne die Kopplung des Bewusstseins und dem Element des Beobachtens denkbar. Kriz merkt die unterschiedlichen Autopoiese-Konzepte Maturanas/Varelas und Luhmanns untersuchend an: „Gleichwohl halte ich jenen Aspekt der Luhmannschen Konzeption gerade auch für Therapeuten für beachtens- und bedenkenswert, dass Bewusstseinsprozesse und Kommunikationsprozesse sich wechselseitig einen Kapazitätsüberschuß zur Verfügung stellen. Hieraus ergibt sich die Betonung der Selektionsvorgänge. Mit welchen Aspekten der gerade ablaufenden Kommunikation beschäftigt sich mein Bewusstsein? Und welche Aspekte dessen, was gerade mein Bewusstsein beschäftigt, bringe ich in die Kommunikation ein?" (Kriz 1999: 86)

Luhmann stellt fest: „Geht man vom Sinnbegriff aus, ist als erstes klar, dass Kommunikation immer ein selektives Geschehen ist." (Luhmann 1987: 194) [44] Demnach besteht jede Kommunikation aus der Mitteilung einer Information und deren Verstehen. Sowohl beim Senden als auch Empfangen finden Selektionen statt. Selektivität ist selbst ein Moment des Kommunikationsprozesses. Ohne Selektivität der Informationen aus einem Möglichkeitsrepertoire kommt kein Kommunikationsprozess zustande. Die Information wird von der Mitteilung (der Form der Mitteilung liegt ein Verhalten zugrunde) unterschieden.

Die menschliche Sprache ist ein Mittel der Kommunikation. Von Luhmann als Nichtsystem bezeichnet, hat sie die Funktionen der *Darstellung*, des *Ausdrucks* und des *Appells*. *Darstellung* ist die Selektivität der Information selbst, *Ausdruck* entsteht durch die Selektivität der Mittei-

---

[44] In Abgrenzung zum Paradigma der handlungstheoretischen Orientierung bestehen Soziale Systeme systemtheoretisch betrachtet aus Kommunikationen. Max Weber definiert soziales Handeln als eine spezifische Form von Handeln, bestimmt durch sozial gerichtete Intention. Für Parsons beruhen Soziale Systeme auf einem Typ oder Aspekt von Handlung und über Handlung kommt das Subjekt ins System. Luhmann bezweifelt, ob mit diesen einschränkenden Aussagen das Verhältnis zwischen Handlung und Sozialität hinreichend beschrieben ist. Er kehrt das Einschränkungsverhältnis um: „Sozialität ist kein besonderer Fall von Handlung, sondern Handlung wird in sozialen Systemen über Kommunikation und Attribution konstituiert als eine Reduktion der Komplexität, als [...] Selbstsimplifikation des Systems." (Luhmann 1987: 181) Kommunikation und Handlung sind nicht zu trennen, aber zu unterscheiden. Dazu führt Luhmann aus: „[...] dass nur die Kommunikation kommunizieren kann und dass erst in einem solchen Netzwerk der Kommunikation das erzeugt wird, was wir unter Handeln verstehen." (Luhmann, in: Simon 1997: 19)

lung, *Appell* bezieht sich auf die Erfolgserwartung oder Erwartung einer Annahmeselektion. Um Bedeutungszuweisungen von Interaktionspartnern gleichsinnig handhaben zu können, findet eine Standardisierung statt. Mindestvoraussetzung für das Zustandekommen einer Kommunikation ist, dass Ego als System nicht vollständig durch die eigene Vergangenheit determiniert ist, also überhaupt auf Informationen reagieren kann. *Verstehen* als Unterscheidung zwischen Mitteilung und Information ist eine Voraussetzung für das Zustandekommen von Kommunikation. Das bedeutet, Kommunikation ist nur als selbstreferentieller Prozess möglich. Die vom Interviewten erzählte Geschichte stellt eine Selektionsleistung dar, die sowohl auf das Selbstverständnis des Betreffenden abzielt, als auch ein Verständnis im Gegenüber, dem Interviewenden erwartet. So kontinuiert trotz des Schweigens des Interviewenden bzw. seiner nonverbal kodierten Sprache in Form von zustimmendem Nicken oder visuell geäußerter Aufmerksamkeit ein Soziales System. Ein Teil der Aufmerksamkeit für Kommunikation gilt der Verstehenskontrolle. Verstehen schließt den Kommunikationsakt ab. Indem die erzählende Person die eigene Geschichte durch Lesen in ihren Zusammenhängen und Widersprüchen entdeckt, ist sie nach dem Lesen bzw. der Kommunikation über das Gesagte eine andere. Die durch den Erzählfluss aufgedeckten Differenzen können nicht mehr ignoriert, nur angenommen/nicht angenommen werden. Annahme oder Ablehnung einer empfangenen und verstandenen Selektion sind Anschlussakte kommunikativen Geschehens. Im Verlauf der Bildung einer Interventionsbeziehung müssen die Unwahrscheinlichkeiten der Kommunikation in Wahrscheinlichkeiten transformiert werden. Unwahrscheinlichkeiten sind gegeben, weil das Bewusstsein des jeweils anderen keine Gewähr für den Anschluss einer Kommunikation bietet.

Das Mittel Sprache benutzt akustische und optische Zeichen zur Codierung von Sinn. Eine gleichsinnige Verwendung ist für Alter und Ego aufgrund der relativ gleichen Sozialisationsrahmen möglich. Schrift, Druck und ihre verschiedenen Formen der Digitalisierung ermöglichen eine Ausdehnung der Reichweite des Kommunikationsprozesses, die ihrerseits zurückwirkt auf das, was sich als Inhalt der Kommunikation widerspiegelt. Erst die Transkription einer Lebenserzählung oder ihre Konservierung ermöglicht die Kommunikation über das Gesagte einschließlich der Überprüfbarkeit der gemachten Aussagen durch beliebige Wiederholung des Vorgangs. *Symbolisch generalisierte Medien* wie *Wahrheit, Liebe, Glaube, Eigentum, Geld, Macht* und *Recht* dienen dazu, die Einheit des Zusammenhanges von Selektion und Motivation zu symbolisieren. Sie spielen innerhalb der Lebenserzählungen eine nicht unerhebliche Rolle, etwa als Barrieren zur Teilhabe an Funktionssystemen oder als Inklusion unterstützende motivationale Faktoren. Willke (2005) nennt diese Medien Symbolsysteme. In der Konsequenz führt die Missachtung der Medien zum drohenden Ausschluss von der spezifischen Kommunikation bestimmter Funktionssysteme. Der Mangel an Geld bedeutet eine partielle Exklusion aus dem Wirtschaftskreislauf. Der Verlust der Wohnung führt zu einem weiteren Absinken sozialer Eingebundenheit und Anerkennung. Die Angehörigen als sinnstiftendes soziales System verlieren häufig ab diesem Punkt ihre Funktion für den Betroffenen.

Auf der Basis von Kommunikation konstituiert sich ein Soziales System als Handlungssystem. Handlungen wiederum werden durch Zurechnungsprozesse konstituiert.[45]

---

[45] „Entsprechend der Unterscheidung von Information und Mitteilung wird Handeln in zwei verschiedenen Kontexten sozial konstituiert: als Information bzw. als Thema einer Kommunikation oder als Mitteilungshandeln." (Luhmann 1987: 227) Die laufende Herstellung von Einzelhandlungen in Sozialen Systemen lässt sich als Vollzug einer mitlaufenden Selbstbeobachtung begreifen, durch die ele-

3.2.5 Bewusstsein als Grundlage psychischer Systeme

Luhmann schließt, bezogen auf psychische Systeme, an die Theorie des allgemeinen Handlungssystems von Parsons an, die klar zwischen sozialem und personalem System trennt. Psychische Systeme gehören zur Umwelt sozialer Systeme und sind an deren Bildung beteiligt. Die Bewusstseinssysteme der Mitglieder eines sozialen Systems sind nicht direkt im System integriert, bilden auch nicht ein System der Bewusstseine, sondern sind als gekoppelte Umwelt beteiligt. Beide sind wechselseitig aufeinander angewiesen, zugleich aber autopoietisch. Bewusstsein wird als ein geschlossenes, in sich zirkulierendes System verstanden, dessen elementare Einheiten Gedanken sind, die Gedanken beobachten. (vgl. Fuchs 2003: 49) Es reproduziert sich über Denken und stellt Anschlüsse zu sozialen Systemen her. Die Wahl, auf welchen vorangegangenen sich die folgenden Gedanken beziehen, führt zu Individualität. Diese ist durch den Umgang mit der Unterscheidung Selbstreferenz/Fremdreferenz determiniert.[46] Wie Bewusstsein zur Bewusstwerdung seiner selbst gelangt, erklärt Fuchs wie folgt: „Der Selbstzugang des Bewusstseins ist sozial, er ist an die Verlautbarungswelt geknüpft […]. Was wir vom Bewusstsein (und vor allem von unserem je eigenen Bewusstsein) wissen, steht unter dem Regime der Kommunikation. *Man könnte formulieren: Das Subjekt (hypokeimenon) des Bewusstseins ist die verlautbarte Welt, das Bewusstsein ist heterotopisch.* Die Innenseite der Form Bewusstsein verfügt über Eigenbezeichnungs- und Unter-

---

mentare Einheiten so markiert werden, dass sich Abstützpunkte für Anschlusshandlungen ergeben. (ebd.: 229)

[46] Der Zusammenhang zwischen Bewusstem und Unbewusstem im Rahmen der Operationsweise der Psyche wird kritisch diskutiert. Bewusstsein und Psyche als identisch zu betrachten, lässt keine unbewusste Prozessualität zu. Wasser (2004) bietet dazu eine interessante Alternative, indem er den Begriff des Bewusstseins durch Erleben ersetzt. „Wenn man Psyche nicht mehr gleichsetzt mit Bewusstsein, so kann auf der einen Seite mit Luhmann weiterhin zwischen psychischem und physischem System unterschieden werden und auf der anderen Seite ein psychologischer Begriff des Unbewussten Aufnahme in die Systemtheorie finden. […] Die zentrale These lässt sich somit auf die Formel bringen: *Die Psyche »bewusstet« nicht – sie erlebt.*" (Wasser 2004: 358)

scheidungsleistungen durch die eingespielte Außenseite, und was an der Innenseite unaufhebbar privat ist, bleibt ununterschieden und unbezeichnet, es sei denn, der Versuch wird unternommen, ebendies Private zu unterscheiden und zu bezeichnen; aber genau das läuft über die interne Imagination der Außenseite." (Fuchs 1998: 22) Nachfolgend wird auf Elementareinheiten und Ereignisse des Bewusstseins detaillierter eingegangen:

- Reflexion – Person zwischen Selbst- und Fremdreferenz
- Bewusstes/Unbewusstes
- Vorstellungen, Erwartungen, Ansprüche, Gefühle
- System/Umwelt-Differenz

<u>Reflexion – Person zwischen Selbst- und Fremdreferenz</u>
Eine Patientin schildert in ihrer soziotherapeutischen Gruppe den anderen Teilnehmern eine Kommunikation aus ihrer Arbeitswelt. Sie habe von Kolleginnen die Rückmeldung „Frau (H)… fragt nicht gern" bekommen. Diesen Satz gibt sie mit einem diffusen Auftrag in die Gruppe. Sie möchte wissen, wie die Teilnehmer die dargestellte Kommunikation in Bezug auf die Fragende einschätzen. Es fällt auf, dass die Gruppenmitglieder beschreiben, wie sie die mitgeteilte Information („Frau H… fragt nicht gern.") für sich selbst codieren würden. Die Patientin ist unsicher in Bezug auf ihre Eigenwahrnehmung und möchte deshalb wissen, wie sie selbst denn auf die anderen wirkt. Sie möchte sozusagen die Fremd- mit der Selbstreferenz abgleichen. Der Satz („Frau H… fragt nicht gern.") wird als Irritation[47] des Prozessierens mit Fremd- und Eigenwahrnehmung angenommen.

---

[47] Bardmann et al. (1991) sehen Irritationen „[…] als konstitutive Momente menschlichen Lebens und sozialen Zusammenlebens. […] D.h., es wird dafür plädiert, die Mehrdeutigkeit von Irritationen anzuerkennen, sie mithin als durchaus positive Größen im Sinne von Lern- und Veränderungschancen zuzulassen, mehr noch, einzusehen, dass Irritationen eine Art ‚Lebenselixier' sind, eigentlich Reizmittel, die verhindern, dass Menschen in einmal erzeugten Wirklichkeitskonstruktionen erstarren, die

Reflexion ist Teil des Bewusstseinsprozesses und setzt die Fähigkeit zur Selbstreferenz mit ihren basalen Operationen, den Vorstellungen, voraus. Das Bewusstsein muss an Reibeflächen mit der Umwelt Informationen erzeugen, die ihm nächste Vorstellungen nahelegen. Autopoiesis des Bewusstseins ist damit faktische Basis der Individualität psychischer Systeme. „Ein individuelles System kann sich selbst beobachten und beschreiben, wenn es dafür Differenz und Limitation organisieren kann." (Luhmann 1987: 360) Die sich selbst aufgenötigte Reflexion und Selbstbeschreibung (die vor dem Hintergrund des blinden Fleckes nie ganz stimmen kann) bringt Individuen gelegentlich in Schwierigkeiten und die Folge ist die Entwicklung eines Zusatzanspruches auf verständnisvolle, ggf. therapeutische Behandlung.

Bewusstes/Unbewusstes

Ein an Abhängigkeit leidender Mensch entscheidet sich bewusst für ein abstinentes Leben. Er tut dies vor seinem im Bewusstsein verankerten Erfahrungshorizont und den aus seiner Antizipationsfähigkeit heraus entstehenden Vorstellungen über die Folgen eines wieder aufgenommenen Konsums. Wie kann dieser Prozess aber ablaufen, wenn man doch aufgrund der innerpsychischen Differenz Bewusstsein/Unbewusstes von der Unvollständigkeit der Selbstrepräsentanz des Beobachters ausgehen muss? Fuchs führt dazu aus: „Er muss (unter der Voraussetzung eines erweiterten psychischen Systems) Inferenzprozesse über sein Innenleben ablaufen lassen, wie er es in der Beobachtung der Anderen gewohnt ist. Und entdeckt sich dabei als Fremder und die nicht bewußten psychischen Anteile seines psychischen Systems, als gehörten sie zu einem Anderen. [...] Fortan ist die These, dass der Selbstzugang des Menschen fundamental blockiert ist. Er ist nur in-

---

anregen, weiter zu machen, umzudenken, hinzuzulernen, auszuprobieren und zu erkunden." (Bardmann et al. 1991: 7)

direkt, nur via Inferenz, ohne Durchblick auf das Original, möglich."
(Fuchs, P. 1998: 40f)

Vorstellungen, Erwartungen, Ansprüche, Gefühle
Als Fremder seiner selbst entwickelt das Bewusstsein Vorstellungen. Nur Vorstellungen können Vorstellungen hervorbringen. In Übereinstimmung mit Husserls transzendentaler Phänomenologie spricht Luhmann von einer Zeitlichkeit – nicht nur Zeitabhängigkeit (!) –des Bewusstseins. Es operiert in Gegenwart und überdauert nicht den Moment der Operation. Fortwährend muss es sich zu erhalten suchen und seine Elemente zur Erhaltung ersetzen. Nach dem Konzept der Theorie psychisch-autopoietischer Systeme ist Individualität die zirkuläre Geschlossenheit dieser selbstreferentiellen Reproduktion.
Die Form, in der sich ein individuelles psychisches System der Kontingenz seiner Umwelt aussetzt, bezeichnet Luhmann, ähnlich wie beim Aufbau Sozialer Systeme, als *Erwartung*. Erwartungen können erfüllt/nicht erfüllt werden bzw. lassen sich zu *Ansprüchen* verdichten. Eine Person berichtet von der Selbstverpflichtung, abstinent zu bleiben. Sie bindet sich gegenüber der eigenen und den Erwartungen anderer. Die Differenz Erfüllung/ Enttäuschung steht im Zusammenhang mit dem Prozess interner Anpassung an Erfüllungen bzw. Enttäuschungen und äußert sich als Gefühl. Sie ist unter anderem von der Fähigkeit abhängig, mit Enttäuschungen aber auch Erfüllungen umzugehen. Im Übergang von Erwartungen zu Ansprüchen erhöhen sich die Chance und die Gefahr der gefühlsmäßigen Bindung. Dieser Vorgang ist auch abdämpfend umgekehrt möglich. Anspruch[48] ist u.U. mit Verdienstdenken verknüpft. Verdienst und Anspruch finden im Einkommen ihre Synthese.

---

[48] „Mit der Legitimation (und das heißt, der Beseitigung aller kommunikativen Behinderungen) eines Anspruchs auf >Selbstverwirklichung< entspricht das Gesellschaftssystem der soziokulturellen Außenstellung des Individuums, also dem Umstand, daß es in keines der gesellschaftlichen Teilsysteme

Das Bewusstsein erlebt soziale Einflussnahme mittels sprachlicher Formung über die Erfüllung und Enttäuschung von Erwartungen und Ansprüchen, die eine entsprechende Orientierung geben. Es kann Sicherheit des Urteilens und Fühlens entwickeln, Geschmack, der sich an Objekten und an der sozialen Resonanz des Urteilens zugleich bewährt. Gefühle sind keine umweltbezogenen Repräsentationen, sondern interne Anpassungen an interne Problemlagen psychischer Systeme. Sie sind in sich instabil und lassen sich nach Luhmann mit einem Immunsystem vergleichen. Angesichts auftretender Probleme sichern sie den Weitervollzug der Autopoiesis – im psychischen Sinne nicht des Lebens, sondern des Bewusstseins. Vielfalt von Gefühl entsteht sekundär erst durch mentale und sprachliche Interpretation. Freude, Trauer, Wut als Affekte, Liebe und Tod als existenzielle Themen sind Erfahrungen der Lust und des Schmerzes, aber in ihrer Extremheit Erfahrungen des Seins schlechthin. Abhängigkeitskranke sind oft nicht in der Lage, die mit bestimmten Ereignissen verbundenen Vorstellungen und Gefühle auszuleben bzw. zu reflektieren. Für manche stellt der Tod eine interessante Alternative zu ihrem gegenwärtigen Leben dar. Sich „totzusaufen" bedeutet dann die höchste Form der Selbstverletzung oder der Erlösung aus einem nicht mehr von selbst zu durchbrechenden Kreislauf des Leidens.

System/Umwelt – Differenz

Psychische Systeme sind geschlossene Systeme aber offen im Sinne des Austausches mit ihrer Umwelt. In ihrem Inneren wird allerdings die Leitdifferenz System/Umwelt wiederholt, um operieren zu können. Das ‚re-

---

mit all seinen Ansprüchen und Verdiensten mehr aufgenommen werden kann." (Luhmann 1987: 365) Wenn akzeptiert wird, dass ein Individuum seine Ansprüche nicht nur auf Verdienste, sondern auch auf sich selbst, sein Sein gründen kann, muss es *Selbstbeschreibungen* anfertigen. Die Autopoiesis muss als Bezugspunkt für Aussagen identifiziert, als Differenz zu anderem behandelt werden. Luhmann trennt noch den Begriff des psychischen Systems von dem der Person: „Personen sind Identifikationen, die auf keinen eigenen Operationsmodus Bezug nehmen. Sie sind also keine Systeme." (Luhmann 1995: 146) entry' – es sei auf das Formenkalkül von George Spencer Brown (s. 9.1.) verwiesen – bezeichnet die Wiederholung der Differenz innerhalb eines Systems. „Die Form psychischer Systeme ist der Unterschied von Selbstreferenz und Fremdreferenz." (Luhmann 1995: 144) Jedes psychische System operiert in je eigener Weise an seinen Grenzen. Psychische Systeme arbeiten mit der Selektion von Aufnehmen, Speichern, Erinnern und Vergessen. Durch Kreuzen der Form Selbstreferenz/Fremdreferenz bzw. der Kondensation der Ergebnisse des Kreuzens oder Wiederholens stabilisiert sich Individualität. Die Reduktion der Umweltkomplexität durch die entsprechenden Operationen trägt zum Aufbau der je eigenen Komplexität bei. Das System operiert, indem es die Unterscheidung reproduziert – blind reproduziert, da bei Bewusstwerdung des einen oder anderen Zustandes (Selbst-/Fremdreferenz) jeweils der andere nur latent mitschwingt.

Fazit

Das psychische System ist strukturell an den Organismus des Menschen gekoppelt, der es lebens- und arbeitsfähig hält, und es ist strukturell und als gegenseitige Ermöglichungsbedingung mit dem sozialen System gekoppelt. Bewusstseinssysteme liefern die Voraussetzung zum Kontinuieren von Kommunikation, ohne Teil derselben zu sein. Diese Leistung nennt Luhmann *Penetration.*

3.2.6 Interpenetration

Luhmann verwendet den Begriff *Mensch* im Rahmen der Systemtheorie äußerst selten. Das Kapitel *Interpenetration*[49] einführend, formuliert er

---

[49] Luhmann greift hier einen Begriff aus der voluntaristischen Handlungstheorie (1935: 315) und der strukturfunktionalistischen Systemtheorie (1956: 115) von Talcott Parsons auf. Miebach unterscheidet in seiner Beschreibung der Parsonschen Handlungstheorie eine „normative" Interpenetration von der analytischen Interpenetration. (vgl. Miebach 1991: 220)

allerdings, dass es von „Menschen und ihren Beziehungen zu sozialen Systemen" (Luhmann 1987: 286) handele. „Es geht nicht um die allgemeine Beziehung zwischen System und Umwelt, sondern um die Intersystembeziehung zwischen Systemen, die wechselseitig füreinander zur Umwelt gehören. [...] Von Penetration wollen wir sprechen, wenn ein System die eigene Komplexität (und damit: Unbestimmtheit, Kontingenz und Selektionszwang) zum Aufbau eines anderen Systems zur Verfügung stellt. In genau diesem Sinne setzen soziale Systeme »Leben« voraus." (ebd. 290) Interpenetration liegt vor, wenn Penetration wechselseitig geschieht, indem Systeme sich mit ihrer Eigenkomplexität in ein jeweils anderes einbringen. Das sich in der Diagnostik eines Arztes angereicherte Wissen aus der medizinischen Entwicklung der Menschheit kommt nur dann zur Geltung, wenn es einen Patienten gibt, der ein Leiden auf nachvollziehbare Weise äußert. In der Äußerung ermuntert er den Arzt, den Beschwerden auf den Grund zu gehen, zu differenzieren, zu verallgemeinern und damit einen Teil seiner berufsspezifischen Komplexität im Rahmen einer funktional definierten Kopplung einzubringen.[50] Interpenetration hat nicht immer nur positive Folgen. Ein Patient sucht das Gespräch mit dem Sozialdienst. Wichtige Entscheidungen, die zu treffen waren, sind gründlich misslungen. Der Sozialpädagoge stellt sein Wissen und Einfühlungsvermögen zur Verfügung und löst einen Teil der anstehenden Probleme. Obwohl er dies in gebotener Zurückhaltung und aus seiner Sicht die Ressourcen des Patienten achtend tut, reagiert dieser mit depressiven Verstimmungen. Nicht die Problemlösungsfähigkeit wurde in das Bewusstsein des Patienten trans-

---

[50]Das Verhalten eines penetrierenden Systems wird vom je aufnehmenden mitbestimmt. Diese doppelte Einflussnahme ermöglicht durch Verstärkung wechselseitiger Abhängigkeit höhere Kontingenzgrade. Verhalten wird stärker individualisiert. Dabei bleiben die interpenetrierenden Systeme füreinander Umwelt. „Autopoiesis qua Leben und qua Bewußtsein ist Voraussetzung der Bildung sozialer Systeme, und das heißt auch, daß soziale Systeme eine eigene Reproduktion nur verwirklichen können, wenn die Fortsetzung des Lebens und des Bewußtseins gewährleistet ist." (Luhmann 1987: 297)

portiert, sondern in der Wahrnehmung des Hilfeempfängers wird dessen eigene Kompetenz weiter depotenziert. Er nimmt die Hilfe als Kränkung wahr. Die Intervention ist nicht misslungen. Vielmehr sind unbewusst formulierte Erwartungen nicht in befriedigender Weise erfüllt worden. Nun könnte der Sozialpädagoge über die Reaktion des Patienten eine Kränkung konstruieren. Im Rahmen der eingeschränkten Interaktion und im System Dienstleistungserbringer/-empfänger strukturell gekoppelt würde sich eine entsprechende Kommunikation aufbauen, die weder dem eigentlichen Anliegen des Patienten gerecht würde, noch den Erwartungen des Sozialpädagogen an seine Arbeit. Durch eine Reflexion der eigenen Anteile und der gegenübertragenden Wirkung in der Interaktion kann der Sozialpädagoge jedoch das Verhalten des Patienten einordnen und die Beziehung kann neu justiert werden.

Der Sinnbegriff wird im Kontext von Interpenetration in einen neuen Bedeutungszusammenhang gestellt. Sinn ermöglicht das Sichverstehen und Sichfortzeugen von Bewusstsein in der Kommunikation und zugleich das Zurückrechnen der Kommunikation auf das Bewusstsein der Beteiligten bei Bewahrung ihrer Autopoiesis. Luhmann betont: „Es sind Differenz und Ineinandergreifen von Autopoiesis und Struktur (die eine sich kontinuierlich reproduzierend, die andere sich diskontinuierlich verändernd), die für das Zustandekommen von Interpenetrationsverhältnissen zwischen organisch/psychischen und sozialen Systemen auf beiden Seiten unerläßlich sind." (Luhmann 1987: 298)

Interpenetration führt zu *Inklusion.* Die Komplexität des beitragenden Systems, bspw. Haltungen, Einstellungen eines Menschen, der vor der Kaufhalle stehend sein Bier trinkt, wird von dem aufnehmenden System, der trinkenden Zweckgemeinschaft, mitbenutzt. Zwar ist der Einzelne in die Gruppe aufgenommen, doch bei genauerer Differenzierung unterscheiden sich die Inkludierten hinsichtlich ihrer Motivation zur Teilnahme am gemeinschaftlichen Trinken. Teilnahme und Teilhabe fordern Inkludierten Eigenbeiträge ab und führen dazu, dass sich Menschen voneinander unterscheiden, sich gegeneinander exklusiv verhalten. Sie müssen Eigenbeiträge erbringen und sich selbst motivieren. Folge stärkerer Interpenetration ist die Individualisierung. Die interpenetrierenden Systeme prüfen sich im Rahmen einer Intersystembeziehung auf Konsensfähigkeit und entscheiden sich vor dem Hintergrund möglicher Handlungsoptionen zum Fortführen bzw. Abbrechen der Kommunikation. Zwischenmenschliche Interpenetration ist nur durch Kommunikation, durch Bildung eines sozialen Systems möglich. Sie geht über normierte Kommunikationsmöglichkeiten hinaus und schließt Erfahrungen des Inkommunikablen ein. Das macht sie in der Praxis überraschend und schwierig zugleich.

Interpenetration stellt die beteiligten Systeme vor die Aufgabe der Informationsverarbeitung. Diese geschieht in Form binärer Codierungen. Während Parsons strukturfunktionalistischer Ansatz noch normativ garantierte Strukturzusammenhänge voraussetzt, geht Luhmanns Modell von der Differenz Konformität/Abweichung aus. An die realisierte Seite wird kommunikativ angeschlossen. Bei der Interpenetration zwischen Individuum und sozialem System wird der soziale Sinn des Handelns primär danach beurteilt, ob es der Norm entspricht oder nicht. Es finden Kategorisierungen statt: freundlich/feindlich, richtig/falsch, konform/nicht konform, nützlich/nicht nützlich. Als binäre Schematismen bilden sie eine wichtige Voraussetzung zur Einordnung des Handelns. Luhmann beschreibt sie wie folgt: Sie: „können nun ganz generell in ihrer Funktion für selbstreferentielle Systeme begriffen werden als Formen der Sicherung von Anschlussfähigkeit." (Luhmann 1980: 311) Diese Funktion wird im weiteren Verlauf der Forschung genutzt. (s. Kap. 8)

Interpenetration und *Strukturelle Kopplung* sind inhaltlich ähnliche Begriffe. Jedoch beschreibt Interpenetration die besondere strukturelle Kopplung zwischen Menschen und sozialen Systemen, eine Kopplung, ohne die Existenz und Entwicklung des jeweils anderen Systems nicht möglich ist. Umgekehrt, nimmt Luhmann an, können bestimmte soziale Systeme auch ohne Interpenetration mit spezifischen anderen sozialen Systemen existieren. Ab dem Moment einer gemeinsamen Entwicklung zweier Systeme wird in einer bestimmten Weise wechselseitig aufeinander Bezug genommen. Dieser Bezug wird zeitlich begrenzt (operativ) oder unbegrenzt (manifest) durch Kopplung ermöglicht. Der Begriff *Strukturelle Kopplung* wird im Interventionsgeschehen im Kapitel 4 genauer untersucht und weitergeführt. In diesem Zusammenhang wird der Begriff der Interpenetration, bezogen auf eine spezifische Interaktion, durch den Begriff der *intervenierenden Kommunikation* abgelöst.

3.2.7 Inklusion und Exklusion

Die Inklusions-/Exklusionsproblematik aus der differenztheoretischen Sicht Luhmanns nähern, ist diese eine von möglichen theoretischen Blickrichtungen. Bohn unterscheidet *ungleichheitstheoretische, devianztheoretische* und *differenztheoretische* Perspektiven hinsichtlich der Analyse des Problems der Teilhabe bzw. des Ausschlusses von Personen an sozialen Zusammenhängen. (vgl. Bohn 2006: 12ff)

Webers *Theorie der sozialen Schließung* (1922) vertritt prominent den Ungleichheitsansatz, wonach einzelne Personen oder Gruppen von den Möglichkeiten und dem Gemeinschaftshandeln eines sozialen Zusammenhanges ausgeschlossen werden. Ungleichheit bedeutet hier zugleich eine Asymmetrie der Machtverhältnisse zwischen Ausschließendem und Ausgeschlossenen. Die Weiterführung dieses theoretischen Zugangs sieht Bohn in Bordieus (1985) Klassifikations- und Distinktionstheoremen. „Immer geht es um Zugänge zu Positionen, um die Frage der Platzierung im sozialen Raum und um die Positionierung im Feld der Macht, die schließlich über die gesellschaftsweite Definitionsmacht und damit verbundene Anerkennung entscheidet." (Bohn 2006: 12) Foucaults devianztheoretische Blickrichtung ist einerseits begrenzter hinsichtlich einer gesamtgesellschaftlichen Wirklichkeit, aber dennoch aussagefähig hinsichtlich veränderter Wirkmechanismen des Ein- und Ausschlusses bestimmter Personen und Personengruppen. Dem Ausschließen (bspw. psychisch Kranker oder Delinquenter) stellt Foucault neue Formen der sozialen Kontrolle (Asyle, Gefängnisse) gegenüber, die von Bohn als »inkludierende Exklusion« bezeichnet werden. (vgl. Bohn 2006: 16) Während Weber die Ausschlussseite betrachtet, richtet Foucault den Blick auf mit dem Ausschluss verbundene Formen der Inklusion. Phänomene der Exklusion hat Foucault zwar analysiert, den Begriff selbst aber wohl nie verwendet.

Luhmann geht über die von Foucault gebaute Brücke weiter und bezeichnet Inklusion und Exklusion als sich ergänzende Selektionsprinzipien sozialer Systeme. Die Dauer der Berücksichtigung einer Person zur Kommunikation (vgl. Luhmann 1997: 620) ist von vielen Bedingungen innerhalb eines aufnehmenden Systems abhängig. Luhmann unterteilt soziale Systeme nach ihrem Organisationsgrad in vier Kategorien: Flüchtige und organisierte Interaktionen, Organisationen und Funktionssysteme. Flüchtige Interaktionen bieten noch keine Systemeigenschaften, können aber unter bestimmten Bedingungen zu sozialen Systemen emergieren. „Während flüchtige Interaktionen der Anwesenheit aller Beteiligten bedürfen, um wiederholt werden zu können (,Kopräsenz'), reproduzieren sich soziale Systeme trotz der Abwesenheit eines Teils ihrer Mitglieder. [...] Flüchtige Interaktionen reproduzieren nur über die direkten Sanktionen der Beteiligten (,Sozialintegration'); soziale Systeme dagegen gewinnen ihre Stabilität aus der Fähigkeit; Beziehungsmuster über lange Zeit und weite Entfernungen auch unter den Bedingungen der Nichtkopräsenz aufrechtzuerhalten (,Systemintegration')". (Weiskopp 2001 : 111) Im folgenden Schaubild wird eine mögliche Einteilung mit Beispielen aus der Praxis belegt.

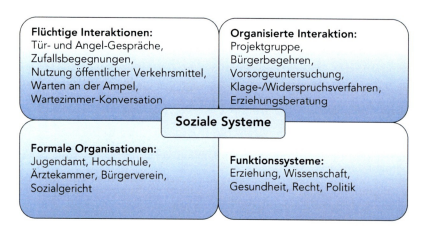

Abbildung 1: Systemformen

Inklusion

Gesellschaftliche Teilsysteme erfüllen ihre eigenen Aufgaben und grenzen sich damit von anderen Teilsystemen ab. Um die jeweilige Aufgabe leisten zu können, bedarf es des partiellen Zugriffs auf die für das entsprechende Funktionssystem interessanten Ressourcen der mitwirkungsrelevanten Personen oder Gruppen. Die Teilnahmemöglichkeiten an Systemen werden mittels ihrer jeweiligen spezifischen Kommunikationsregeln und Codes geregelt. „Sosehr sich die konkreten Inklusionsformen der verschiedenen funktionalen Teilsysteme auch unterscheiden, so ist doch allen gemeinsam, dass sie ausschließlich ihr jeweiliges Bezugsproblem abarbeiten und keinerlei Inklusion bzw. Integration in das gesellschaftliche Gesamtsystem anbieten." (Nassehi, in: Merten/Scherr 2004: 102) Personen sind sequentiell und bezogen auf die spezifischen Codes eines Systems eingebunden. Das bildet die Grundlage für Teilhabe an verschiedenen Systemen und Übernahme unterschiedlicher Rollen. Inklusion setzt aus dieser Beobachtungsperspektive die Exklusion der Individualität der einzelnen Person voraus. (vgl. Nassehi 1997: 127, Kronauer 1998: 117) „Aus der Perspektive der Individuen stellt sich die Frage, ob Personen als mitwirkungsrelevant oder als nicht mitwirkungsrelevant bezeichnet werden, ob sie als Einzelne oder als Gruppen in der gesellschaftlichen Kommunikation berücksichtigt werden und adressierbar sind, ob sie diesen Zugang überhaupt wünschen oder ob sie vorübergehend oder dauerhaft, beabsichtigt oder unbeabsichtigt davon ausgeschlossen sind." (Bohn 2006: 7) Die Beobachterperspektive entscheidet über die Zuweisung einer sozialen Adresse. Aus Sicht einer Firma interessieren zuerst die berufsbezogenen Qualifikationen des Mitarbeiters. Eine sich entwickelnde Suchterkrankung kann aber durchaus zur Entscheidung der Firma führen, dem Spezialisten die auf seinen relevanten Ressourcen beruhende Anerkennung zu entziehen und ihm nach einer Nutzen/Risiko-Entscheidung zu kündigen. Die latente Suchterkrankung eines abstinenten Mitarbeiters dürfte indes keine Rolle bei der Übernahme von funktionsspezifischer Verantwortung innerhalb der Firma spielen. Diese ermöglicht der betroffenen Person den Anschluss an eine spezielle Selbsthilfegruppe, an die organisierte Interaktion mit einem Berater im Sinne der Nachsorge oder an andere Formen relevanter Kommunikationen.

Bohn beobachtet die Gegenwartsgesellschaft aus der Inklusionsperspektive funktionaler Differenzierung. Im Gegensatz zur Exklusionsbetonung stratifizierter Gesellschaften (Entehrung, Exkommunikation, Galeeren, Deportation usw.) stellt sie fest, dass „die funktionale Differenzierung eine Fülle institutionalisierter und systematisierter Inklusionsregeln kennt: Allgemeine Rechtsfähigkeit, allgemeine Schulpflicht, Vollinklusion in die Staatsbürgerschaft, Mitgliedschaften in Organisationen, generell die Leistungs- und Publikumsrollen in den Funktionssystemen." (Bohn 2006: 18f)

Exklusion

Exklusion (lat: exclusio – Ausschluss) bemisst sich Kronauer zufolge „an der Diskrepanz zwischen den scheinbar universalen Angeboten der Gesellschaft und den faktischen Möglichkeiten, diese zu realisieren." (Kronauer 2002: 136)

Wird Exklusion als die Außenseite von Inklusion beobachtet, dann folgt daraus, dass die Funktionssysteme darüber entscheiden, ob die einzelne Person oder eine Gruppe in die systemspezifische Kommunikation einbezogen oder ob sie ausgeschlossen (exkludiert) wird. Dem Postulat von der grundsätzlichen Bereitschaft aller Teilsysteme zur Inklusion einer jeden Person unter der Voraussetzung von Exklusionsindividualität zur Inklusion steht die empirische Wirklichkeit gegenüber, dass massenweise Personen aus spezifischen Systemen herausfallen.[51]

Hier stellt sich die Frage, auf welche Weise betroffene Individuen und Gesellschaften Exklusionen hervorbringen und kompensieren. Ist das Herausfallen bzw. die Selbstexklusion aus der Mitwirkungsrelevanz etwas Endgültiges? Luhmann knüpft Exklusionserscheinungen der modernen Gesellschaft an zwei Bedingungen – *Temporalisierung* und *Interdependenzunterbrechung*. „Die erstere besagt, dass extreme Ungleichheit ‚nur als temporär angesehen wird und sich rasch ändern kann', die zweite, dass Verluste in einem Funktionssystem nicht Verluste in anderen nach sich ziehen." (Kronauer 1998: 120) Erfahrungsgemäß

---

[51] Der Exklusionsbegriff soll hier nicht im Sinne des *underclass* diskutiert werden. Letztere Definition stammt aus dem französischen Diskurs und bezieht sich auf das Nachlassen sozialer Einbindung infolge massenhaften Verlustes an Erwerbstätigkeit. Menschen mit Suchtproblemen finden sich in allen Klassen und Schichtungen der Gesellschaft.

treten in der Realität Phänomene *kumulierender* bzw. *zirkulierender Exklusion* auf. Es kann arbeitslose Personen nur wenig trösten, dass sie ihre persönliche Exklusionserfahrung mit einem großen Teil anderer Personen teilen. Sie erleben soziale Ausgrenzung und sind nur selten in der Lage, sich kompensierende Netzwerke zu schaffen. Die Verfestigung von Exklusionsmengen, also Personen die aus der Mitwirkungsrelevanz exkludiert werden, führt zunehmend zu Exklusionsinklusionen, Orten sozialer Kontrolle, wie sie bereits devianztheoretisch von Foucault beschrieben werden.

Verschiedene Studien (vgl. Richter et al. 2006, Mental Health and Social Exclusion 2003) sehen einen deutlichen Zusammenhang zwischen psychischen Erkrankungen und sozialer Exklusion. Ausgrenzung wird hier wiederum vor allem im Sektor der Erwerbstätigkeit festgestellt. Beschäftigung ist sinnstiftend und erhält die Bindekraft sozialer Gemeinschaft. In einer sich ausspezifizierenden Gesellschaft werden die Anforderungen an einzubringende Ressourcen weiter gesteigert. Die Folge der Leistungsbezogenheit ist, dass Menschen mit psychischen Besonderheiten, zu denen auch Suchterkrankungen und Folgen der Suchterkrankung gehören, diese Aspekte nicht in genügender Weise erfüllen können.

Die britische Studie *Mental health and Social Exclusion* sieht einen deutlichen Zusammenhang zwischen Alkohol- bzw. Drogenabhängigkeit und psychiatrischen Problemen. Sie geht von etwa 30-50% Co-Morbidität aus. Im Folgenden wird ein möglicher Kreislauf sozialer Exklusion dargestellt.

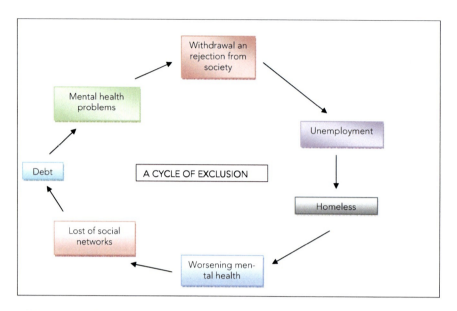

Abbildung 2: Exklusionsbedingungen
(Quelle: Nach Mental Health and social Exklusion 2003: 20)

Der dargestellte Zirkel umfasst sowohl die personale Seite des Individuums im Sinne der psychischen Störung, Rückzugstendenz und Verschlimmerung der Störung, als auch den Verlust der Adressabilität. Menschen verlieren die Arbeit, soziale Netzwerke, können entstandene Schulden nicht mehr tilgen, werden obdachlos. So liegt die Scheidungsrate der vor der Therapie verheirateten Adaptionspatienten bei über 90%. Zwei Drittel sind aus unterschiedlichsten Gründen verschuldet.

Eine Abhängigkeitserkrankung kann unter diesen Bedingungen als Schutzraum dienen, mit deren Hilfe die wahrgenommenen Exklusionenstendenzen wenigstens zeitweise ausgesperrt werden. Dies wiederum würde den Effekt der Ausgrenzung bzw. Selbstexkludierung verstärken.

Exklusionen aus funktionalen Teilsystemen der Gesellschaft und die Desintegration aus der Gesamtheit der Lebensvollzüge wirken sich als

Schrumpfung der persönlich erfahrbaren Sozialdimension aus. Sie werden hauptsächlich als eingeschränkte bzw. nicht mehr vorhandene materielle und soziale Partizipation erfahren und benannt. Dabei können Ereignisse mit exkludierendem Charakter kumulieren. In der Sozialdimension vergleicht die Person das eigene Handeln und Erleben mit dem anderer und verortet sich darüber in der Welt. Es geht nicht um ein System, das eine Mitgliedschaft oder den Zugriff auf Ressourcen verweigert, vielmehr findet eine wechselseitig vorangetriebene Ausgrenzung statt. Ist der abhängigkeitskranke Mensch einmal aus den verschiedenen sozialen Zusammenhängen exkludiert, türmen sich die Grenzen der Funktionssysteme wie Arbeit, Partnerschaft, Teilhabe am Gesellschaftlichen schlechthin als unüberwindliche Barrieren. Es sind Barrieren der Erfahrungen, Vorurteile und Stigmatisierungen, denen sich die Person gegenüber sieht. Im Erstinterview taucht immer wieder der Hinweis auf, wie mögliche kommunikative Anschlüsse der Person an die Außenwelt durch passive Exilierung bzw. Selbstexkludierung ausgeschaltet wurden. In einigen Fällen führt die Antizipation dieser möglichen Konflikte dazu, dass bei Vorhandensein positiver Perspektiven wie Wohnraum, Partnerschaft und Arbeit die betreffende Person am Ende ihrer Adaption bzw. im Hinausgehen rückfällig wird.

Personen, die auf Grund psychischer Erkrankungen, deviantem Verhalten oder Abhängigkeiten aus verschiedenen sozialen Zusammenhängen ausgeschlossen wurden (bspw. indem sie – mittellos – nicht mehr am Warenverkehr teilhaben können), sind dennoch nicht ohne soziale Bezüge. Luhmann (vgl. 1997: 631) behauptet in Anlehnung seiner Beobachtung von Exklusionsphänomenen, dass die Nichtberücksichtung von Personen durch systemspezifische Kommunikationen zu stärkerer Inklusion führe. Einige Personen treffen sich vor dem Supermarkt oder im nahe gelegenen Park zum gemeinschaftlichen Trinken. Die Gruppe verhält sich sozial relativ kohärent, weil die Mitglieder sich mehr oder weniger in der gleichen Lage befinden. Solidarität wird in bestimmten Grenzen geübt. Personen werden in diese Gruppe hineingenommen oder ausgegrenzt. Die Gruppenbildung erfolgt spontan und wird über den gemeinsamen Zweck gekoppelt. Das, was sich unter dem Phänomen der Ausgrenzung etabliert, kann unter Umständen lange Zeit Bestand haben und von einzelnen Personen mit Heimat, Nähe und Zuwendung symbolisiert werden.

Personen sind für Systeme dann Adressaten, wenn sie über eine Reihe von Merkmalen und Ressourcen verfügen, die dem Fortbestand der Systemfunktionen und der Erhaltung der systemeigenen Identität dienen. Abhängigkeitskranke Personen werden ab dem Punkt für das System uninteressant, an dem das Risiko, Systemfunktionen und Identität nicht mehr in gewohnter Weise erhalten zu können, die Fähigkeiten und Ressourcen des Betroffenen zur Erhaltung der Systemfunktion übersteigt. Die Folgen werden sowohl im jeweiligen Funktionssystem als auch an der Person selbst offenbar und führen zum Ausschluss oder zum Austritt. Letzteres bedeutet die Ablehnung von Inklusionsangeboten sozialer Zusammenhänge durch die Person.

Soziale Arbeit, Exklusion und Inklusion

Um erneuten Exklusionen vorbeugen zu können, werden in indizierten Fällen Suchtkranke im Rahmen der Therapie unterstützt, sich neue so genannte *trockene* Wohnumfelder zu suchen. Beratungen zur beruflichen Rehabilitation und verschiedene Angebote bis hin zu einem gerade in Entwicklung begriffenen Life-Coaching-Ansatz werden genutzt, um auch Menschen mit Einschränkungen wie eben Suchterkrankungen eine vollständige Teilhabe am Arbeitsleben zu ermöglichen. Da, wo diese Möglichkeiten aus eigener Kraft nicht genutzt werden können,

„materielle, kulturelle und soziale Ressourcen fehlen" (Bendel, in: Corsten 2005: 128) und andere Hilfen wie geldwerte Leistungen nicht mehr greifen, tritt Soziale Arbeit auf den Plan. Sie stellt sicher, dass eine grundsätzliche Teilhabe im Sinne von Inklusion auf der Ebene sozialer Systeme ermöglicht wird.

Der differenztheoretische Ansatz Luhmanns (entweder/oder) richtet den Focus auf einen Zustand. Neben dieser analytisch strikten Trennung gibt es Variationen der Eingebundenheit (von der starken Vereinnahmung in Leistungs- oder Publikumsrollen bis hin zu losen Kontakten) die Inklusion und Exklusion in einem Zeitraffer auch als prozesshafte Geschehen erscheinen lassen würden. Bendel unterscheidet zwischen Inklusion/Exklusions-geschehen und differenzierten Formen der Teilhabe. Bezugnehmend auf die Rolle der Sozialen Arbeit schreibt er, dass die „Bestimmung von Aufgaben und Funktionen Sozialer Arbeit nicht am Begriff der Lebenslagen bzw. der sozialen Ungleichheit" angesetzt werden kann, „sondern lediglich an der Frage, ob die Funktionssysteme der modernen Gesellschaft Menschen als Personen in die Kommunikation einbeziehen." (ebd. 2005: 137f) Es sind die Funktionssysteme selbst, die mit ihren spezifischen Codes entscheiden, ob eine Person soziale Teilhabe, bspw. als Insasse einer Justizvollzugsanstalt, erfährt oder nicht. Die nachfolgenden internen Regelungen zur Qualität einer Teilhabe eines Funktionssystems (Einzel-/Gruppenunterbringung) sind nicht mehr vom Modus Inklusion/Exklusion berührt. „Es geht demnach ausschließlich um die mit den Merkmalen der Exklusionsindividualität und multiplen Teilinklusion beschriebene Form der Anschlussfähigkeit an die Funktionssysteme, die [...] für alle Gesellschaftsmitglieder gleichermaßen hergestellt werden soll, während hingegen die aus der Perspektive der Beteiligten sich durchaus sehr unterschiedlich darstellende Lebenslage im Kontext der Funktionssysteme und daran sich anschließende Fragen einer angemessenen sozialen Teilhabe bzw. einer systematischen Benachteiligung oder Diskriminierung keine Berücksichtigung finden." (ebd.) Soziale Arbeit hat den Auftrag, die Adressabilität von Personen im Rahmen der Kommunikation gesellschaftlicher Teilsysteme herzustellen und zu sichern. Sie hat, so Bendel nicht die Funktion, die Qualität dieser Adressen zu sichern.

3.2.8 Abhängigkeitserkrankungen aus einer systemischen Perspektive

Im Folgenden soll die Abhängigkeitserkrankung aus der systemischen Perspektive und als kommunikative Störung dargestellt werden. Zunächst wird die Eingebundenheit einer abhängigkeitskranken Person in Funktionssysteme angerissen. Der Schwerpunkt der folgenden Ausführungen liegt jedoch in der Betrachtung der in einer Familie ablaufenden und der Suchtentwicklung unterworfenen Interaktionen und Konflikte.

Die Familie eines Betroffenen, das Arbeitsumfeld, das Gesundheits-, Rechts- und soziale Hilfesystem: Alle diese Bezugssysteme können vor dem Hintergrund der Erkrankung temporär relevante Umwelten der Person sein. Eine Abhängigkeitserkrankung kann als kommunikative Störung, unter dem Gesichtspunkt der Ausfallzeiten und Minderqualität am Arbeitsplatz, als körperliche Einschränkung bzw. Leistungsminderung, als justiziabel/nicht justiziabel oder als Hintergrund eines besonderen Hilfebedarfs zur Herstellung sozialer Zufriedenheit relationiert werden. Aus der Komplexität der Ursachen, Verläufe und Folgen von Abhängigkeitserkrankungen resultiert eine daraufhin abgestimmte Strategie der Behandlung und Begleitung erleidender und mittelbar betroffener Personen. Die Auswirkungen von Abhängigkeitserkrankungen beschränken sich nicht nur auf die somatische Ebene der einzelnen erleidenden Person, sondern entfalten sich in den verschiedensten Dimensionen des Lebens und in seinen sozialen Bezügen.

Exemplarisch wird die Familie als konkretes Sozialsystem unter dem Gesichtspunkt ihrer Funktionen und unter der Annahme eines suchtkranken Familienmitgliedes dargestellt. „Die Familien sind das einzige System der funktional differenzierten Gesellschaft, in dem die Menschen ausschließlich als Personen behandelt werden. Die Funktion der Familien besteht in der Inklusion der ganzen Person [....]. Alles was die Teilnehmer betrifft – alle Handlungen und Erfahrungen, auch diejenigen außerhalb der Familie – ist potenziell für die Kommunikation in der Familie relevant." (Baraldi 1997 et al.: 56)

Nach wie vor gilt Familie als wichtigste Sozialisationsinstanz. Sie bietet Gemeinschaft, Schutz, Fürsorge und sie ist ein mehrgenerativer Lernraum zum Umgang mit alltäglichen Anforderungen, Wünschen und gegenseitigen Erwartungen. Ihre Form variiert in der Gegenwart von der so genannten Klein- oder Kernfamilie über Großfamilie, Patchworkfamilie bis hin zu so genannten Regenbogenfamilien. Familie kann hier sowohl als gegenwärtiges Bezugssystem als auch im Sinne der Herkunftsfamilie verstanden werden. Abhängigkeitskranke in der Behandlung reflektieren häufig, dass Kommunikationsformen der gegenwärtigen Familie auch Produkt der bewussten/unbewussten Übernahme bestimmter Muster der Herkunftsfamilie sind.

Um zu erfahren, an welchen Punkten Familien durch Suchtentwicklungen (mit-)betroffen sind, wird gefragt: Gibt es gemeinsame Ziele und Ausrichtungen des Familienverbandes? Wie grenzen sich ihre Mitglieder in Funktion und Rollenverteilung ab? Wie werden Konflikte erlebt bzw. bearbeitet?[52] Viele Erzählungen enthalten Schilderungen offener

---

[52] Bestimmte Ereignisse werden (für einen Außenstehenden oft nicht nachvollziehbar) duch die Person als Konflikt wahrgenommen. Dazu müssen Unterscheidungen getroffen werden (Konflikt/nicht Konflikt). K.v. Ploetz (2006) beschreibt als eine mögliche Ursache von Abhängigkeitserkrankungen

bzw. verdeckter Konflikte innerhalb des Familienverbandes. Konflikte sind bei der Kontingenz der einzelnen Mitglieder und der aus der gegenseitig zur Verfügung gestellten Komplexität entstehenden Missverständlichkeiten normal. Wie aber stabilisieren die einzelnen Mitglieder der Familie ihr System – auch ein konfliktäres – und wie wird Konsens erzeugt? Systemtheorie fragt nach Systemfunktionen. Die Zusammenstellung der folgenden aufeinander gründenden Systemfunktionen erfolgt nach Willke (2000) in Anlehnung an Parsons und von Mills weitergeführtem AGIL-Schema. Konstitutive Grenzbildung; Ressourcenbereitstellung; Prozesssteuerung bzw. Synchronisation und Reflexion als Funktionen werden nun detaillierter betrachtet.

a) Familie definiert sich zuerst über ihre Grenzen. Wer gehört zur Familie und wer nicht? Hier sind die Grenzen so flexibel wie die sich im Zuge der Modernisierung entwickelten Vergemeinschaftungsformen. Konflikte der Abgrenzung entstehen bspw. dort, wo Zugehörigkeiten zwar biologisch fixiert aber juristisch beschnitten sind. Die Aufnahme eines anderen Vaters oder einer anderen Mutter (bspw. eines fremden Kindes durch Pflegschaft oder Adoption) in den Familienverband können problematisch erlebt werden. Suchtentwicklungen sind hier Teil möglicher Bewältigigungsstrategien. Im Extremfall wird die Schließung der Familie nach außen hin zur Abschottung. Es gibt keine Verlautbarung über Mißstände, Suchtverhalten, Gewalt usw. Damit werden Möglichkeiten der Korrektur über Fremdreferenz gekappt.

b) Als primäre Sozialisationseinheit liefert Familie Grundlagen zum Umgang mit anderen sozialen Zusammenhängen. Wertschätzung, Liebe

---

den Einsatz von Suchtmitteln zur Bewältigung eines Grundkonfliktes. Das Misslingen einer solchen Bewältigung führe zu so genannten Copingkonflikten. Diesen begegnet die Person durch den Einsatz anderer oder varianter Copingstrategien bspw. in einer Dosissteigerung, Substitution usw. Das ist nur eine der vielen Variationen zur Entwicklung von Bedingungen der Möglichkeit. In der Folge zunehmenden bzw. unkontrollierbaren Konsums werden weitere (oft von außen abgerufene) Unterscheidungen nötig (abhängigkrank/nicht abhängigkrank). Der Betroffene ordnet sich eine bezeichnete Seite zu. Dazu bedarf es der im Gedächtnis gespeicherten und wieder abgerufenen Erfahrungen, die die gewählte Seite mit Fakten stützen.

und Geborgenheit können weitergegeben werden, wenn sie innerhalb eines solchen Systems kennen gelernt wurden. Die Kompetenzen jedes einzelnen Familienmitgliedes werden dabei gefordert und gefördert. Stellt ein Mitglied seine Fähigkeiten nicht in den Dienst der Gemeinschaft, sind Konflikte vorprogrammiert. Rollenausdifferenzierungen sind Teil und Folge des Prozesses der *Ressourcennutzung*. Suchtentwicklungen werden dort gefördert, wo Rollen nicht klar genug getrennt sind und ein zu hoher Erwartungsdruck zu Überforderungen der Rollenträger führt. Kinder von Suchtkranken übernehmen früh eine Verantwortung, der sie nicht gewachsen sind und tendieren zu ihrer Entlastung nicht selten zur Nachahmung.

Es gibt Verteilungskonflikte der knappen Ressourcen zur Bedürfnisbefriedigung. Beispielsweise möchte eine Mutter sich ihren zwei Kindern in genügender Weise widmen, ihre eigenen Erfahrungen hinsichtlich Geborgenheit und Liebe in der Partnerschaft sind aber mangelhaft ausgeprägt. Ihr Zeitkontingent wird von ihrer Leistungsrolle in der Firma, und von den zusätzlich übernommenen Aufgaben in der Familie bestimmt. Der trinkende Partner regrediert zum dritten Kind.

c) Mit der Rollenausdifferenzierung können in der Familie gleichzeitig verschiedene Prozesse ab- und im negativen Fall gegeneinanderlaufen. Systemisch betrachtet machen sich letztere als Fraktionierungen, Spaltungen oder verschiedene Koalitionen bemerkbar. Eine Person kann ihren eigenen Werdegang genauer nachvollziehen, wenn sie sich die Frage stellt, wer Entscheidungsträger in der Familie ist/war und wie Entscheidungen als gemeinsame oder einsame Zielstellungen getroffen und durchgesetzt wurden.

d) Die Familie beobachtet sich in ihren Handlungen durch die Familienmitglieder (Selbstreferenz) und an erkenntnisblinden Stellen durch die aus der Umwelt aufgenommenen Anregungen (Fremdreferenz). Reflexion als Selbstthematisierung setzt einerseits das Vorhandensein kognitiver Komplexität voraus, andererseits entsteht durch die gegenseitig aus der Reflexion resultierenden Beschränkungen neue Komplexität. Wird offen über die Probleme in der Familie gesprochen?

Die Nichterfüllung für einzelne Familienmitglieder bedeutsamer Systemfunktionen, der unerfüllt gebliebene Kinderwunsch, der Verlust eines Bezugspartners u.v.m. wirken destabilisierend. Die jeweiligen sozialen Zusammenhänge befinden sich in Übergängen, in denen der Zusammenhalt stärker gefährdet ist als zu anderen Zeiten. Aus instabilen Systemzuständen lassen sich nicht zwingend Abhängigkeitsentwicklungen vorhersagen. In der Reflexion von Abhängigkeitsprozessen spielen jedoch Defizite in Strukturbildungen mit der Folge asymmetrischer Interaktionen eine große Rolle. Der Suchtgefährdete beobachtet sich in benachteiligten Positionen, ist unzufrieden oder handelt aus einem Inklusionsdruck heraus suchtrelevant.

Handlungen lassen sich kontextualisieren. Das Verstehen dieser Kontexte ermöglicht ein Differenzieren und Relativieren eigener und äußerer Anteile an Abhängigkeitsentwicklungen. Wenn nach einer Therapie die Rückkehr in die Familie noch Konsens ist, dann ermöglicht das Eröffnen anderer Sichtweisen neue Strukturbildung, indem Zugänge zu Ressourcen freigelegt und die Qualität des Miteinanders gestärkt wird. Ist eine Rückkehr mit neuem Wissen nicht möglich, kann verantwortungsvoll abgeschlossen und die eigene Zukunft mit neuen Erwartungen und Vorstellungen gefüllt werden.

3.2.9 Bilanz der Systemtheorie

Der Stand zur Entwicklung der Systemtheorie kann nur eine Momentaufnahme sein. So wie Systemtheorie interdisziplinär Wissenschaft beeinflusst, nimmt sie Anregungen aus den unterschiedlichsten Bereichen auf und entwickelt sich weiter.

Luhmann entwickelte eine eigene, auf den Grundlagen der allgemeinen Systemtheorie aufsetzende Theorie sozialer und psychischer Systeme. Dabei richtet sich sein Blick in erster Linie auf die Selbststabilisierung komplexer Systeme, sei es das psychische System mit seinem Operationsmodus Bewusstsein oder die Interaktion zwischen Menschen als Modus sozialer Systeme. Er führt eine differenztheoretische Sichtweise ein und postuliert die Leitdifferenz System/Umwelt. Das Medium, an das sich Bewusstsein und Kommunikation in ihren jeweiligen Systemen binden, ist Sinn.

Systeme reproduzieren ihre eigenen Zusammenhänge, sind aber in spezifischer Weise an ihre Umwelten gekoppelt. Der Mensch ist im Sinne exklusiver Individualität Umwelt sozialer Systeme. Über den Vorgang der Interpenetration beeinflussen sich Person und soziales System und schreiben in diesem Verhältnis eine eigene Geschichte. Begriffe wie Anschlussfähigkeit und strukturelle Kopplung bieten eine Erklärung dafür, wie sich operativ geschlossene Systeme zueinander in Bezug setzen können.

Ihr hohes Abstraktionsniveau zur Beschreibung soziologisch interessanter Phänome erschwert die Rezeption der Systemtheorie und ihre alltagspraktische Verwendung. Es scheint aber nicht unmöglich, vorausgesetzt, man nutzt Einzelaspekte und Beobachtungen der Theorie zur Integration in das eigene Arbeits- und Forschungsfeld.

Mit den Annahmen der Systemtheorie lassen sich Interventionsmöglichkeiten neu relationieren. Intervention als Teil der äußeren Umwelt kann in verschiedenen Selektionsschritten zur internen Umwelt des jeweiligen Systems werden, muss jedoch nicht. Das durch Kontingenz gesetzte Wissen, eine Einstellung, eine Handlung oder die Interpretation eines

Ereignisses, könnten so, aber auch anders sein, rückt Alternativen für bisher einseitige Sichtweisen in den Blickpunkt des Beobachters. Diese Zusammenhänge ermöglichen den Einbau bestimmter Bausteine der Theorie in die feldspezifische soziale oder therapeutische Arbeit.

3.3 Intervention

Der Begriff Intervention[53] bezeichnet ein Dazwischenkommen. „Die Intervention findet dabei in der Gegenwart unter Rekurs auf (mindestens) zwei vorgestellte zukünftige Gegenwarten statt, deren eine als nicht erwünscht, deren andere als erwünscht imaginiert wird. Sie operiert auf der Vorher/Nacher-Differenz und muss deshalb, wenn eine der vorgestellten zukünftigen Gegenwarten aktuelle Gegenwart wird, die Vergangenheit erinnern, also Gedächtnis in Anspruch nehmen." (Fuchs, P. 1999: 11)

Geißler/Hege (1985) etablieren den Terminus Intervention in die Sozialpädagogik. Der Begriff wird unterschwellig mit dem Begriff der Therapie verbunden. (vgl. Galuske 2007) Im Zusammenhang mit der sozialpädagogischen Tätigkeit in einem klinischen Rahmen, bezogen auf die Spezifik der vorgestellten Zielgruppe und auf den Zeitpunkt ihrer Wirksamkeit, ist der Terminus Intervention legitim und anwendbar. Folgende Aspekte werden im Zusammenhang des Interventionsgeschehens betrachtet:
- Intervention, Identität und Veränderung

---

[53] Intervention wird bei Fuchs auf der common sense-Ebene als Eingriff, Dazwischenkunft, Einmischung eingeführt, als gezielte und durchgeführte Veränderung von Weltzuständen, durch eine intervenierende Einheit, die sich auf Einheiten richtet, die sie interveniert. Die Intervention findet dabei in der Gegenwart unter Rekurs auf (mindestens) zwei vorgestellte zukünftige Gegenwarten statt, deren eine als nicht erwünscht, deren andere als erwünscht imaginiert wird. (Fuchs, P. 1999:11f) Im Zuge der Entrivialisierung und der Anerkenntnis der Komplexität und Abgeschlossenheit von Systemen müssen nach Fuchs neue Arrangements der auf den Begriff der Intervention bezogenen Unterscheidungen getroffen werden.

- Bedingungen und Möglichkeiten kontrollierter Veränderungen in Sinnsystemen
- Strategien therapeutischer/ sozialpädagogischer Intervention

3.3.1 Intervention, Identität und Veränderung

Interventionen unterscheiden sich hinsichtlich ihrer Anwendungsfelder. Sie finden in kleinen Interaktionsrahmen (Paarbeziehungen) über medizinisch notwendiges Eingreifen bis hin zum Einsatz von Schutztruppen zur Aufrechterhaltung oder Herstellung junger Demokratien statt. Die Form der Intervention ist in der Beratung eine andere als in der Erziehung oder humanitär militärischer Operationen. Ihre grundlegenden Orientierungen und Bedingungen unterscheiden sich voneinander. Aus dem Vorhandensein eines Phänomens, das von mindestens einer der beteiligten Seiten als störend für weitere Anschlusskommunikationen empfunden, wird begründet sich die Notwendigkeit zu intervenieren. Die theoretische Voraussetzung für ein planvolles Intervenieren bilden Konzepte als Abstraktionen praktischen Handelns. Sie vereinen verallgemeinerte Zielstellungen, mögliche Inhalte, die Wahl der geeigneten Methoden für eine spezifische Problemlage und Verfahrensschritte zur Strukturierung einer Intervention. Bei aller theoretischen Untersetzung bleibt die eigentliche Intervention situationsgebunden und den mit der Interaktion verbundenen Prozessen und Wandlungen im Sinne von Deutung und Neudeutung unterworfen.

Geißler/Hege benennen neben dem konzeptgeleiteten Handeln zwei weitere für die Qualität von Interventionen wichtige Dimensionen; die spezifische Beziehung Klient/Intervenierender; und die jeweiligen historisch-materiellen Bedingungen[54] (vgl. Geißler/Hege 1995: 34ff). Die Be-

---

[54] „Sozialpädagogisches Handeln vollzieht sich in einer historisch gewachsenen und einer sich entwickelnden Umwelt. [...] Bestimmte Traditionen, Konventionen und Erfahrungen können daher bei Interventionen nicht vernachlässigt werden. [...] Diese historischen Bedingungen sind ihrerseits ma-

ziehung zwischen den Interaktionspartnern wird auf eine besondere Weise durch den Auftrag seitens des Hilfebedürftigen strukturiert. Diese Auftragserteilung kann sowohl verbal als auch nonverbal erfolgen. Immer geht es dabei um die Positionsbestimmung, Hinterfragung oder Veränderung einer Situation. Wenn eine Person das Geräusch eines tropfenden Wasserhahns als normalen Zustand integriert hat, wird sie keinen Klempner anrufen, um den Schaden beseitigen zu lassen. Intervention erhält dann eine Basis, wenn eine Störung ins Bewusstsein tritt und eine Veränderung die Steigerung der eigenen Zufriedenheit erwarten lässt. Ein tropfender Hahn stört die Nachtruhe. Das Tropfgeräusch besonders sensibel wahrzunehmen kann aber auch Ausdruck der am Tage nicht zu bewältigenden Konflikte sein. Beide Wahrnehmungen beinhalten, dass etwas nicht abgeschlossen ist und Bearbeitung einfordert.

Als Grundlage einer möglichen Veränderung setzt Willke (1999) Vorstellungen von der Identität desjenigen Systems voraus, in welchem Intervention stattfinden soll. Indem aber eine Vorstellung von der Identität des Gegenübers, sei es als Person oder soziales System entwickelt wird, geschieht Beobachtung. Diese geschieht vor dem Hintergrund einer eigenen (professionellen und persönlichen) Identität bspw. der des Sozialpädagogen im Interventionszusammenhang. Indem die eigene und die Identität des Gegenübers sich voneinander unterscheiden, sind alternative Identitäten möglich. Es wird praktisch eine Tür zur Vielfalt möglicher Sichtweisen aufgestoßen.

Eine vor systemtheoretischem Hintergrund erfolgende Intervention wirkt nicht direkt unmittelbar nach externen Maßstäben auf das System

---

teriell bedingt. So beeinflusst z.B. die ökonomisch-gesellschaftliche Situation (Makrodimension) Art und Umfang von Hilfeleistungen und damit Inhalt und Form von Interventionen (vgl. Graf/Schwarz 1977). Sie beeinflusst die Struktur von Organisationen, die Bezahlung von Sozialpädagogen u.v.m. Neben diesen eher ökonomischen Aspekten gehören zu den die Intervention beeinflussenden materiellen Dimensionen auch die Bedingungen der spezifischen Arbeitssituationen. (Geißler/Hege 1995: 36) ein, es sei denn um den Preis der Zerstörung systemeigener Logiken. Veränderung geschieht durch eine die Eigenlogik und Autonomie des Betroffenen akzeptierende in einer dritten Welt agierende Begegnung, dem eigentlichen Interventionssystem. Diese findet statt durch die Schaffung künstlicher Bedingungen, bspw. durch entsprechende Fragetechniken: (Was bedeutet es für Sie?), auf die sich eine einzelne Person oder ein soziales System einstellen kann, wenn Veränderung eine aktuelle Alternative zur Beibehaltung eines bspw. pathologischen Zustandes ist. Die Person selbst oder ein sozialer Zusammenhang streben – in der Regel auf Grund eines Leidensdruckes oder einer erstrebenswerteren Alternative zum bisherigen Sinn – eine Veränderung an. Therapeuten, Lehrer, Berater werden zu Mediatoren einer Selbst- Änderung. Die von außen gesetzte Regel *Du darfst keinen Alkohol trinken* wird bei einem von Abhängigkeit betroffenen Menschen in besonderen indizierten Fällen eine Verhaltensänderung von Dauer hervorbringen. In der Regel bewirkt sie jedoch lediglich eine Anpassungsleistung an das System, welches die Abstinenzleistung fordert. Mentale Prozesse lassen sich nicht ohne das Einverständnis der Betroffenen verändern. Erst die im Bewusstsein der Person verankerte Regel *Ich trinke nicht und ich weiß warum* führt dazu, dass Krisen durch eine interne Stabilität gemeistert werden können.

Fuchs macht darauf aufmerksam, dass die auf Intervention ausgerichteten Programme der Beteiligten nicht in einen direkten Kontakt treten. „Das wäre ja gerade der cartesische Fehler, Subjekte und Objekte der Intervention anzusetzen, die Intervention betreiben oder erleiden. Das Interventionssystem als Drittsystem wird mit den Programmen der Systeme in seiner relevanten Umwelt konfrontiert, aber es ist nicht die Durchführung dieser Programme, sondern deren Spezifizierung im Kontext seiner eigenen Autopoiesis." (Fuchs 1999: 105) In der Regel ist zwischen den an der Intervention beteiligten Systemen eine scheinbare Asymmetrie zu Gunsten des Intervenierenden im Sinne eines Wissensvorsprungs zu beobachten. Dieser Eindruck entsteht durch die Eingrenzung aller möglichen Kommunikationen auf die für den spezifischen Fall relevante und durch die sorgfältige Vorbereitung des Intervenierenden. Ist ein Interventionssystem allerdings saturiert und können sich aus der Kommunikation keine neuen Gesichtspunkte mehr für den Hilfesuchenden ergeben, droht die Kommunikation leerzulaufen. Dann kann es vorkommen, dass der Intervenierende in der Praxis der Fisch an der Angel des Hilfebedürftigen ist bzw. in dessen trüben Gewässern fischt.

Kriz (1999: 107) verwendet das Bild vom Kerzenstummel und einer Flamme. Während sich bei ersterem eine andere Struktur designen lässt, ist dies bei der Flamme nicht möglich. Sie hält die durch Anblasen veränderte Form nicht bei und folgt schnell wieder ihren eigenen Gesetzen. Das intervenierte System liest die angebotene Interaktion nach seiner Logik und im Kontext seiner erlebten Umwelten. Personen und soziale Zusammenhänge sind keine *trivialen Maschinen*, nicht als solche lesbar und veränderbar. Die Autopoiesis als Grundgedanke der inneren, von außen unabhängigen Reproduzierbarkeit erweist sich nützlich als Andockstelle von Intervention, wenn diese akzeptiert, dass selbst pathologisch erscheinendes Verhalten für den Betroffenen in seiner gegebenen Situation funktional notwendig und systemerhaltend ist. Das gilt auch für suizidale Gedanken, wenn sie in der Wahrnehmung der Person vorerst als weniger schlechte Option gegenüber anderen Alternativen eingestuft wird. Die Intervention wäre in diesem Fall eine angebotene Aufbrechung des engen perspektivischen Raumes hin zu anderen Handlungsalternativen für den Betroffenen.

Selbststeuerung komplexer Systeme setzt Identität in Form eines Selbstverständnisses voraus. Bezieht sich ein System nicht nur auf Teile seiner selbst, sondern auf sich als Ganzes, in seinen Zusammenhängen als Identität, dann dient die Reflexion einer umweltorientierten Selbststeuerung. Das ist nicht mit einer Omnipotenz des Subjekts zu verwechseln. Ist ein System in der Lage zu reflektieren, sich mit den Augen der Umwelt zu sehen, so kann es auch beginnen, mit möglichen Formen seiner Identität zu spielen oder sich in andere Identitäten hineinzuversetzen. Letzteres sagt viel über grundsätzliche Qualitäten Intervenierender aus. Eigengesetzlichkeiten selbstreferentieller psychischer oder sozialer Systeme können für den Intervenierenden zu Widerstandsnestern oder zu Fundgruben werden. Es gibt keine Garantie, Veränderungen dauerhaft zu stabilisieren. Soll Intervention (in ihren vielfältigen Formen, bspw. Beratung od. Therapie) erfolgreich sein, so hängt dies insbesondere von der Veränderungsbereitschaft einer Person oder des zu intervenierenden sozialen Zusammenhanges ab. Der in beraterischen und therapeutischen Kontexten benutzte Begriff des Leidensdruckes als Motor möglicher Veränderungen erfasst die Voraussetzung zur Wandlungswilligkeit einer Person nur eindimensional. Menschen verändern sich nicht nur aus Gründen eines überbordenden Leidens, sondern auch mit einer Neugier und Hoffnung auf mögliche Handlungsalternativen zu bisher bestehenden Lebensgewohnheiten. Vielfältige Beratungs- und Therapieangebote bieten alternative Rahmenbedingungen zur Veränderungsmöglichkeit und Anregung zur veränderten Selbststeuerung. Interventionen[55] können immer wieder überraschend in das Erleben und

---

[55] Fuchs geht nochmals auf die grundsätzliche Unmöglichkeit der Intervention ein: „Autopoietische Systeme sind, strictissime, Innensysteme, die nicht durch ihre Operationen an die Umwelt (und an Systeme in dieser Umwelt) anschließen können. Sie haben keine operative Möglichkeit, ihre Grenzen zu kreuzen. [...] Sie kommen nicht aus sich heraus und in kein anderes System dieser Art hinein. Sie können also auch nicht da-zwischenkommen, sich einmischen, eingreifen. [...] Wenn Intervention etwas sein sollte, worüber sich zu reden lohnt, dann auf alle Fälle kein Subjekt/Objekt-Verhältnis. Der Begriff wird sich auf eine Pluralität einzigartig einsamer Systeme beziehen müssen, also weder auf

Handeln einer Person hineingenommen werden. So liest der Intervenierte das vom Sozialpädagogen gegebene Angebot und wartet schließlich mit einer völlig anderen Lösung des Problems auf. Das wiederum hebt eine mögliche Omnipotenz des Intervenierenden und die grundsätzliche Asymmetrie zuungunsten des Anderen auf.

3.3.2 Bedingungen und Möglichkeiten kontrollierter Veränderungen in Sinnsystemen

Sinnsysteme sind durch eine Vielfalt an veränderlichen Faktoren gekennzeichnet, die miteinander in Beziehung stehen. Diese je besonderen Relationen bilden die Identität des Systems. Soziale und psychische Systeme existieren durch spezifische Formen der Selbstorganisation und reproduzieren sich über Kommunikation und Bewusstsein. Dies geschieht in Differenz zur Umwelt, an der das jeweilige System sein Handeln orientiert. Der Drang zur Selbsterhaltung des Systems bindet die internen Relationen. So baut es ein spezifisches Maß an Verbindlichkeit gegenüber Normen aus der Umwelt auf. Zugleich bleibt es in bestimmter Weise unverbindlich gegenüber äußeren Einflüssen. Orientierung an der Umwelt bedeutet eine Form des Austausches. Voraussetzung des Austausches ist ein interner Ungleichgewichtszustand, der nach Sättigung verlangt, die aber nicht erreicht werden darf. Ist ein System saturiert, wird nur noch die Stagnation reproduziert. Wenn ein abhängigkeitskranker Mensch meint, es sei keine Änderung nötig, prallen alle Interventionsversuche an ihm ab. Therapeutisches, beratendes und sozialpädagogisches Handeln ist auf Grund der jeweils eigenen Operationslogik des aus intervenierender Perspektive zu verändernden Systems

---

interventionsfähige noch intervenierbare Systeme. Pluralität, das bedeutet, dass psychische Systeme nicht psychische Systeme, soziale nicht psychische Systeme, psychische nicht soziale Systeme, soziale nicht soziale intervenieren können. Allerdings gibt es da einen Sonderfall." (Fuchs, P. 1999: 22) Dieser Sonderfall wird durch Kopplungen gebildet, über die Systeme miteinander operieren.

mit Unsicherheiten und Risiken verbunden. Zu sehen ist nur die Oberfläche, deren Muster und Kausalbeziehungen sind leichter zu verstehen. Darunter verbirgt sich eine nicht zugängliche Tiefenstruktur. In Alkoholentwöhnungsbehandlungen tauchen solche Tiefenstrukturen oft erst durch die Besprechung von Lebens- und Suchtberichten bzw. durch das Abhalten von Familienseminaren auf.

In einer soziorganisatorischen Gruppe im Rahmen der Adaptionsbehandlung äußert sich ein Patient zur Bilanzierung seines Praktikums. Er könne nicht nachvollziehen, dass die Fremdwahrnehmung durch Mitpraktikanten und Angestellte der Firma eine andere sein soll als seine eigene Beobachtung. Er käme gut mit allen aus, habe andere nach seiner Außenwirkung gefragt und es sei keine Abweichung von seiner Beobachtung zu erkennen. Die Gruppe reagiert unsicher. Ist der Patient das Opfer einer Überinterpretation von Einzelbeobachtungen? Sie wird schließlich durch den Ausbruch eines Mitpatienten erlöst, der im gleichen Praktikum tätig ist und der ersterem deutlich seine Fremdwahrnehmungen vorhält. Nachdem die Tiefenstruktur des Konfliktes transparent ist, kann ein Auftrag zur weiteren Bearbeitung erfolgen.

An dieser Stelle taucht das Problem der doppelten Kontingenz noch einmal auf. Die Annahme, man könne sich dem zu Intervenierenden schon verständlich machen bzw. es gäbe eine Vorhersagbarkeit der Ereignisse, wird durch dieses Phänomen kontakariert.

Über den Ertrag intervenierender Kommunikation lässt sich folgendes Bild verwenden: Zu einem bestimmten Zeitpunkt werden auf einem Klientenkonto Ein- und Auszahlungen verbucht. Dabei ist der ursprüngliche Kontostand nicht bekannt, weder dem Hilfesuchenden, noch dem Intervenierenden. Alle Vorhersagen über Gewinn oder Verlustgeschäft beziehen sich demzufolge auf nur wenige uns bekannte Variable und der Ausgang der Transaktionen ist völlig offen. Die Aufgabe eines

Intervenierenden bestünde im Finanzcoaching, der Unterstützung im verantwortungsvollen Umgang mit den bekannten Variablen und dem Aufspüren verborgener Ressourcen und Manko. Hilfsmittel dieser einerseits buchhalterischen und andererseits auf die Erkrankung orientierten Sichtweise sind Klarifizierungen, Konfrontationen und verstehendes Bearbeiten der möglicherweise unbefriedigenden Istzustände. Trotzdem das Ziel in einer ausgeglichenen Bilanz besteht, bleibt der Prozess ergebnisoffen.

Um dauerhaft Veränderung zu bewirken, müssen systemintern Differenzen wahrgenommen werden und es muss eine Bereitschaft geben, sich mit diesen Differenzen auseinanderzusetzen. Das Ziel therapeutischen Handelns besteht darin, Veränderungen des internen Regelwerkes anzustoßen – ohne das Netzwerk und seine autopoietische Konsistenz zu gefährden. Unter der Akzeptanz, dass der vollständige Innenblick einer Person oder eines sozialen Systems auf sich selbst versagt bleibt, zielt das Handeln auf die Verringerung einer systeminternen Leidensdruckerfahrung sowie auf eine verbesserte Adressabilität für andere Systeme ab. Der Begriff Adressabilität geht dabei auf Peter Fuchs zurück. „Die grundlegende Vorstellung läuft darauf hinaus, dass Kommunikation, begriffen als autopoietische Einheit sozialer Systeme genötigt ist, Zurechnungspunkte, Mitteilungsinstanzen, kurz: soziale „Adressen" zu entwerfen. Die Form der Adressenkonstruktion (Inklusion/Exklusion) wird analysiert mit Bezug auf die Formen gesellschaftlicher Differenzierung. Die These ist, dass die funktionale Differenzierung der Gesellschaft in zunehmenden Maße zu polykontexturalen Adressen und womöglich zu polykontexturalem Bewusstsein führt." (Fuchs, P. 1997: 57f)

Aus der Familientherapie stammt die Einsicht, Symptome nicht in den jeweiligen Personen selbst zu sehen, sondern (Kybernetik 2. Ordnung) in Verzerrungen, Paradoxien und Defekten zwischen Personen und den sie verbindenden Kommunikationen. Diese sind auch wirksam in der Interaktion zwischen intervenierendem und interveniertem System.

3.3.3 Systemische Interventionsstrategien

Gemeinsam mit der Hilfe suchenden Person erschließt der Helfende aus deren Kommunikationshandeln die dahinter liegende Beobachtungsperspektive. Auf welche Weise erlebt die Person ihre Probleme? An welcher Stelle vermutet sie sie. Selbst wenn die Person auf Grund eines Leidensdruckes zu Veränderungen bereit scheint, müssen Therapeuten/Berater mit Widerständen, Veränderungsängsten und Mechanismen des Selbstschutzes (Konversionen[56], Affektverschiebungen, Verdrängungen von bewussten Gefühlen, Projektionen usw.) rechnen. Widerstände müssen nicht zwangsläufig das Misslingen einer Therapie zur Folge haben. Sie können als mögliche Ressourcen im Prozess der Auseinandersetzung mit der eigenen Veränderungsfähigkeit erkannt und genutzt werden.

Für eine gelingende Intervention ist es wichtig, die inneren Regeln der Kommunikationen zu erkennen und ihre Bedeutung für die Erhaltung und Gestaltung des Systems zu verstehen. „Nicht das Individuum ist die Einheit für die Analyse eines Familiensystems, vielmehr liegt der Fokus »auf Einheiten von Bedeutungen, von Regeln, von logischen Verbindungen und von Kontext«." (Tomm 1984: 8) Systemische Therapie kommt je nach Zweck als Systemische Einzeltherapie, Paartherapie, Familientherapie und Gruppentherapie zur Anwendung. Methodische Hilfsmittel systemisch orientierter Interventionen sind u.a. Symptomverschreibungen, die Nutzung der Widerstände, das Einspielen illusorischer Alternativen oder paradoxe Verschreibungen.

---

[56] Konversion bezeichnet die Transformation unbewältigter starker Erlebnisse in körperliche Symptome.

Nach Schiepek subsummieren sich unter dem Begriff Systemische Therapie „Grundhaltungen, Formen der Beziehungsgestaltung, praktische Methoden und Möglichkeiten der Gestaltung des therapeutischen Settings sowie des Behandlungsumfeldes, um leiderzeugende, von Patienten oder relevanten Bezugspersonen als veränderungsbedürftig bezeichnete, meist stabilisierte Muster des Erlebens, Verhaltens und der Beziehungsgestaltung zu verändern oder aufzulösen und die Entstehung anderer, erwünschter Muster zu ermöglichen und zu fördern." (Schiepek 1999: 29) Das Ziel systemischer Therapie besteht in der Verbesserung einer vor dem Hintergrund pathologisch erlebter biopsychosozialer Zustände geminderten Lebensqualität.

In ihren Grundpositionen orientiert sich Systemische Therapie an Erkenntnissen aus der Systemtheorie. Sie berücksichtigt die Autonomie von Systemen sowie ihre Selbstreferentialität als Voraussetzung für mögliche Veränderungen. Indem Therapeuten, Berater usw. sich mit ihren Sichten, Erfahrungen und Möglichkeiten zur Verfügung stellen, erweitern sie die mögliche interne Wirklichkeitskonstruktion des zu behandelnden Systems. Dabei bleiben sie Umwelt des Systems. Therapeutische Systeme sind so temporär an der autopoietischen Sinnkonstitution des intervenierten Systems beteiligt. Die Strategien der Systemischen Therapie schaffen die Voraussetzung der Möglichkeit zur Veränderung von Bedeutungszuweisungen des intervenierten Systems. Damit verbunden ist ein Wandel der Kontexte und der laufenden Kommunikationen. Über einmal erworbenes Wissen kann nicht mehr hinweggegangen werden. Wohl kann es verdrängt werden, aber es ist definitiv als Information gesetzt und die Person entscheidet über den weiteren Umgang mit diesem Wissen.

Denken, Fühlen, Kognition und Affekte bilden ein dynamisches System der Affektlogik. Ciompi (1997) bezeichnet Affekte als grundlegende

Operatoren. „Insgesamt bestimmt der unbewusst affektgeleitete Aufmerksamkeitsfokus kurz- wie langfristig die Selektion der für uns relevanten Information, und damit letztlich unser ganzes Weltbild. [...] Affekte *wirken wie Schleusen oder Pforten, die den Zugang zu unterschiedlichen Gedächtnisspeichern öffnen oder schließen."* (Ciompi 1997: 97) Letztlich sind Affekte Ausdruck einer Komplexität reduzierenden Re-Aktion, sei es auf tatsächliche Ereignisse oder auf interne Erwartungen bezüglich möglicher Ereignisse.[57]

Systemische Therapie beachtet die möglichen Zusammenhänge zwischen Individuum, erlebter Umwelt, Vergangenheit und sozialen Strukturen. In der Folge werden ohne Anspruch auf Vollständigkeit einige Interventionsstrategien bzw. Modelle unter der Überschrift systemischer Therapie vorgestellt.

Minuchins (1967) Suche nach Strukturen und Grenzen innerhalb von Familien ist ein Klassiker der *strukturellen Familientherapie*. Die Frage, ob innerhalb eines Systems die Grenzen der Subsysteme klar oder diffus/starr erlebt werden, eröffnet zugleich einen Blick auf das Kohärenzerleben eines Individuums innerhalb des Systems. In der praktischen Arbeit mit Abhängigkeitskranken fällt auf, dass ein nicht geringer Teil der Personen die primäre Sozialisation nicht über das Elternsubsystem erlebt hat, sondern generationsübergreifend Großeltern in die Elternposition gerückt wurden. Diese werden dann oft als wenig Grenzen setzend geschildert, zugleich aber auch als vertraute Bezugspersonen. Sanktionen für bestimmte Ereignisse sind bei dieser Konstellation weniger zu erwarten. In der Folge kommt es zu Spaltungen der betroffenen Person zwischen dem Elternsubsystem und den Großeltern. System-

---

[57] „Praktisch alle obigen organisatorisch-integratorischen Operatorwirkungen der Affekte lassen sich unter dem Stichwort der Komplexitätsreduktion zusammenfassen. Nur dank den kontextangepasst mobilisierenden, selektionierenden, hierarchisierenden, kohärenz- und kontinuitätschaffenden Filterwirkungen der Affekte auf die Kognition gelingt es uns, die ungeheure Fülle von Informationen, die unserem Denkapparat aus extern-sensorischen wie internen Quellen fortwährend zufliessen, sinnvoll zu beschränken." (Ciompi: 1997: 99)

theoretisch eröffnet die Suche nach solchen Zusammenhängen den Blick auf die Funktionslogik und Dynamik eines Systems. Mit Minuchin ließe sich eine Lebenserzählung danach fragen, welche Bedeutung der Beziehung zwischen Kind und Eltern in Relation zur Beziehung des Kindes zu seinen Großeltern zugerechnet wird.

Boszormenyi-Nagy, später Stierlin suchen neben aktuellen Ereignissen in der Familie nach überkommenen Mustern der Kommunikation aus früheren Generationen. Sie sprechen von ungeklärten Konten. Ursprünglich sieht das Mailänder Team[58] um Mara Selvini Palazzoli im Sinne eines *kybernetischen Konstruktivismus* (vgl. Schlippe/Schweizer 2000: 28) einen Konflikt als Konstrukt, um das herum sich das System in seinen Kommunikationszusammenhängen konstituiert. Während die Kybernetik 1. Ordnung den Intervenierenden als Akteur außerhalb des Systems verortet, der auf Grund seines Kompetenzvorsprunges eine Störgröße innerhalb des Systems erkennt und diese strategisch beseitigt, beobachtet sich der Intervenierende im Sinne der Kybernetik 2. Ordnung als Teil des Systems. Als zusätzliche Projektionsfläche bietet er die Möglichkeit alternativer Sichtweisen auf ein Problem. Die vom jeweiligen System beobachteten Symptome können hinsichtlich ihrer Nützlichkeit und Funktionalität überprüft werden. Boeckhorst (1988: 24) konotiert Symptome als Hilfsmittel für Beratung und Therapie. Sie können Ausdruck ineffektiver Lösungsvarianten, Schutzfunktion zur Erhaltung bestimmter Systembeziehungen sein, Symptomträgern eine informelle Macht ermöglichen und sie können durch ihr Vorhandensein auf andere latente Konflikte verweisen.

---

[58] Auf die Mailänder Schule zurückzuführende Strategien sind Zirkularität, zirkuläre Fragetechniken und Neutralität - sowohl gegenüber handelnden Personen, gegenüber Störungen, als auch gegenüber Lösungsansätzen oder Ideen. Später wird die Vorstellung der Mailänder Therapeuten vom System als einer *Anzahl von Personen* zugunsten der *Einheit von Bedeutungszuweisungen zwischen den Interagierenden* abgelöst. Boscolo und Cecchin gehen nach der Trennung vom Mailänder Team von der eher starren Ursprungsform der Intervention ab. Um feldspezifisch intervenieren zu können, muss sich das Mailänder Modell wandlungsfähig zeigen.

Epston und White stoßen mit ihren narrativ-therapeutischen Ideen[59] Türen zu neuen Sichtweisen im Umgang mit Konflikten und Problemen auf. Grundlage ihrer Form therapeutischer Intervention ist die Textanalogie.[60] Dabei orientieren sie sich an Gregory Bateson's (1978, 1980) anthropologischen Gedanken zur Kontextualisierung von Ereignissen. Wie gelangt eine Person zu bestimmten Einsichten? Jede Interpretation eines Ereignisses fügt sich in einem bestimmten Kontext ein. Informationen werden als Unterschied über die Sinne wahrgenommen. Diese Unterschiede werden Ereignissen vor einem einzigartigen Erfahrungshintergrund zugeordnet. Nach White/Epston „legt die interpretative Methode nicht nahe, daß eine zugrundeliegende Struktur oder Dysfunktion in der Familie das Verhalten und die Wechselwirkungen in der Familie bestimmt, sondern geht davon aus, daß die Bedeutung, die Familienmitglieder Ereignissen beimessen, ihr Verhalten bestimmt." (White/Epston 1990: 18) Leben verdichtet sich zu Erfahrungen und nicht alle Erfahrungen können in genügender Weise durch den Erlebenden wiedergegeben werden. Das bringt den Betreffenden in selektive Zwänge. Die therapeutische Herausforderung besteht darin, mit dem

---

[59] Weitere Grundlagen für die Beschäftigung mit der Narration finden sich u.a. in den Forschungen Boscolos und Bertrandos (1994) über die Rolle von Zeit und Sprache. Sie bauen auf den Arbeiten Epstons und Whites (1990), Andersons und Goolishians (1990) auf. Nach Gregory Bateson (1984) reduziert der Mensch die Komplexität der Welt mittels Geschichten und verwebt das Hier und Jetzt mit der Strukturebene zeitlicher Abläufe zu einem Muster. (vgl. Bardmann et al. 1991: 120) Daneben erhält in diesem Ansatz der Zusammenhang von Wissen und Macht (Focoult 1980) eine große Bedeutung.
Es wird darauf verzichtet, ausführlich auf White's Technik der Externalisierung einzugehen, da in der vorliegenden Arbeit das Erzählen der Lebensgeschichte im Vordergrund steht. Zum Thema Externalisierung wird auf Karl Tomms Beitrag: *Das Problem externalisieren und die persönlichen Mittel und Möglichkeiten internalisieren* (Tomm 1989: 200-205) verwiesen.
[60] Sozialwissenschaftler machen sich in der Folge Analogien aus verschiedenen Bereichen, bspw. biologischen Wissenschaften, rituellen Prozessen oder der in dieser Forschungsarbeit interessierenden Textanalogie aus dem Bereich der Literatur zunutze. So geht die Analogie aus dem biologischen Bereich bei einem System von einem Quasi-Organismus aus. Das wahrgenommene Symptom ist Symptom einer Pathologie, die mittels einer Operation beendet wird. Rituelle Prozesse als Analogie sehen in Ereignissen Übergangsriten, beispielsweise in der Ablösung vom Elternhaus, von Suchtmitteln oder von Identitäten. Der Lösungsansatz besteht hier in der Transparenz von Veränderung, indem Status 1 mit Status 2 verglichen wird. Im Sinne Luhmanns bildet das gesprochene oder in irgendeiner anderen Form niedergelegte Wort das Bindeglied zwischen Bewusstsein und Kommunikation. Sich einer Analogie bei der Interpretation von Ereignissen zu bedienen, ist eine der Antworten auf den in der Wissenschaft lange Zeit vorherrschenden Positivismus. Dessen Grundgedanke ist die Unmittelbarkeit von Erkenntnisgewinn über Ereignisse in der Welt.

Erzählenden gemeinsam zu neuen Geschichten zu gelangen. Diese sollen neue Handlungsoptionen eröffnen und eine Zufriedenheit erzeugen. Neben der beherrschenden, momentan erlebten eigenen Geschichte läuft unterschwellig eine sich selbst fortschreibende, aber durch Überlagerungen nicht deutlich wahrgenommene Geschichte mit. Sie lässt sich mit einer Aorta bei dem Gemeinschaftsereignis Domino-Day vergleichen. Millionen Steine werden aneinandergereiht und ergeben durch entsprechende Färbungen Muster, Bilder und Ereignisse. Manchmal gerät der Lauf der Ereignisse ins Stocken und es ergeben sich Störungen. Ohne eine mitlaufende Aorta würde die Geschichte enden. Die Aorta ermöglicht den Zugriff auf weitere mögliche Ereignisse und schreibt sowohl die dauerhafte als auch Teile der momentanen Geschichte fort. Ein besonderes Augenmerk im Ansatz Epston/Whites gilt so genannten einmaligen Ereignisfolgen. Gemeint sind solche Ereignisse, die aus dem Lauf der momentanen Geschichte herausfallen. Sie bestimmen den Unterschied zu üblichen Handlungsmustern. Goffman (1961) stellt dazu fest, dass die Bedeutung solcher Ereignisfolgen als soziales Element verdrängt und überlagert wird durch die Normalisierung anderer Veränderungen. Oft sind diese Veränderungen langandauernde Störungen oder Abhängigkeiten. Epston/White regen durch ihre Form der Therapie das Erzählen von neuen Geschichten an, die wiederum zur Nutzung und zum Einbau einmaliger Ereignisfolgen in das eigene soziale Handeln einladen. Wichtig ist, dass der oder die Erzählende sich dieser einmaligen Ereignisfolge bewusst wird, sei es als Erinnerung einer zurückliegenden Situation oder als Aha-Erlebnis noch während der gegenwärtigen Erzählung. Das Reflektieren über ein Anders-Handeln in Vergangenheit, Gegenwart und Zukunft erweitert das Kontingent an Handlungsalternativen. Die Methode der Narration beachtet die von Epston und White herausgearbeiteten Bilder und Hintergründe.

Eine Person erzählt ihre Geschichte im so genannten narrativen Interview. Sie tut dies gleichsam vor einem externen „Zeugen", der ihrer Darstellung und ihren möglichen neuen Selbstbeschreibungen mehr Gewicht verleiht.

3.4 Zusammenfassung

Systemtheorie und das Konzept der narrativen Identität bilden in dieser Arbeit die Voraussetzung, Intervention als eine spezifische Form der Kommunikation in sozialen Zusammenhangen und als Prozess im Bewusstsein von Menschen in besonderen Situationen exemplarisch im Zusammenhang von Abhängigkeitserkrankungen zu sehen.

In der vorliegenden Arbeit sollen Abhängigkeitserkrankungen sowohl als individuelle bio-psycho-soziale Entwicklung der einzelnen Person als auch im Rahmen systemisch gesellschaftlicher Deutungen verstanden werden. Die Selbsteinordnung einer Person in unmittelbare und mittelbare soziale Zusammenhänge und ihre reflektierende Einordnung durch andere Personen oder Institutionen bieten Hinweise auf Entwicklungen in die Abhängigkeit. Zugleich bieten sie aber auch Lösungspotenzial in Form von Ressourcen.

Eine systemische Beobachtungsweise macht die Vielfalt möglicher Beziehungen und Zusammenhänge über die Abhängigkeit einer Person hinaus sichtbar. Das nahezu simultane Zusammenspiel verschiedener Ereignisse und die Konstruktion je eigener Wirklichkeiten aus Sicht der Person lassen sich mit den Mitteln der Systemtheorie auf einer versachlichenden Ebene beobachten. Die Beobachtung trägt als fremdreferentielles Instrument dazu bei, die die eigene Beobachtung überdeckenden Blindheiten zu überbrücken. Auf diese Weise wird das Maß an Handlungsoptionen und Erkenntnis erweitert.

Strategien systemischer Interventionen sind vielfältig. Die entscheidende Anregung, die aus dem Bereich der Systemtheorie und der systemischen Therapie fruchtbar in die Praxis hineinwirkt, ist die Anerkenntnis, dass Personen und soziale Zusammenhänge nicht nach einem einfachen Reiz-Reaktions-Schema funktionieren und es deshalb auch nicht sinnvoll ist, nach einem solchen Schema zu intervenieren.

Interventionen, die die Person bzw. soziale Zusammenhänge betreffen, können nicht ohne Interaktion – und im systemtheoretischen Sinn nicht ohne Kopplung verstanden werden. Diese Zusammenhänge werden im nächsten Kapitel genauer untersucht.

4. Intervention als Kopplung operational geschlossener Systeme

Nachfolgend wird Intervention und damit der begleitete Reflexionsprozess unter dem Gesichtspunkt der Kopplung psychischer und sozialer Systeme untersucht. Die forschungsleitende Fragestellung für dieses Kapitel lautet: Auf welche Weise und unter welchen internen Bedingungen begegnen sich füreinander geschlossene Systeme im Rahmen einer Intervention?

Intervention wird vor dem Hintergrund der Kopplung zwischen Bewusstsein und Kommunikation betrachtet. Ausgangspunkt der folgenden Überlegungen ist das Phänomen der *Strukturellen Kopplung* als eine von Maturana und Varela beschriebene Bedingung zur wechselseitigen Durchdringung von Systemen. Luhmann stellt dazu fest: „Systeme sind nicht nur gelegentlich und nicht nur adaptiv, sie sind strukturell an ihrer Umwelt orientiert und könnten ohne Umwelt nicht bestehen." (Luhmann 1988: 35) Eine Präzisierung in der Beobachtung des Phänomens der Kopplung zwischen Bewusstsein und Kommunikation ermöglicht der von Willke gesetzte Begriff *Symbolische Kopplung*. Sprache als Kopplungselement, Sinn als Medium und Form, und das Gedächtnis in seiner Verknüpfung mit Sinn und Zeitlichkeit werden im Zusammenhang der sozialpädagogischen Intervention untersucht. Die teilweise getrennte Darstellung einzelner im Interventionsgeschehen bedeutsamer Phänomene und Elemente findet unter rein analytischen Gesichtspunkten statt. In unserer alltäglichen Wahrnehmung bilden sie ein komplexes Bedingungsgefüge ohne Hierarchisierung der einzelnen Bestandteile.

4.1 Systembeobachtung als Beobachtung von Kopplungen

4.1.a Kopplung und Interaktion

Auf welche Weise setzen sich Personen zueinander in Bezug? Wie lernen und verändern sie ihre eigene Wirklichkeit und sind an der Konstruktion des Anderen beteiligt?

Selbst in der kleinsten Interaktion positionieren sich Personen zueinander. „Zwei für sich geschlossene psychische Systeme versuchen, über Kommunikation eine Vorstellung von dem zu erhalten, was im jeweils anderen Bewusstsein vorgeht." (Hafen 2005: 189) Dies geschieht über eine Kopplung, die nicht direkt zu beobachten ist, von Systemen, die ebenfalls nicht direkt zu beobachten sind. Fuchs bezeichnet sie als „Un-jekte", deren Existenz als arbeitende Unterschiede sich dem Beobachter verdankt, „der gleichfalls nur als arbeitender Unterschied konzipiert ist". (Fuchs 1998)

Eine Person wird eingeladen, die Geschichte ihres Lebens zu erzählen. Mit dieser Aufforderung werden die ‚erwachsenen Anteile' der Persönlichkeit (vgl. Streek 2004: 12) angeregt, Erinnerungen, Wünsche und Vorstellungen zu rekonstruieren, zu verbalisieren und sich neu in Beziehung zu setzen. „Die Art und Weise, wie Inhalte im Bewusstsein präsent sind, ihre Verknüpfung und ihr Prozessieren als Ereignisse des Bewusstseins – all dies ist […] psychischer Natur und folgt nicht der Autopoiesis von Kommunikation." (Großmaß 2000: 117) Die in den Psychen der am Interventionsgeschehen Beteiligten ablaufenden Prozesse beziehen sich jedoch in ihren Selbstanregungen auf die soziale Umwelt und damit auf den angeschlossenen Kommunikationsprozess. Jede Interaktion bietet die Möglichkeit der Irritierbarkeit des Bewusstseins durch Kommunikation und umgekehrt.

In der Folge eines von außen gesetzten Erzählimpulses werden Lebenserzählungen bspw. mit einer Selbstaufforderung, einer Selbstbestätigung oder mit bestimmten Strukturgebungen durch die Erzählenden eröffnet.

Die am Reflexionsprozess beteiligten Personen interagieren in einem schmalen Ausschnitt ihrer Wirklichkeiten und Möglichkeiten. Die exklusive Individualität der Beteiligten und ein gemeinschaftliches Interesse ermöglichen es wechselseitig, sich sinnhaft in Beziehung zu setzen. Die aktuelle Erzählung des Lebenslaufs – nachfolgend werden die Interviewten analog als Biografen beschrieben[61] – unterscheidet sich von anderen möglichen. Der Hörende lässt sich anregen, Vergleiche zu ziehen bzw. Ähnlichkeiten mit anderen, inklusive der eigenen Auswahl an Biografie zu entdecken. Personen begegnen sich mit unterschiedlichen Erfahrungshintergründen, Motiven, situativen Gegebenheiten und Vorstellungen bzw. Erwartungen bzgl. einer temporär begrenzten Zukunft.

Der an den Beginn der Reflexion gesetzte Impuls, Leben in einer Erzählung zu präsentieren, setzt einen Interaktionsrahmen, bestehend aus Biografen und Interviewer. Die Zwecksetzung erfolgt durch den Interviewenden vor dem Hintergrund seiner professionellen Identität. Die Binnenvorgänge der beteiligten Bewusstseine werden durch die Elemente der Selbstkontinuierung/-entwicklung dynamisiert. Strukturelle Kopplung bindet die beteiligten Systeme in eine Koevolution. Die Systeme können nur dann das gesetzte Thema gleichsinnig bearbeiten, wenn sie sich für den Zeitraum der Interaktion gegenseitig in Anspruch nehmen und nehmen lassen. Kopplung ist die

---

[61] Die Bezeichnung ‚Biograf' wird in Anlehnung an Fischer-Rosenthal/Rosenthal (1998) verwendet. Sie wird dem Begriff des ‚Interviewten' vorgezogen, weil sie stärker den Aspekt der Lebensläufe betont.

Voraussetzung der wechselseitigen Anregung der am Interventionssystem teilhabenden Personen.

4.1.b Interaktion beobachtet

Sinnsysteme bilden sich einerseits auf der Basis von Kopplungen. Andererseits sind Kopplungen Produkt systeminterner Entscheidungen. Francesco Varela, einer der Schöpfer des Begriffs *Strukturelle Kopplung*, erklärt in einem Interview mit Fritz B. Simon das Verhältnis von Kopplung und System wie folgt:

„Wann immer zwei unterschiedliche Strukturen zusammentreffen, entsteht Kopplung. Nennt man die eine Struktur System und die andere Struktur Medium, dann sieht man die Dynamik oder Ontogenese, das Hervorbringen einer speziellen Welt für dieses System. Hat man hingegen auf der einen Seite ein System und auf der anderen Seite ebenfalls ein System und beobachtet ihre Kopplung, dann hat man ein System höherer Ordnung. Was entsteht, ist eine neue Einheit. Es handelt sich aber immer um dieselbe Situation: eine Struktur wird mit einer anderen gekoppelt. Sobald man die Dimensionen dieser Kopplung begriffen hat, versteht man auch ihre Konsequenzen, gleichviel ob es sich um eine System-Medium-Kopplung oder um eine System-System-Kopplung handelt. Dies ist lediglich eine Wahl der Beschreibung durch einen Beobachter. Die Dynamik des Prozesses bleibt davon unberührt." (Varela, in: Simon 1997: 158f)

Varela unterstreicht, wie wichtig es ist zu verstehen, auf welche Weise sich Mitglieder eines bestimmten Kommunikationszusammenhanges, bspw. einer Familie, koppeln. Er antwortet auf die Gedanken Simons zur Prämisse der Kopplung des Therapeuten an ein zu intervenierendes Systems wie folgt: „Aber wie können Sie sich mit einer Familie koppeln und ihr aus ihrer festgefahrenen Situation heraushelfen, wenn sie nicht verstehen, was mit der Familie los ist? Natürlich können Sie nach der Strategie des Versuchs und Irrtums verfahren, und das wird in manchen Fällen auch erfolgreich sein. [...] In der Therapie geht es darum, die Leute in die Lage zu versetzen, zu verstehen, welche Interaktion ihre Realität als Familie oder Paar hervorbringt. Es ist genauso, wie wenn man in ein Unternehmen geht und den Menschen dort einsichtig macht, welche Interaktionen ihr Denken entstehen lassen. [...] Wenn erst einmal deutlich ist, dass es die Interaktion ist, die die Realität hervorbringt, so ergibt sich sofort Klarheit. Das ist der therapeutische Effekt." (Varela, in: Simon 1997: 164)

Varela verwendet sowohl den Begriff der *Kopplung* im Sinne des Zusammentreffens zweier Strukturen als auch den der *Interaktion* im Sinne einer eingeschränkten Begegnung. „Der Grund, warum ich das Wort Kopplung verwende, ist wegen dessen stärkerer Konnotation; in dem Sinne, dass es sich um ein Phänomen des Zusammentreffens zweier Strukturen handelt, ohne dass dabei dieses Zusammentreffen als ein Input des einen in das andere verstanden werden könnte. Das Wort Interaktion meint hingegen im üblichen Sprachgebrauch, dass ein Input vorliegt. Insofern ist der Begriff der Interaktion vager; indem ich das Wort der Kopplung verwende, versuche ich die Bedeutung auf einen bestimmten Interaktionsmodus einzuschränken." (ebd.153)

In der Terminologie Maturanas sind es rekurrente Interaktionen, die strukturelle Kopplungen erzeugen. Mit Varela geht er davon aus, „dass die Interaktionen zwischen Einheit und Milieu, solange sie rekursiv sind, füreinander reziproke Perturbationen bilden. Bei diesen Interaktionen ist es so, dass die Struktur des Milieus in den autopoietischen Einheiten

Strukturveränderungen nur auslöst, diese also weder determiniert noch instruiert (vorschreibt), was auch umgekehrt für das Milieu gilt. Das Ergebnis wird – solange sich Einheit und Milieu nicht aufgelöst haben – eine Geschichte wechselseitiger Strukturveränderungen sein, also das, was wir strukturelle Kopplung nennen." (Maturana/Varela: 85)

Luhmann integriert die von Maturana und Varela stammenden Erkenntnisse in die Systemtheorie. Aus Luhmanns Perspektive sind Systeme operativ geschlossen[62], aber grundsätzlich in der Lage, auf Reize aus der Umwelt zu reagieren. Die Beziehungen zwischen System und Umwelt bezeichnet Luhmann in Anlehnung an Parsons als *Interpenetration* und in Anlehnung an Maturana/Varela als *Strukturelle Kopplung*. Dabei stellt er selbst in Frage, ob auf Dauer eine Unterscheidung zwischen den beiden Begriffen notwendig ist. Strukturelle Kopplung geschieht demnach eher aus der Perspektive eines externen Beobachters, der zwei grundsätzlich geschlossene Systeme in ihren wechselseitigen Interaktionen, sprich füreinander spezifischen Öffnungen beobachtet. Die durch Luhmann vorgenommene Unterscheidung zwischen Interpenetration und Struktureller Kopplung wurde bereits im Kapitel ‚Interpenetration' dargestellt. In den weiteren Überlegungen liegt der Schwerpunkt zur Erklärung der kommunikationstheoretischen Hintergründe des Interventionsgeschehens auf die, Luhmanns Interpenetrations-Begriff ersetzenden, Termini *Interaktion* bzw. *intervenierende Kommunikation*. Die intervenierende Kommunikation ist das spezifische Letztelement des sozialen Systems Intervention. Der Begiff der Kopplung als Ermöglichungsbedingung bleibt weiterhin relevant und wird entsprechend erörtert.

---

[62] Personen dienen demnach *„der strukturellen Kopplung von psychischen und sozialen Systemen."* (Luhmann 1991: 174) Die Form Person bezeichnet die Einheit der Differenz Person/Nichtperson. Die markierte Seite ermöglicht, kommunikativ anzuschließen.

Nach Jahraus bezieht sich der Begriff der strukturellen Kopplung auf Systeme, die „die Prozessualisierung des anderen Systems unabdingbar für ihre eigene Prozessualisierung voraussetzen". (Jahraus/Ort 2001: 25) Fuchs präzisiert, „dass ein System mit seiner Umwelt nur in einer schmalen Bandbreite >verkehrt<, aber keinesfalls an die Komplettheit der Bedingungen seiner Möglichkeit herankommt". (Fuchs, P. 2004: 85) [63] Strukturelle Kopplung ermöglicht eine Veränderung der Bezüge zwischen den Elementen der jeweiligen Systeme (bspw. veränderte Gedankenabfolge zu bestimmten Themen im Bewusstsein), ohne die Identität der interagierenden Systeme zu zerstören. Eine unter diesem Paradigma stattfindende therapeutische Intervention respektiert und nutzt die Selbststeuerung und operative Geschlossenheit von Systemen. Sie bezieht die Fähigkeit des jeweiligen Systems „sich selbst zu thematisieren und sich selbst als geeignete Umwelt anderer lebender Systeme zu verstehen" (Willke 2000: 248) in den Interventionszusammenhang ein.

Der Begriff der Strukturellen Kopplung impliziert eine Kopplung auf der Strukturebene von Systemen. Struktur bildet sich durch die Anzahl von miteinander in Relationen stehenden Elementen; die Art und Funktion der Elemente (Gedanken, Kommunikationen); durch die Form der Grenzen (operational geschlossen, aber umweltoffen im Sinne des Austauschs von Informationen); und durch die unterschiedlichen Bindekräfte und Wechselwirkungskräfte zwischen Element/Element, Element/System und System/Umwelt. Das Problem der Annahme des Begriffs Strukturelle Kopplung liegt in seiner Dimensionierung und Wirk-

---

[63] „Ein externer Beobachter könnte, ausgehend von der Unterscheidung eines Systems und seiner Umwelt, die kausalen Interdependenzen, die ein System mit seiner Umwelt verbinden, mit Maturanas Begriff der ‚strukturellen Kopplungen' beschreiben. Dieser Begriff ist so gesetzt, dass er mit der Autopoiesis (Autonomie, operative Schließung, Selbstorganisation usw.) des Systems kompatibel ist. Er setzt voraus, dass man auf beiden Seiten des Systems unterscheiden kann zwischen der Autopoiesis auf der einen Seite und den Strukturen, mit denen das System seine Autopoiesis durchführt, auf der anderen. Strukturelle Kopplung bezieht sich also nur auf die Strukturwahl […], nicht aber auf die Autopoiesis selbst. Im Falle sozialer Systeme bezieht sie sich nicht auf die Möglichkeit, Kommunikation fortzusetzen (sei es akzeptierend, sei es ablehnend), sondern nur auf die Themen der Kommunikation." (Luhmann (SA) H6: 16)

richtung. Willke (2005) beschreibt Strukturveränderung als nur eine mögliche Wirkung der über Kopplung angeregten Eigenirritation. Andere und sich gegenseitig beeinflussende Wirkungen liegen in Systemverhalten und Systementwicklung, die wiederum Strukturveränderungen bedingen können. So legt zwar die Kognition (bspw. IQ) den Rahmen fest, in welchem Maß Reiz aus der Umwelt psychisch verarbeitet und darauf reagiert werden kann. Die komplexe Dynamik des Vorgangs lässt sich jedoch damit noch nicht genügend darstellen. (s. 4.4.)

4.2 Zum Kontinuieren eines Interventionszusammenhanges

4.2.a Die Person zwischen Selbstentwicklung und -kontinuierung

Die folgenden Fragen dienen dazu, Bedingungen und Grenzen des Interventionszusammenhanges weiter auszuloten: Wie kann ein System in seiner Abgeschlossenheit in seiner Umwelt funktionieren? Wie tritt es mit anderen Systemen in Austausch und in welcher Weise setzt es seine Interessen durch? (vgl. Luhmann 1987)

Kommunikation ist das Einzelereignis (bspw. Kontaktaufnahme zwischen Interviewer und erzählender Person), an das mit einer erwidernden Kommunikation angeschlossen wird. Dabei verzahnen sich die selbstreflexiven Beobachtungsperspektiven der Beteiligten. Kopplungen ermöglichen überhaupt *Interaktion.* Und sie sorgen dafür, dass Interaktionen das flüchtige Moment überdauern, d.h., diese können zu einer organisierten Interaktion emergieren. Emergenz wird von Luhmann als die Fähigkeit von Systemen beschrieben, strukturelle Komplexität aufzubauen. Diese entsteht primär durch eine Kommunikationsleistung. (vgl. Willke 2005: 49)

Eine Person erzählt ihre Lebensgeschichte. Dabei hält sie sich an einen eigenlogischen Erzählfaden. Nachdem durch die Eingangsfrage ein Erzählimpuls gesetzt wurde, werden im Entwickeln des Erzählfadens Ereignisse mit Sinn belegt. Den in der Psyche der Person schlummernden, positiv/negativ konnotierten Ereignissen werden im Reflexionsprozess als psychische Irritationen soziale Geltung verschafft, indem sie in Kommunikationen eingehen/übersetzt werden und/oder diese stören (vgl. Großmaß 2000: 134). So können Erzählende im Erinnern bestimmter Ereignisse emotional überwältigt werden.

Die Nachfragen des Interviewers können zu weiteren selbstreferentiellen Leistungen, sprich zum weiteren Erzählen anregen. Nachgefragt wird im Erstinterview zum besseren Verständnis bzw. erzählgenerierend. In der konsensuellen Auswertung (s. Kap.5) können Nachfragen einen eher konfrontativen Charakter haben. Die Anerkenntnis als Irritation liegt jedoch in beiden Fällen im internen System der erzählenden Person begründet. Folglich sind Antworten oder die fortgeführte Erzählung Strategien der Person im Umgang mit der jeweiligen Selbstirritation. Das folgende Schaubild stellt modellhaft ein intrapersonales Beziehungsgefüge dar.

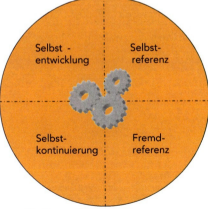

Abbildung 3: Intrapersonelle Dynamik

Dargestellt ist ein nach außen geschlossener Kreis, der mit seinen Systemgrenzen die Unterscheidung zwischen System und Umwelt markiert. Die zwischen den einzelnen Systemelementen bestehenden Relationen sind durch das Ineinandergreifen der Zahnräder angedeutet. Durchlässige Linien verweisen darauf, dass sich die Wirkbereiche der Systemelemente verändern können.

Unter dem Begriff *Selbstentwicklung* werden in der vorliegenden Arbeit weithin jene Anteile einer Person bzw. eines sozialen Zusammenhanges verstanden, die nach Veränderungen bestehender Zustände, bspw. eines Wissens- oder Verhaltenszustandes streben. Es ist das Element, Leben aus anderen Perspektiven zu betrachten, sich selbst und seinen Beobachtungen einen aktuellen Sinn zuzuweisen. Dazu gehört es, Zielvorstellungen zu entwickeln und diese wieder zu verwerfen. Erb (1993) spricht von zwei Dynamiken. Zum einen strebt das Selbst immer wieder danach, sein Vorhandenes zu überwinden – zum anderen, sich zu verwirklichen.[64]

Der Begriff *Selbstkontinuierung* bezeichnet im Zusammenhang dieser Untersuchung einen zweiten intrapersonellen Vorgang, im Sinne der relativen Erhaltung eines Zustandes. Der Begriff kann in zwei Richtungen interpretiert werden: Zum einen wird er in die Nähe des Autopoiesegedankens der Systemtheorie gerückt. Die Selbstkontinuierung ist notwendig, da das Material des Bewusstseins, Gedanken und Vorstellungen, sich im Zustand permanenten Zerfalls befinden. Um kontinuieren zu können, muss sich das System aus seinen eigenen Elementen heraus fortwährend regenerieren. Zum zweiten lässt sich Selbstkontinuierung im Hinblick auf eine Haltefunktion der Person in ihren verschiedenen

---

[64] Luhmann lehnt im Zusammenhang der Identitätsreflexion den Begriff der Selbstverwirklichung ab. „Die Reflexion stösst nicht auf Identität, sondern auf Differenz. [...] In der Identitätsreflexion kann das Individuum sich letztlich nur noch als Differenz zu sich selber fassen, im Sinne einer Selbsterfahrung, die sich sagt: ich bin, der ich bin, oder ebenso gut: ich bin, der ich nicht bin. (Luhmann 1995: 135)

identitätsfördernden und identitätskritischen Situationen interpretieren. Dieser zweite Gedanke schließt an Kegan an, der die zwei bestimmenden Grundbedürfnisse des Menschen im Wunsch nach Bindung und Unabhängigkeit sieht. Bindung und Gehaltensein stellten dann die äußere Seite der Kontinuierung einer Person dar. Identität und Individualisierung sind Produkte eines Zusammenspiels von Selbstentwicklung und Selbstkontinuierung.

Jede Person verfügt über die oben dargestellten internen Regelwerke, deren Gesamtheit die individuelle Selbstbeschreibung ausmachen. Wie die Räder eines Getriebes greifen Prozesse der Entwicklung und Kontinuierung mit der Selbstbeobachtung und der Fremdreferenz ineinander. Indem eine Person aus der Vielzahl möglicher Informationen der Umwelt auswählt, beobachtet sie und weist Bedeutungen zu – am Beginn eines Lebens basal im Hinblick auf zu erfüllende Grundbedürfnisse, später differenzierter vor dem Hintergrund der Zunahme eigenen Wissens, ausgeprägterer Emotionalität und Handlungsmuster. Die Zuweisung von Bedeutungen im Rahmen der Selbstbeschreibung geschieht wiederum vor dem Hintergrund bestimmter Aktualitäten, z.B. der in dieser Forschungsarbeit beschriebenen Schwellensituationen. Anschlusskommunikationen erhalten ihre Dynamik aus der auf Fremdreferenz basierenden Reflexion der Reflexion. Während Peter Fuchs (1999) wie im folgenden Modell abgebildet, von *intervenierender Kommunikation* spricht, fasst Hafen den Interventionsbegriff weiter.

Abbildung 4: Intervenierende Kommunikation

„Der Problembezug, die Asymmetrie der inkludierten Personen und die Absicht der Veränderung sind für uns demnach die entscheidenden Kriterien, um Intervention von nicht-intervenierender Kommunikation zu unterscheiden. Die ‚Schwere' des Problems bleibt dabei von untergeordneter Bedeutung." (Hafen 2005: 193)

Die spezifische Art und Weise intervenierender Kommunikation, psychische Systeme koppeln an ein soziales System, ermöglicht es, dass Ereignisse sowohl durch ein Benennen als auch Nichtbenennen Bedeutung erlangen können. Fuchs schreibt:

„Die Ereignisse auf der Ebene des Interventionssystems sind mehrfach beobachtete Ereignisse. Wenn wir bei der Therapeut/Biograf-Intervention bleiben, dann bedeutet das, dass Therapeuten und Biografen die Informationen, die auf der Ebene des Interventionssystems mitgeteilt und durch Anschlüsse verstanden werden, intern anders behandeln, sie anders inkorporieren. Das ist erwartbar, das ist bei jeder Kommunikation so, aber wird hier zum Grund dafür, überhaupt jedes Ereignis auf jener Ebene zum Interventionsereignis zu deklarieren. Es gibt nicht Nichtintervention im Kontext des Interventionssystems. Jedes Ereignis ist in dieser Hinsicht wichtig, es ist per se Intervention und dies unbekümmert darum, ob der Therapeut (oder hier Interviewer – B.F.) die Effekte intendiert hat oder nicht, ob die Effekte therapeutisch beabsichtigt sind oder nicht. [...] Das System lässt keine andere Wahl." (Fuchs 1999: 107)

Es sind die durch den Interventionszusammenhang festgelegten und zugeschriebenen Rollen – die des aufmerksamen Hörers, der zum Prüfer der Erzählung wird und die des Erzählenden, der seine Geschichte in

Erwartung der Überprüfung erzählt – die alles Gesagte und Gedachte in eine Richtung sinnhaft bündeln.
beteiligten Systeme gleichermaßen zugreifen können. Dieses Medium ist aus systemtheoretischer Sicht Sinn. Begriffe wie *lose, eng, fest* oder *stabil* bezeichnen Eigenschaften von Kopplungen.
Kopplungen ermöglichen wechselseitiges Anregungen, Lernprozesse, Entwicklung und verhindern das Nebeneinander leerlaufender Einheiten. Dabei werden Kopplungen von den beteiligten Systemen nicht bemerkt, sie sind mit den Worten Espositos „keine physikalischen, chemischen, biologischen Tatsachen, die für sich existieren". (Esposito 2001: 242) Sie arbeiten „geräuschlos" und ständig, solange die Zweiheit operational geschlossener Systeme miteinander existiert. Clam schlägt vor, Kopplung „nicht als Operation, sondern als einen Kontext operativer Selbstkontinuierung anzusetzen. Jedes System nährt sich von Beiträgen, die ihm von außen zugestellt werden. […] Was in das System eingeht, ist nichts Gestaltetes für das aufnehmende System. Es ist Lärm. […] Wenn dieser Lärm mit klarer Provenienz aus einem System, typisch, dauerhaft, stabil, die Anregung eines spezifischen Operierens des betreffenden Systems bedingt, dann haben wir es mit struktureller Kopplung zu tun." (Clam 2001: 235)
Varela geht davon aus, dass Aussagen über ein System nicht möglich sind, wohl aber über Kopplungen. Personen innerhalb einer Familie können sich bspw. über Krankheit oder über Konflikte in bestimmter Weise koppeln. Symptomschilderungen und der Umgang mit ihnen sind dann Teil einer spezifischen Kommunikationsform im sozialen Gefüge. Andere Kopplungen innerhalb einer Familie sieht Varela in Notwendigkeiten und Gegebenheiten wie Reproduktion, Gemeinschaft und Sexualität. Die Analyse eines Systems stellt er hinter das Verständnis der Kopplungsprozesse zurück. Nicht allein der Inhalt von

Ereignissen bestimmt die Wirklichkeit eines sozialen Zusammenhangs, sondern auf welche Weise sich Personen damit auseinandersetzen. Beispielsweise benennt Varela in seiner Untersuchung drei Sprechakte, die die Dynamik eines Unternehmens als *Dimensionen struktureller Kopplungen* in entscheidender Weise ausmachen; *Bekanntmachungen, Aufforderungen* und *Versprechungen.*

Über Kopplung erhalten Psyche und Soziales die Möglichkeit der Irritationen als Voraussetzung, ihrer autopoietischen Reproduktion neue Elemente hinzuzufügen. „Bezogen auf die soziale Umwelt des psychischen Systems geht es dann um Wahrnehmungen von Kommunikationsprozessen, die als Vorstellungen im Bewusstsein präsent sind und u.a. in die Produktion von Erwartungen eingehen. In diesen Vorstellungen rekurriert das Bewusstsein auf soziale Umwelt und ist insofern von Kommunikation abhängig." (Großmaß 2000: 117) Hinter die Kopplung zwischen Psyche und Sozialem kann nicht zurückgegangen werden. Großmaß verdeutlicht, dass Bewusstsein zwar einzelne Kopplungen mit sozialen Zusammenhängen unterbinden, aber nicht auf die Gesamtheit der Kopplungen verzichten kann, „denn nur über Kommunikation kann es sich Zugang zu relevanten kulturellen Beschreibungsformen von Bewusstsein verschaffen, und nur durch Kommunikation kann es sich der Existenz anderer psychischer Systeme versichern, die direkt zu beobachten unmöglich ist. Soziale Umwelt ist wie die Umwelt der eigenen Körperlichkeit für jedes psychische System notwendige Umwelt." (ebd. 119)

4.3 Kopplungen im Medium Sinn

4.3.a Belegerzählungen

Sich selbst und dem Gegenüber zugewandt bestimmt die Person narrativ den Wert ihrer Erfahrungen und schafft sich auf diese Weise Identität. (vgl. Epston/White 1994: 58) Einen besonderen Platz in den Erzählungen, auch dieser Arbeit, nehmen Beleggeschichten ein. Sie symbolisieren als Auswahl die gelebten Erfahrungen und deren Transformation in Identität. Beleggeschichten sind Mikroerhebungen mit einer besonderen Funktion. Sie stellen für den Berichtenden einen Ort der Bündelung prägender Erfahrungen dar. Die mit aktuellem Sinn belegten Ereignisse werden berichtet, überformt, im Einzelfall auch verschwiegen. Dabei rekurriert das Bewusstsein der erzählenden Person gleichsam auf soziale Zusammenhänge, die sowohl real als auch imaginiert konstruiert sein können. Die in Beleggeschichten gebündelten Erfahrungen und Vorstellungen können zur Stärkung der Persönlichkeit beitragen. Sie können aber auch einen psychosozialen Interventionsbedarf markieren. Spezifische Ereignisse entfalteten als psychische Irritationen ihre Wirkung auf die zu ihrer Zeit stattfindende soziale Systembildung. Störungen und Konflikte oder besondere einmalige Ereignisfolgen, bspw. an erlebter Wertschätzung hatten einen Einfluss auf die weiteren Kommunikationen und die inneren Funktionsweisen der mit der Person gekoppelten sozialen Zusammenhänge. Sie sind daher in ihrer Re-Aktivierung wichtig zum Verständnis sich entwickelnder Krisen oder Ressourcen.

4.3.b Sinn, Gedächtnis und Zeit

In diesem Unterkapitel werden Reflexionen und Kopplungsgeschehen aus der Perspektive der Leitkategorien Sinn, Gedächtnis und Zeit betrachtet. Diese sind untereinander verwoben und nur auf diese Weise ermöglichen sie Begegnung über den Augenblick hinaus.

<u>Sinn und Zeit</u>

Kopplungsgeschehen und Reflexionen können nicht ohne Sinn gedacht werden. Sinn erscheint als Medium und Form. Durch Sinnzuweisung entsteht Form als ein Zusammenhang gekoppelter Elemente. Kopplungen bedingen kein einfaches Reiz-Reaktions-Schema. Sie öffnen eher die Tür zu Kontingenz und Wählbarkeit von Alternativen. (vgl. Willke 2005) Der Erzählende kann auf unterschiedliche Weise reflektieren und seine Geschichte bewerten. Er kann sich als Opfer der Umstände darstellen, Personen idealisieren, traumatische Ereignisse bagatellisieren bzw. Verantwortung undifferenziert übernehmen. Die Bedeutung, die er Ereignissen beimisst, entscheidet mit darüber, wie sie zur Äußerung gelangen oder ob sie verschwiegen werden. Sachlicher, zeitlicher und sozialer Sinn werden im Reflexionsprozess aktualisiert.

Sinn[65] koppelt durch seine Verweisungszusammenhänge Bewusstsein und Kommunikation. Beobachtungen als Bewusstseinsoperationen bedingen eine Kopplung zwischen dem neurophysiologischen (quasi biologischen) System und dem mit sozial Angeliefertem arbeitenden Bewusstsein. Beobachtungen innerhalb sozialer Systeme bedingen als Kommunikationsoperationen eine Kopplung zwischen Kommunikation und der am Kommunikationssystem mindestens beteiligten zwei Bewusstseine.

---

[65] „Sinn ist Medium und Form gleichermaßen, Sinn ist Differenzierungsgeschehen und Differenzierungsprodukt und Sinn ist Selektivität. Sinn ist damit nicht abzukoppeln von struktureller Kopplung. Wer Sinn beob-achtet, beobachtet strukturelle Kopplung, wer strukturelle Kopplung beobachtet, beobachtet Autopoiesis, und […] wer strukturelle Kopplung beobachtet, vollzieht strukturelle Kopplung." IASL Diskussionsforum *online* „Kommunikation und Bewusstsein." Leitung: Oliver Jahraus, Link: http://iasl.uni-muenchen. n.de/discuss/lisforen/jahrfuch.htm Jahraus bezieht sich hier auf den Beitrag Autopoiesis, Mikrodiversität, Interaktion von Peter Fuchs

Die Bedingung der Möglichkeit zu lernen, knüpft P. Fuchs (2003) sowohl an die Selbstregulation geschlossener Systeme als auch an die Kopplung des Systems mit der Umwelt. „Bewußtsein und Kommunikation können sich nur deswegen [...] koppeln, weil jedes System intern die Differenz von Bewußtsein und Kommunikation noch einmal wiederholt, jedoch – wie gesagt – jeweils systemspezifisch, kommunikativ auf seiten der Kommunikation, bewusst auf Seiten des Bewußtseins." (Fuchs 1993: 76) Eine weitere Bedingung wird durch die Bereitstellung von Zeit geschaffen. Sinn unterliegt durch seine Verweisungen der Zeitlichkeit. „Wie selbstverständlich sucht das Bewusstsein die Zeit nach einem chronologischen Ordnungsschema zu erfassen, das in der Abfolge Vergangenheit-Gegenwart-Zukunft seine unverrückbaren Koordinaten findet." (Hock 2003: 812) Innerhalb der Sinnsysteme, bspw. der Psyche, werden Sinnüberschüsse produziert. Diese erzeugen höhere Freiheitsgrade im Umgang des Systems mit seiner Umwelt – innerhalb des Rahmens der regulär möglichen Irritationen. Corsi führt dazu aus: „Aber die strukturelle Kopplung kann nur die Voraussetzung dieser Entscheidungsmöglichkeiten sein, nicht deren Folge: sie ist keine Variable, über die man durch Intervention disponieren kann. Anders gesagt: man kann nicht entscheiden, sich irritieren zu lassen oder indifferent zu bleiben. Das passiert – oder eben nicht. Jene „Freiheit" betrifft dann alles, was dank der strukturellen Kopplung möglich wird, nicht die strukturelle Kopplung als solche." (Corsi 2001: 155)
Erst durch einen Zugriff wird Sinn relevant, durch einen Bezug auf etwas, das von anderem unterschieden wird. Sinn hat eine selektive und eine verweisende Funktion. Sein Verweisungscharakter macht ihn zum idealen Medium der Kopplung zwischen Systemen. Im Interventionszusammenhang verweisen Sinnüberschüsse auf weitere Möglichkeiten des Erlebens und Handelns. „Etwas steht im Blickpunkt,

im Zentrum der Intention, und anderes wird marginal angedeutet als Horizont für ein Und-so weiter des Erlebens und Handelns". (Luhmann 1987: 93) Sinnhafte Vollzüge, ob nun Selektionen oder Verweisungen, sind Ereignisse und damit zeitlich begrenzt. Sie geschehen verzeitlicht. „Es geht, wenn man sinnhaften Operationen den Charakter eines Ereignisses zuschreibt, nicht um die bloße Zeitpunktfixiertheit und eine kurze Dauer als solche, sondern vielmehr darum, dass die sinnhaften Ereignisse als punktuelle und im Erscheinen verschwindende die »Unhaltbarkeit des Aktualitätskerns« des Sinns exponieren." (Luhmann 1987:100) Zeit ist ein strukturelles und symbolisches Merkmal der Intervention. In der narrativen Intervention ist die Eigenzeit des Erzählers von Bedeutung. Es ist wichtig zu verstehen, auf welche Weise der Betroffene Zeit in die Interpretation seines Lebens integriert und welche Bedeutung Rückblenden, Visionen und Gegenwartsinterpretationen zukommt.

„Sinn erscheint als intrinsisch instabil und unruhig; er hat eine Aktualität nur in dem Maße, wie er zugleich auf einen Horizont von Möglichkeiten verweist." (Khurana 2007: 36) Notwendige Bedingung ist der Reproduktionsfluss sowohl zum Zweck sinnhafter Verweisungen als auch zum Erhalt der Kopplung.

<u>Gedächtnis und Zeit</u>

Konzeptbedingt sind zwischen den drei Systemarten (organische/psychische/soziale) unterschiedliche Formen und Grade ihrer Kopplungen zu beobachten.[66] Um in einer bestimmten Weise

---

[66] Simon beobachtet „[...] Organismus und Psyche eines Menschen als ‚fest gekoppelt' [...] d.h. Veränderungen des einen wirken als Auslöser für Veränderungen des anderen. Was die Kopplung zwischen psychischen und sozialen Systemen betrifft, lassen sich unterschiedliche Festigkeitsgrade der Kopplung beobachten." (Simon 2006: 80) Jahraus stellt fest: „Während also organische Systeme [...] auch ohne die strukturelle Kopplung beobachtet werden können, können psychisches und soziales System nur als strukturell gekoppelt beobachtet werden oder gar nicht. [...] die Autopoiesis von Lebewesen läßt sich durchaus ohne Bewußtsein und /oder Kommunikation denken. [...] In jedem Fall

interagieren zu können, müssen sich die an der Kopplung beteiligten Systeme aufeinander einstellen. Das heißt, Kopplung synchronisiert auf die oben beschriebene Weise die Vorgänge unterschiedlicher Systeme partiell und temporär. Kopplungsvoraussetzungen zwischen psychischem und sozialem System sind sowohl das Vorhandensein eines individuellen psychisch-kognitiven als auch eines in dessen sozialer Umwelt verankerten Gedächtnisses, auf das durch Kopplung wechselseitig Bezug genommen werden kann. In dem maßgeblich von Halbwachs formulierten Konzept des sozialen Gedächtnisses „wird das Verhältnis zwischen dem psychisch-kognitiven Gedächtnis und dem sozialen Gedächtnis ausgehend von der These beschrieben, dass sich beide Gedächtnisse gegenseitig beeinflussen. Dies ist möglich, weil sämtliche Gedächtnisleistungen durch Interaktivität im sozialen Raum angeregt und außerdem die Zusammenhänge zwischen individuellen Beobachtern und ihrer sozialen Umwelt im Gedächtnis modelliert werden. Ergänzt wird diese These durch eine weitere Annahme, nämlich, dass durch ständige Interaktion eine Konvergenz der individuellen Bezugsrahmen herbeigeführt wird und auf diese Weise eine kollektive Ebene des Gedächtnisses in Form gemeinsamer Bezugsrahmen entsteht." (Holl 2003: 227) Jede Bezugnahme benötigt Gedächtnis als den Ort des Wiedererkennens und der Identifizierung.

Im Interventionszusammenhang sollen, wie im folgenden Schaubild dargestellt, drei spezifische Gedächtnisebenen unterschieden werden.

---

aber sind Bewußtsein und Kommunikation notwendig, unabdingbar und konstitutiv miteinander gekoppelt." (Jahraus/Ort 2001: 26)

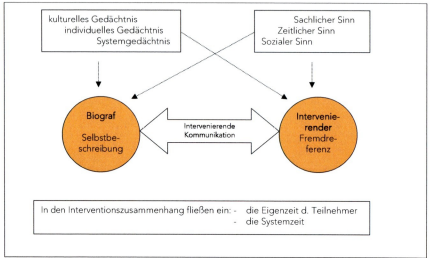

Abbildung 5: Sinn und Gedächtnis

Im Zusammenhang narrativer Erzählungen bezeichnet das *kulturelle Gedächtnis*[67] den Ort, in dem die Menschheit im Laufe ihrer Entwicklung die Gesamtheit an Erfahrungen, Mythen, Überzeugungen usw. gespeichert haben. Es steht als symbolisches Gewebe latent im Interventionsprozess zur Verfügung. Erzählende, die sich einem Gegenstand semantisch nicht weiter annähern können, haben die Möglichkeit, auf Imaginationen zurückzugreifen, die das, was sie eigentlich sagen wollten, symbolisieren.

Im *Individualgedächtnis* liegen sowohl offenes, globalisiertes Wissen, als auch verborgenes Wissen (Epston/White 1999) und darüber hinaus das im Rahmen der Systemzeit erworbene Wissen bspw. in Form von Ressourcen zum Abrufen bereit.

Im *Systemgedächtnis* sammelt sich das relevante für die intervenierende Kommunikation: die sich auf den spezifischen Fall ausrichtende

---

[67] Verwendet wird hier eine Definition von Jan Assmann. Demnach sammelt das kulturelle Gedächtnis „die Tradition in uns, [sind] die über Generationen, in jahrhunderte-, ja teilweise jahrtausendelanger Wiederholung gehärtete Texte, Bilder und Riten, die unser Zeit- und Geschichtsbewusstsein, unser Selbst- und unser Weltbild prägen". (Assmann 1992/2007)

Ausbildung des/der Intervenierenden, Terminologie und Abläufe des Geschehens, die im Laufe der Intervention gewonnenen gemeinsamen Erkenntnisse usw.

Da Sinn, wie dargestellt, sich zeitlich akzentuiert und der einzelne Vollzug erst durch das Kriterium seiner Wiederholbarkeit, bspw. einer Handlung oder Kommunikation und durch seinen Verweisungszusammenhang sinnhaft wird, muss das Gedächtnis als Mitwirkendes an allen sinnhaften Operationen (vgl. Khurana 2007: 12, Luhmann 1997: 584) gleichfalls ‚verzeitlicht' sein. „Die früheren Eindrücke müssen nicht nur wiederholt, sie müssen auch geordnet und lokalisiert und unterschiedlichen Zeitpunkten zugeordnet werden. Eine solche Lokalisierung ist nicht möglich, wenn man die Zeit nicht als ein allgemeines Schema auffasst – als eine serielle Ordnung, welche die Einzelereignisse in sich einschließt." (Cassirer 2007: 85)

Ereignisse innerhalb verschiedener Zeithorizonte können aus dem Gedächtnis heraus beliebig sinnhaft miteinander in Beziehung gebracht werden. Zeit wird in diesem Zusammenhang zu einer dynamischen Größe. Die Vergegenwärtigung des Vergangenen und die Interpretation, also Aktualisierung von Sinn ist eines der zentralen Themen narrativer Intervention.

4.4 Symbolische Kopplung

In der vorliegenden Arbeit wird davon ausgegangen, dass soziale und psychische Systeme in sich geschlossen sind und dass die internen Vorgänge in jeweils eigener Logik ablaufen. Erkenntnisse über die jeweilige Umwelt werden systemintern über selbstreferentielle Prozesse (Kognition) erworben. Kognition tritt sozusagen als Mittler zwischen die Geschlossenheit des Systems und die Außenwelt. Das jeweilige System beobachtet und reagiert auf die eigenerzeugten Differenzen. Willke (2005) geht über den von Luhmann Systemen zugesprochenen Beobachterstatus als Stufe der Kognition hinaus: „Erst auf einer weiteren Stufe der Aufbereitung von Daten und Informationen lässt sich im Ernst von Kognitionen sprechen. Es ist die Stufe des Wissens. Wissen entsteht, wenn Informationen in einen Erfahrungskontext eingeordnet, in einen Praxiszusammenhang (des Systems) eingebaut werden und so zu einer graduell veränderten oder neuen Erfahrung, zu einer abgewandelten oder revidierten Praxis führen." (Willke 2005: 59) Wissen ist über Sprache als System, im Bewusstsein als Denken, und in sozialen Zusammenhängen als Kommunikation symbolisch repräsentiert. Sprache ist in Richtung Bewusstsein und Kommunikation operativ anschlussfähig. Wissen wird in interaktiven Prozessen erworben. Die Person orientiert sich in ihrem Handeln an sozial relevanten Umwelten und weist Sinn in Form von aktuellen Bedeutungen zu. An dieser Stelle werden zwei relevante Bezüge, einmal zum Grundgedanken der Identitätsbildung im Sinne des *symbolischen Interaktionismus* von Mead und zum zweiten zum Gedanken der *Bedeutungsbildung* bei Kegan (vgl. Kap. 2) hergestellt. Meads und Keagens Konzepte sind in Cassirers Symboltheorie grundlegend enthalten. Cassirer bezeichnet den Menschen als ein „animal symbolicum". (vgl. Cassirer 2007: 51), ein Symbole hervorbringendes und in einem symbolischen Universum lebendes Wesen.

„Der Mensch hat gleichsam eine neue Methode entdeckt, sich an seine Umgebung anzupassen. Zwischen dem Merknetz, und dem Wirknetz, die uns bei allen Tierarten begegnen, finden wir beim Menschen ein drittes Verbindungsglied, das wir als »Symbolnetz« oder Symbolsystem bezeichnen können. Diese eigentümliche Leistung verwandelt sein ganzes Dasein. Verglichen mit den anderen Wesen, lebt der

Mensch nicht nur in einer reicheren, umfassenderen Wirklichkeit; er lebt sozusagen in einer neuen Dimension der Wirklichkeit." (Cassirer 2007: 49)

Das aus der Tier- und Pflanzenwelt bekannte Reiz-Reaktions-Schema wird durch die Möglichkeit komplexer menschlicher Denkvorgänge überwunden. Der Mensch „lebt nicht mehr in einem bloß physikalischen, sondern in einem symbolischen Universum. Sprache, Mythos, Kunst und Religion sind Bestandteile dieses Universums. Sie sind die vielgestaltigen Fäden, aus denen das Symbolnetz, das Gespinst menschlicher Erfahrung gewebt ist. [...] Der Mensch kann der Wirklichkeit nicht mehr unmittelbar gegenübertreten; er kann sie nicht mehr als direktes Gegenüber betrachten." (Cassirer 2007: 50) Die Konsequenz dieser Erkenntnis ist, dass der Mensch das Symbol als ‚Teil der menschlichen Bedeutungswelt' funktional für seine Verortung in der Gemeinschaft nutzt. Voraussetzung und Merkmal der Entwicklung von Persönlichkeit und sozialer Gemeinschaft ist aus dieser Perspektive – neben der organisch-neurologischen Basis – eine besondere Kopplungsform, die symbolische Kopplung Bewusstsein/Kommunikation. In vier Schritten wird das Phänomen symbolischer Kopplung erörtert:

- Sprache – System oder/und Medium
- Symbol und Symbolsysteme
- Reflexionsprozesse als Part von Transformationsprozessen
- Intervention als symbolische Kopplung

Sprache – System oder/und Medium?
Die Antwort darauf, wie ein System in seiner Umwelt funktionieren kann, findet Luhmann in einem Mechanismus, der sich doppelseitig zwischen wahrnehmendem und kommunizierendem System verankert –

Sprache. Sie garantiert die Anwesenheit des Bewusst-seins in jeder Kommunikation, indem sie zum einen durch Bewusstsein wahrgenommen wird und zum anderen Sinngehalte in die Kommunikation transportiert. Andererseits arbeitet jedes Bewusstsein mit sozial Angeliefertem, sprachlich bzw. kommunikativ vefasstem Sinn. „Entscheidend dabei ist, dass diese Kopplung nicht eine mechanische Direktverzahnung ist, sondern dass sie Freiheitsüberschüsse der beteiligten Systeme voraussetzt. Nicht die Sprache spezifiziert die Systeme, sondern die Systeme ihre Verwendung." (Fuchs 1999: 31f) Luhmann verankert die Sprachgenese im sozialen System, da das psychische System autopoietisch nicht in der Lage wäre, Sprache ohne Kontakt zur Interaktion hervorzubringen. Srubar (2005) ist aus diesem Grund dafür, Sprache selbst als ein sozial generiertes Sinnsystem zu definieren.[68]

Für Willke[69] ist Sprache „ein Sinnsystem und mithin ein symbolisches System" (Willke 2005: 17), das sich zwischen Bewusstsein und Kommunikation verankert. Willke untersucht den Zusammenhang Bewusstsein/Sprache/Kommunikation als koevoutionäre Trias. „Da Sinn immer symbolisch aufgebaut ist und als symbolisch konstituierte Einheit operiert, folgt zwingend, dass alle sozialen Systeme auch symbolische Systeme darstellen. Allerdings sind nicht alle symbolischen Systeme auch

---

[68] vgl. Srubar 2005: 610. Das bliebe nicht ohne Auswirkungen auf das systemtheoretische Gebäude, da es konträr zur Luhmannschen Position der Sprache als eines *Nichtsystems* läuft. Srubar schlägt vor, das von Luhmann exkludierte Handeln wieder in die Trias aus Handlungs-, Denk- und Sprachform (HDL-Zusammenhang) einzubringen. Anderson und Goolishian (1990) gehen davon aus, dass sich menschliche Systeme durch Sprache kordinieren und bedeutungsgenerierende Systeme sind. Sprache erhält in diesem Zusammenhang die Bedeutung eines soziokulturellen Systems. (vgl. Anderson 1996, 94/Anderson und Goolishian 1990)

[69] „Sprache als erstes und fundierendes Symbolsystem […] ist die Einrichtung, die Kontingenz erträglich und damit möglich macht – so wie Kontingenz die Erfindung ist, die Sprache notwendig macht. Indem Sprache es erlaubt, aus einem Kosmos von Möglichkeiten bestimmte Operationen zu bezeichnen, andere auszuschließen und diese Unterscheidungen in einem beliebig steigerbaren Formenkalkül zu organisieren, formt sie die Welt kontingenter Möglichkeiten zu temporär und vorläufigen Ordnungen, die zugleich im Prinzip jederzeit widerrufen und mit anderen Bezeichnungen und Unterscheidungen anders konstruiert werden können. Es ist das Symbolsystem der Sprache, welches in primordialer Weise die Konstruktion und Dekonstruktion von sozialen und mentalen Ordnungen steuert, indem sie »Komplementarität und die wechselseitige Anerkennung der Erwartungen sichert«, sobald Sprecher sich auf eine gemeinsame Sprache einigen." (Willke 2005: 35)

soziale Systeme. Insbesondere Bewusstsein als Ausdruck der Operationsweise psychischer Systeme und Sprache als paradigmatisches symbolisches System gehören nicht zur Kategorie sozialer Systeme. Sie bilden als mentale bzw. linguistische Systeme eigene Kategorien von Systemen." (Willke 2005: 14) Die durch Sprache produzierten Sinnüberschüsse ermöglichen einen variablen Umgang mit steigenden Möglichkeiten der internen Informationsverarbeitung. Sprache stützt die wechselseitige Anregung von Bewusstsein und Kommunikation. Narration dient als Medium der symbolischen Kopplung, weil die Vielfalt der darin enthaltenen sprachlichen Verweisungen auf tatsächliche Geschehnisse, auf Deutungen und Vorstellungen, symbolisch für eine Person und ihre sozialen Relationen steht. Das für den Moment der Intervention entstandene Konstrukt verkörpert weder die erzählende Person selbst, noch die unverrückbare Repräsentanz der Person auf Seiten des Intervenierenden – es ist vielmehr ein Kopplungsprodukt. Dieses steht für die Selbstreferenz der beteiligten Personen und den sozialen Zusammenhang, der sich aus Rollenzuweisungen und den Kontexten im Rahmen der Interaktion ergibt.

Symbol und Symbolsysteme

Im Folgenden wird ein Bogen von der engen Verwendung des Symbol-Begriffs im Sinne des Bezugs auf Einzelereignisse bis hin zur weiten Auslegung Willkes (Jedes Wort ist Symbol) gespannt. Aus der griechisch-römischen Epoche stammt das Wort *symbolon*. Es weist bereits zu diesem Zeitpunkt mehrere Bedeutungen auf, von denen die eine Bedeutung, etwas Getrenntes zusammenzubringen, und die andere, seine Meinung mit etwas vorliegendem zu vergleichen (vgl. Hülst 1999: 30f) wichtig für das weitere Verstehen des Begriffs sind. Das Symbol bezieht sich auf eine Zusammengehörigkeit, bspw. auf eine bestimmte

Form gegenseitiger Verpflichtung und damit auf ein soziales Phänomen. Eine andere Spur verfolgt Schlesinger 1912 mit der Übertragung des Wortsinns ‚Symbol' in ‚Geflecht'. „Flechten verwebt widerstrebendes und vom späteren Produkt aus gesehen völlig heterogenes Material zu einer praktischen Neuschöpfung, bringt also einen Wert hervor und macht damit Sinn. Der Sinn dieser praktischen Tätigkeit wird auf menschliche Beziehungen übertragen. […] Für gewisse praktische Zwecke und bei besonderen Anlässen müssen sichtbare Zeichen, der direkt nicht erkennbaren Beziehungen, der Verflechtung der Personen, erfunden und zur Schau gestellt werden." (Hülst 1999: 32) Beziehungen werden symbolisiert; in der Partnerschaft durch Zeichen der Zugehörigkeit (bspw. Ringe) oder durch symbolisierte Medien, die gleichsinnig durch die am sozialen Zusammenhang Beteiligten gehandhabt werden. Hülst beschreibt die Entwicklung des symbolisch generalisierten Mediums Geld. „Hieß die Soldmarke des Richters zunächst *obulos*, so übertrug sich später die Bedeutung auf den Geldbetrag, anfangs ein *obolos*, der für den Gutschein ausgezahlt wurde. Symbol wird damit der Name für einen Wertschein, später direkt für Geld. […] Plato (um 428 – 348 v.C.) bezeichnet mit *obulos* die Münze als „Zeichen zum Behuf des Tausches" – ein allgemein anerkanntes Zahlungsmittel, das den Wert eines Objektes repräsentieren kann, wenn alle am Tauschhandel Beteiligten sich über diesen Wert, wenigstens grob geeinigt haben." (ebd. 33) Aristoteles (um 384 – 321) weist Symbolen im Kontext von Sprache eine eigene Bedeutung zu.

„Gesprochene Worte sind Symbole (…) geistiger Erfahrungen und geschriebene Worte Symbole von gesprochenen Worten. So wie nicht alle Menschen die gleiche Schrift haben, so bedienen sich auch nicht alle Menschen der gleichen Sprachlaute. Die geistigen Erfahrungen aber, die von den Sprachlauten unmittelbar bezeichnet (...) werden, sind für alle gleich, wie auch diejenigen Dinge, von denen unsere Erfahrungen, Abbildungen sind, für alle gleich sind" (Aristoteles, de interpretatione 16 a, Zeile 4 ff, zitiert nach Hülst 1999: 43).

Symbolsysteme sind Resultate kommunikativer Prozesse und ihrer Kopplung mit Bewusstsein. Sie können als spezifische Systeme die Inklusion von Personen in die Kommunikationen der gesellschaftlichen Funktionssysteme unterstützen und durch die Exklusivität ihrer Eigensprache der Exklusion von Personen (bspw. mit körperlich bedingten Einschränkungen der Kommunikationsfähigkeit) entgegenwirken.
Auf verschiedene Weise (bspw. Printmedien, elektronische Resourcen etc.) löst sich Sprache aus der engen Kopplung vom Sprechenden zum Hörer. „Bewusstsein und Kommunikation benötigen daher sprachliche Generalisierungen, um operative Ereignisse identifizieren und verwenden zu können. Das Zeichensystem der Sprache erzeugt Wiederverwendbarkeiten, weil die Sprache die psychische und soziale Fähigkeit voraussetzt, „das Bezeichnende (Worte) vom Bezeichneten (Dinge) zu unterscheiden". (Luhmann 1997: 112) Das Bezeichnende, also das Wort, lässt sich im Operationsmodus psychischer und sozialer Systeme wiederverwenden, so dass in Verbindung mit der Sinnform Bedeutungen entstehen, die eine synchrone Coevolution beider Systemarten erst wahrscheinlich machen. Würden bezeichnende Worte nicht über die Sinnform identifiziert werden können, wäre psychische sowie soziale Anschlussfähigkeit ausgeschlossen." (Hillebrandt 1999: 234) Indem der Anstoß zum Sprachgebrauch in einem sozialen System gegeben wird und aktivierte Sprache die Komplexität von Systemen steigert, ist von einer besonderen Kopplungsform als zugrundeliegender Basis der Be-

gegnung Person/Umwelt auszugehen, und zwar einer symbolischen Kopplung.

Reflexionsprozesse als Part von Transformationsprozessen
Reflexionsprozesse sind in Bewusstsein und Kommunikation doppelseitig verankert. Der Prozess der Reflexion muss jedoch angestoßen werden.

„Ohne einen Anlass von Kommunikation gibt es keine Aktivierung von Sprache, und ohne Aktivierung ruht die Sprache als symbolisches System nur in sich selbst wie ein Buch, das niemand liest, oder eine Symphonie, die nie aufgeführt wurde, oder eine Liebe, die sich nie erklärt hat. Wenn aber nun jemand das Buch aufschlägt, die Symphonie spielt oder die Liebe erklärt, dann erwacht ein autonomes Symbolsystem zum Leben und es sind die Regeln dieser symbolischen Systeme, die den weiteren Gang der Dinge bestimmen. […] So sind zwar Menschen mit ihrem Bewusstsein unabdingbar, um symbolische Systeme anzustoßen, aber nach diesem Anstoß laufen sie, die Systeme, auf eigenen Bahnen." (Willke 2005: 65f)

Dem Ent- und Bestehen eines Interventionszusammenhanges geht bereits ein positiver Transformationsprozess der teilnehmenden Person voraus. Transformation im psychologischen Sinne bedeutet u.a. die Umwandlung eines (selbst)schädigenden Verhaltens in ein weniger oder nicht mehr schädigendes Verhalten. Dieser Prozess ist mit der Entlassung eines Rehabilitanten aus der Entwöhnungsbehandlung nicht abgeschlossen. Reflexion begleitet und stößt die weitere Transformation der Person an. Dabei liegen die Elemente der möglichen Veränderung der Persönlichkeit nicht im Außen. Sie können sich durch Impulse (bspw. Interview) aktivieren lassen. Und die Transformation kann durch die

Schaffung äußerer Bedingungen (bspw. positive soziale Netzwerke, gesunder Sozialraum, positive ökonomische Bedingungen) unterstützt werden. Die Elemente der Transfomation, das ist die Grundüberzeugung dieser Forschungsarbeit, liegen jedoch im Bewusstsein der betroffenen Personen bereit. Die Transformationen werden infolge der unterschiedlichen Systemlogiken mit offenem Ausgang weiter bearbeitet. Das Ziel dieser Prozesse besteht in der aktiven Ablösung der zuvor durch das Individuum zugelassenen Fremdbestimmung (Kontrollbeeinträchtigung im Suchtmittelkonsum). Zufriedene Abstinenz steht als Symbol für die Selbstbefreiung (vielleicht auch Erlösung) aus den Verhältnissen der Abhängigkeit.

Intervention als symbolische Kopplung

Dass ein Interventionszusammenhang über den Augenblick der einzelnen Interaktion hinaus Bestand hat, lässt sich neben der Bereitschaft der Beteiligten, in Beziehung zu gehen, auf die Fixierbarkeit des gesprochenen Wortes zurückführen, sei es im individuellen Gedächtnis der Teilnehmer oder als auf Medien niedergelegte Spur. Die Wiederholbarkeit des Wortes, das Sich-ins-Gedächtnis-rufen Können, macht einen wichtigen Teil der Reflexion aus. Die Emergenz des Interventionssystems beruht auf der Reaktualisierbarkeit versprachlichter Bewusstseinsprozesse. Diese gehen als Fundus ins Systemgedächtnis ein und erhalten ihre besondere Bedeutung im Interventionszusammenhang. Willke reformuliert diesen Zusammenhang systemtheoretisch. „Da nur die Zurechnung über die beiden Seiten einer Distinktion entscheidet, ist auch gesagt, dass ein und derselbe Akt gleichzeitig, uno actu, sich in Bewusstsein und in Kommunikation ausprägen kann. [...] Und weiter ist damit implizit, dass aus einem Akt, der auf eine der beiden Seiten zugerechnet ist, nach einer Operation des crossing, des Übertritts in die

Welt der anderen Seite, ein Element auf der anderen Seite werden kann, und so weiter in einem temporal limitierten, also geschichtlichen Prozess, so dass nicht absehbar und endgültig festzulegen ist, was aus einer ersten Zurechnung sich noch alles ergeben kann." (Willke 2005: 85)

Sprache in der Rolle des primären Symbolsystems führt als Treibsatz zur Ausdifferenzierung gesellschaftlicher Funktionssysteme. Bewusstsein, Sprache und Kommunikation verzahnen sich, Symbole schaffend und nutzend untereinander. Die Selbststeigerung der Symbollandschaft geschieht rekursiv und co-evolutionär in psychischen und sozialen Systemen. Systeme entscheiden selbstreferentiell über die Setzung und Verwendung von Symbolen, so dass auch unter diesen Vorzeichen nicht von einem Reiz-Reaktions-Schema auszugehen ist. Symbole bündeln häufig mehr als sich sprachlich komprimiert ausdrücken lässt. So lässt sich das Wort ‚Kreuz' sowohl als einfaches Wort als auch im Sinne einen besonderen Symbols charakterisieren. Aus einer eigentlich überschaubaren Anzahl von Regeln und Grundsymbolen heraus wird Kontingenz einerseits kontrollierbarer, andererseits zum Ort des Risikos und der Entwicklung.

Willke betont, dass der Begriff einer strukturellen Kopplung die Wirkvielfalt der Kopplung nur ungenügend darstellen bzw. auf einen Wirkfaktor (Strukturveränderung) einengen könnte. Symbolische Kopplung vergrößert den Spielraum von Wirkfaktoren. Systeme, die Sprache in Elemente ihres eigenen Handelns umwandeln, sind mentale Systeme. Dazu schreibt Willke: „Weil ab der Ebene mentaler Systeme alles über Sprache und Kommunikation läuft, und dies rein symbolische Systeme sind – allerdings mit sehr unterschiedlichen inneren Logiken, rede ich von / symbolischer/ Kopplung. Dies impliziert, dass es zu Transformationen von Symbollogiken kommt, die eher als Resonanzen/ Mitschwingen/ Akkordierungen verstanden werden müssen, denn als unmittelbare Wirkungen auf Strukturen oder Prozesse."[70] Unmittelbarkeit der Folgen kann also weitgehend ausgeschlossen werden. Vielmehr finden ständige Transformationen sozial angelieferten und selektierten Materials statt, das in Anschlusskommunikationen umgewandelt wird und aufs Neue rekursive Prozesse der Reflexion und Kommunikation bedingt. Die Transformationen von Symbollogiken sind grundlegend Bestandteil der Transformation der Persönlichkeit und müssten über die Semantik der betreffenden erzählenden Person beobachtbar sein.

4.5 Intervention als symbolische Kopplung – ein Fazit

Was lässt sich nun zum Verständnis eines Zusammenhanges von symbolischer Kopplung und Intervention aus dem bisher zusammengetragenen Material heraus ableiten? Varela geht davon aus, dass ein Wissen über die Art und Weise der Kopplung zwischen Systemen entsprechende Aussagen über die jeweilgen Systeme erlaubt. So können sich Kopplungen in dem einem Zusammenhang über versprachlichte Akte, in einem anderen über generalisierte Medien (Liebe, Macht, Geld) gestalten.

Für die Dauer eines narrativen Verfahrens gehen ein Erzähler und sein Gegenüber durch entsprechende Rollenzuweisungen bzw. Zwecksetzungen (bspw. Proband in wissen-schaftlicher Untersuchung oder Intervention nachfragende Person) eine Beziehung besonderer Intensität ein. Die Kopplungsrichtung ist innerhalb eines schmalen Ausschnittes der jeweilgen Wirklichkeiten der Beteiligten bidirektional und von beiden Seiten mit der aktiven Zuweisung von Sinn verbunden.

---

[70] Aus einem Briefwechsel mit dem Verfassers der Arbeit zum Thema Strukturelle/Symbolische Kopplung 13.07.07

Beobachtet wird jeweils nur in der Logik des Beobachtenden, wobei alles Beobachtete ausschließlich im eigenen Bezugssystem selbstreferentiell mit Bedeutungen belegt wird. Der Biograf und der Intervenierende bilden mit ihren jeweiligen Bewusstseinen die Umwelt des eigendynamischen Interventionssystems. Sie stellen in einer organisierten Interaktion als Biograf/ Intervenierender symbolisch gekoppelt ihre gegenseitigen Erfahrungswelten, Affekte, Vorstellungen usw. zur Verfügung und nehmen sich im Rahmen der Intervention gegenseitig in Anspruch. Der Erzählende koordiniert in Erwartung einer Reaktion durch den Zuhörer Handlungsabläufe, Beleggeschichten, Zeiten, Begründungen usw. Der Intervenierende ruft auf seine Weise Kontexte wach, beobachtet und ermuntert sein Gegenüber, in der Erzählung fortzufahren.

Er orientiert sich in seiner Intervention an bestimmten Regeln (bspw. Empathie, Kongruenz, therapeutische Schulen) und folgt dem durch den Biografen formulierten Interventionsauftrag usw. Auch bei ihm spielen situative Gegebenheiten, Sprach- und Ausdrucksvermögen usw. eine Rolle im Rahmen der Intervention. Die Kommunikation oszilliert (zusätzlich bedingt durch doppelte Kontingenz) zwischen dem Drang zur Ordnung/Planbarkeit des Geschehens und chaotischen/ überraschenden Wendungen.

Die spezifische Intervention besteht aus der Schaffung von Ermöglichungsbedingungen zur Konstruktion neuer Wirklichkeiten. Eine sich im Rahmen der Intervention bildende Wirklichkeit kann dann als *Äquivalenzstruktur,* losgelöst von der bisherigen eigenen Wirklichkeit betrachtet werden.

Veränderung geschieht in einem selbstreferentiellen rekursiven Prozess, in der folgenden Abbildung als *Selbstentwicklung/ Selbstkontinuierung* bezeichnet.

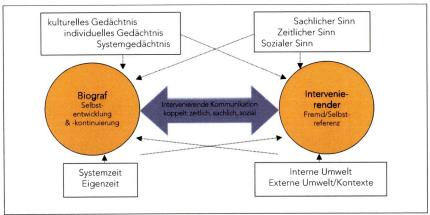

Abbildung 6: Intervention als symbolische Kopplung

Dabei geschieht eine zufallsgesteuerte wechselseitige Anpassung in kleinen Schritten zwischen Intervenierendem und Interveniertem. Die individuellen Ausprägungen von Selbstentwicklung/-kontinuierung der Beteiligten und die in der Interaktion latent zugänglichen Kontexte tragen ihren Teil zum Gelingen/Scheitern der Kommunikation bei. Die Wirkung der Intervention beruht auf der durch das Gegenüber angenommenen und transformierten Kommunikation, die neue Beobachterleistungen generiert. Intervention ist, wenn sie als solche durch den Anderen wahrgenommen wird.

Jedes Bewusstsein bringt seine Eigenzeit als Statik und Dynamik in den Systemzusammenhang ein. Eigenzeit ist zum einen die Historie des entsprechenden Bewusstseins. Diese ist im Gedächtnis fixiert bzw. liegt im Unbewussten als möglicher Sinn. Zum anderen meint Eigenzeit die Prozessgeschwindigkeit, die u.a. von der situativen Verfassung der jeweiligen Person abhängig ist. Die Eigenzeit wird zum Teil durch die Systemzeit überschnitten. Systemzeit weist ebenfalls die zwei Ebenen der Prozessgeschwindigkeit und der Historie des gemeinsamen Interventionssystems auf. Um miteinander arbeitsfähig zu sein, müssen die am Interventionsprozess beteiligten Personen ihre zeitlichen Dimensionen in einen gemeinsamen Bezug bringen bzw. diese relativ synchronisieren. Verkürzungen, Dehnungen und Überlappungen als Elemente zeitlicher Dynamik würden jeden Interventionsprozess zum Erliegen bringen, wäre dieser nicht über eine Auftragserteilung des Biografen an den Intervenierenden bzw. dessen Bevollmächtigung durch den Biografen und den beiderseitigen Willen zur Fortführung der spezifischen Kommunikation gekoppelt.

Im Interventionsgeschehen begegnen sich Personen in ihrem Streben nach Selbstentwicklung und Selbsterhaltung sowie in ihren Fähigkeiten, sich selbst zu beobachten und an Stellen die der eigenen Beobachtung nicht zugänglich sind, Fremdbeobachtungen nutzen zu können.

Erzählen bedeutet auf Seiten des Biografen selbstreferentiell organisierte Selbstentwicklung und Selbstkontinuierung. Fremdreferenz kommt dann zum Tragen, wenn in Beleggeschichten Äußerungen von Personen einfließen, die die Historie des Erzählers nachhaltig beeinflusst haben. Diese Fremdreferenzen erscheinen häufig als In-vivo-Codes.

Der Intervenierende wiederum bringt (verbal/nonverbal) Fremdreferenz ein. Bei ihm überwiegt im Interventionsgeschehen die professionelle Identität (als Sozialpädagoge, Psychotherapeut usw.). Das bedeutet nicht den Wegfall der individuellen Identität. Sie fließt mit seinen Lebenserfahrungen und biografischem Wissen ein. Er agiert selektiv authentisch, indem er sich trotz der notwendig empathischen Haltung von der Geschichte des Biografen nicht aufsaugen lässt, sozusagen verbrüdert, in vorschnelles Werten verfällt oder auf andere Weise dem Erzählenden das Handeln aus der Hand nimmt.

Mit welchen möglichen Erwartungen stellen sich der Biograf bzw. die Biografin auf das Gesamtverfahren aus Erzählung, Auswertung und Katamnese ein? Es ist anzunehmen, dass ein Mix aus Erwartungen, vom einfühlendem Verstehen berichteter Handlungen, Rechtfertigungen und Entlastungen bis hin zu Ordnungsfunktionen durch den Intervenierenden eine Rolle spielen. Gleichermaßen werden auch Ängste, sich preiszugeben, Vertrauen als riskante Vorleistung einzubringen, Furcht vor Beschämung und Verletzung in die Situation hineinspielen.

Im Prozess der Intervention stoßen die Fremdreferenzen des Intervenierenden die Operationen der Selbstentwicklung/-kontinuierung und Selbstreferenz des Biografen an. Diese wirken, wenn auch nicht in so starkem Maß und geschützt durch die professionelle Identität des Intervenierenden, auf diesen sowohl in seiner Profesionalität als auch der individuellen Identität zurück. Bei falschem Umgang mit diesen Selbstirritationen werden bspw. Entwicklungen des Burn-out gefördert.

In der Kopplung des Interventionszusammenhanges lassen sich, wie im obigen Schaubild dargestellt, Kopplungsdimensionen unterscheiden: soziale, sachliche und zeitliche. Die soziale Kopplungsdimension entsteht durch Teilnahme am Interventionssystem als Form organisierter Interaktion und dem damit verbundenen Zugriff auf andere Perspektiven. Sachlich wird die Teilnahme an eine Zwecksetzung gebunden. Die Dynamik eines narrativen Gesprächs wird bspw. durch den Erzählimpuls und Nachfragen bestimmt. Teilnehmer der Kommunikation können eng (in einem überschaubaren Handlungsraum) bzw. lose (unter Benutzung anderer Medien räumlich voneinander getrennt) gekoppelt agieren. Nähe und Distanz in der Begegnung, die Gestalt eines Gesprächsraumes usw. werden jeweils mit spezifischem Sinn versehen bzw. wirken auf die Interaktionsteilnehmer zurück. Die Dauer der Intervention ist limitiert. Eine Begegnung über den Interventionszusammenhang hinaus transformiert die Beziehung. Es würde eine neue Systemform entstehen.

Wenn, wie in der vorliegenden Arbeit davon ausgegangen wird, Sinn als Medium die symbolische Kopplung/Bewusstsein und Kommunikation leistet, lassen sich Kopplungs-dimensionen und Sinndimensionen zusammenführen. Das heißt, zwei operational geschlossene Systeme begegnen sich in den Dimensionen zeitlichen, sachlichen und sozialen Sinns.

4.6 Abschließende Hypothesen zur Änderung von Systemzuständen

Inwiefern kann eine systemtheoretische Folie Material zum besseren Verständnis der Alkoholabhängigkeit bzw. zu ihrer Zurückdrängung, Auflösung oder Integration in das alltägliche Leben beitragen? Dazu ist es notwendig, den bisherigen Theoriefluss noch einmal zusammenzufassen. Es wird mittlerweile weithin davon ausgegangen, dass Abhängigkeitserkrankungen als differenzierte Zusammenhänge bio-psycho-sozialen Leidens auftreten. Die systemtheoretische Beobachtung einer Abhängigkeitserkrankung geschieht in der Leitdifferenz Person/Umwelt bzw. Bewusstsein/Kommunikation. Hier wird deutlich, dass zum einen Störungen des internen Regelwerkes, bestehend aus Selbstentwicklung und -kontinuierung, Selbst- und Fremdreferenz, mögliche Abhängigkeitsentwicklungen befördern, andererseits, dass bestimmte Formen der Selbstbeschreibungen der Individuen (Identitäten) durch die zunehmende Abhängigkeit manifestiert werden können. Dies geschieht durch einen ständigen Austausch von Informationen zwischen Person und Umwelt, ohne dass es zur vollständigen Determinierung des jeweiligen Systems, auf das der gegenseitige Zugriff erfolgt, kommt. Die Person schreibt eine aus binären Codes bestehende Matrize mit deren Hilfe sie sich ein- und zuordnet bzw. abgrenzt und ausschließt. Die folgende Hypothesen schließen den ersten Teil der Theoriebildung ab:

1. Die Abhängigwerdung von psychotropen Substanzen geschieht u.a. im Rahmen der Selbstentwicklung/-kontinuierung des Bewusstseins einer Person. Dieses interne selbstreferentiell und autopoietisch operierende Regelwerk arbeitet mit den über Kommunikation angelieferten und im Bewusstsein wahrgenommenen Impulsen, die als Unterscheidungen erkannt werden und das weitere Operieren anstoßen.

2. Symbolische Kopplungen und ihr zugrundeliegendes Medium Sinn bilden die Basis operativer, prozessiver und struktureller Dynamiken zwischen Person und sozialem System. Diese ermöglichen die Veränderbarkeit von Unterscheidungen und damit ein Erkennen und Bearbeiten von Abhängigkeit.

3. Die dadurch angeregten selbstreferentiellen Prozesse helfen, die externe Abstinenzerwartung in eine interne stabile Abstinenzerfahrung zu wandeln.

Diese Thesen sollen durch die praktische Intervention und den daraus resultierenden Ergebnissen verifiziert werden.

II. Empirischer Teil

5. Methodologie und Methodik – Grundlagen und Dimensionierung der empirischen Untersuchung

Im theoretischen Teil der Forschungsarbeit wurden Abhängigkeitserkrankungen in ihren verschiedenen Facetten und Kontexten betrachtet und zu deren Behandlungen referiert. Die Rolle der Narration im Zusammenhang von Identitätsbildung und –veränderung wurde erörtert. Systemtheoretische Entwicklungen und die Interventionstheorie Willkes dienten als Vorbereitung der Untersuchung, in welcher Weise Interventionen ihre Wirksamkeit über symbolische Kopplungen entfalten. Im folgenden soll zunächst die Methodenwahl begründet als auch die verwendeten Methoden näher beschrieben werden.

5.1 Von der Fragestellung zur Wahl der Methoden – allgemeine Vorbemerkungen

Patienten gestalten erfahrungsgemäß den Übergang von der medizinischen in einen eigen verantworteten Alltag auf sehr unterschiedliche Weise. Während die einen nach außen hin stabile Bezüge herstellen können, gelingt anderen ein solch helfender Aufbau nicht. Begründet wird dies häufig mit der Aussage, dass die Betroffenen bereits mehrfache Therapeuten- und Bezugspartnerwechsel erlebt hätten und zur Herstellung einer Beziehung zu weiteren Hilfesystemen mehr Zeit brauchen. Daraus ergeben sich mehrere Hinweise. Ein weiterer niedrigfrequenter Hilfebedarf als nachsorgender Begleitung bzw. die Frage einer

früheren Übergabe nach außen, die Stärkung der Selbstwirksamkeit als interne Ressource und die Frage nach offenen Posten im Sinne noch zu bearbeitender Schwierigkeiten setzen den Impuls für eine besondere Form der Rückfallprävention. Diese soll in Form von Narrationen stattfinden und Reflexionsprozesse initiieren. Den Hintergrund der narrativen Vorgehensweise bildet das Konzept der narrativen Identität. Auf diesem Konzept aufbauend lautet die Ausgangsfragestellung:
Inwieweit findet im Rahmen der Narration eine Rekonstruktion von Sinn statt und auf welche Weise wirkt diese unterstützend bei der sozialen Reintegration und Inklusion abhängigkeitskranker Menschen? Sinnrekonstruktion hat hier die Bedeutung einer Ressourcenfindung.

Die Entscheidung, qualitativ zu forschen, gründet auf der Wesenheit des Forschungs-gegenstandes. Es geht um persönliche Erfahrungen, die als Stabilisatoren oder Destabilisatoren besonders in Übergangssituationen zum Tragen kommen und ihre Reflexionen. Insofern ist ein qualitatives Vorgehen in seiner offenen Gestaltung angemessen. Die Wahl der Methode trägt den biografischen Aspekten einer Person Rechnung, macht Sinndeutungen zugänglich und ermöglicht eine Beobachtung von Transformationen. In ihrer Kopplung mit einem spezifischen Auswertungsverfahren erfüllt die narrative Methode diese Anforderungen, sowohl im Sinne qualitativer empirischer Forschung als auch im Sinne einer sozialpädagogischen Methode zur präventiven Intervention.
Die aus ersten Beobachtungen resultierenden Aussagen und Erfahrungen werden unstrukturiert aufgenommen und deren Deutung zunächst beschränkt. Deduktive Elemente (vgl. hierzu Steinke 1999: 25f) im Sinne des Hinzutretens von Erkenntnissen, die aus ersten narrativen Interviews als Hypothesen abgeleitet und wiederum durch Interviews verifiziert

werden, sollen zu einer Gehaltserweiterung der Theoriebildung beitragen. In der späteren Anwendung der „Grounded Theory" nach Strauss/Corbin im Rahmen der Interview-Analysen wiederholt sich dieses Verfahren als Methodik auf dem Weg zu einer schrittweisen Verdichtung von Erkenntnissen und zur Sichtbarmachung sozialer Phänomene in den beschriebenen Übergangssituationen. Die Grounded Theory wird gewählt, weil sie die Forschung durch ihre enge Verzahnung von Datenerhebung und -analyse prozessoffen strukturiert. Durch die ständige Rückbindung an das gesammelte Material und im Sinne rekursiv zu überprüfender Theoriebildung erhält sich der Forschungsprozess mithilfe der Grounded Theory dynamisch.

Aus der auf praktischer Anregung aufbauenden Theoriearbeit resultiert eine spezifische Intervention, welche wiederum theoretisch reflektiert wird und zu praktischen Handlungsanleitungen an der Schnittstelle zwischen sozialpädagogischer und psychotherapeutischer Praxis führt.

Angewandte Methodik und Verfahren

Es wurden abhängigkeitskranke Personen zum bzw. nach Abschluss der Adaptionsbehandlung narrativ interviewt. Die Interviews wurden transkribiert und zur Selbstbeobachtung an die Personen zurückgegeben. Gleichzeitig wurden die Interviews mithilfe der Grounded Theory analysiert. In so genannten konsensuellen Auswertungen wurden die Interviews gemeinsam auf bestimmte Negativpriktoren und Phänomene mit Ressourcencharakter hin ausgewertet. Über später durchgeführte Katamneseinterviews wurden Veränderungen der Selbstbeschreibung der Interviewten deutlich gemacht. Um die zur Anwendung gebrachte Methodik darzustellen, werden nachfolgend die einzelnen Schritte vorgestellt und hinsichtlich ihrer Problemfelder erklärt.

5.2 Forschungsprozess

Der Forschungsprozess wurde durch praktische Beobachtung des Verhaltens von Patienten im Übergang von der Adaption in den selbst verantworteten Alltag angeregt. Daraus ergaben sich unspezifische Hinweise auf mögliche Determinanten von Rückfällen in süchtiges Verhalten und die Frage nach der Bedeutung im Zusammenhang mit der Abhängigkeitsentwicklung und -erkrankung stehender Negativprediktoren bei der Bewältigung von Übergangssituationen. Das führte zur Frage, welche Form sozialpädagogischer Begleitung dazu beitragen kann, ein latent lebenslang mitgeführtes Risiko der Rückkehr in die aktive Krankheit zu mindern. Ausgehend von diesen Bezügen wurde das Forschungsdesign entwickelt und soll nun anhand der prinzipiellen Chronologie[71] vorgestellt werden:

1. Erster Schritt ins Feld, Konturierung des Interpretationsverfahrens: zwei narrative Interviews

2. Auswertungsverfahren: Grounded Theory

3. Erweiterung des Designs: Einführung Katamneseinterview, Konsensuelle Auswertung und Abschlussgespräch

4. Datenerhebung: Erstinterviews mit weiteren 19 Personen, Katamneseinterviews mit 15 Personen

5. Auswertung, Zusammenführung der Daten, Vergleichende Analyse: aus Erstinterview, konsensueller Auswertung, Katamneseinterview und Abschlussgespräch

---

[71] Da im Forschungsverlauf dezidiert zirkulär vorgegangen werden musste, soll die angeführte Chronologie nicht den Eindruck erwecken, als wäre damit ein striktes Nacheinander gemeint, sondern lediglich die jeweilige Einführung eines Bestandteils.

6. Einbettung der Ergebnisse in den Forschungszusammenhang: Die Schritte 1-6 werden kurz ausgeführt und später ausführlicher dargestellt.

Ad 1.) In einem ersten Schritt wurden zwei Interviews geführt, um einen Einblick in Wirklichkeitskonstruktionen Abhängigkeitskranker zu erhalten.

Ad 2.) Mithilfe der Techniken der **Grounded Theory** wurden die Interviews ausgewertet und die von den Interviewten vorgenommenen Bedeutungszuweisungen in Kategorien umgewandelt. Die Ergebnisse der Auswertung flossen in die Verfahrenspräzisierung ein und wurden zu einer ersten Theoriebildung herangezogen.

Ad 3.) Die mittels der ersten Theoriebildung gewonnenen Erkenntnisse und die Überprüfung bzw. Modifikation dieses Prozesses mittels gemeinsamer Auswertungsgespräche führten zu einer entscheidenden **Erweiterung des Designs**, indem Zweitinterviews, so genannte **Katamneseinterviews**, eingeplant wurden. Mit ihnen sollten die explizit feststellbaren Wirkungen des Reflexionsprozesses exploriert werden. Dies wiederum regte dazu verstärkt an, in den Erstinterviews nach Prediktoren zur Rückfallgefährdung, nach abstinenzstabilisierenden Merkmalen und nach impliziten Bedeutungszuweisungen zu forschen.

Ad 4.) Die **Auswahl der Interviewten zur Datenerhebung** bezog sich auf eine Gruppe von Patienten, die entweder am Ende ihrer Adaptionsbehandlung standen oder bereits einige Zeit außerhalb der Institution ihren Lebensalltag mit unterschiedlichen Erfahrungen (bspw. rückfällig/abstinent) bewältigten.

Ad 5.) Die **Ergebnisse** aus den neu entstandenen Interviewreihen (vgl. Punkt 3) wurden *gesammelt*, auf vergleichbare Phänomenschilderungen **überprüft** und zu weiteren, elaborierteren Theoriebildungen entsprechend der Forschungsfrage herangezogen.

Ad 6.) Die gewonnenen Theorien wurden überprüft, im Verhältnis zu relevanten vorhandenen Theorieentwürfen diskutiert und für den **Forschungszusammenhang** zur weiteren Praxis- und Theoriediskussion aufbereitet.

<u>Verständnis der eigenen Rolle im Forschungsprozess</u>
Die Methode der einzelfallbezogenen rekonstruktiven Sozialpädagogik lässt sich in den Kontext Klinischer Sozialarbeit und sozialpädagogisch orientierter Nachsorge einordnen. Abhängigkeitserkrankungen stellen sich als komplexe bio-psycho-soziale Problemlagen dar. Dies und die Individualität der Menschen, die zu Adressaten sozialer Hilfe werden, bedingen, dass sich klinische und nachsorgende Fachsozialarbeit und Sozialpädagogik im Kontext der klassischen Disziplinen Medizin und Psychologie verortet. „In ihrem Verständnis ist sie präventive Gesundheitsarbeit, bei der Wiederherstellung der Gesundheit hat sie einen eigenen Behandlungsauftrag. Sie arbeitet zwischen den Expertensystemen und wird vor und nach der Medizin tätig: wenn die Medizin noch nicht eingreift und wenn sie an andere Berufsgruppen übergibt. Bei entsprechender Indikation überschneidet sich ihre klinische Tätigkeit mit der anderer Berufsgruppen – in multiprofessionellen Teams und Versorgungsnetzwerken, die ein gemeinsames Ziel mit unterschiedlichen Methoden verfolgen: die Gesundheit von Menschen zu verbessern bzw. zu erhalten." (Geißler-Piltz et.al 2005: 13)

Diese Forschungsarbeit entwickelt sich aus einer doppelten Perspektive des Verfassers. Zum einen richtet sich das forschende Interesse auf die Erkundung narrativ in Gang gesetzter Reflexionsprozesse postakut behandelter Abhängigkeitskranker in Übergangssituationen. Das nötigt einen gewissen Abstand zum Forschungsgegenstand. Zum anderen ist der Verfasser als Sozialpädagoge in der Adaption tätig, der mit den Interviewten in eine professionelle Beziehung, sowohl in der Adaptionsphase als auch während des Forschungszeitraumes tritt. Als für den Forschungsprozess unerlässlich wird die Bereitschaft zur Reflexion erachtet, sowohl in Form der Selbstreflexion als auch im Austausch im Rahmen einer Forschergruppe. Sie bildet eine Grundlage dafür, den Forschungsprozess als offen zu betrachten, den nötigen Abstand zum Forschungsgegenstand zu halten und regelgeleitet vorzugehen.

5.3 Datenerhebung mit der Methode des narrativen Interviews

5.3.1 Das narrative Interview

In den folgenden sechs Schritten wird näher auf das narrative Interview eingegangen.

- Entwicklung des narrativen Verfahrens im Bereich qualitativer Sozialforschung
- Bedingungen und Grenzen der Verfahrensanwendung
- Beobachtung und Interpretation im Kopplungsgeschehen
- Das narrative Interview in der biografischen Arbeit mit Abhängigkeitskranken
- Verfahrensablauf
- Interventionsziel

Entwicklung des narrativen Verfahrens im Bereich qualitativer Sozialforschung

Das in dieser Forschungsarbeit angewandte Verfahren der Narrationsanalyse als eine Form der interpretativen Biografieforschung entwickelte sich seit den 1970-er Jahren zu einem gängigen Instrument, sowohl in der Soziologie als auch in anderen Wissenschaftsbereichen, beispielsweise Psychologie oder Geschichtsforschung. Nachfolgend werden Entwicklungsstufen auf dem Weg zum narrativen Interview markiert.

Die qualitative Sozialforschung mit ihrem Focus auf Bedeutungzuweisungen fußt u.a. auf den Annahmen des *symbolischen Interaktionismus* Meads (s. 2.2.a). Dabei bilden signifikante Symbole, also das für mich und den Anderen mit der gleichen Bedeutung Versehene Dinge, Personen und Verhalten einen Zusammenhang (vgl. Blumer 1973: 81). Bedeutungsbildung geschieht im Rahmen von Interaktion und damit verbundenen Rollenübernahmen. Die Ausbildung von Sprache ist somit Grundbedingung zur Verhaltenseinstellung und zum Nachvollzug bzw. zur Interpretation von Bedeutungsbildungen.

Mit der von dem Soziologen Harold Garfinkel in „Studies in Ethnomethodology" (1967) veröffentlichten Forschungsrichtung *Ethnomethodologie* wird der Alltag von Personen mit einem gemeinsamen kulturellen Hintergrund mikrosoziologisch (in Abgrenzung zu Parsons makrosoziologisch strukturfunktionalistischem Ansatz) unter dem Fokus ihrer Deutungsmuster und Handlungsabstimmungen mit ihrer sozialen Umwelt betrachtet. Es wird nach der Konstitution von Lebenswelt durch die Personen im Kontext der verschiedenen Dimensionen Raum, Zeit und Sozialität gefragt. „Im Blickfeld ethnomethodologischer Forschung stehen also die Methoden der Ermöglichung, Durchführung oder Verhinderung sinnhaft konzertierten Handelns. Da durch solches Handeln die gesamte Wirklichkeit hervorgebracht und aufrechterhalten wird, lässt sich formulieren: die Ethnomethodolgie ist ein Ansatz zur Untersuchung der Konstruktion sozialer Wirklichkeit. »Ziel der Forschung ist es, diese Methoden der Produktion der sozialen Wirklichkeit und ihre situative Verwendung im Detail zu erfassen« dabei geht es darum, »jene grundsätzlich formalen Methoden zu eruieren, mittels derer die Handelnden spezifische Alltagswirklichkeiten erzeugen«. (Wolff 1983: 1, Eberle 1985: 448, Patzeld 1987: 11)."

Garfinkel integriert Alfred Schütz' Verständnis von Lebenswelt in sein Konzept und modifiziert es. Schütz verwendet den Lebensweltbegriff synonym zum Begriff der Alltagswelt und gibt ihm die Bedeutung einer „paramount reality" (vgl. Schütz 1962: 267) von dem aus sich andere Erfahrungsbereiche ableiten. Garfinkel will verstehen, wie Personen „es jeweils schaffen, eine bestimmte Wirklichkeit aufzubauen, aufrechtzuerhalten, einander als selbstverständlich verfügbar aufzuweisen und zu benutzen. Erst als Ergebnis derartiger Analysen werden Aussagen über Bestands- und Erschütterungsbedingungen unterschiedlicher Wirklichkeiten möglich und werden sich Klassen mannigfaltiger Wirklichkeiten nach ihren Konstruktions- und Aufrechterhaltungsschwierigkeiten rangordnen lassen". (Patzeld 1987: 43)

Wesentlichen Einfluss auf die Entwicklung des narrativen Interviews haben die Konversationsanalyse und das leitfadengestützte Interview. Etwa zeitgleich und auf das ethnomethodologische Konzept aufsetzend entsteht die Konversationsanalyse als eine empirisch ausgerichtete Forschungsrichtung, die aus Gesprächen Erkenntnisse gewinnt. Untersucht werden mit Hilfe von Bandaufzeichnungen Interaktionen des Alltags, verbunden mit der Frage, wie soziale Ordnung lokal hergestellt wird. (vgl. Garfinkel 1967) Als wichtigste Vertreter dieser Richtung gelten die amerikanischen Soziologen Sacks, Schegloff und Jefferson.

In den USA entstanden wird das leitfadengestützte Interview als Erhebungsinstrument prominent von Fritz Schütze nach Deutschland eingeführt und von ihm und seinen Mitarbeitern zum narrativen Interview weiterentwickelt. Während es bei der Konversationsanalyse um das Verstehen formaler Interaktionsorganisationen und Wirkungen geht, richtet sich das Erkenntnisinteresse bei narrativen Interviews verstärkt auf den Zusammenhang von Deutungs- und Handlungsmustern der einzelnen erzählenden Personen. Die Methodik orientiert sich an der Erzählforschung und Linguistik[72] und setzt an der Schnittstelle zwischen makrostrukturellen Faktoren der Gesellschaftsformation und mikrostrukturellen Phänomenen auf der Interaktionsebene an. Darüber wiederum werden makrostrukturelle Faktoren beobachtbar. (vgl. Schütze 1976: 161)

Das Wesen des narrativen Interviews
Die theoretische Grundlage narrativer Verfahren beschreibt Küsters wie folgt:

„Die soziale Wirklichkeit wird nicht etwa als etwas Statisches, sondern als ein Prozessgeschehen verstanden, das prinzipiell in jeder Interaktionssituation aufs Neue aktualisiert und ausgehandelt wird und werden muss, in einem ›ongoing social process‹. Um die soziale Wirklichkeit zu untersuchen, müssen die kommunikativen Interaktionen sinnverstehend analysiert werden. [...] Dabei werden sprachliche Interaktionen zunächst weniger auf ihre Inhalte, auf das ›Was‹ hin analysiert, als auf die in ihnen wirksamen Mechanismen, der gegenseitigen Bezug-

---

[72] Küsters verweist in diesem Zusammenhang auf die Arbeiten von Labov/Waletzky (1973) und Sacks (1971), die eine enge Verbindung von Erzählungen zu Geschehensabläufen belegen. (Küsters 2006: 25) Der Verfasser schließt sich der Kritik Küsters an, dass eine Reproduktion vergangener Erfahrungskonstitutionen in einer aktuellen Erzählung nicht möglich ist. Vielmehr findet eine Sinnaktualisierung, eine Positionierung zum im Gedächtnis Verfügbarem statt, die sich in einer bestimmten Wertung des Geschehens, in der Auswahl und des Weglassens von zu Berichtendem niederschlägt.

nahme, der Inhaltskonstitution und Verweisung auf die gemeinsam geteilte soziale Wirklichkeit, also auf das ›Wie‹." (Küsters 2006: 18)

Betont wird nicht die Faktizität von Ereignissen im Leben der Erzählenden, sondern der spezifische Umgang des Einzelnen mit seinem Handeln und Erleben. Die Bedeutungen, die der Einzelne bestimmten Ereignissen zumisst, werden einerseits durch dessen Selbstbeschreibung, sprich Identität beeinflusst. Umgekehrt formt sich die Selbstbeschreibung in der Folge der Gesamtheit an Interaktionen, zu denen auch die Bedeutungszuweisung im aktuellen Geschehen zählt.
Zum Thema der narrativen Identität machen Lucius-Hoene/Deppermann (2002), Martinez/Scheffel (1999), Weber (1998) u. a. auf die Zeitdimension aufmerksam. Erzähltes und erzählendes *Ich* bewegen sich optional auf unterschiedlichen Zeitachsen und Darstellungsebenen. Ereignisfolgen können chronologisch abgewickelt, aber auch nach anderen Mustern sinnhafter Darstellung geäußert werden. In der Sozialdimension treten sie auseinander, indem sich das Selbst beobachtend als Alter Ego rekonstruiert. Der Zuhörende wird als Reflexionsinstanz genutzt, indem die erzählende Person Unbeendetes durch einen Zeugen legitimiert zu Ende bringen kann.
Epston und White (1994) senden Erzählende auf eine Entdeckungsreise nach einmaligen Ereignisfolgen. Sie verwenden das Bild eines durch seine eigene Landschaft gehenden Menschen. Die aus Erleben und Erfahrungen bestehende Landschaft oder Landkarte wandelt sich selbst nicht. Der Erzählende aber schlägt im Reflektieren immer neue Wege ein. Erzählungen verändern sich im Laufe der Zeit, einzelne Geschichten bleiben scheinbar unberührt und stehen unverrückbar in das Gedächtnis geschrieben. Bedeutungen und Zusammenhänge erschließen sich aus der Erzählung eines Lebensbildes.

In den Interviews ergeben sich mehrere Ebenen der Reflexion. Betroffene bringen Erlebtes in eine psycho-logische Reihenfolge und erzählen eine Geschichte zu Ende. Die innere Ordnung der Erzählung ermöglicht den Blick auf eine Entwicklung, die für Abhängigkeitskranke nach Therapie und Adaption im positiven Fall einen zu Abstinenz motivierenden positiven Verlauf zeigt. Zum anderen erschließen sich aus der Erzählung neue Zusammenhänge des Erlebten. Die hermeneutische Erschließung des gemeinten Sinns wird durch den konsensuellen Auswertungsprozess zwischen Interviewenden und Interviewten unterstützt.

Verfahrensablauf

Der Ablauf der Interviews folgt den Empfehlungen zur qualitativen Sozialforschung (u.a. Schütze 1984/ Herrmanns 1995/ Steinke 1999/ Flick 2002). Die zu erhebenden Daten basieren auf den Erzählungen der Biografen. In einem Setting, das es niedrigschwellig ermöglicht, über sich zu erzählen, wird ein Erzählimpuls gesetzt: „Bitte erzählen Sie mir aus Ihrem Leben. Beginnen Sie möglichst in der Kindheit, mit der Geburt. Was Ihnen wichtig ist, wird mich interessieren." (vgl. Herrmann 1995: 182) Der Hinweis auf den Beginn der Erzählung wird als Minimalstrukturierung verstanden. Es wird kein Impuls zur Äußerung von Missbrauchsmustern oder Einzelerfahrungen gesetzt, da hier die Gefahr einer Kanalisierung besteht. Von Interesse für die vorliegende Arbeit ist zum einen der mehr oder weniger weit gefasste Bereich der Erzählung über die Entwicklung der Person bis zum Zeitpunkt des Interviews. Zum anderen interessieren Vorgänge des Reflektierens über personale und gesellschaftliche Ereignisse, Haltungen und Handlungen. Während des Sprechens wird dem Biografen Interesse an seiner Erzählung nonverbal signalisiert. Einer durch die Biografen signalisierten Koda folgt ein narrativ generierender Nachfrageteil mit Verständnisfragen. Diese sind nicht zwingend. Vielmehr können die zurückgehaltenen Fragen als Diskussionsgrundlage der später gemeinsam erfolgenden Auswertung dienen. Die Prinzipien der Datenerhebung lassen sich mit den Begriffen *Offenheit* und *Orientierung an den Kommunikationsregeln der Erzählenden* beschreiben. (vgl. Küsters 2006)

Die ihre Geschichte erzählenden Personen sollen möglichst den vom Impulsgeber initiierten Differenzierungsmechanismus etablieren. Die teilweise als Hilfsmittel verwendeten Memos über erzählte Ereignisse und dem tatsächlichen Ablauf des Lebens ermöglichen ein erstes Erkennen von Gewichtungen der Befragten. Zur Anonymisierung der Lebensgeschichten werden sowohl die Personennamen als auch Namen von Städten, Plätzen und anderen der Erkennbarkeit zuträglichen Daten kodiert

Bedingungen und Grenzen der Verfahrensanwendung

Schütze lenkt den Blick auf die grundlegenden Bedingungen narrativer Interviews bzw. auf die sich aus dem freien Erzählen heraus ergebenden Wirkungen. Demnach folgt das freie Erzählen eigenen Gesetzen. Es verwickelt die erzählende Person:

„[…] in die Darstellungszwänge der Detaillierung an Stellen potenziell mangelnder Plausibilisierung, an denen der kausale bzw. motivationale Übergang von einem Ereignis A zu einem Ereignis B in der narrativen Darstellung nicht zureichend klar oder gar unverständlich ist, sowie der Gestaltschließung an denjenigen Stellen, an denen eine besondere kognitive Struktur im Erzählvorgang (z.B. eine Ereigniskette oder eine Interaktionssituation) begonnen, aber noch nicht abgeschlossen wurde. Der Zugzwang der Relevanzfestlegung und Kondensierung schließlich sorgt dafür, dass nur das berichtet wird, was im

Rahmen des aktualisierten Themapotenzials in der Erfahrungsperspektive des Informanten relevant ist und dass diese Relvanzen auch darstellungsmäßig zum Ausdruck kommen". (Schütze 1977: 1)

Flick führt auf Schütze Bezug nehmend *Gestaltschließungszwang, Kondensierungszwang* und *Detaillierungszwang* aus: „Der erste Zwang führt dazu, dass der Erzähler eine einmal begonnene Erzählung zu einem Ende bringt. Der zweite bewirkt, dass nur das für das Verständnis des Ablaufs notwendige in der Darstellung enthalten ist und schon aus Grunden der begrenzten Zeit so verdichtet wird, dass der Zuhörer sie verstehen und nachvollziehen kann. Der Detaillierungszwang hat zur Folge, dass zum Verständnis notwendige Hintergrundinformationen und Zusammenhänge in der Erzählung mitgeliefert werden. Durch diese Zwänge beim Erzählen wird die in anderen Gesprächsformen funktionierende Steuerung der Darstellung so weit außer Kraft gesetzt, dass auch <heikle> Themen und Bereiche zur Sprache kommen." (Flick 2002: 150)

Die Fähigkeit, Stegreifgeschichten zu erzählen, ist als Basiskompetenz zu bewerten (vgl. Schütze, 1976 und Glinka, 1998). Die Fähigkeit, Geschichten zu erzählen, wird bereits im frühen Kindesalter erworben.

Glinka benennt Grenzen: „Das narrative Interview kann immer dann zum Einsatz kommen, wenn der Informant eine Geschichte erzählen kann. Das setzt voraus, dass die den Forscher interessierende soziale Erscheinung für den potenziellen Erzähler erlebten Prozesscharakter beinhaltet." (Glinka, 1998: 39) Das schließt bspw. die Untersuchung von routinierten Handlungsabläufen solange aus, wie sie nicht eine besondere Bedeutung für den Betroffenen erhalten. Küsters verweist auf weitere Beschränkungen bzw. Bedingungen zur Anwendung des sinnverstehenden Ansatzes. So muss die erzählende Person „selbst handelnd oder erleidend in den Vorgang involviert" gewesen sein, da sich nur dann „eine kognitive Repräsentation des Handlungsablaufs gebildet hat", die in der Narration reproduziert werden kann. (vgl. Küsters 2006: 30) Die Anwendung der Methode setzt voraus, dass die Betreffenden über entsprechende kognitive Fähigkeiten des Erinnerns und der Selbstreflexionsfähigkeit verfügen und darüber hinaus bereit sind, sich darauf einzulassen, einem Fremden ihre Geschichte anzuvertrauen. Die genannten Faktoren bilden ein Kriterium in der Auswahl der zu Interviewenden.

Küsters problematisiert, die eigentliche Selbstdeutung in der Erzählung einer Person zu entdecken, wenn sie in längeren psychotherapeutischen Prozessen Anpassungsleistungen erbracht hat und diese in die Übernahme von Fremddeutungen und weiteren Verlust der Authentizität mündet. (vgl. Küsters 2006: 31) Da die Personen, die im Rahmen der Untersuchung ihre Lebensgeschichte erzählen, durchgehend längere Zeit therapeutisch betreut wurden, ist dieser Hinweis ernst zu nehmen. Allerdings bildet die Entwöhnungsbehandlung eine wichtige Grundlage und Voraussetzung zur Reflexion. Zum zweiten wird von der Eigenart der biografischen Selbstpräsentation erwartet, dass sich die Person im Erzählverlauf von möglichen Fremddeutungen entfernt und zu eigenen Deutungen gelangt. Fremd- und Eigendeutungen können dann im Rahmen der Auswertungen entdeckt und besprochen werden.

Beobachtung und Interpretation im Kopplungsgeschehen

Jahraus formuliert die Unhintergehbarkeit der Interpretation. „Kein Text ist interpretations- oder rezeptionsunabhängig, hinter den Zugang zum Text kommt man nicht zurück. Systemtheoretisch gewendet: Kommunikativ kann nicht mehr hinter Kommunikation zurückgegangen werden;

es gibt keine objektivierbaren Grundlagen der Kommunikation, die nicht (immer) schon kommuniziert sind." (Jahraus/Scheffer 1999: 264) Der Text wird folglich durch Interpretation zu dem, was er Erzählenden und Rezipienten ist. Damit ist Interpretation immer an spezifische Bedingungen gebunden. Im Rahmen der Forschungsarbeit sind die Bedingungen durch den Lebenslauf der erzählenden Person, durch das Setting, in dem die Narration angewendet wird und durch das Wissen der analysierenden Person definiert. Durch ihren spontanen Charakter, der sich aus dem Verlauf einer Stehgreiferzählung ergibt, ruckt auch ausgeschlossenes, nicht aktualisiertes Wissen in den Beobachtungsbereich. Eine Interviewte kann die lebensgeschichtliche Erzählung als Interpretation gelebter Erfahrung vorbringen und sie kann die Erzählung in der Rezeption interpretieren.

Indem Jahraus den Interpretationsbegriff auf kognitiv-kommunikativer Ebene an einen entsprechenden Medienbegriff bindet, wird es systemtheoretisch reformuliert möglich, „Interpretation als medienbasiertes Operieren in der Kopplung von Bewußtsein und Kommunikation zu verstehen." (Jahraus/Scheffer 1999: 5) Erleben als die Innenseite des psychischen Systems wird mittels symbolischer Kopplung über das Medium Sprache ‚vertont' im sozialen Interaktionssystem zwischen Erzählerin und Hörendem kommuniziert. So findet dem Selektionsprozess bei Aufnahme äußerer Informationen gleichend auch bei der Erzählung ein mehrfacher Selektionsprozess statt. Es wird ausgewählt, was erzählt wird, welche Verknüpfungen eine Rolle spielen, bei Bedarf vor- und rückgespult und ständig interpretiert.

Fazit

Narrative Interviews sind in besonderer Weise geeignet, das zu erfassen, was für Personen der vorgestellten Zielgruppe in der Phase

zum Zeitpunkt der Interviewführung (Übergänge, Statuswechsel) im Sinne einer Lebensbilanzierung von Bedeutung ist. Sie ermöglichen das Verstehen von Handlungen und Haltungen sowohl durch den Rezipienten als auch durch den Erzähler. Inwieweit sie zu weiterem Reflektieren und Differenzieren anregen, muss im Rahmen der Katamneseinterviews überprüft werden. Bei mehreren Interviews können Deutungsmuster verglichen und neue Hypothesen gebildet werden.

5.3.2 Auswahl der zu Interviewenden

17 männliche und vier weibliche Personen erzählten zwischen 2001 und 2006 ihre Lebensgeschichte. Die Interviews erfolgten auf freiwilliger Basis. Eine weitere weibliche Person wurde angesprochen, entschied sich aber gegen das Verfahren. Das Altersspektrum der Teilnehmenden liegt zwischen 22 und 53 Lebensjahren.

Einschlussfaktoren für die zwei Erstinterviews bestehen in der vorhandenen Suchterkrankung und einer abgeschlossenen Adaptionsphase. Ausschlussfaktoren bilden kognitive Beeinträchtigungen, die ein Reflektieren verhindern.

Aus unterschiedlichen therapeutischen Einrichtungen kommend haben alle Biografen mehrere Monate in der Adaptionseinrichtung zugebracht. Neben dem Merkmal der Abhängigkeitserkrankung sind alle Probanden mehr oder weniger von sozialer Ausgrenzung betroffen. Im Focus ihrer Vorbehandlung standen die Wiederherstellung der Erwerbsfähigkeit vor dem Hintergrund einer oft mit jahrzehntelanger Suchtentwicklung wechselwirkenden Langzeitarbeitslosigkeit und die Stärkung der Kompetenzen hinsichtlich der abstinenten Bewältigung des Lebensalltags.

Das Geschlechtsverhältnis der Biografen entspricht in etwa dem Verhältnis der Inanspruchnahme therapeutischer Angebote. Die Auswahl der Biografen bezieht sich auf Menschen, denen es nicht möglich ist, Alkohol zu konsumieren ohne in eine Schleife aus Rückfälligkeit und erneuter Exklusionsgefährdung zu geraten. Diese Zielgruppe wird differenziert zu chronisch mehrfach geschädigten Abhängigkeitskranken. Letzteren ist der Zugang zu einer normalen Teilhabe am Gesellschaftlichen auf Grund der Schwere der Erkrankung i.d. Regel stärker eingeschränkt. Personen der ausgewählten Zielgruppe haben die Möglichkeit der Rückkehr in ein Erwerbsleben, zu Partnerschaft usw.

Eine Typenbildung nach dem Kriterium maximal kontrastierender Fälle ergibt sich aus der Sichtung der ersten Interviews, die in der Folge zur Suche nach abweichenden Erfahrungen und Verhaltensmustern in anderen Fällen führt. Zum Kriterium der theoretischen Sättigung der Stichprobe bezieht sich Flick auf Glaser und Strauss (1967/1998): Demnach sei die „Auswahl und Einbeziehung weiteren Materials [...] abgeschlossen, wenn die „theoretische Sättigung" einer Kategorie oder Untersuchungsgruppe erreicht ist, d. h., sich nichts Neues mehr ergibt." (Flick, 2002:104)

Die Vergleichsgrundlagen maximal kontrastierender Fälle werden durch die Auswahl der nachstehenden Merkmale gebildet:

- männlich/weiblich
- Lebensalter zum Zeitpunkt der Erhebung 22 Jahre/53 Jahre
- Normale Primärsozialisation /stellvertretende Primärsozialisation
- Einheimisch/Migrant
- Hoher Grad an Konformität und Anpassung an Gesellschaft/niedriger Grad
- Interview direkt im Anschluss an Adaption/ zu einem deutlich späteren Zeitpunkt

- Interview nach Abstinenzphase/ nach Rückfall
- Sozialräumliche Neuverortung der Biografen/Rückkehr an bisherigen Wohnort.

5.3.3 Das narrative Interview in der biografischen Arbeit mit Abhängigkeitskranken

Im bisherigen Kapitel ging es um das Thema der Datenerhebung, in diesem Abschnitt um die Implementierung narrativer Methodik in die arbeitsfeldspezifische Anwendung.

Schütze selbst hat den Einsatz von narrativen Interviews sowohl zur individualtherapeutischen Intervention (vgl. F. Schütze 1983: 293), als auch zur diagnostischen Methode der Fallanalyse in der sozialen Arbeit erwogen. Küsters bezieht sich im folgenden Zitat auf Rosenthal (1995: 169ff) und Loch (2002), die biografische Selbstpräsentationen sowohl unter dem Aspekt wissenschaftlicher Erhebungsinstrumente als auch im Sinne therapeutischer Intervention betrachten und ihnen in diesem Kontext heilsame Wirkungen zurechnen. „Heilsame Wirkungen werden dabei im Erinnern verdrängter traumatischer Erfahrungen, in der Integration ehemals abgespaltener Erfahrungen in die Selbstwahrnehmung und im Auslösen von Selbstreflexionsprozessen gesehen." (Küsters 2006: 186) Die Anwendung narrativer Verfahren im Zusammenhang der Bewältigung von Übergangssituationen durch Abhängigkeitskranke begründet sich aus dem inneren Zusammenhang von Narration und Identität, auf den bereits im Kap. 2 ausführlich eingegangen wurde. Das Führen von Interviews anstelle einer therapeutischen Sitzung vermittelt semantisch einen ausgeglicheneren Anteil an Wissen und Macht zwischen Intervenierendem und Biografen. (vgl. Miller/Rollnick 2004: 46) Nicht der Beratende führt den Biografen durch einen Parcour. Mit seinem Lebenslauf und Strategien des Umgangs mit bestimmten Ereignissen teilt sich der Erzählende mit und ist sich des Interesses des Intervenierenden bewusst. Das Verfahren wird auf diese Weise eher partnerschaftlich erlebt, denn als Exploration in einem therapeutischen Setting.

Die Narration unterscheidet sich von der Praxis der schriftlichen lebensgeschichtlichen Erzählung, wie sie in Sucht- und Lebensberichten angewendet wird. Patienten schreiben ihre Geschichte nieder und beantworten Fragen, die zu dieser Niederschrift durch den Therapeuten gestellt werden. Die schriftliche Reflexion ist im Vergleich zur Stegreiferzählung weniger spontan. Niederschriften finden in der Rehabilitation zu einem frühen Zeitpunkt statt. Das bedeutet, Reflexionsbereitschaften werden erst geweckt. Scham, Schuldgefühle oder mangelnde Therapiemotivation und Krankheitseinsicht hindern manchen Patienten daran, zu einem Suchenden zu werden. Wonach sucht der Patient in der Regel zu Beginn einer Alkoholentwöhnungsbehandlung? Wonach sucht er am Ende der Therapie? Sheldon B. Kopp beschreibt ein mögliches Verhalten in der therapeutischen Anfangsphase wie folgt: „Der Patient behauptet zu Beginn der Therapie meistens, dass er sich ändern möchte, aber in Wahrheit will er so bleiben, wie er ist und der Therapeut soll nur etwas unternehmen, damit er sich besser fühlt. Er will einfach ein erfolgreicherer Neurotiker werden und bekommen, was er sich wünscht, ohne das Risiko des neuen auf sich nehmen zu müssen. Die Sicherheit des bekannten Elends ist ihm lieber als die ungewohnte Blöße der Ungewissheit." (Kopp 2000: 9) Kopp beschreibt typische Abwehrkonstruktionen zur Erhaltung der Identität des zu therapierenden Menschen. Im Verlauf der Behandlung werden Krankheitseinsichten realisiert und Veränderungsmotivationen bestärkt. Mithilfe verschiedener Methoden wird die Fähigkeit, zu reflektieren und zu differenzieren geschult. Sie ist die Voraussetzung dafür, dass sich die Patienten als Suchende von ihren Therapeuten lösen und sich auf ihre eigenen Ressourcen besinnen können.

Reflexionsfähigkeit und die Bereitschaft, sie anzuwenden, bilden die Basis für den sekundärpräventiven Schritt der Narration.

Zeitpunkte tiefgreifender Veränderung, wie bspw. das Behandlungsende und der außerinstitutionelle Neubeginn, sind von einer besonderen emotionalen Spannung geprägt. Die Erwartungen der Person an sich selbst und an die Umwelt sind noch nicht hinreichend geprüft und Erfahrungen der gewachsenen Kompetenzen noch nicht bestätigt. Diese Spannung und der Vertrauensaufbau zwischen Anwender und Betroffenen setzen den Rahmen, in dem die Narration in ihrer besonderen Weise angewendet wird. Großmaß beschreibt das Erleben von Wechsel- und Übergangssituationen aus der Perspektive der Kopplung von Bewusstsein und Kommunikation: „Die Funktionstüchtigkeit der sozialen Identität einer Person hängt genauso vom Vertrautsein mit den jeweils etablierten kulturellen Bezügen ab wie die Sicherheit der Erwartungsproduktion, bzw. die Routine, mit der Erwartungen und Ansprüche sich einstellen." (Großmaß 2000: 119) Die Narration bietet die Möglichkeit des Auffangens, Aussprechens und Reflektierens der Unsicherheiten und des Unaufgearbeiteten in der hoch aufgeladenen Atmosphäre des Abschieds und des Neubeginns. Forschende und Verfahrensanwender sind Teil des Kontextes der erzählenden Person und konstituieren die im Gesamtprozess entstehende Situation mit.

Interventionsziel

Das Interventionsziel besteht darin, die im Verlauf der persönlichen Entwicklung abhängigkeitskranker Personen verschütteten und im Rahmen der Rehabilitation wieder teilweise hergestellten Fähigkeiten zur Selbstbeobachtung und Differenzierung zugänglich zu halten bzw. zu trainieren, um so zu einer neuen Art von Stabilität im sozialen Handeln zu gelangen. Die Selbstwirksamkeit zur Einhaltung der für diese

Zielgruppe notwendigen dauerhaften Abstinenz soll über reflexive Prozesse gestärkt werden. Darüber wird ein wichtiger Beitrag zur Herstellung sozialer Zufriedenheit erwartet, der wiederum die Grundlage für einen verbesserten Umgang mit möglichen Diskontinuitäten im Verlauf der Re-Integration/Re-Inklusion der Personen bildet.

5.4 Auswertung der erhobenen Daten

5.4.1 Die Grounded Theory als Hilfsmittel zur Auswertung narrativer Interviews

Eine tiefere Einsichtnahme in die biografische Selbstkonstruktion abhängigkeitskranker Personen erfolgt mit den Techniken und Verfahren der *Grounded Theory*. Ursprünglich von den Soziologen Anselm Strauss und Barney Glaser (in den 1960-er Jahren) entwickelt, dient die Methode als qualitatives Forschungswerkzeug eines interaktiv generierten Forschungsprozesses zwischen Forschendem und Gegenstand der Forschung. „Eine »Grounded« Theory ist eine gegenstandsverankerte Theorie, die induktiv aus der Untersuchung des Phänomens abgeleitet wird, welches sie abbildet. Sie wird durch systematisches erheben und Analysieren von Daten, die sich auf das untersuchte Phänomen beziehen, entdeckt, ausgearbeitet und vorläufig bestätigt. [...] Am Anfang steht nicht eine Theorie, die anschließend bewiesen werden soll. Am Anfang steht vielmehr ein Untersuchungsbereich – was in diesem Bereich relevant ist, wird sich erst im Forschungsprozess herausstellen." (Strauss/Corbin 1996: 7f)

Forschungsgegenstand in der vorliegenden Arbeit sind die Reflexionsprozesse abhängigkeitskranker Menschen. Fälle als eigenständige Untersuchungseinheit werden in theoriebildender Absicht (Strauss 1994) rekonstruiert. Die unvoreingenommene Sichtweise und die Geltung alltäglichen Erfahrungswissens werden aufgegriffen und zur sozialwissenschaftlichen Begriffsbildung genutzt. Dabei wird die Forschung als offener Prozess begriffen. (vgl. Hildenbrand in: Strauss 1994: 12f)

In der Analyse von Lebenserzählungen erhalten so genannte *Kategorien* die Bedeutung einer höheren Ordnung, unter die sich Konzepte, die sich auf ähnliche Phänomene beziehen, subsumieren lassen. Die Kategoriebildung erfolgt dabei in einem mehrschrittigen Verfahren – dem Kodieren.

Das *Offene Kodieren* bezeichnet den „Prozess des Aufbrechens, Untersuchens, Vergleichens, Konzeptualisierens und Kategorisierens von Daten". (Strauss /Corbin 1996: 43) Innerhalb eines Interviews werden Ereignisse, Denkweisen und Verhalten verglichen und Phänomene herausgefiltert. In einem späteren Schritt können die kategorisierten Bedeutungszuweisungen der verschiedenen Interviews miteinander verglichen werden. Als Hilfsmittel dient die Tabellenform, da sie für Übersichtlichkeit der Datenmenge sorgt.

In einem zweiten Schritt, der *axialen Kodierung,* werden bestimmte in der Lebenserzählung auffällige *Phänome* in ihrem Bedeutungszusammenhang erschlossen. Diese stehen nicht einfach für sich, sondern in einem Geflecht aus hinführenden *ursächlichen Bedingungen, Kontexten, intervenierenden Bedingungen*, aus dem Phänomen sich ergebende *Konsequenzen* und *Strategien des Umgangs*. Mit Hilfe eines so genannten „]...] paradigmatischen Modells werden Subkategorien mit der jeweils zugehörigen Kategorie in Verbindung gesetzt." (Strauss/Corbin 1996: 78) In der analytischen Arbeit werden mittelbare und unmittelbare Bedingungen untersucht, die „[...] zum Auftreten oder der Entwicklung eines Phänomens führen." (ebd.75) Unter *Phänomenen* werden im Zusammenhang der Methodenanwendung Ideen, einmalige Ereignisfolgen (ebd. 72), also all die Ereignisse verstanden, denen eine gewisse Bedeutung zugeschrieben werden kann. Diese finden sich in einem Handlungs- oder Interaktionsfeld wieder und stehen wechselwirkenden Kräften gegenüber. Der so genannte *Kontext* hat die Funktion des auf ein Phänomen bezogenen Satzes von besonderen Bedingungen. *Intervenierende Bedingungen* wirken als Handlungstreiber oder Bremsen. Sinn dieser Analyseform ist es, sich den Strategien anzunähern, die in den verschiedenen Lebenssituationen, ihrer jeweiligen Interpretation und Konsequenz eine Rolle spielen.

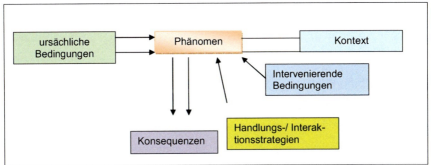

Abbildung 7: Axiales Kodieren nach Strauss/Corbin
(Quelle: Wagner, H. 2000: 76)

Auffallende Phänomene werden in ihren jeweiligen Beziehungsgeflechten, in der Hauptsache mit Hilfe von Invivo-Codes dargestellt. Die Kodierfamilien sind im Rahmen dieser Arbeit den Interviews angepasst und können deshalb in ihren Konzepten variieren. Wichtig ist, dass Bedingungsgefüge um Phänomene herum erfasst werden und noch vergleichbar sind. Es erfolgt keine Wort-für-Wort-Analyse, vielmehr werden Textpassagen auf ihren Bedeutungshorizont hin befragt. Dieser erschließt sich aus dem Einzelereignis, auf das sich die Aufmerksamkeit der Erzählenden richtet (Indikator) und aus dem mitgelieferten Kontext. (vgl. Schütze 1983; Herrmann 1995; Steinke 1999). Die Analyse zu vieler

Sequenzen birgt in sich die Gefahr, das Wesentliche der Erzählung nicht mehr adäquat erfassen zu können.

Mit Hilfe der *selektiven Kodierung* wird innerhalb der vorher erfolgten Kodierungen nach einem roten Faden gesucht, nach Denken, Kommunikationen, Haltungen und Einstellungen, die sich vor dem Hintergrund bestimmter Erfahrungen herausbilden und damit Entwicklungen verdeutlichen. Dieses nochmalig Vertiefende bietet sowohl dem Forschenden die Möglichkeit genaueren Verstehens, als auch dem Betroffenen Gelegenheit, Ressourcen in seiner eigenen Biografie wahrzunehmen und daraus Handlungsoptionen für die Zukunft abzuleiten. Die Methodik der Kodierungen erfolgt variabel und richtet sich vorwiegend nach den in den Interviewtexten enthaltenen hauptsächlichen Strömungen. Diese können auch von den Biografen selbst leichter erkannt werden. Es wird Wert darauf gelegt, dass Kodierungen und Erklärungen für die Erzählenden nachvollziehbar und greifbar bleiben.

Die Bedeutung erzählter gelebter Erfahrung steht dem aus den Lebenserzählungen gesammelten reinen Faktenwissen gegenüber. Das Leben selbst ist komplexer als die berichteten Erfahrungen. Diese erhalten ihre eigentliche Bedeutung erst durch die Erzählung des Betroffenen. Im Bericht erschließen die Erzählenden ihre eigene Geschichte und sich selbst neu. Sie bestätigen bisherige Sichtweisen und sie stellen differenzierend bisherige Selbst-Entwürfe in Frage.

5.4.2 Konsensuelle Auswertung und Kontextualisierung

In welcher Weise lassen sich aus den biografischen Selbstkonstruktionen das Bezeichnen der Unterschiede und die Interpretation der Erzählung fixieren und welche Konsequenzen erwachsen daraus für die weitere intervenierende Kommunikation? In einem variablen Zeitraum zwischen drei Wochen und einem halben Jahr nach dem Erstinterview findet eine konsensuelle Auswertung statt. Fischer-Rosenthal/Rosenthal verwenden den Begriff ‚konsensuell' zur Beschreibung eines Interviewabschlusses. „Der Abschluss des – oft langen – Gesprächs erfolgt konsensuell. Für gewöhnlich wird eine Gesamtbewertung des Gesprächs und der Gesprächssituation durch den Biografen erbeten." (Fischer-Rosenthal/Rosenthal 1998: 147) Im Zusammenhang der vorliegenden Forschung wird der zeitliche Schwerpunkt der Gesprächsbewertung verlagert und sie findet nicht mehr als Gesamteinschätzung durch den Interviewenden allein statt, sondern als ein sich aus der doppelten Beobachterperspektive Interviewter/Interviewender ergebender Prozess.

Die Zeitdimensionierung des Auswertungsverfahrens ordnet sich einem zwischen Intervenierendem und Erzählenden auszuhandelnden Konsens unter. Lebensberichte enthalten mitunter solche Spannungen, dass die Erzählenden die Niederschrift in Einzelfällen beiseite legen, um sich später zu einem nur durch sie selbst zu definierenden Zeitpunkt damit auseinanderzusetzen. Diese Zeit des Innehaltens ist Teil des Reflexionsprozesses und wird demgemäß akzeptiert. Sowohl in der zwischen Erstinterview und konsensueller Auswertung ablaufenden Zeit als auch in der gemeinsamen Auswertung selbst werden neue Reflexionsprozesse generiert.

Die Auswertung des narrativen Interviews geschieht als ein auf der Basis von Verständigung angelegter Dialog, in dem akzeptiert wird, dass dem Anderen nur in einem verallgemeinernden Rahmen *einvernehmlich* begegnet werden kann. Das Einvernehmen kann Penner (2006) zufolge nicht durch den Einzelnen hervorgebracht, es kann nur zugelassen oder abgelehnt werden. So deutet sich in dieser Aussage das Thema der symbolischen Kopplung der an der intervenierenden Kommunikation beteiligten Personen an.

Ablauf der konsensuellen Auswertung

Die konsensuelle Auswertung erfolgt als ein nicht standardisiertes Gespräch. Grundlage für dieses Gespräch ist die Rezeption des transkribierten Erstinterviews durch die Erzählenden und die erfolgte Auswertung der Erzählungen nach der Methode der Grounded Theory. Es wird gefragt, ob die Personen Besonderheiten aus der Rezeption ihrer Erzählung erschließen konnten. Ist das nicht der Fall, so wird anhand der mit Hilfe der Grounded Theory aufgebrochenen Daten das Gespräch auf Brüche und prozessuale Besonderheiten hingelenkt, die aus Sicht des Analysten Bedeutung haben könnten. Die Formgebung der konsensuellen Auswertung ist noch nicht abgeschlossen und variiert im Einzelfall. Da die narrative Intervention auf Freiwilligkeit beruht, werden konfrontierende Elemente der Gesprächsführung vorbesprochen. Es wird darauf geachtet, dass die in der Bilanz enthaltene Komplexität an Ereignissen und Bedeutungszuweisung nicht auf eine Formel reduziert wird. Vielmehr wird der an der Intervention Beteiligte in seiner Dynamik erlebt, in der bestimmte Prozesse der Veränderung noch nicht abgeschlossen sind.

Eine mögliche unterstützende Vorgehensweise zur Auswertung findet sich im *Motivational Interviewing*. Das biografenzentrierte Beratungskonzept des Motivational Interviewing wurde von Miller und Rollnik (1983/1991/2004) entwickelt. Der Ansatz richtet sich darauf, den Ratsuchenden bei der Bildung von Veränderungsbereitschaft weitgehend druckfrei und im Blick auf die Eigenverantwortung zu unterstützen. Ambivalenzen werden eher als Teil eines Entscheidungsprozesses verstanden, denn als Defizite. (vgl. Miller/Rollnick 2004 46ff)

Interviewte erzählen ihre Geschichte in immer wieder neuen Formen in verschiedenen Zusammenhängen. Bei der Aufnahme in eine Behandlungsstätte, bei Einzelgesprächen mit ihrem Bezugstherapeuten, zur

Vorbereitung auf die Adaption, immer ändern sich Rahmen, Bezugspersonen, Einstellungen und Präferenzen. Welche Geschichte eine temporäre Gültigkeit besitzt, entscheidet die „konsensuelle Verständigung. Das bedeutet: Wir halten diejenige Geschichte für wahr, auf die wir uns unter herrschaftsfreien Bedingungen zwanglos einigen können und deren Fürwahrhalten uns bei der Lebensführung hilft. Weil wir etwas zustimmen, wird es wahr." (Trautmann-Voigt/Voigt, 1998: 39)[73]

Die konsensuelle Auswertung der Interviews bietet die Möglichkeit, die in den Erzählungen enthaltenen Brüche und Linien als Anfrage an die Teilnehmer auf der Ebene einer Minimalintervention zurückzugeben. Die Erzähler werden zu Entdeckungen angeregt, die sich aus ihren eigenen sprachlichen Äußerungen, beschriebenen Handlungen und deren Bedeutungszuweisungen generieren.

Kontextualisierung

Steinke formuliert, „dass sprachliche Äußerungen, Handlungen und deren Bedeutung in den (sozialen, kulturellen, biografischen, interaktionellen) Kontext eingebettet sind. Dies bedeutet, will der Forscher Handlungen, sprachliche Äußerungen etc. verstehen, so sollte er diese auf die jeweiligen Kontexte, in denen sie gebraucht werden, beziehen. [...] Die Anerkennung der kontextuellen Abhängigkeit bzw. Einbettung psychologischer Phänomene bedeutet auch, dass von keiner Methode erwartbar ist, dass sie vollständig der Komplexität menschlichen Handelns gerecht wird." (Jaeger/Rosnow, in: Steinke 1999: 33) Zur Einordnung von Phänomenen verweist Steinke auf die Anwendung verschiedener theoretischer und methodologischer Untersuchungsperspektiven, bspw. durch die Suche nach minimaler/maximaler Variationen bestimmter untersuchter Situationen. Diese Variationen finden sich in den Erzählungen

---

[73] Die Situation der Intervention ist nicht herrschaftsfrei, aber sie hat den Anspruch, soviel als möglich Herrschaft über sich selbst der betroffenen Person zuzugestehen bzw. zurückzugeben.

als Benennung persönlicher Tiefpunkte bzw. des Kohärenzgefühls als Übereinstimmung mit sich selbst und seinen gegenwärtigen Erfahrungen.

Konsequenzen

Das Ziel der Reflexionen ist eine Form sozialer Zufriedenheit. Einmalige Ereignisfolgen mit Ressourcencharakter bilden wichtige Markierungen zur weiteren Manifestierung und Bewusstwerdung eigener Stärken. Diese sollen dialogisch intensiviert werden. Faktoren, die aus Sicht der Erzählenden Entwicklungen zur Suchterkrankung begünstigt haben, sind in ihrer jeweiligen Bedeutung zu hinterfragen. Das betrifft gerade den Bereich ungeklärter Beziehungen oder unbeantworteter Wünsche und Vorstellungen. So mündet die konsensuelle Auswertung – das Einverständnis des Teilnehmers vorausgesetzt – in bestimmte Ziel- oder Aufgabenformulierungen. Die Betroffenen erhalten noch einmal eine verstärkte Mitverantwortung im Interventionsgeschehen, indem sie selbst den Rahmen und eine mögliche Zeit festsetzen, in der sie die entsprechenden Themen bearbeiten. Der Prozess dieser weiteren Auseinandersetzung kann dann im Katamneseinterview beobachtet werden.

5.5 Das Katamneseinterview

Katamnesen dienen der Erfolgsbeurteilung einer Behandlung. Geyer et al. verweisen auf die Meta-Analysen von Süß (1995) und Sonntag/Künzel (2000), weiterhin auf katamnestische Untersuchungen zum Wirksamkeitsnachweis der Sicherung und Wiederherstellung von Erwerbsfähigkeit von Müller-Fahrnow/Löffler/Schuntermann/Klosterhuis (1989) und Klosterhuis/Zollmann/Grünbeck (2004). (vgl. Geyer et al. 2005) Mittlerweile hat sich die Ein-Jahres-Katamnese zum gängigen Instrument zur Erfolgsbeurteilung von Entwöhnungsbehandlungen entwickelt. (vgl. Süß 1995/Deutsche Gesellschaft für Suchtforschung und Suchttherapie DGSS 1992)

Morbitzer mahnt dennoch an, dass der Gebrauchswert der Katamnese für das praktische therapeutische und begleitende Handeln noch gering ist. Er bezieht sich dabei auf die Arbeit von Beratungsstellen. „Offensichtlich klafft zwischen den methodologischen Überlegungen über die Notwendigkeit einer Rückkopplung der Ergebnisse der eigenen Arbeit als Voraussetzung für Lernprozesse und dem Informationsgehalt dieser Rückmeldungen eine große Lücke." (Morbitzer, 2003: 57) So dient Katamnestik vermehrt der Legitimation der eigenen beratenden oder therapeutischen Leistungen und erhält in Zeiten knapper Kassen eine politische bzw. ökonomische Dimension. Morbitzer geht davon aus, dass bei freiwilligen spontanen Rückmeldungen der behandelten Patienten nach dem Ende der Therapie keine Nacherhebung nötig sei. Ergänzend ist anzumerken, dass die beispielsweise aus einer Psychotherapie oder Verhaltenstherapie resultierenden Veränderungen im Alltag der Behandelten von diesen oft nicht so nachhaltig wahrgenommen werden. Vielmehr werden Veränderungen erst im Rahmen bestimmter Herausforderungen oder Krisen wahrgenommen.

Solange katamnestische Erhebungen nur der Evaluierung oder Legitimation der jeweils eigenen Arbeit der Beratungsstelle oder Klinik dienen, bleibt der Blick auf die Nützlichkeit des Verfahrens für die Behandelten getrübt. Katamnestische Untersuchungen können gerade ihnen helfen, ihren Entwicklungsstand im Heilungsprozess zu reflektieren und übergeben die Verantwortung zum Einfordern möglicherweise notwendiger Interventionen an die Betreffenden. Die Führung von Katamneseinterviews kann sowohl Informationen über die Wirksamkeit des Verfahrens, der Führung des Narrativen Interviews mit anschließender gemeinsamer Auswertung geben, als auch den betreffenden Biografen helfen, ihren eigenen Veränderungsprozess nach dem Ende der Therapie zu dokumentieren.

Nach der Lebenserzählung als erstem Schritt bekommen die Biografen den transkribierten Text. Sie sind bei der konsensuellen Auswertung aktiv beteiligt. Die hierbei herausgearbeiteten Hauptlinien der Entwicklung werden reflektiert und dienen zur Anregung weiterer selbstreferentieller Leistungen der Biografen.

Katamnese- Interviews werden etwa 1 ½ Jahre nach den narrativen Interviews geführt. Die Frage für das zweite Interview lautet: *Erzählen Sie bitte über den Zeitraum zwischen dem Erstinterview und heute. Gab es in der Zwischenzeit Veränderungen, die Sie auf das Erzählen ihrer Lebensgeschichte zurückführen können?*

Damit soll ein Prozess der Reflexion sichtbar gemacht werden und Veränderungen hinsichtlich der Selbstbeschreibungen in das Bewusstsein der Betroffenen rücken. Welche persönlichen Konsequenzen ergeben sich aus der Rezeption des Erstinterviews für die Betroffenen? Inwieweit ist es den Betroffenen gelungen, sich unter neuen Bedingungen abstinent zu behaupten?

5.6 Zusammenführung

Um einen Zusammenhang zwischen theoretischem und empirischem Material herstellen zu können, ist folgende Leitfrage zu stellen: Wie können die aus den Selbstreflexionen gewonnenen empirischen Daten, die jenseits der Systemtheorie erhoben wurden, mit dem systemtheoretischen Entwurf, insbesondere mit dem Modell der strukturellen bzw. symbolischen Kopplung ins Verhältnis gesetzt werden?

Dazu werden schrittweise Ergebnisse der empirischen Forschung gemäß ihrer inhaltlichen Strukturen und Darstellung vorgetragen und gefragt, in wieweit die dem Forschungsprozess unterlegten Theorien einen Erklärungswert für die vorgetragenen Konstruktionen haben und inwieweit diese Erkenntnisse zu Modifikationen des Theoriegebäudes führen. Dies wird Inhalt der folgenden Kapitel sein. Im Kapitel 6 werden zwei Interviews und ihre Auswertungen stellvertretend gegenübergestellt. Eine Auswertung der vorliegenden Untersuchung im Sinne der Beobachtung des eigenen Vollzugs der Forschung, erste Beobachtungen und Erkenntnisse werden im Kapitel 7 dargestellt. In der Folge wird der Zusammenhang zwischen den aus den Interviews herausgefilterten Kategorien und dem systemtheoretischen Thema der Kopplung im Kapitel 8 dargestellt und im Kapitel 9 weiter vertieft. Dazu ist es notwendig, die kategorisierten Bedeutungs-zuweisungen der ersten Interviewreihen zu denen der Katamnese-interviews in Bezug zu setzen. Darüber soll beobachtet werden, ob und in welchem Maße – symbolisch über die intervenierende Kommunikation gekoppelt – Reflexionsprozesse etabliert werden konnten, die zur Veränderung von Sicht- und Handlungsweisen der Betroffenen führen. Da die Forschung auf eine verbesserte Reinklusion abhängigkeitskranker Menschen nach einer stationären Entwöhnungsbehandlung zielt, wird im abschließenden Kapitel 10 das Thema der Integration/Inklusion noch einmal aufgegriffen und in den Kontext der einzelnen handelnden Person und ihres gesellschaftlichen Einbezuges gestellt.

6. Theorieentwicklung

Nachdem die Methodologie und Methodik der Arbeit vorgestellt und begründet wurden, werden in der Folge zwei Fallvignetten und das jeweilige Gesamtverfahren abgebildet. Anhand der Darstellung des Verfahrens an den Personen A und C sollen die Selbstbeschreibungen, die Art und Weise der Deutung von eigenen Lebensvollzügen und die Prozesshaftigkeit der selbstreferentiellen Auseinandersetzung deutlich werden. Die Verfahren werden in vier Schritten dargestellt:
- Vorstellung der Fallvignette A bzw. C
- Kodierungen und Einzelanalyse: - Offene Kodierung
                                               - Axiale Kodierung
                                               - Selektive Kodierung
- Auswertung Katamneseinterview
- Veränderung der Selbstbeschreibung

Im Anschluss werden beide Fälle kontrastiv verglichen.

6.1 Darstellung des Verfahrens an der Person A

6.1.1 Kurzbiografie und Interview-Memo Textstruktur des erzählten Lebens

A, zum Zeitpunkt des erstgeführten Interviews eine etwa 43-jährige Frau mit langjähriger Suchtkarriere, scheint zum Zeitpunkt der Erstinterview-Führung noch stark auf unterstützende Strukturen angewiesen. Oft zieht sie sich in die Isoliertheit ihres Zimmers zurück. Über dem Knüpfen von Teppichen findet sie zu Ruhe und Ausgeglichenheit, die im Verlauf ihrer Krankheitsentwicklung verloren schienen. Nach der erfolgreichen

Beendigung ihrer Adaption bewohnt A eine Zeit lang ein Zimmer des Betreuten Wohnens in der Adaptionseinrichtung. Sie befindet sich in einem körperlich mäßig guten Zustand. Die Folgen der Abhängigkeitserkrankung erlauben nur eine tägliche Belastung von 4 Stunden. A erlebt kognitive Einschränkungen, empfindet aber ihre Abstinenz und beginnende Unabhängigkeit als das maximal Erreichbare und ist mit Recht stolz darauf.

A wird 1958 in N. geboren. Ihre 1937 geborene Mutter ist die jüngste von 12 Kindern des großelterlichen Haushaltes. Der Großvater bleibt im Krieg, die Großmutter zieht die Kinder groß und arbeitet als Vertriebene auf einem Bauernhof. Bis 1961 leben Frau A und ihre Mutter bei der Großmutter. Einen Vater kann A nicht erinnern. Wenige Tage vor dem Mauerbau am 13.08.1961 flüchtet die Mutter in den westlichen Teil Deutschlands und lässt das Kind zurück. A wird über die Stationen Großmutter und Onkel mit ca. 6 Jahren in ein Kinderheim gegeben. Dort verbleibt sie drei Jahre und schildert diese Zeit als denkbar dramatisch. Sie berichtet von erzieherischen Übergriffen und von der Unmöglichkeit der Kinder, auf ihre Situation aufmerksam zu machen. A ist glücklich, als sie 1966 von einer Frau in Pflege genommen wird. Dort erlebt sie – ähnlich wie bereits im Heim – Erziehung stark als sanktionierende Hinwendung. Als die Pflegemutter zu einem Landwirt zieht, verschlechtern sich die Verhältnisse für A nochmals dramatisch. Arbeit und Strafe überschatten ihr Schulleben. An den im Schulalltag eingebundenen Aktivitäten der *Freien Deutschen Jugend* darf sie nicht teilnehmen, weil ihre Pflegeeltern „kirchlich" sind. Die religiöse Einstellung hindert den Vater indes nicht, A auch an Feiertagen arbeiten zu lassen. In einer Lehre mit Internatsaufenthalt erkennt A die Möglichkeit, dem Dilemma in der Pflegefamilie zu entgehen. Sie schottet sich innerlich ab und beginnt schließlich eine Ausbildung zur Glasfacharbeiterin. Sie arbeitet drei Jahre in diesem Beruf und genießt Anerkennung. So berichtet sie stolz, an der Herstellung der Fenster des Palastes der Republik mitgearbeitet zu haben.

A lernt während der Ausbildung ihren späteren Lebenspartner kennen. Aus dieser Beziehung geht eine Tochter hervor, A ist zu diesem Zeitpunkt 21 Jahre alt. Da in dieser Zeit Kinderkrippenplätze rar sind, bleibt sie zu Hause. Manchmal geht sie mit ihrem Lebenspartner zu dessen Bekannten und Freunden, fühlt sich dort aber nicht wohl. Aus dem gelegentlichen Trinken wird eine zunehmende Abhängigkeit. In den letzten Jahren der DDR bis hin zur Wende 1989/90 verschlechtert sich ihre Arbeitssituation, schließlich wird sie dauerhaft und für die DDR eher untypisch arbeitslos. Erst aus den Vergleichen verschiedener Aufzeichnungen ergibt sich, dass Frau A nach drei Jahren Erziehungsurlaub in der alten Abteilung ihres Betriebes nicht mehr in ihrem gelernten Beruf als Facharbeiter für Glasherstellung arbeiten darf, sondern als Reinigungskraft eingesetzt wird. Sie strebt einen Arbeitsstellenwechsel an, wird durch das Amt für Arbeit nicht unterstützt und wirft sich schließlich in einer Kurzschlusshandlung vor einen Bus. Haushalt, die Versorgung von Lebenspartner, Kind, Hund und Katze werden immer mehr zum einzigen Lebensinhalt. Frau A spürt den Mangel an Mobilität und verwendet Alkohol als scheinbaren Problemlöser. Zwischen 1987 und 1990 häufen sich die Konflikte in der Partnerschaft und sie trinkt problematisch. Ab ca. 1990 wird A zur Spiegeltrinkerin. Ihr Partner versorgt sie, da sie nicht mehr die Wohnung verlässt, mit Alkohol und geht fremd.

Einer Entgiftung im Jahr 2000 schließen sich motivierende Gespräche mit der Mitarbeiterin einer Beratungsstelle an. A nimmt eine 16-wöchige Alkoholentwöhnungsbehandlung und eine nahtlos anschließende 4-monatige Adaption in Anspruch. Während der Aufarbeitungsphase fasst sie den Entschluss, sich von ihrem bisherigen Lebenspartner zu trennen. Das Verhältnis zu ihrer Tochter entwickelt sich zwischenzeitlich positiv. Vor dem Schritt in die Wirklichkeit des selbst bestimmten Alltags entwickelt A große Angst.

Nachfolgend werden die ersten Minuten ihrer Lebenserzählung dargestellt und anschließend eine Auswertung mithilfe der Grounded Theory vorgenommen. Das vollständige Interview befindet sich im Anhang.

Interviewausschnitt A, 08/2001, w, 43 Jahre

„A: Nja, fangn wer an bei meine Geburt. Geborn bin ich am 2. September 1958 als uneheliches Kind in N / un damit fing eigentlich schon mein Leben, kann man sagn,

chaotisch bald an. Die ersten zwei Jahre wuchs ich mit meine Mutter und meine Oma auf, dann kurz vor dem Mauerbau, das muss sogar gewesen sein, am zehntn oder am zwölften August ist meine Mutter denn in n Westen gegangn, hat mich ohne Vorwarnung alleine gelassen, dann war meine Oma gezwungn, mich großzuziehn. Konnt se zwar nicht und so is ebn die ersten paar Jahre bin ich denn zu mein Onkel gekommn bzw. zu meiner Tante, die Schwester meiner Mutter. Die hatten dann ungefähr für zwei Jahre- oder drei, das weiß ich nich mehr genau, die Vormundschaft für mich. Und dann kam aber unerwartet n zweites Kind bei mein Onkel un de Tante, was nich vorgesehn war- und wurde die Wohnung zu klein. Wies halt war, meine Oma konnte mich auch nicht mehr nehm, da se ja herzkrank war und eine Hand behindert war. Zum Schluss blieb - Kinderheim. / Es wurde zwar versucht, soweit ich weiß, dass ich in n Westen rüberkann. Aber irgendwie hat da was wohl nich geklappt / naja und da blieb letztendlich der Ausweg ins Kinderheim. Naja Kinderheim, wenn ich n bisschen was dazu erzählen soll; Wenn ich sagn darf, das war keen Kinderheim, das war eigntlich bloß ne Aufnahmestation, wo man schlafen konnte. Erziehung war in dem Sinne überhaupt nich. Irgendwie gelernt hatten wer da auch nichts. Das einzje war, wenn wir Kinder ehmnd nich so gehorcht hatten, wie wir s sollten oder wenn wir sowas nich gemacht hatten, wie s den Erziehern recht war, dann hieß es abends vor s Ins Bett gehen war angesagt, es gab Dresche auf Deutsch gesagt. Un das war bei uns so, wir warn in einer Gruppe im Kinderheim ungefähr fünfundzwanzig bis dreißig Kinder und mussten uns abends / wurden paar Kinder rausgesucht: „Du, du und du, Hosen runter, übers Bett legen" und alle fünfundzwanzig bis dreißich Kinder gingn durch und konnten uns aufn Hintern haun, egal wie stark, zum Schluß die Erzieher, die Dienst hatten auch. Das hieß denn auch gleichzeitig nächsten Tach kein Spieln, was man Spieln nennt bei uns. Das war vielleicht mal im Sandkasten oder mal eh Verstecken, das war eigentlich das ganze Spieln. Durftn wir nich dran teilnehmn. Amnbrot fiel aus / ungefähr zwei bis drei Tage, nur Mittag un Frühstück, auch nur sehr wenig und die Strafe, die man da so gekriegt hat, war nicht grade wenig. Und manchmal gabs Strafe / für überhaupt nichts. Und das war eigntlich, kann man sagn, überwiegend wie die Erzieher Laune hatten. Hatten se mal schlechte Laune, das war meistens s Wochenende, weil se arbeiten mussten. Und da kams eben sehr häufig vor. So gings ungefähr drei, vier Jahre. Dann bin ich zu ne Pflegefrau gekommn. Die war nich mehr verheiratet. / Naja und da gings eigentlich weiter, ehmnd auch mit Schläge, bloß nich in dem Maße. Anstatt Schläge stand auf der Tagesordnung Arbeiten. Spieln mit andre Kinder ausm Dorf gabs für mich gar nich / und dann die Zeitlang als ich in n Kindergarten musste, das war kurz vor de Schule, das war immer noch n DDR- Zeit so, wars im Kindergarten so, dass ich mich da n bisschen erholen konnte. Naja ist doch klar, die Zeit hatt ich denn genutzt, aber als ich denn immer ausm Kin-

dergarten nach Hause kam, hieß es denn auch Hausarbeiten. Da hatt mer auch noch n Kleingarten Nja, nu un da war ich schon zeitich dran gewöhnt, zu arbeiten / Und dann, nja sagn wer / so zwei Jahre hattn wer allein gelebt, dann hatt se n Mann kennengelernt. Sind wer umgezogen. / Und er hatte ja nun n großen Bauernhof. Das Ende vom Lied war; Arbeiten ging weiter, bloß eben mehr / Bin ich halt immer mal abgehaun auch zur Disko gegangn. Nja und wie so üblich bei mir gabs Strafe. / Nja Freunde gabs eigentlich in dem Moment gar nich, außer die man so in der Schule hatte. Ja Schule, weil ich grade davon rede: Schulausflüge mitmachen gabs auch nich bei mir. Meistens fiels dann mal in de Sommerferien. Nja und dann durch den Bauernhof, hieß ja auch wieder Erntezeit und so weite, naja und wenn grade mal nich soviel zu tun war, irgendwas fiel immer an. Naja dann wurd ich natürlich mit de Zeit stur. Un hab dann sozusagn ne Mauer aufgebaut. Un der eigentlich fing somit, kann sagn, der erste Kontakt mit n Alkohol. Nu nich dass ich irgendwie betrunken war oder so aber da kamn denn die Jugendweihn, da hat mer dann ja auch n Glas Wein jetrunkn. Aber ich hab ja den Moment gar keen Bedeutung beigemessen. So das blieb eigentlich im Rahm. Da ich ja sowieso weiter nich weggehn und nich weg konnte- und da war mir auch denn der Gedanke: Wenn ich ne Lehre beginne, dass ich eigentlich n Lehrberuf nehme mit Internat. Um von zu Hause überhaupt wegzukomm. Da ich ja da überhaupt keene Chance gesehn hab, von zu Hause wegzukomm. / Und hat sich ja dann letztendlich so ergebn. Hatt ich denn die Lehre begonnen in B

als Glasfacharbeiter. Und die Schule hatt ich denn glücklicherweise mit Gesamt Drei abgeschlossen. Un die Lehre hab ich dann in B angefangn mit Internat in T. Die ging zwei Jahre. Und da hatt ich denn och mein spätern Freund kennengelernt und Vater meiner Tochter. Die Lehre auch ziemlich gut abgeschlossen, auch ne gute Drei, kann ich sagn. Un bin denn, hatte denn das Angebot, in T zu bleiben. Un da war ich denn auch schon über achtzn. Konnte selbst über mich bestimmn."

Memo – Textstruktur des erzählten Lebens

Zeile 13-16	Geburt, erste Lebensjahre mit Mutter bei Großmutter
16 - 17	Flucht der Mutter vor Mauerbau
17 - 24	Wechselnde Bezugspersonen
24 - 44	Kinderheim und Strafe
44 - 55	Leben bei Pflegeeltern, Arbeit und Strafe
55 - 56	Schule
57 - 59	Leben bei Pflegeeltern, Arbeit und Strafe
60 - 64	Innerer Mauerbau, Erstkontakt mit Alkohol
65 - 72	Entschluss, sich über Lehre von Pflegeeltern zu lösen
72 - 75	Arbeit
75 - 77	Geburt der Tochter, Verlust an Mobilität
77 - 82	„Weggehen" als Ausgleich, Arbeit
82 - 93	Steigerung Alkoholkonsum, Hintergrund Arbeitslosigkeit, Krise mit Lebenspartner
93 - 99	Suizidversuch vor Hintergrund Arbeitslosigkeit und Partnerproblem
100 -130	Weg über Hausärztin, Entgiftung zur Therapie
131 - 144	Pflegeeltern Strafe
146 - 155	Trinken und Partnerschaft
155 - 165	Pflegeeltern, Arbeit und Strafe
165 - 171	Therapie, innere Mauer und Vertrauen
172 - 176	Trinken als Problemlöser
177 - 204	Therapiereflexion
211 - 220	Betreutes Wohnen als derzeitige Lebensalternative
	Nachfrageteil
226 - 261	Späte Wahrnehmung Verlust Mutter und Distanz zum Vater
263 - 297	Reflexion Kinderheim und Pflegeeltern
299 - 307	Beziehungen in Schule

309 - 340	Ausnutzung durch Lebenspartner
344 - 376	Verhältnis B. / Tochter
378 - 418	Vertraute Personen, Familiengeschichte
420 - 451	Trinkgründe und Trinkgewohnheiten
455 - 480	Hochpunkte und Tiefpunkte im Leben
482 - 536	Ausnutzung durch Lebenspartner und Suizidversuch
538 - 560	Bedeutung der Arbeit

6.1.2 Kodierungen und Einzelanalyse (A)-Die Offene Kodierung

Indikatoren	Subkategorien	Kategorien
- „[...] kurz vor dem Mauerbau, das muss sogar gewesen sein, am zehntn oder am zwölften August ist meine Mutter denn in n Westen gegangn, hat mich ohne Vorwarnung alleine gelassen." Z.16ff	Trennung von der Mutter	Erleben von Zuwendung/Abwendung
- „[...] war meine Oma gezwungn, mich großzuziehn. [...] denn zu mein Onkel gekommn bzw. zu meiner Tante, [...] dann kam aber unerwartet n zweites Kind bei mein Onkel un de Tante, was nich vorgesehn war- und wurde die Wohnung zu klein. [...] Zum Schluss blieb - Kinderheim." Z.18ff	Fehlende kontinuierliche Bezugsperson in der Kindheit	Kontinuität/ Diskontinuität
- „[...] war eigntlich bloß ne Aufnahmestation, wo man schlafen konnte. Erziehung war in dem Sinne überhaupt nich. [...] wir warn in einer Gruppe im Kinderheim ungefähr fünfundzwanzig bis dreißig Kinder und mussten uns abends / wurden paar Kinder rausgesucht: „Du, du	Sozialisation im Kinderheim Muster Schuld und Strafe	Erleben von Macht/ Ohnmacht

und du, Hosen runter, übers Bett legen" und alle fünfundzwanzig bis dreißich Kinder gingn durch und konnten uns aufn Hintern haun, egal wie stark, zum Schluß die Erzieher, die Dienst hatten auch." Z.28ff	Macht und Ohnmacht	
- „Dann bin ich zu ne Pflegefrau gekommn. Die war nich mehr verheiratet. / Naja und da gings eigentlich weiter, ehmnd auch mit Schläge, bloß nich in dem Maße. Anstatt Schläge stand auf der Tagesordnung Arbeiten. Spieln mit andre Kinder ausm Dorf gabs für mich gar ich." Z.44ff		
- „[...] un damit fing eigentlich schon mein Leben, kann man sagn, chaotisch bald an." Z.14	Lebensbild Chaos	Verstehen/ Nichtverstehen
- „Nur später, als ich denn ins Kinderheim musste, da hatt ich eigentlich erst begriffen. Die andern Kinder hatten Besuch, wurden abgeholt und da ha ich erst mal begriffen, dass ich ja gar keine Mutti hatte. [...] Die Fragen, die kamen erst später. Als ich schon bei de, den Pflegeeltern war. [...] Da ich ja ooch meine Verwandten nich finden konnte mehr, wurde ja vom Jugendamt verboten, das zu finden. War ja im Sinne Funkstille für mich"Z.236ff	Markierung eines Unterschieds

Informationsdefizit Wurzellosigkeit | |
| - „Naja dann wurd ich natürlich mit de Zeit stur. Un hab dann sozusagn | Selbstisolation als Schutzmechanimus | Copingstrategie geeignet/ |

ne Mauer aufgebaut. Un der eigentlich fing somit, kann sagn, der erste Kontakt mit n Alkohol." Z.59	frühe Funktionalisierung Alkohol	nicht geeignet
- „Gedanke: Wenn ich ne Lehre beginne, dass ich eigentlich n Lehrberuf nehme mit Internat. Um von zu Hause überhaupt wegzukomm." Z.65	Ausbruchsversuche	
- „Die Betriebe, da wo ich noch ne Chance gehabt hätte, die hatten alle zugemacht. Und naja bin ich überhaupt nich mehr rausgekommn." Z.97	soziale und personale Identität	Umgang mit Erfolg/ Misserfolg
- „Un / irgendwie hab ich dann immer gemerkt, dass es eigentlich ein ziemlich guter Problemlöser war. Einfach nur beiseite schieben, vergessen." Z.428ff	Trinken als Problemlöser und Tröster	Copingstrategie geeignet/ nicht geeignet
- „Da war ich wieder mal auf'm Arbeitsamt, [...] und da wurde mir gesagt, ja ich soll mich dort und dort melden. Es war so, kann man sagen, hundert Prozent Zusage [...]das Arbeitsamt hat gesagt, dass die Stelle für mich gesichert is. [...] Und dann hatt ich mich beschwert gehabt beim Arbeitsamt. „Na, wenn's Ihnen nich paßt, dann brauchen Sie überhaupt nich mehr komm." Und was hab ich gemacht in der Situation? Mir ein angetrunkn, und dann hatt ich so die Faxn dicke und dann wollt ich mich vorn Bus werfen. Na bloß	Trinken und Suizid als Problemlöser und Tröster	

der Busfahrer, sag ich mal heute, ich hab Glück gehabt, dass er so n gutes Reaktionsvermögen hatte." Z.521ff		
-„ Da ich ja sowieso weiter nich weggehn und nich weg konnte- und da war mir auch denn der Gedanke: Wenn ich ne Lehre beginne, dass ich eigentlich n Lehrberuf nehme mit Internat. Um von zu Hause überhaupt wegzukomm. Da ich ja da überhaupt keine Chance gesehn hab, von zu Hause wegzukomm. / [...] Und die Schule hatt ich denn glücklicherweise mit Gesamt Drei abgeschlossen. Un die Lehre hab ich dann in B angefangn mit Internat in T. [...] Die Lehre auch ziemlich gut abgeschlossen, auch ne gute Drei, kann ich sagn. Un bin denn, hatte denn das Angebot, in T zu bleiben. Un da war ich denn auch schon über achtzn. Konnte selbst über mich bestimmn. Hab ooch das Angebot angenommn.	Besinnung auf Alternativen Positive Bewertung schulischer Ergebnisse Selbstbestimmung	Aktive Lebenbewältigung als Ressource

Aus dem ersten Interview wird einerseits deutlich, dass bereits Reflexionsprozesse vorausgegangen sind, andererseits, dass das Selbstverständnis der Biografin noch stark von ihrem alten Leben diktiert ist. So eröffnet sie das Interview mit den Worten *"Nja, fangn wer an bei meine Geburt. Geborn bin ich am 2. September 1958 als uneheliches Kind in N / un damit fing eigentlich schon mein Leben, kann man sagn, chaotisch bald an."* Z.13ff Der Selbstaufforderung zum Beginn ihrer Erzählung folgt die genaue Benennung ihres Geburtsdatums und eine Kommentierung ihrer Herkunft *unehelich*. Das Wort wirkt hier wie eine Selbststigmatisierung. Das Selbstverständnis ihres Lebens drückt sich in der Kommentierung *chaotisch* als fatalistischer hinnehmender Grundhaltung aus. Die Vermutung liegt nahe, dass A manche Ereignisse, bspw. das Verlassenwerden durch ihre Mutter vor dem Mauerbau nicht wirklich erinnert, sondern dass diese Kenntnis Produkt von Austauschprozessen der Heranwachsenden A mit ihren Kommunikationspartnern in Familie, Heim und Jugendamt sind.

Bedeutsame Ereignisse benennt A mit exakten Terminangaben, bspw. den Beginn ihrer Therapie *Punkt zwölf* am 14.Dezember. Andere Prozesse und Ereignisse verschwinden in diffusen Zeitdauern. *„Dann kam ja auch mit der Zeit die Wende. Da war ja denn überhaupt nichts mehr. Die Betriebe, da wo ich noch ne Chance gehabt hätte, die hatten alle zugemacht. Und naja bin ich überhaupt nich mehr rausgekommn. Das hat sich so über Jahre hingezogn."* Z. 96 ff

A sehnt sich nach Anerkennung. Die Sehnsucht nach Anerkennung steht den Erfahrungen ihrer Ablehnung bzw. Negativzuwendung (Strafe) gegenüber. Diese Sozialisation erfährt durch das Fehlen eines kontinuierlichen Bezugspartners immerwährend Brüche. Arbeit scheint für A der einzige Faktor zu sein, der ihr zwar nicht Anerkennung bringt, aber doch Strafe erspart. Dieses Strafmuster bei nicht erbrachter Leistung wird von ihr internalisiert. In der Folge bestraft sie sich bei Leistungs- und damit Anerkennungsverlust selbst. Daraus resultieren Isolation und Suizidversuch bzw. -gedanken. Übergeordnet scheint eine erhebliche Selbstwertstörung zu sein, die zu einer mehrfachen Abhängigkeit der Biografin geführt hat, nämlich von Leistung, Suchtstoff und ihrem Partner. Die Selbstwertstörung beruht zum einen auf Missbrauchserfahrungen und scheint zum anderen auf eine diffuse Wurzellosigkeit rückführbar.

In der Folge wird das Phänomen Strafe im Lebensbild der Teilnehmerin beobachtet. Zusätzlich werden die zu beschreibenden Ereignisse mit einem für die Interviewte bedeutungsvollen Bild, dem der Mauer verknüpft.

Die Axiale Kodierung

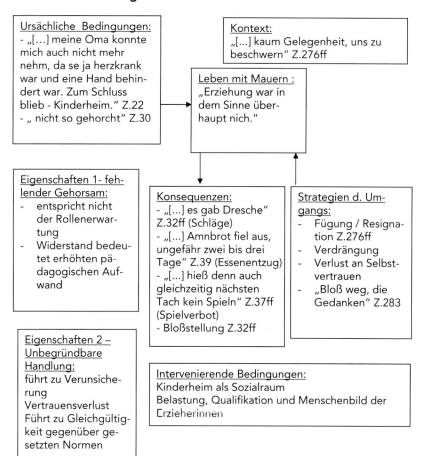

Das in dieser Kodierung beschriebene Phänomen betrifft das Erleben und Reflektieren des Heimaufenthaltes. A hat, mindestens in der Reflexion, ein Gefühl dafür, welche Funktion der Erziehung zukommt und welche Erwartungen sie daran knüpfen durfte. Doch anstelle von Fürsorge und Entwicklung erlebt A Ohnmacht und Ablehnung. Das Erleben von Strafe, unabhängig von einem Grund, wird zu einer der Hauptkategorien in der Entschlüsselung der Biografie von A. Gestraft wird im Kinderheim häufig und mit einer hohen Intensität. Sanktion ist nicht berechenbar, die Aktionen der Erzieher erfolgen nach Darstellung der Erzählerin willkürlich. Die Sanktionsformen umfassen dabei körperliche Züchtigung, Essenentzug, Spielverbot sowie Bloßstellung vor den anderen. A assoziiert Erziehung mit Strafe. Da die Interviewte zum Zeitpunkt des von ihr glaubwürdig geschilderten Geschehens noch unter 6 Jahren alt ist, scheint sie über keine adäquaten Strategien im Umgang mit Sanktionen zu verfügen. Deutlich spiegelt sich in den geschilderten Vorgängen eine Beeinträchtigung der Entwicklung eines Kohärenzgefühls.

Die Sozialisationsinstitution Heim wird nicht als fördernde Einrichtung, sondern als unterdrückendes System erlebt, dem A hilflos ausgeliefert scheint und in dem die Bezugspersonen mit ihrer Aufgabe der Versorgung und Erziehung überfordert sind. Das Muster Strafe und Schuld wird von A verinnerlicht. Der spätere Suchtmittelgebrauch kann psychoanalytisch als eine regressive Wiederbesetzung zur Selbstbestrafung bei Nichtanerkennung ihrer Leistung von A interpretiert werden. Das wäre in einer weiteren Achse aufzuzeigen. Von A wird die Konsequenz „Verlust an Selbstvertrauen" in der Besprechung des Schaubildes als wichtiger Baustein im Verständnis ihrer Lebensgeschichte hervorgehoben. Zunächst wird der Versuch von A dargestellt, dem Dilemma aus

Fremdbestimmtheit und Perspektivlosigkeit eigene Wege entgegenzusetzen.

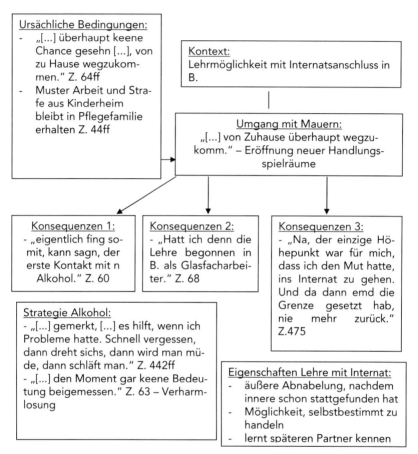

A erfährt ständige Demütigungen. Sie beobachtet die unterschiedliche Behandlung der Kinder in ihrer Gleichaltrigengruppe durch die Eltern, befindet sich aber in einer für sie ausweglosen Situation. A sucht nach Möglichkeiten selbstbestimmt zu handeln. Den Ausweg bietet eine Internatsaufenthalt während der Lehrzeit und eine möglichst schnelle Bindung. Die Partnerschaft wird als weiterer Schritt in die Selbstbestimmtheit und als Abgrenzung gegenüber den vorher einengenden

sozialen Zusammenhängen empfunden und entsprechend idealisiert, da sie dies aus der Enge des Pflegeelternhauses hinausführt. Mit dem Suchtmittel findet A ein Instrument zur inneren Abschottung und zur Regulierung ihrer Anerkennungsdefizite.
Im Mittelpunkt der folgenden Übersicht steht die Reflexion eines Suizidversuches.

Ursächliche Bedingungen:
- „hundert Prozent Zusage. [...] und dann stellte sich raus, äh, dass se jemand anders genomm hättn" Z. 523
- „das Arbeitsamt hat gesagt, dass die Stelle für mich gesichert is." Z.526
- Und dann hatt ich mich beschwert gehabt beim Arbeitsamt. „Na, wenn's Ihnen nich paßt, dann brauchen Sie überhaupt nich mehr komm." Z. 528

Kontext: Bedeutung von Arbeit
- „Ich kenn ja ein Leben ohne Arbeit eigentlich gar nicht. Ich bin ja sozusagn, nich wie andre was spielen oder lernen ich hab gelernt zu arbeiten und ich mußte lernen, wie, wo andre lernen mußten, wie baut man irgendwie was zusamm im Kindergarten oder so, hab ich gelernt, wie melkt man ne Kuh!" Und ich kenn`s ja nich anders." Z.544ff
- „Aber Arbeit ist eben, und ich glaube, damit hab ich das auch runtergespült, weil ich ja nichts zu tun hatte. Den ganzen Tag tut man ja nicht das Haus schrubben [...] Und was hab ich Nachmittag gemacht? Z.552ff
- „Freunde aus der Lehrzeit [...] woanders hingezogen, na und andre kannt ich dann nicht." Z.556ff

intervenierende Bedingungen:
- Arbeitslosigkeit zu DDR-Zeit eher ungewöhnlich
- A wurde entgiftet, aber Suizidgeschehen wurde nie aufgearbeitet

→

Wenn Mauern erschlagen:
„Naja, un da wars dann mal soweit- da wollt ich mirs Leben nehmn."

↑

Konsequenzen 1:
- „(. .) mir ein angetrunkn". Z.532
- „[...] wollt ich mich vorn Bus werfen". Z. 533
- finale Suizidabsicht
- Verlust an Selbstvertrauen

Konsequenzen 2:
- „Naja, dann wurd ich ins Krankenhaus eingeliefert für n paar Tage und dann ham se mich wegen Rückfall nach W. gebracht. Und da ham se gleich noch ne Entgiftung gemacht und denn wurd ich entlassen ohne irgendwelche Weiterbehandlung, irgendwie ne Maßnahme oder so, überhaupt nich gewesn. Und da lief denn der alte Trott weiter. Hatt ich zwar ne Zeitlang nichts getrunken, aber ungefähr so / nach m Monat so ungefähr hab ich dann wieder angefang, wieder ... zu trinken. aber emd nicht mit Selbstmordabsichten." Z. 532

Die vorliegende Übersicht verdeutlicht den Zusammenhang zwischen der Selbstdefinition von A über Arbeit und dem final angelegten Suizidversuch. Das internalisierte Muster „Anerkennung über Leistung" trifft auf ein verstecktes Muster der „Selbstbestrafung" bei Anerkennungs- oder Leistungsverlust. Die Unzufriedenheit über die bisherige Lebenssituation basiert auf dem Erleben, ihren alten Arbeitsplatz, auf dem sich A wertgeschätzt weiß, nach dem Mütterurlaub nicht wieder einnehmen zu können. Eine angebotene Stelle mit deutlich niedrigerem Qualifikationsgrad bedeutet einen neuerlichen Verlust an Kohärenzgefühl. Bei der Erarbeitung dieses Beziehungsgeflechtes weist die Interviewte wiederholt auf den Verlust an Selbstvertrauen hin, der mit jeder erneuten Niederlage in ihrem Leben zunimmt und zu einer Form resignativen Trinkens führt. So ist ihr Suizid auch als eine Art Versuch anzusehen, die sie umgebende Mauer, ihr Leben nicht nach eigenen Vorstellungen gestalten zu können, quasi dauerhaft fremdbestimmt zu sein, zu sprengen.

Die selektive Kodierung – Von Mauern zu neuen Behausungen

Mauern können die eigenen vier Wände, Schutz und Geborgenheit bedeuten. Sie können aber auch das Ende jeder Kommunikationsmöglichkeit, die absolute Trennung vom Anderen sein. A erlebt in ihrer Geschichte viele Mauern, Mauern, die teils von anderen Menschen, teils von ihr selbst gesetzt sind.

Welche Gründe, Formen und Möglichkeiten in diesen Mauern stecken, sollen die folgenden Ausführungen verdeutlichen.

Die Mutter– Kind– Republik– Mauer:
- „[...] ist meine Mutter denn in n Westen gegangn." Z.16f
– Flucht der Mutter hat neben Verlust wichtiger emotionaler Bindungen zur Folge, dass A nicht im elterlichen Umfeld aufwachsen kann. Informationssperren verhindern, dass A. Kontakt zu ihrer Mutter aufnimmt. Der Vater ist nicht bekannt. Z.238ff

Mauern während der Heimzeit:
- Die Mauer, die durch die im Heim herrschende Strafpraxis aufgebaut wird, heißt Vertrauensverlust.
- A. resigniert gegenüber dem Unvermeidlichen und verdrängt ihre Erfahrungen. Später werden sich die Muster Strafe und Anerkennung über Leistung in ihr festsetzen.

Mauern während der Pflegschaft:
- „Anstatt Schläge [...] Arbeiten, spieln mit andre Kinder [...] gabs [...] nich." Z.46ff
- Teilnahme an außerschulischen Aktionen nicht erlaubt Z. 57f, religiöse Gründe der Eltern unglaubhaft. Z. 142
- „[...] wurd ich stur [...] dann ne Mauer aufgebaut." Z. 60

Mauern hinter sich lassen:
- A. entscheidet sich für eine Lehre mit Internat, kehrt nicht zu Pflegeeltern zurück
- Beruf und Anerkennung durch Kollegen stärkt sie ebenso wie die Partnerschaft und die daraus hervorgehende Tochter

Von Mauern erschlagen /Suizidversuch:
- Im Sinne der Selbstbestrafung bei Handlungs- und Leistungsunfähigkeit, aber auch einfach aus Verzweiflung will A. ihrem Leben ein Ende setzen
- Ihr Versuch, gegen institutionelle Mauern anzurennen endet im Desaster Z. 522ff

Neue Mauern und Isolation:
- A. soll Beruf, über den sie sich identifiziert, nicht mehr ausführen
- verstärktes Trinken und Isolation durch Anbindung an Haushalt
- „[...] durch Alkohol Misstrauen (Aufmerksamkeit) verlorn. Ich wurde leichtgläubig." Innere Mauer, um mit den Verhältnissen leben zu können. Z. 493ff

Abbau von Mauern und Aufbau neuer Lebens(t)räume und Behausungen:
- A. entscheidet sich zu einer Alkoholentwöhnungsbehandlung, trennt sich in dieser Zeit von ihrem bisherigen Partner (Trennung wird nochmals als Krise durchlebt) und erholt sich körperlich und seelisch von der zurückliegenden Zeit
- Entdeckung von geistigen Ressourcen, Lust am Leben in einer eigenen Wohnung.
- Veränderter Umgang mit Konflikten

Der Bau der Mauer durch Berlin und Deutschland 1961 ist das makrostrukturelle Ereignis, das sich mit dem Lebenslauf von A auf nachhaltige Weise verknüpft. Die Mutter der kleinen A geht in den Westteil Deutschlands und lässt ihr Kind zurück. Die zur Entwicklung eines gesunden Selbstwertempfindens wichtigen äußeren Faktoren wie Geborgenheit und Zuwendung erlebt A defizitär. Weitere Mauern werden gesetzt, als sie in ein Kinderheim kommt. Hier fehlen nicht nur die wichtigen Bindungen zu ihrer Ursprungsfamilie, sondern ihr Wert- und Normengefüge wird durch die Strafpraxis der Erzieherinnen im Heim völlig auf den Kopf gestellt. Der scheinbare Ausweg aus dieser Situation führt über die Aufnahme von A in eine Pflegefamilie in eine Sackgasse. Das Muster der Bestrafung setzt sich nahtlos fort. A darf keinen Kontakt zu anderen Kindern im Dorf haben und nicht an außerschulischen Unternehmungen teilnehmen. Diese Mauer wird religiös begründet. Religiöse Regeln werden von den Pflegeeltern willkürlich behandelt, indem A an Feiertagen nicht in die Kirche geht, sondern auf dem Feld arbeiten muss. Mit der Entscheidung, eine Lehre mit Internatsaufenthalt anzutreten, macht A erste Versuche den Mauern zu entkommen, nachdem sie sich bereits innerlich losgesagt hat und ihrerseits eine Mauer aus Sturheit errichtet hat. In dieser Zeit lernt sie ihren „Prinzen" kennen. Die spätere Verbindung mit ihrem Partner legitimiert ihren Ausbruch. Dem Höhepunkt, der Geburt ihrer Tochter, folgt die Bindung an den heimischen Haushalt. Diese Mauer hat einen anderen Charakter. Hat sie bis dahin über Arbeit und Leistung eine gewisse Unabhängigkeit und Anerkennung erreicht, so fällt nun diese Stütze weg. Sie darf ihren erlernten Beruf nicht mehr ausführen und fühlt sich zunehmend unwert. Es kommt zur Eskalation, als sie auf Mauern aus Vorschriften und Unverständnis bei Behörden trifft. In ihrer Verzweiflung greift sie zum Mittel der

Selbstbestrafung und will sich suizidieren. Trinken hat in dieser Phase die Funktion des Gleitmittels für einen solchen Entschluss.

Die Kopplung zwischen der Person A und den Institutionen Heim und Pflegefamilie besteht u.a. aus Aufforderungen und Verboten, nicht jedoch in der Zurverfügungstellung von Zuwendung, Liebe, Achtung und Anerkennung. Um sich über Anerkennung an ihre Mitwelt koppeln zu können, muss A ein Mehr an Leistung aufbringen. Mit der Arbeitslosigkeit ist dieser Weg versperrt und A gerät in die Selbstisolation.

Erst in der Therapie lernt A, die in ihr gewachsenen Mauern aus Misstrauen und Gleichgültigkeit aufzuspüren und aufzubrechen. Auf den Ruinen erstellt sie neue Lebens(t)räume. Die Trennung von ihrem bisherigen Partner, der durch seine co-abhängige Haltung zum Bestand der alten Mauern beigetragen hat, ist dabei nur ein Schritt. Andere Schritte sind die Festigung ihres Selbstwertgefühls über dem Wissen, dass nicht unbedingt Leistung zählt, sondern A allein schon aus der Tatsache heraus, da zu sein, akzeptiert und geachtet wird. Es bleibt zu wünschen, dass ihr einmal eingeschlagener Weg aus den vielen Abhängigkeiten und Mauern ein wirklich auf eigenen Entschlüssen beruhender Weg ist. Das wird sich in den kommenden Jahren erweisen.

6.1.3 Auswertung des Katamneseinterviews

Im Alter von etwa 41 steht A vor einem Scherbenhaufen. Unsicherheit über den Wert und Nutzen ihres Lebens verbindet sich mit den körperlichen Folgen der Abhängigkeitserkrankung. Während der Therapie lernt sie vor allem, sich gegenüber den Manipulationen ihrer alten Umwelt abzugrenzen. Sie entwickelt wieder Vertrauen in ihre kognitiven und körperlichen Fähigkeiten. Ihre Entscheidung, nach der Adaption an einem neuen Ort zu leben, ist die Entscheidung, sich von alten krankmachenden oder Krankheit erhaltenden Strukturen zu trennen. Wie gut ihr der Aus- und Einstieg gelungen ist, wird sich anhand des Katamnese-Interviews nachvollziehen lassen.

Inhaltsangabe und Offene Kodierung

Zeile	Thema
6 - 14	Entschluss, in eigene Wohnung zu ziehen
14 - 17	Begleitung durch Sozialarbeiterin und räumliche Nähe zur Adaption als Stütze
17 - 21	Eignungstest für Bildungsmaßnahme
21 - 23	Copingstrategie zur Bewältigung des Übergangs in eigene Wohnung
24 - 35	Qualifizierungsmaßnahme zum Tischler, Sinnzuweisung durch Arbeit
35 - 45	Reflexion über wiedergewonnenes Selbstvertrauen und -bewusstsein
46 - 49	Kontakte zu Mitmietern
49 - 55	Vorher/Nachher- Differenz als Grundlage neuer Selbstbeschreibungen
55 - 60	Belegerzählung Praktikasuche und Übernahme
60 - 72	Reflexion des Umgangs mit Schwierigkeiten vor /nach Therapie
73 - 83	gestalteter Alltag als Ressource
83 - 99	Belegerzählung Praktikum & Alkohol
99 - 106	Umgang mit der Tochter
106 - 115	Bilanzierungen
121 - 143	Bestätigung der Entscheidung zur Neuverortung
147 - 154	Aufbau einer zweiten Heimat, weil es eine erste nie gab
159 - 202	Umgang mit Enttäuschungen vor und nach Therapie/ Belegerzählung
206 - 229	Vertrauen: „[...] ich bin offener geworden, risikoreicher."
233 - 248	Veränderte Haltung zur Arbeit als Identität stiftender Rolle
252 - 268	Wirkung der Abstinenz auf andere
272 - 280	Zukunftsvorstellungen
287 - 307	Wirkung des ersten Interviews
309 - 328	Mehr und offenere Kommunikation über das Thema Abhängigkeit nach Therapie und Adaption
330 - 341	Abnehmende Bedeutung des Suchtmittels im Alltag

Indikatoren	Subkategorien	Kategorien
- „(…) als ich mich entschlossen hab, auszuziehn, also in ne eigne Wohnung, hatt ich doch ganz schön Angst gehabt, habs eigentlich nich gesagt." Z.8 - „Ahh trotzdem, ich wollte auf eignen Füßen wieder stehn." Z.10 - „(…) in ne eigne Wohnung gezogen – aber ehmnd gleich mit dem Hintergedankn, in den Nähe von de Adaption, da ich wusste, dass ich no nich so fest war, wie ich's sein wollte." Z.11 - „Die erste Zeit war zwar n bisschen schwierig. War ich eigentlich mehr in der Adaption als in der Wohnung." Z.22	Umgang mit inneren Widerstand bzgl. Wohnung Festigung der Entscheidung Copingstrategien des Übergangs in Wohnung	Differenz Autonomie/Abhängigkeit - Einzug in eigene Wohnung
- „Hatte dann auch vom Sozialamt (…) musst ich mich vorstelln bei de DEKRA, da wurde (…) n Idiotntest gemacht. Also was ich noch kann, was ich nich mehr kann." Z.17 - „Und na ja, da hab ich vom Sozialamt ne Arbeitsmaßnahme bekomm. (…) Zuhause sitzen war nich so mein Ding. (…) Das is ne Arbeitsmaßnahme, die auch bezahlt wird, was ja nun mir oh zugute kommt. Bin unabhängig, hab keine Sozialhilfe mehr. Wo drauf ich hingearbeitet hab. Ich bin selbständig gewordn dadurch." Z. 25ff	Sinnzuweisung durch Bestätigung Erwerbsfähigkeit Sinnzuweisung durch Tagesstruktur Sinnzuweisung durch Unabhängigwerdung und Verbesserung Lebensqualität	Erwerbsfähigkeit bestätigt/nicht bestätigt Selbständigkeit/ Unselbständigkeit
-„Ja ich hab ooh noch durch unsre Hausbewohner viele andre Menschen kennen gelernt, liebe Menschen, die bei uns so mit im Haus wohnen. Mit ner ältern Frau	System der Mieterschaft und Sinnzuweisung durch Aufgaben-	Inklusion in Soziale Systeme und Differenzierungen

hab ich sozusagn ne kleine Patenschaft eingegangn. Begleit ich immer (...) weil se ooch n bisschen gehbehindert is." Z. 46f	übernahme	
- „Habe dadurch wieder Menschen kennen gelernt, gute, weniger gute und ich muss sagen (...) sehr viele Alkoholiker." Z.36	Sinnzuweisung durch Arbeit, Selektion durch Vorerfahrung	
- „[...] ne Beziehung zerbrochen, aber das muss ich mir nich antun, wenn eener denn da sich, na n Bauch vollschlägt mit Alkohol und ich sitz daneben." Z.81f	Abgrenzung gegenüber trinkendem Partner	abgrenzungsfähig/ nicht abgrenzungsfähig
- „Ich sollte nich sagen, dass ich Alkoholiker bin, also von meiner Chefin, meiner Qualifizierung aus. Und nun sollt ich die nu klarmachen, warum ich keen Alkohol trinke." Z 86f	double bind-Situation	
- „Na enttäuscht war ich zum Beispiel [...] Ne Arbeitskollegin von mir, die is ooch Alkoholikerin. Und , hat se mir selbst gesagt, durch mich hat se endlich den Alkoholgenuss ziemlich reduziert [...] Und bei ihr is, seh ich so, eigntlich das Schema, es entwickelt sich genau wie bei mir [...] ich sache: Komme zu mir [...] gekomm is se nie." Z.172	Wiederentdeckung eigenen früheren Verhaltens	Selbstbeschreibung alt/ neu
- „Hab ooh gelernt, selbständig mit viel Geld umzugehn, im Gegnsatz zur Sozialhilfe. Und bin aber ooh in dem Punkt selbständijer gewordn, auf andre Menschen zuzugehn. Hab gelernt mit Leben umzugehn. Und vor allem, ich versuch mal, was ich sonst zu zeitig aufgebn	Vorher/Nachher-Differenzen in verschiedenen Lebensbereichen	Selbstbeschreibung alt/ neu

hab. Wenn ich mir was in n Kopp gesetzt hab, irgendwie mit allen, na ich sage nich mit allen Mitteln, ich such ehmnd Wege aus, wo andre vielleicht sagn, da gibt's ja nichts mehr un so." Z.50ff		

A hat eine innere Abkehr von der scheinbar festgefügten Geschichte ihres Lebens vollzogen. Dieser Schritt, bestärkt durch therapeutische Intervention bleibt dennoch ein Wagnis. Er ist verbunden mit Ängsten und sowohl positiven als auch negativen Erfahrungen im Umgang mit Abstinenz. In einer double-bind-Situation darf sie einerseits nicht Position zu ihrer Abhängigkeitserkrankung beziehen und andererseits soll sie erklären, warum sie nicht trinkt. Die Interviewte gestaltet den Übergang aus institutioneller Begleitung in die Eigenständigkeit sehr vorsichtig und sichert die einzelnen Schritte ab. Mit jedem weiteren Schritt entwickelt sie mehr Selbstvertrauen, schreibt quasi ihre Lebensgeschichte um. Immer wieder berichtet sie von „lieben Menschen", eine Erfahrung, die ihr in den zurückliegenden ca. 35 Jahren versagt blieb. Zunehmend gelingt ihr die Rückkehr in einen nun von ihr selbst bestimmten Alltag. Dazu gehört die (Wieder)-Entdeckung handwerklicher und geistiger Ressourcen, die eigene Wohnung, der Umgang mit mehr Geld.

In einer Vorher/Nachher-Differenz benennt die Interviewte den veränderten Umgang mit der Bereitstellung kommunikativer Anschlüsse. Die ursprünglich ohne Lebensfreude und isoliert lebende Frau geht nun offen auf andere Menschen zu und hilft im Rahmen einer Patenschaft einer älteren Dame in ihrem Wohnumfeld. Diese Kontakte sind ebenso Sinn stiftend wie die Ausbildung zum Tischler. Hier sieht sich A mit der Notwendigkeit eines differenzierten Umgangs mit dem Thema Vertrauen konfrontiert. Obwohl sie einer anderen Suchtkranken ihre eigenen

Erfahrungen zur Hilfe anbietet, wird ihr Vertrauen enttäuscht. Die Trennung von ihrem ebenfalls abhängigkeitskranken Partner, der trotz Intervention weiter trinkt, wird vollzogen.

Wie A die Schritte ihrer Reintegration im Einzelnen vollzieht, soll im Rahmen der folgenden axialen Kodierungen näher untersucht werden.

Die axiale Kodierung

ursächliche Bedingungen:
- das sich der Adaptionsphase anschließende Betreute Wohnen endet
- „(…) ich wusste, wenn ich in das alte Umfeld zurück geh, die Bekannten (…) alles Alkoholiker sind (…) vorprogrammiert, dass ich da nich trocken bleib." Z.123

Bedeutung von Eigenständigkeit:
- Übernahme von Autonomie als Grundlage einer neuen Selbstbeschreibung

Erfahrungen infolge des Umzuges:
- „Ich habe gelernt, sehr viele Entscheidungen selbst zu treffen." Z.44
- „[…] habe ooch noch durch unsere Hausbewohner viele andere Menschn kennengelernt, liebe Menschen […]." Z.47
- „Hab ooh gelernt, selbständig mit viel Geld umzugehn, im Gegensatz zur Sozialhilfe." Z.50

Neuverortung 1:
Bewältigung des Schrittes in die eigene Wohnung

Erleben der Auszugssituation:
- „[…] als ich mich entschlossen hab, auszuziehn,[…] hatt ich doch ganz schön Angst gehabt." Z. 8f
- „ […] ich wusste, dass ich no nich so fest war, wie ichs eigentlich sein wollte." Z.12
- „Die erste Zeit war […] schwierig." Z.22

Strategien des Umgangs & Konsequenz:
- in Anfangszeit „war ich eigentlich mehr in der Adaption als in der Wohnung." Z.24
- „Mit der einen ältren Frau […] ne kleine Patenschaft eingegangen. Begleit ich immer, wenn se sonntags zum Kaffee fährt." Z.48

Handeln in dieser Situation:
- eigener Entschluss, zu diesem Zeitpunkt in eigene Wohnung zu ziehn. Z.8
- sucht Wohnung in der Nähe der Adaptionseinrichtung Z.12
- nimmt noch ein halbes Jahr ambulante Begleitung durch Sozialarbeiterin an

Der Schritt in die eigene Wohnung wird von A gut vorbereitet. Sie schafft sich Sicherheiten, in dem sie eine Wohnung in der Nähe der Adaption sucht und zu Beginn noch den Raum der Adaption nutzt. Zusätzliche Motivation, sich an einem neuen Ort niederzulassen, entsteht aus dem Gefühl, bei einer Rückkehr in die alten Verhältnisse sich nicht ausreichend abgrenzen und schützen zu können. A kapselt sich nicht in der Wohnung ein, sondern geht auf andere Menschen zu, beispielsweise in der Patenschaft mit einer älteren Frau. In dem sie sich im Rahmen des Katamneseinterviews ihre Ängste während der Phase des Überganges in ein eigenverantwortliches Leben erinnert, erfährt A zugleich, dass sie eine krisenhafte Situation gut durchgestanden hat. Das wiederum stärkt ihr Selbstvertrauen und damit ihre Fähigkeit, andere schwierige Situationen zu meistern.

In einer weiteren Darstellung wird der Zusammenhang von Arbeit und Abstinenz veranschaulicht.
A bezeichnet es als großes Glück, gleich nach dem Auszug aus dem Betreuten Wohnen die Chance auf Arbeit (Qualifizierungsmaßnahme Tischler) zu haben. Das macht es ihr leichter, sich im neuen Sozialraum zu verorten. Sie wird unabhängiger von staatlichen Hilfen und lernt im Arbeitsumfeld Menschen kennen, hier aber auch Betroffene. Eine von diesen hält A gleichsam einen Spiegel vergangener Verhaltensweisen vor. A schafft es, sich in dieser für sie gefährdenden Situation abzugrenzen, ebenso gegenüber Anfeindungen und Neid durch andere Kollegen. Eine wichtige Erkenntnis ist die, dass nicht ausschließlich Arbeit Leben und Sinn bestimmend sein muss.

ursächliche Bedingungen:	Bedeutung, Arbeit zu haben:
- „(…) da ich genau wusste, dass ich keine Arbeit kriege in T." Z. 126 - „(…) in L. die Chance, eher ne Arbeit zu kriegen." Z.130 - „(…) hab ich vom Sozialamt ne Arbeitsmaßnahme bekommen." Z.25f	- Ökonomische Unabhängigkeit - Soziale Kontakte - Zunehmende gesellschaftliche Anerkennung als Trägerin einer Leistungsrolle

Neuverortung 2:
Unabhängigkeit durch Arbeit

Erleben der Eingangssituation:
- „Gut, am Anfang wars schwer, (…) ich konnte ja no ni n Nagel einschlagen, geschweige denn irgendwelche Tischlerarbeiten." Z. 30ff
- hatte zu Beginn Bedenken im Umgang mit anderen alkoholabhängigen Mitarbeitern Z. 37
- Mangelnde Unterstützung durch das Arbeitsamt bei der Praktikaorganisation Z.58ff

Erfahrungen durch Arbeitsmaßnahme:
- „Habe dadurch wieder Menschen kennen gelernt, (…) zu meim Nachteil sehr viele Alkoholiker." Z.36f
- „(…) s hat mich ja nich kalt gelassen irgendwie, aber ich konnte damit umgehen." Z.39
- „(…) seit Juni, Juli bin ich selbständiger geworden." Z.34
- wird selbst bei Praktikumssuche aktiv und hat Zusage der Übernahme durch die Praktikumsfirma Z.59f
- „Hätt ich mir, glaub ich, vorm Jahr (…) nich getraut." Z.61

Schwierigkeiten:
- soll im Praktikum Alkoholkrankheit verschweigen Z.85
- erlebt in der Schule Vertrauensbruch durch eine alkoholkranke Kollegin /Mitschülerin Z. 173
- erfährt Neid durch Kollegen und soll beweisen, dass sie nichts trinkt

Strategien des Umgangs & Konsequenz:
- Passt sich im Praktikum an und spricht nicht über Erkrankung
- Versucht, Kollegin zu helfen, grenzt sich aber auch ab Z.185
- Gestärktes Selbstbewusstsein: „Ich kann damit umgehen, wenn se neidisch sind, (…) ich habs mir selbst erarbeitet." Z.201f
- (…) gelernt, nich gleich wieder ne Mauer aufzubauen." Z. 228f

Veränderte Haltung zur Arbeit:
- Arbeit spielt nicht mehr die Hauptrolle zur Erhaltung der Abstinenz: „Am Anfang war Arbeiten, Arbeiten, um ja nich an Alkohol zu denken (…) das nich mehr (…) das Leben besteht nich nur aus Arbeit." Z.235ff

A hat ein Leben lang nur für Anerkennung gearbeitet, weil sie kaum über gute soziale Kontakte verfügt. Das ist nun anders. Sie vergleicht immer wieder in einer Vorher/Nachher- Differenz ihre persönlichen Standpunkte und strahlt ein völlig neues Selbstvertrauen aus. In einer letzten Übersicht wird der Umgang mit dem Thema Alkohol im Alltag dargestellt.

ursächliche Bedingungen:
- Entschluss abstinent zu leben, wird in Therapie gefördert
- körperliche Folgen durch Abhängigkeit
- „[...] ich hatte den Willn, wollte trocken bleiben und da war die einzje Chance, ehmnd in L. neu anzufangen." Z.128ff

Bedeutung der Abstinenz:
- völlige Enthaltsamkeit von der Einnahme alkoholischer Getränke und Mittel jeder Art
- Grundlage und Ergebnis einer gelingenden Alkoholentwöhnungstherapie
- Abstinenz bedeutet vorerst den Verlust/Verzicht auf einen scheinbar unentbehrlichen Lebensbegleiter
- Energie der bisherigen Abhängigkeit kann nun auf die Wiedererlangung der in der Abhängigkeit verlorengegangenen Autonomie geleitet werden

Neuverortung 3:
Abstinent leben

Konfliktsituationen:
- „Und nu sollt ich die nu klarmachen, warum ich keen Alkohol trinke. [...] wo ich n bisschen ins Schwimmen kam." Z.87
- Misstrauensäußerungen durch Kolleginnen: „Nja, du kannst uns ja viel vormachen [...] Du trinkst ja bloß jetzt nich, wenn wir hier trinken, aber heimlich, wenn de de Tür zu hast." Z.266ff
- häufig in Lebensmitteln Alkohol
- sieht jeden Tag „Besoffene oder Betrunkene", „Volkskrankheit" Z.312ff

Erfahrungen:
- zu Beginn viel und offen über Thema Alkohol gesprochen Z.313ff
- hat gelernt mit diesem Thema umzugehn
- sieht im Vergleich zu trinkender Kollegin eigenen Werdegang und lernt sich abzugrenzen
- an Abstinenzwillen entscheidet sich Freundschaft
- Erstaunen und Neid von anderen Betroffenen

Strategien des Umgangs & Konsequenz:
- Sicherheit durch Vorher/Nachher- Differenz Z.294ff
- „Ich kann, wenn mich jemand fragt, Erfahrungen weitergeben. Und das nutze ich." Z.325f
- Abgrenzung gegenüber einer abhängigen Kollegin
- Abgrenzung gegenüber und Trennung von abhängigem Partner

Im Rahmen einer Entwöhnungstherapie kann Abstinenz relativ druckfrei erlebt werden. Speisen enthalten garantiert keinen Alkohol. Die Gruppenkohärenz sorgt für gewisse Sicherheiten, klinische Regeln bilden ein schützendes Korsett. In der Realität angekommen erweist sich, welchen Wert die Auseinandersetzung der Biografin mit ihrer Suchtgeschichte und ihr Abstinenzwillen haben. Sie lernt den Zweifel an ihrer Abstinenz kennen, aber auch ihre Fähigkeit, sich gegenüber anderen Abhängigen abzugrenzen. Der neue Ort ermöglicht einen Schutz vor den Einladungen aus dem altbekannten Milieu. Arbeit wird zu Beginn als Stütze für einen trockenen Alltag genutzt. Hier ist aber auch Gefahr durch abhängigkeitskranke Arbeitskollegen. A erkennt wie in einem Spiegel ihren eigenen Werdegang im Suchtverlauf einer Kollegin. Zugleich erfährt sie etwas über ihre neue Stärke. Im Sinne eine Vorher/Nachher-Differenz führt sie sich vor Augen, was sie erreicht hat und wofür es sich lohnt, abstinent zu sein. Mehrere Sinndimensionen werden hier berührt, die Zeitdimension im Sinne eines Vorher/Nachher, die Raumdimension im Sinne der Neuverortung und die Sozialdimension im Sinne der Schaffung gesunder Beziehungen und Interaktionen.

Die selektive Kodierung
Die allmähliche Herauslösung aus krankmachenden und -erhaltenden Strukturen ist die Hauptaufgabe der Zeit nach dem Auszug aus Adaption und Betreutem Wohnen. Der wachsende Anspruch an eigenständige Lebensgestaltung geht einher mit dem Entdecken verschiedener Fähigkeiten. Sichtbar wird das gewachsene Selbstverständnis und Selbstvertrauen der Biografin in ihrem Umgang mit Neid und Zweifeln an ihrer Abstinenz und ihrer Abgrenzungsfähigkeit gegenüber anderen Betroffenen.

Unabhängigkeit durch eigene Wohnung: Obwohl A. Angst vor diesem Schritt hat, weiß sie, dass es an der Zeit ist „auf eigenen Füßen" zu stehen. Sie sucht sich in der Nähe der Adaption eine Wohnung, schafft sich damit und über eine Selbsthilfegruppe zusätzliche Sicherheit und nimmt in der Anfangszeit professionelle Hilfe in Anspruch. Wichtig ist, dass sie über den Rahmen ihrer Wohnung hinaus geht und sich soziale Netzwerke schafft. Das ist besonders vor dem Hintergrund der Neuverortung zu sehen. Da sie nie Heimat erlebt hat, schafft sie sich nun eine.

Unabhängigkeit durch und von Arbeit: Arbeit ermöglicht Unabhängigkeit von Sozialhilfe, sichert Abstinenz und gibt A. das Gefühl, wieder etwas wert zu sein. Im Kollegenkreis erfährt A. Interesse aber auch Unverständnis über ihre Abstinenz. Sie muss lernen, mit den Nachfragen, manchmal Neid ihrer Kolleginnen umzugehen. A. erfährt etwas über ihre körperlichen Grenzen auf Grund der Abhängigkeitserkrankung und lernt mit diesen Begrenzungen zu leben. Leistung war nie ihr Problem und das einzige Mittel, Anerkennung zu bekommen. Die vielleicht wichtigste Erkenntnis ist die, dass Arbeit nicht mehr die entscheidende Rolle zur Erhaltung eines inneren Gleichgewichtes spielt. Viel wichtiger wird es, Zeit in Beziehungen zu investieren.

Unabhängigkeit im Umgang mit dem Thema Alkohol: Täglich hat A. das Bild Betrunkener vor Augen. Sie bezeichnet Sucht als „Volkskrankheit". In der Suchtentwicklung einer Kollegin erkennt A. Facetten ihrer eigenen Geschichte wieder und es gelingt ihr, sich rechtzeitig gegen deren Manipulationen abzugrenzen. Die Unabhängigwerdung vom Suchtmittel zeigt sich in ihrer Fähigkeit, offen über dieses Thema zu sprechen. Abstinenz bedeutet aber auch, damit umzugehen, dass andere Betroffene in gewohnte Muster zurückfallen bzw. eigene Wege aus der Sucht suchen.

6.1.4 Veränderung der Selbstbeschreibung

Sieben Mal taucht im Katamnese-Interview das Wort „selbständiger" auf. Im ersten Interview wird das Wort einmal erwähnt und da nur im Zusammenhang mit der selbständigeren Tochter. Die Häufung des „Selbst" und „selbständiger" stützt die Annahme, dass A sich neu entdeckt hat.

A konnte Reflexionsbereitschaft und Mut zur weiteren Auseinandersetzung mit ihrem Leben entwickeln. In der Folge des ersten Interviews sucht sie verschiedene Alltagssituationen vergleichend den Gewinn ihrer Abstinenz. Die Rückkehr in Erwerbstätigkeit hat nur zu Beginn die Funktion einer Rückfallvorbeugung. Später überprüft A ihre Haltung zur Arbeit, die ihr früher einzig Anerkennung gebracht hat. Da sie nun einfach als Mensch, als Individuum anerkannt wird, kann die Rolle der Arbeit relativiert werden. Arbeit sichert ein gewisses Einkommen, finanzielle Unabhängigkeit und soziale Kontakte. Damit hat sich die Kopplungsform zwischen A und sozialen Zusammenhängen geändert.

Neben äußerer Abstinenz unterstützenden Faktoren wie Arbeit und Wohnung hat Vertrauen einen veränderten Stellenwert. Nicht nur, dass A in dem zwischen den beiden Interviews liegenden Zeitraum gelernt hat, sich mehr zuzutraun, mehr Vertrauen in ihre Fähigkeiten zu haben. Sie hat auch gelernt, anderen entgegen zu kommen. So sagt sie:

„Ich bin offener, ich riskier mehr. Ich probiere aus. [...] Jeder wird ma enttäuscht off seine Art, aber ich hab gelernt, damit umzugehn und nich gleich wieder ne Mauer aufzubauen."

Das Suchtmittel Alkohol hat im Alltag von A eine abnehmende Bedeutung. Im Gegenzug kann sie offen über das Thema Abhängigkeit sprechen. Ähnlich wie bei anderen Biografen akzeptiert sie die Zeit der Abhängigkeiten und Krisen als zu ihrem Leben gehörend. Diese Facette aber kann sie nicht mehr dominieren. So wird A zunehmend freier zu einer eigenen Lebensgestaltung ohne Alkohol.

6.2 Darstellung des Verfahrens an der Person C

Im Folgenden wird der Prozess der Analyse mit dem C in Ausschnitten dargestellt. Die angeführte Liste der Diagnosen zeigt ausschnitthaft typische Folgen langjähriger Suchtentwicklungen.

Diagnose: Alkoholabhängigkeit
Strukturdiagnose: narzisstische Persönlichkeitsstruktur

Organdiagnosen: 1. alkoholtoxische Leberschädigung
2. alkoholtoxische Polyneuropathie
3. entzugsbedingte Epilepsie

Erst nach und nach schält sich das Bild des Menschen C hinter seinen Einschränkungen heraus. C ist in seinem Wesen eher zurückhaltend und freundlich. 1955 wird C in L geboren. Er beschreibt eine starke innere Bindung zur Mutter und begründet diese mit deren Arbeitssituation. Während der Arbeitszeit sind C und sein jüngerer Bruder in einem Betriebskinderheim (Wochenkrippe) untergebracht. Am Wochenende sind die Geschwister bei der Mutter. Der Vater wird ihnen lange Zeit verschwiegen. Er ist verheiratet und zeigt sich den Kindern als Onkel.

C berichtet von seiner Eingebundenheit in schulbegleitende Arbeitsgemeinschaften und dass er seine Vaterlosigkeit erklären musste. Ein Hortlehrer wird zur wichtigen Bezugsperson. Als die Kinder erfahren, wer ihr Vater ist, werden sie von der Mutter zur Verschwiegenheit verpflichtet. Später bilden Sport- und Arbeitskollektiv die Familie für C. Die Mutter ist in C's Leben von zentraler Bedeutung. Was sie entscheidet, wird von C akzeptiert und erstreckt sich in alle Lebensfragen bis hin zur Partnerwahl des Sohnes. Während der Bruder bereits früh den gemeinsamen Haushalt verlässt, bleibt C bei seiner Mutter bis zum Alter von 31 Jahren wohnen. Er lernt nicht, wie sein Bruder, den gemeinsamen Wunschberuf im KFZ-Bereich, sondern wird Dreher. Neben der Arbeit spielt er Fuß- und Handball und bleibt nach der aktiven Zeit Fan. 1985 lernt C seine spätere Partnerin kennen und gründet einen eigenen Haushalt. Eine Tochter wird geboren. Gleichzeitig versucht C die Bedürfnisse seiner Mutter, seiner eigenen Familie, der Firma und des Sports in Einklang zu bringen. Mit dem Eintritt in ihren Ruhestand verliert die Mutter aus der Sicht des Biografen jeglichen Halt. Sie beginnt zu trinken und C verhält sich in seiner Bindung co-abhängig. Darüber gerät er ab 1989 selbst in eine zunehmende Abhängigkeit, die ihn seine Familie und die Beziehung zu seinem Bruder kosten. Nachdem C Obdachlosigkeit und lebensbedrohende gesundheitliche Zustände erlebt, entscheidet der sich 2002 zu einer Entwöhnungstherapie. Nach der Therapie nutzt C die Adaption, um wieder Anschluss an die verschiedenen Bereiche der Gesellschaft zu gewinnen. Das Erstinterview erfolgt im Rahmen des anschließenden Betreuten Wohnens.

Kodierungen und Einzelanalyse C - Die Offene Kodierung

Konzepte	Subkategorien	Kategorien
1. „So, wo ich ehmnd bedeutend mehr an der Mutti gehangn hab. (…) Wenn mal ne Freundin da war und meine Mutti hat gesagt: Die hat braune Augen, das wird nichts mit der. Na da hab ich mir das ehmnd gefalln lassen (lacht) und hab gesagt: Du da, tut mir Leid, du hast braune Augn. So naiv war ich ehmnd. Hab der Mutti alles gegloobt." Z. 207 2. „(…) habe bis 1986 hab ich ja bei der Mutter gewohnt. Bis 31, da bin ich erst raus (…) wenn ich mal ne Freundin anbrachte: Die gefällt mir, die gefällt mir nich, pass bei der off und…" Z. 293	Mutter in Rolle des steuernden und kontrollierenden Objektes Mangel an eigener Entscheidungs-fähigkeit	Konformität/ Abweichung
1. „Mutti fing an zu kränkeln. (…) Na ich bin vom Haus aus weg. Das hat de Mutti sehr schlecht verkraftet, dass se off emal alleene war. (…) der Tag muss ja 48 Stunden gehabt ham, was ich alles gemacht hab. (…) die drei Maschinen hatten lange Laufzeiten. Da fiel ehmnd mal der Kopf off de Werkbank. (…) ich hab	Ablösungsversuch Versuch des Ausgleiches zwischen Anforderungen der ver-	Autonomie/ Abhängigkeit

ehmnd der Mutti viel geholfen und war für meine Familie in S. da." Z.330ff	schiedenen Systeme	
1. „Ich habs leider mit unterstützt, ich hab das Zeug mitgekooft, hab mich mit ihr dann hingesetzt, wenn se ehmnd ihre Wehmut hatte, mich hingesetzt, mit ä Bier und ä Schnaps getrunken, anstatt zu sagen: S is Scheiße." Z. 350ff	Erhaltung des Systems der Abhängigkeit	Abgrenzung/ Aufweichung von Grenzen
1. „(…) Jetzt im Nachhinein, das Thema hat ich jetzt vor kurzem bei mei Bruder, da bekenn ich mich zu der Schuld, dass ich da völliges Fehlverhalten gemacht hab" Z.353	Verantwortungsübernahme	Reflexion der Abhängigkeitsentwicklung in der Differenz Verstehen/ Nichtverstehen
2. „Ich hab meine Mutter davon nicht abgehalten und bin selber dadurch da rein gerutscht, wo ich eigentlich nie hinwollte." Z.356	Co-Abhängigkeit	
3. „(…) der Alkohol wurde ja dann immer mehr bei mir (…) ich habs ja ooch mitgekriegt im Kindergarten (…): Ach komm se doch mal ohne Fahne. (…) hab nich drauf gehört (…) versucht, meine Mutter zu trösten. (…) habs bestimmt mit beschleunigt, dass se dann 1990 mit verstorbn is." Z.363ff	Gesellschaftliche Desintegration	
4. „Die Trennung der Familie. Kündigung auf Arbeit. (…) ham sich de Kollegn (…) immer wieder viel Mühe gegehm." Z. 390	Exklusion aus System Familie und Leistungsrolle	
5. „Getrunkn ham alle, da hättn se, wir ham während der Wendezeit viel getrunken. War ja alles irgendwie kopflos. S wusste keener, woran de bist." Z.391ff	Wendezeit als Anlass verstärkten Trinkens	
6. „Am schlimmsten hat mich der Tod der Mutter getroffen." Z.398	Verlust Hauptbezugsperson	
1. „Habe versucht, durch mein Sport, als Anhänger mich abzulenken (…) viele Minuspunkte bei mei Lieblingsverein, Handball da gezeigt. S	Sport als Form sozialen Haltes und Halteverlust	Zugehörigkeit/ Ausgrenzung

ging soweit, dass ich in keene Halle mehr rein durfte. Z. 406		
2. „(…) die Phase, wo ich ehmnd so abgesackt bin, hätte ich mir ooch vielmal Hilfe holn könn. Im Gegenteil, ich hab mich mit meim Bruder verkracht, furchtbar."Z. 417	Familie	
3. „Was mich dann immer wieder so bissl hoch gehaltn hat (…) ABM, Wiedereingliederungsmaßnahmn. Wo de dann ooch wieder unter Menschen kamst." Z.427ff	Arbeit	
4. „Habe die Jahre, sach mer mal, regelrecht verschenkt. (…l) Grade in dem T. die hat sich viel Mühe gegehm (…) Naja, das is ooch selbst wieder versaut." Z. 437ff	Freundin	

C führt sich selbstkommentierend und stigmatisierend in die Lebenserzählung ein. „*Geborn bin ich im April 1955 als erster Sohn von ner alleinstehnden Mutti. Bin dann ooch weiterhin n uneheliches Kind gebliebn.*" Z.3 Die Verleugnung durch seinen Vater zieht sich als ein roter Faden durch die Lebenserzählung. C idealisiert seine Kindheit, obwohl die für ihn wichtigste Bezugsperson, die allein erziehende Mutter auf Grund ihrer Arbeit nicht genügend Zeit für ihn und seinen anderthalb Jahre später geborenen Bruder aufbringen kann. Daraus entsteht eine Beziehung, aus der sich C nie richtig ablösen kann und die in einer gegenseitigen Abhängigkeit des Biografen und seiner Mutter endet.

Im Vergleich mit seinem Bruder sieht sich C als Verlierer. Was er nicht schafft, schafft der andere. Der Bruder kann den von beiden angestrebten Beruf lernen. In Partnerschaftsfragen entscheidet er autonom. Er ist es auch, dem im Gegensatz zu seinem älteren Bruder die frühzeitige Ablösung von der Mutter gelingt. Im Gefolge der Abhängigkeitsentwicklung entzweit sich C mit seinem Bruder und verliert so für lange

Zeit einen weiteren sozialen Halt. Diese Erfahrung macht er im Verlauf der Abhängigkeitsentwicklung immer wieder. Der Sportbegeisterte wird aus den Hallen verwiesen, seine Partnerschaft zerbricht, er verliert seine Arbeit.

C erfährt erst spät, wer sein Vater ist. Dieser ist in anderer Ehe verheiratet, und die Mutter begründet sein Verschweigen mit dem Schutz seiner gesellschaftlichen Stellung. Er stellt sich später als Onkel vor. So bleibt als einzig verlässlicher Halt die Mutter. Nachdem die Mutter nach 39 Jahren Betriebszugehörigkeit in den Vorruhestand geschickt wird, gerät die Beziehung zur Umklammerung. C kann sich nicht ablösen und reflektiert im Rahmen des Interviews über seine co-abhängigen Verhaltensweisen.

Der Interviewte musste nach eigenen Angaben an einen Punkt der Kapitulation kommen. Er verliert seine Wohnung, macht Schulden und denkt an Suizid. Während einer Entgiftung entwickelt er die nötige Motivation für eine Langzeitbehandlung. In der Reflexion benennt er mehrere positive Verstärker, unter anderem sein lange Zeit verborgenes Wissen der eigenen Stärke. Er hat 1972 mit dem Rauchen aufgehört und glaubt, dass diese Stärke auch auf den Abstinenzwillen übertragbar ist. Immer wieder betont C seine Willensstärke. Er hofft, eines Tages wieder eine Beziehung mit seiner Tochter haben zu können.

Die Axiale Kodierung

Unmittelbare/mittelbare Bedingungen:
- „Sohn von ner alleinstehenden Mutti. (…) uneheliches Kind geblieben. (…) Vater wurde verschwiegn. Tauchte dann späte emal als Onkel auf." Z. 3f

Spezifische Dimensionen der Vaterlosigkeit:
- Identitätsdiffusion
- vermehrt auftretende familiale Form der Moderne
- Einschränkung der Übernahmemöglichkeit männlicher Verhaltensmuster

Ereignisse: Umgang mit Fragen nach Vater:
„Hausmeesterin von der Schule, die hat gefragt: Wo isn dei Vater? (…) wusst ich keene Antwort. Naiv dumm. (…) gesagt: Der muss im Krieg fallen sein. Ich meen, ich bin `55 geborn." Z.136f

> „Das Thema war für uns Tabu. Für uns wars eben der Onkel Heinz"

Intervenierende Bedingungen:
„Wo de Mutti gesagt hat: Für euch is es der Onkel Heinz, das darf nich weiter bekannt wern. Der hatte n guten Job an der Kammer der Technik in C. Und wenn das irgendwie ans Tageslicht gekommen wär, dass er uneheliche Kinder hat, da hätte er seinen Job verlorn." Z. 146ff

Ereignisse : Beziehung C zum Vater:
„Wo wirs wussten, wars dann der Vati. Er hat uns ooch immer was mitgebracht. Das is ja nun nich so, dass er uns abgestoßn hat. Brachte ooch Taschengeld. hat sich um die Hausaufgaben mit gekümmert. Wenn er gekomm is, hat er gleich gesagt: Komm Großer, Kleener, ran. Also in der Hinsicht is er, er war dann immer abends nich da. Der konnte bei seiner Familie emnd viel sagen, Versammlung. War ja noch im Kegelverein, etliche Vereine, wo er im Vorstand mit drinne war. Da hatt ich aber nie Einfluss. Ich konnte nich sagen: Was de hier machst. Im Nachhinein, jetzt, viel später, da sach ich, s war ne Sauerei. Was er gemacht hat. Als Kind hab ich's nich so empfunden. (…) und gesacht: Vater, was de hier machst, das is doch... Ich habe den nie so zur Rede und Antwort. Ooch später noch nich. Selbst dann nich, als meine Mutter sich, das war eemal, in so ä Arbeitskollegen ich echt verliebt hatte, das is dann aber ooch nischt gewordn. Da war dann der leibliche Vater nur noch an zweeter und dritter Stelle so ungefähr. Da hat er mich dann öfters mit ins Wirtshaus mit geholt und von sein Sorgen und Nöten und da hat er mir viel vorgejammert. Ich hab s mir angehört und habe ooh da nich fertchgebracht zu sagen: Was du jahrelang gemacht hast, is doch. Ich weeß nich, ob er's der Mutti mal versprochen hat, sie zu heiraten, irgendwie. Ich weeß nur, dass wir in der Öffentlichkeit nichts sagen durftn, dass es unser Vater is. Das war, war schon biddl eigenartig." Z 160ff

Konsequenzen:
„Ja meine Ex is beim Stiefvater und ihrer Mutter offgewachsen, hatte kee gutes Verhältnis zum Stiefvater, kannte Familienleben in dem Sinne gar ni. Da hab ich ma versucht, sachn wir mal, ä biddl zu verwöhn. Also die kannte zum Beispiel keen gemeinsam Fernsehn oder sonst was von ihrer Familie aus oder mal gemeinsam dasitzen. Da hab ich ehmnd immer zu ihr gesagt: S. setz dich hin, ich mache das schon oder ich gehe spaziern mit ihr oder ich mache das. Gut Fernsehn oder Handarbeit, was se gerne gemacht hat, se hat ooch gerne gestrickt. Und ich habe dann ehmnd de N. gerne in n Kindergarten geschafft" Z. 308ff

C erlebt die möglich gewordenen Veränderungen durch Therapie, Adaption und Betreutes Wohnen. Trainer geben ihm wieder die Hand, er kann den Menschen, die er enttäuschte, wieder in die Augen blicken und wird respektiert. Im Versuch, anderen Betroffenen seine Erfahrungen zu vermitteln, wird ihm deutlich, wie schwer es ihm selbst gefallen ist, rechtzeitig die Signale seiner Umwelten aufzunehmen und daraus Veränderungen für sich abzuleiten.

C beschreibt den Umgang mit der Vaterlosigkeit. Lange Zeit als scheinbare Normalität angesehen reagiert C durch Nachfragen in der Schule konfrontiert, verunsichert. Selbst als die Kinder erfahren, dass der vermeintliche Onkel ihr eigentlicher Vater ist, dürfen sie die Wahrheit nicht aussprechen. So entsteht ein Klima der Illegitimität und des double bind. Der Interviewte beschreibt seine Gefühlslagen ambivalent. Er bemerkt, dass die Funktionen des Systems Familie um die Bedürfnisse und Verpflichtungen seines Vaters herum organisiert sind und dieser die Kinder seelisch missbraucht. *„Da hat er mich dann öfters mit ins Wirtshaus mit geholt und von sein Sorgen und Nöten und da hat er mir viel vorgejammert."* Z.160ff Da sich der Vater, soweit es ihm möglich ist, tatsächlich um die Brüder kümmert, akzeptiert C dessen Rolle. Er bedauert aber später, nicht den Mut gefunden zu haben, seinen Vater ernsthaft zur Rede gestellt zu haben. Dieses nicht zur Rede stellen gerät zur unbeendeten Handlung. Sich davon zu unterscheiden versucht er in seiner eigenen Partnerschaft der Partnerin ein guter Mann und seinem Kind ein guter Vater zu sein. Dass ihm diese Rolle nicht gut gelingt, liegt nach seinen eigenen Angaben an der Rollenkonklusion, der sich C auf Arbeit, bei seiner Familie und durch die Beziehung zu seiner Mutter ausgesetzt sieht. Die zweite Übersicht ist der Beziehung des Biografen zu seiner Mutter gewidmet.

Kontext - Umwelt der Mutter:
- 1950 nach Leipzig gezogen
- bis auf ihre Arbeitskollegen kaum soziale Bindungen

Haltung zur Mutter:
- „(…) de Mutti hat sich viel Mühe mit uns gegebn und deshalb lass ich nichts droffkomm, ooch später, wo se ehmnd angefangn hat mit Trinken. Z.178

Ereignisse innerhalb der Familie:
- „Dadurch, dass se alleene war, musst ich von ersten Tach, also nach ihrn , na heute sagt man Babyjahr, vier Wochen oder acht Wochen, bin ich glei ins (…) Betriebskinderheim von der Lxx. Sonnabend hat se ja o noch gearbeitet. Z.8ff
- „Mei Bruder is annerthalb Jahre später geborn, kam dann ooch mit ins Kinderheim. (…) wir warn da wie Pech und Schwefel. Z. 18ff
- „Wenn de Mutti uns am Wochenende geholt hat (…) Sonnabendnachmittag geholt, das warn fast 24 Stunden, die wir uns gesehn ham, mehr nich. (…) das warn so de ersten sechs Jahre." Z.30ff
- „Einschulung (…) Verwandtschaft, sie selber aus der Lausitz, da war bestimmt keener da. Z.49f
- „Immer in der Nähe von der Mutti gewesen (…) das war schön (…) die Kindheit, obwohl se arm war. (…) habe immer, zum Beispiel Sachen von meim großen Cousin tragen müssn. Dürfen. Mei Bruder dann wieder de Sachen von mir." Z.82ff

„Deshalb bin ich vielleicht ooch, (…), solange anhängig an der Mutti gewesn."

Strategie des Umgangs mit Einfluss der Mutter:
- Wenn mal ne Freundin da war und meine Mutti hat gesagt: Die hat braune Augen, das wird nichts mit der. Na da hab ich mir das ehmnd gefalln lassen (lacht) und hab gesagt: Du da, tut mir Leid, du hast braune Augn. So naiv war ich ehmnd. Hab der Mutti alles gegloobt." Z. 207
- „(…) bis 1986 hab ich ja bei der Mutter gewohnt. Bis 31, da bin ich erst raus." Z. 293

Von der Beziehung zur Abhängigkeit:
- „Aber ehmnd das Alleene hat de Mutti schwer verkraftet. (…) Wendezeit `89, da war se 39 Jahre bei der LVB, se wollte unbedingt das 40., (…) hat damals de Betriebsleitung nich mit gemacht. Und das hat meine Mutter, die Arbeit verlorn, der Sohnemann off emal weg. So, dass se dann mit eem Schlag angefangn hat." Z. 339ff
- „Ich hab meine Mutter davon nicht abgehalten und bin selber dadurch da rein gerutscht, wo ich eigentlich nie hinwollte." Z.356
- „(…) der Alkohol wurde ja dann immer mehr bei mir (…) ich habs ja ooch mitgekriegt im Kindergarten (…): Ach komm se doch mal ohne Fahne. (…) nich drauf gehört (…) versucht, meine Mutter zu trösten. (…) bestimmt mit beschleunigt, dass se dann 1990 mit verstorbn is." Z.363ff

Die Beziehung des Biografen zur Mutter ist von großer Achtung und Liebe geprägt. Über einen entscheidenden Zeitraum seines Lebens, Kindheit und Jugend ist diese Beziehung eine Kraftquelle. Sie wird dann zur Bürde, als es C und seiner Mutter nicht gelingen, loszulassen. Für die Mutter sind ihre Kinder und die Arbeit Dreh- und Angelpunkte ihres Lebens. Die Beziehung zum Vater der Kinder wird aus Rücksicht auf dessen Ruf geheim gehalten. Die Mutter verliert mit ihrer Betriebszugehörigkeit und dem Weggang des zweiten Sohnes den Lebensmut. C gelingt es in dieser Phase nicht, die Mutter und sich selbst zu schützen bzw. sich von seiner Mutter abzugrenzen. Er betont, das nie gewollt zu haben. Vielmehr reflektiert er später über seine Schuld und co- abhängige Verhaltensweisen. Als ihn die Schwiegereltern vor die Entscheidung stellen, sich mehr um seine Familie zu kümmern oder seine Mutter zu trösten, indem er gemeinsam mit ihr trinkt, missachtet C die Warnsignale. Hier sieht der Interviewte den Beginn seiner eigenen Abhängigkeitsentwicklung. In der Folge des Todes der Mutter verliert der Interviewte jeden sozialen Halt und durchschreitet ein Tal bis hin zur Obdachlosigkeit. Was sich für C durch die Therapie ändert, zeigt die dritte Übersicht auf der folgenden Seite.

C beschreibt nicht therapeutische Inhalte, sondern vielmehr deren Wirkungen. Diese zeigen sich vielfältig in der neu bereiteten Beziehungslandschaft und seinem gewachsenen Selbstvertrauen. Die Therapie ist der Raum, in dem die Ablösung von der Mutter stattfinden kann, in dem Schuld und Scham aufgearbeitet werden können und neue Lebensinhalte gefunden werden. Ziele werden neu formuliert. C macht eine Liebeserklärung an seine Heimatstadt und kann auf Grund seiner Abstinenz in für ihn wichtige Funktionssysteme reinkludiert werden. Plastisch beschreibt er die Anerkennung durch Vereinskameraden und die Differenzerfahrungen des Vor und Nach der Therapie. Adaption und

Betreutes Wohnen machen ihn mit den zu erwartenden alltäglichen Konflikten vertraut.

> **Mittelbare/ unmittelbare Bedingungen:**
> - „(…) die Jahrtausendwende (…) sinnlos versoffen." Z.452
> - „Schulden gemacht jede Menge." Z455
> - „2001, bin mehrmals auf der Straße zusammgebrochn." Z.469
> - „Worte von der Hausverwaltung speziell, die hat mich ja immer wieder an de Tochter erinnert: Sie wolln doch bestimmt (…) Ich habe an der Tochter gehangen" Z503ff
> - „(…) in dem Obdachlosenheim, wo ich gesehn hab, dass welche mit 30 regelrecht drauf aus warn, sich tot zu saufen." Z 529f
> - „Vorsatz, sobald die Langzeittherapie, du fängst ä neues Leben an." Z. 537f

> **Spezifische Dimension Therapie:**
> - Durcharbeiten der Lebensgeschichte und der Abhängigkeitsentwicklung
> - Gemeinschaftserfahrung
> - Wecken und Stärken des Veränderungspotenzials
> - Internalisierung abstinenter Regelwerke
> - Unterstützung von Nachreifungsprozessen

> „(…) der Wille, der kann Berge versetzen"

> **Differenzerfahrungen:**
> - „Wenn ich in die Halle reinkam, hatten die glei n Ordnungsdienst geholt: Der raus, ehe der uns wieder zusammenfällt oder irgendwelche dummen Kommentare von sich gibt. / Die mich heute mit Handschlag begrüßen. Da fällt aber keen Wort von früher.(…) Es kommt ehmnd das Positive, was mich immer vorantreibt." Z.574ff
> - „Schreib jetzt Tagebuch (…) tu ich natürlich durch Tagebuch- Schreiben viel aufarbeiten. (…) Also von 90-er Jahren hab ich da gar nichts. Durch n scheiß Alkohol (…) was mich privat hätte vorwärts bringn könn. / (…) kann durch L. heute gehen, ohne irgendwie, manchmal isses so, kee Pfeng in der Tasche. Da freu ich mich an den Bauten, wie das jetzt alles so schön geworden is." Z.590ff

> **Konsequenzen:**
> - „(…) durch Tagebuch-Aufschreiben viel aufarbeiten." Z.593
> - „Die mich heute wieder mit Handschlag begrüßen." Z.577
> - „(…) nachdenklicher geworden. Optimistischer. (…) Stabilität reingekommen. Z.688ff

Es scheint, als habe der Interviewte zu einer Identität gefunden, zu einem Wissen, mit sich und der Umwelt im Einklang zu sein. Das ist ein für die Erhaltung der Abstinenz wichtiger Faktor. Das von ihm erwähnte Tagebuch wird gezielt als Instrument zur Reflexion eingesetzt.

Selektive Kodierung

C bezeichnet sich seit seiner frühen Kindheit als einen Familienmenschen. Dies belegt er mit Erfahrungen aus der Zeit seines Aufenthaltes im Betriebskinderheim: *„Weil ich Großer immer bei mein klein Bruder sein wollte (...) Und um irgendwie meine Entwicklung, ich habe dermaßen schon Sinn für Familie."* (Z. 21) Nach dem Bild der Mutter zu leben heißt für C, deren Wertorientierungen in sein Leben zu übernehmen und unhinterfragt auszuleben. So strebt C nicht eine Karriere an, sondern danach, ein ehrlicher, solider Durchschnittsmensch, dies belegt er anhand seiner Schulentwicklung, zu werden.

Der Interviewte belegt verschiedene Systeme mit familiären Funktionen, als begeisterter Sportanhänger in der Fangemeinde oder als Arbeiter im Drehmaschinenwerk. Hier bleibt der Kontakt auch lange nach den durch die Wendefolgen bedingten Entlassungen erhalten. Daneben gibt es die Beziehung zu seinem Bruder und zu seiner Tochter. Die stärkste Bindung indes hat C zu seiner Mutter. Diese Bindung wird mit der Exklusion der Mutter aus dem Arbeitsprozess problematisch und zur mehrfachen Abhängigkeit. Später wird sich C die Mitschuld an dem Tod der Mutter geben.

Nachdem der Interviewte – selbst abhängig geworden – ein Tal bis hin zum körperlichen Abbau und zur Zerstörung aller sozialen Brücken durchschritten hat, erinnert er sich seiner eigenen Willensstärke und findet den Mut, Hilfe anzunehmen. Den Roten Faden in seiner Geschichte sieht der Betroffene in seinem Wunsch, gemäß den Vorstellungen seiner Mutter zu leben. Die Bedeutung der Mutter für C hat sich nicht geändert, aber der Betroffene kann nun im Verlaufe seiner Reflexion sich selbst und ihr entsprechende Räume zuweisen und sich aus der An- und Abhängigkeit lösen. So wird er frei, sein eigenes Leben nüchtern zu bewerten und lernt mit Themen wie Schuld und Scham umzugehen. Die Wiederaufnahme in die Fangemeinde und die gewünschte Beziehungsanbahnung zur Tochter, die C zehn Jahre nicht gesehen hat, gleichen bildlich der Rückkehr des verlorenen Sohnes in seine Familie. Einer Heimkehr, die ohne eine entsprechende motivationale Vorausetzung, ohne Therapie, Adaption und Betreutem Wohnen, aus der Sicht des Biografen nicht möglich gewesen wäre.

In der gemeinsamen Auswertung des Interviews und der Analyse schälen sich drei Themen zur weiteren Reflexion heraus. Das betrifft die bis dato alleinige Verantwortungsübernahme durch C für die Abhängigkeitsentwicklung seiner Mutter und deren Folgen. Ein zweites Thema ist der Umgang mit der Konfliktspannung, die aus der Haltung des Vaters gegenüber seiner Familie resultiert. C hat dieses Thema noch nicht zu den Akten legen können. Das dritte Thema betrifft das erwartete Zusammentreffen mit der Tochter und die daraus erwachsende weitere Beziehungsgestaltung.

Auswertung des Katamneseinterviews
Kodierungen und Einzelanalyse C – Die Offene Kodierung

C kann im zweiten Interview eine überwiegend positive Bilanz ziehen. Er berichtet über seine Erfahrungen bzgl. der Rückkehr in einen selbst und abstinent gestalteten Alltag. Sein größtes Problem sieht C in den veränderten Anforderungen der Arbeitswelt. Hier sieht er sich, vermutlich vor dem Hintergrund seiner Abhängigkeitserkrankung, schärfer als andere beurteilt und behandelt. Trotzdem, so betont C, bleibe sein Abstinenzwillen stabil. Er kann anderen offen gegenübertreten und über seine Abhängigkeit sprechen. Eine große Bedeutung hat für ihn die wieder aufgenommene Beziehung zu seiner Tochter und zur Schwägerin. Nach wie vor übernimmt der Interviewte Verantwortung für das Unterlassen präventiver Schritte hinsichtlich der Abhängigkeit seiner Mutter. Das Interview vermittelt aber den Eindruck, dass C jetzt doch differenzierter mit den Anteilen an Verantwortung umgehen kann. C spricht von einer Erwartungserwartung bezüglich des Interviews. Er geht von einer Vorauswahl abstinenzstabiler Probanden aus. Dieser Erwartung möchte er auch entsprechen. Sie bestärkt sozusagen seine Abstinenz. In der offenen Kodierung werden einzelne für C bedeutsame Bereiche der Rückkehr zur Normalität herausgearbeitet.

Konzepte	Subkategorien	Kategorien
-„Zur Selbsthilfegruppe geh ich immer noch." Z.14 -„In der Selbsthilfegruppe bin ich ä anerkannter Mann. Also nich bloß ä Mitläufer. Also wenn de da mal fehlst, das merkst de gleich, da wolln de andern ooch nich komm." Z.72f	Anerkennung durch Selbsthilfegruppe	Reintegrationserfahrungen
-„[...] sehr gutes Verhältnis zur Tochter. Zu meiner Ex. Zu meinem Bruder sowieso. Mit der Schwägerin, mit der ich zehn Jahre nich gesprochen hab, wir sind ein Herz und eine Seele." Z.60	Beziehung zur Tochter und zur Schwägerin wieder aufgenommen	
-„Die Verhältnisse, ooch zu ehemaligen Kollegen. Hatte ich ooch im Dezember n Treffen organisiert. Die sin ooch ganz froh, dass ich das wirklich gut durchstehe. Dass ich ooh die Organisation wie vor Jahrn wieder übernommen hab." Z.67	Beziehung zu ehemaligen Arbeitskollegen	
-„Handball, darf ich ja sowieso nich vergessen. Also wenn ich da mal nich zu em Spiel komme, machen die sich schon Sorgen." Z.81	Subsystem Sport	
-„Ja und „Momente" gabs keine." Z.31 „Aber selbst diese Zustände ham noch nich	positive Bilanz Probleme auf	Abstinenzerfahrungen

einmal den Gedanken aufkomm lassen, dass ich sache: Nee, jetzt brauchst de mal irgendwas anners, sprich... Das bringt gar nichts." Z.50	Arbeit kein Trinkgrund	
-„Der Nachbar kam zu Weihnachten zu mir, stand er mit ner guten Flasche Braunen vor der Tür. Zwee kleene Gläser. Sagte: Woll wir uns nich ä schönes Weihnachtsfest wünschen, mal anstoßen, wir kennen uns ja noch gar nich. Nja ich hab n gleich gesagt: Ich hab das jahrelang auf Vorrat getrunken, ich trink jetzt nichts mehr. Hat er sofort eingesehn. [...] Mir sagt keener: Du spinnst." Z.134	Umgang mit Krankheit bei verschiedenen Anlässen und positive Erfahrungen	
-„Das is mir damals bei dem ersten Gespräch bewusst gewordn. Dass ich halt da mitschuldig. Das is das, was am nachhaltigsten geblieben is von dem Gespräch. Dass mir das dann noch mal durch n Kopp gegangen is, dass ich das beschleunigt hab. [...] Ich hab ja, obwohl ich's gewusst hab, dass se schon am Boden lag, ihr dann immer noch n Alkohol besorgt. Als se schon nich mehr raus konnte. Und das is mir bei dem Gespräch, beim allerersten Gespräch is mir das noch mal so richtig bewusst gewordn. Das is mir noch nich in der Reha, in der Klinik so bewusst geworden." Z.198f	Anregung zur vertieften Reflexion eigene Anteile Bekenntnis zu Verantwortung	Umgang mit Schuld und Verantwortung
-„Mit ä Grund, dass ich vielleicht wirklich sache: Kein Alkohol." Z.211	Abstinenzmotivation	
„Wo ich auf Arbeit tüchtige Schwierigkeiten hab. Ja es is, es wird viel verlangt. [...] Also ich bin sei Blitzableiter. Da geh ich manchmal wirklich mit n dicken Hals nach Hause. Grade letzte Woche hattn wir ä weniger schönes Ge-	Leistungsdruck Erfahrung der Abwertung	Alkohol copinggeeignet/ nicht geeignet

spräch. Da hat mir dann halt Lustlosigkeit vorgeworfen. [...] Also ä knallharter Produktionschef, den ich da so vor mir hab. Der kennt da kee Pardon. [...] Aber selbst diese Zustände ham noch nich einmal den Gedanken aufkomm lassen, dass ich sache: Nee, jetzt brauchst de mal irgendwas anners." Z. 32ff	Stabile Abstinenzerfahrung	

Axiale Codierung

Auf dem Weg zu einer zufriedenen Abstinenz geht C planvoll und mit einem klaren Blick für eigene Gefährdungen voran. Neben deutlichen Abgrenzungen (die Situation mit dem Nachbarn) lotet der Interviewte seine Grenzen aus. Er kauft eine Flasche Sekt für seine Schwägerin und erwartet eine bestimmte Reaktion der Verkäufer, die von seiner Erkrankung wissen. Als Konsequenz seiner erfüllten Erwartungen entscheidet sich C, weiterhin alternative Geschenke zu Freunden mitzubringen. Eine weitere wichtige Entscheidung fällt in Bezug auf eine Wohnung. Auch hier selektiert der Interviewte Gefährdungspotenzial aus. Eine große Bedeutung hat für ihn seine Abstinenzerhaltung im Kontext der Arbeitsbelastung. Die insgesamt positiven Erfahrungen in allen Begegnungsfeldern hinsichtlich der Anerkennung seiner Abstinenz bestärken den Biografen in der Richtigkeit seines Weges. Die Motivation für seine Form des Beobachtens und der Lebensbewältigung bezieht der Interviewte u.a. aus einer Vorher/Nachher-Differenzierung. Er erinnert den Satz eines Arztes, der nach mehreren Tagen existezieller Gefährdung bei ihm auf fruchtbaren Boden fällt.

ursächliche Bedingungen:	Spezifische Dimension Abstinenz:
- „Und den Satz vergess ich wirklich nich, wo er sagte: Richten Se Ihr Leben so ein - dass Se noch mal lebend hier rauskomm, das grenzt schon an ä Wunder. Ja und deshalb hab ich ja ooch die ganze Sache gemacht." Z.56	- neue bio-psycho-soziale Lebensqualität - Auseinandersetzung mit Rückfallgefahr - Erklärungsbedarf gegenüber anderen

„Ja und »Momente« gabs keine."

Erleben und Umgang mit Abstinenz:	Einmalige Ereignisfolgen:
- „Wo ich auf Arbeit tüchtige Schwierigkeiten hab.[...] Also ich bin sei Blitzableiter. Da geh ich manchmal wirklich mit n dicken Hals nach Hause." Z. 32-38 - „Das gibt een Kraft, wenn man merkt, dass da doch welche sich freun. Am meisten meine Schwägerin, die is richtig happy. Der Zufall wills, am 26.Februar, hat se Geburtstag, das is dann mein tausendster Tag." Z.93 -- „Abseits, irgendwo abseits, nee." Z.180 - „Herr F. hat bestimmt doch ooch das Gefühl, der Mann, der hält durch. Das war in dem Moment so mein Gedanke. Das ehmnd der Herr F. das Vertrauen ooch zu dir hat. Mit dem kannst de, der weeß, was er will." Z.334	- „[...] der Nachbar kam zu Weihnachten zu mir, stand er mit ner guten Flasche Braunen vor der Tür. Zwee kleene Gläser. Sagte: Wolln wir uns nich ä schönes Weihnachtsfest wünschen, mal anstoßen, wir kennen uns ja noch gar nich. Nja ich hab n gleich gesagt: Ich hab das jahrelang auf Vorrat getrunken, ich trink jetzt nichts mehr. Hat er sofort eingesehn." Z.134 - „[...] Weihnachten tatsächlich mal ne Flasche Sekt gekooft. Für de Schwägerin. [...] ham die schon gemurrt da drüben. Die wollten se mir nich verkoofen. [...] Ich hab se natürlich ä bissl provoziert. Nja die Reaktion kam so, wie ich se mir eigentlich vorgestellt hatte." Z.156

Konsequenzen und Haltung zur Abhängigkeit:
- „Also das Problem, Alkohol, die Krankheit, schätz ich selber ein, hab ich im Griff." Z.149 - „Der Mutti hast es versprochen." Z.165 - „[...] wenn ich irgendwo zu einem Geburtstag geh, nehm ich lieber irgendein Gesellschaftsspiel mit." Z.213

Daneben zieht C die Bestätigung seines eingeschlagenen Weges aus der Ritualisierung bestimmter Ereignisse, beispielsweise der Nennung „mein tausendster Tag". Eine besondere Form der Erwartungserwartung betrifft die Annahme des Biografen, dass er im Rahmen der vorliegenden Untersuchung ausgewählt wurde, weil von einer hohen Wahrscheinlichkeit seiner Abstinenz auszugehen sei. Diese Form des Vertrauens möchte er nicht enttäuschen. In Erinnerung an die erlebte zerstörerische Kraft der Abhängigkeit und seiner nicht wahrgenommenen Verantwortung gegenüber der Mutter verpflichtet sich C – er gibt seiner Mutter postum das Versprechen – Verantwortung zu übernehmen und abstinent zu bleiben.

C beschreibt die vertiefte Auseinandersetzung mit seinem Teil der Verantwortung als ein Ergebnis des ersten Interviews bzw. seiner Lebensgeschichte. In der zunehmend differenzierten Beobachtung seines coabhängigen Handelns wird ihm bewusst, dass es Alternativen gab, er sie aber zum damaligen Zeitpunkt nicht nutzen konnte. Er beobachtet über die Reflexionen seines Bruders und seiner Schwägerin seinen Alltag unter dem Einfluss der Abhängigkeit. Zunehmend gelangt er zur Erkenntnis, dass das Vorhandensein von Alkohol nicht nur Gewohnheit war, sondern dieser auch die Funktion der Reduktion von Konfliktspannungen hat. C kann Anteile seiner Mutter an der Entwicklung der Abhängigkeitserkrankungen beider ausmachen, übernimmt aber ganz bewusst die Verantwortung für sein Zutun. Er entschuldigt sich am Grab der Mutter und verspricht ihr, abstinent zu bleiben. Indem er sich seine Verantwortung immer wieder bewusst macht, tritt er gegen das Vergessen und oberflächliche Betrachtungen an, die ihm möglicherweise den Weg zurück in die Abhängigkeit bahnen würden.

In der letzten axialen Übersicht soll der Umgang des Biografen mit dem Vaterbild näher untersucht werden.

Ursächliche Bedingungen:	Spezifische Dimension:
- „Weil mir das jahrelang ja nie so bewusst gewordn war. Wie er uns da verschaukelt hat." Z.220	- Identitätsproblematik - Leben mit Lüge - Vergleich als Abgrenzung - Verantwortung

„Nja wenn ich mich jetzt vergleiche, mit meim Vater."

Prozess der Beobachtung und Differenzierung 1:	Prozess der Beobachtung und Differenzierung 2:
- „Ich wollts jahrelang nich wahrhaben, dass er uns betrogen und belogen und pipapo. Das is dann harter Tobak gewesen. Der mir dann erst hier bewusst geworden is. Also das is einem im Rausch des Alkohols gar nich so gewahr. Und dann, erst wars der gute Onkel, später wars der gute Vater, der trotzdem alles noch gemacht hat für uns. Was in seinen Möglichkeiten stand." Z.223 - „S stand da und da hab ich ehmnd mitgetrunken. Es war dann, wos dann ooh mitm Vater ausnander ging, da bracht se dann ooh mehr.	- „Ich kann, konnt n nich mehr fragen." Z.227 - „Also ärgere ich mich ja, dass ooch meine Tochter n uneheliches Kind is. Ich wollts nie. Aber sie kennt ja ihrn Vater, sie weeß es ja richtig." Z.221 - „Also, da wollt ich eigentlich mal ä bessrer Vati sein.(…) Ich bin ä Familienmensch. Ich wollte wirklich mit Kind und Kegel zusammen aufwachsen. Wollte ooch mal früh aufstehen und n Guten- Morgen- Kuss kriegen oder abends n Gutenacht- Küsschen von der Tochter oder von der Mutti (…)" Z.236f

Konsequenzen bzw. Schlussfolgerungen:
- „Das sind so die Erinnerungen noch eigentlich von dem ersten Gespräch. Oder speziell die Erinnerungen, grade was wir hier aus den vier Wänden (…), wo mir das so richtig klar geworden ist. Wie gesagt, das Bewusstsein selber hatte ich noch nich mal, da halfen nich mal die vier Monate Klinik. Ehrlich. Wirklich, das Betreute Wohnen is nich umsonst. Das hilft ä ganzes Stückchen weiter. Sonst, wenn ich vielleicht nach der Klinik raus gegangen wär und dann ooch ins Leben, ich will nich sagen, dass ich rückfällig geworden wär, aber drüber nachgedacht hätte ich bestimmt soviel ooch nich. Also, da wollt ich eigentlich mal ä bessrer Vati sein." Z.228ff

C wollte und möchte gern ein anderer Vater sein, als der, dessen Lebensweise eine doppelte Buchführung war. In der konsensuellen Auswertung spricht der Interviewte davon, dass sein Vater, der sich zuerst als lieber Onkel und viel zu spät auch als Vater um ihn und seinen Bruder kümmert, während der Armeezeit von C die Beziehung zu seiner

Mutter endgültig beendet. C sieht einen Zusammenhang zwischen dem Ende dieser Beziehung und der Zunahme des Alkoholmissbrauchs durch seine Mutter. Das Erstinterview bewirkt einen differenzierteren Umgang mit seiner Lebensgeschichte, zu der auch die Beziehung zum Vater gehört. Sein Wunsch, als nun von der Mutter sich allmählich ablösender erwachsener Mann, seinem Vater entgegentreten zu können und ihm zu sagen wie er dessen Verhalten empfindet, wird eine unbeendete Handlung bleiben, da dieser zwei Wochen nach dem Tod der Mutter stirbt. Trotzdem bestärkt die intensive Reflexion C darin, verantwortungsvoller mit dem Thema Familie und Tochter umzugehen.

Die selektive Kodierung
„Richten Se Ihr Leben so ein - dass Se noch mal lebend hier rauskomm, das grenzt schon an ä Wunder. Ja und deshalb hab ich ja ooch die ganze Sache gemacht." (Z.56 Kat.Int.C)
Die Hauptlinie des zweiten Interviews ist die praktische Übernahme von Verantwortung für den eigenen abstinent gestalteten Alltag. So beschreibt C seinen Auszug aus dem Bereich Betreutes Wohnen und das Hineinwachsen in ein normales Wohnumfeld. Er bezeichnet es als Glücksfall, in eine Wohngegend gezogen zu sein, die entgegen allen Erwartungen nicht von Abhängigkeitskranken frequentiert wird. Das ist vor allem seine Sorge, sich ein Leben unter abstinenten Gesichtspunkten einrichten zu können. Von vielen Seiten erhält er Anerkennung und Bestätigung für seine neue Lebensqualität. Zu dieser Lebensqualität gehört aber auch ein zunehmend sensiblerer Umgang mit seiner Geschichte und den Anteilen der am System Abhängigkeit Beteiligten.
„Ich war auch bei genügend Geburtstagsfeiern. Wenn de da ehmnd von vornherein gesagt hast: Nee Danke. S is wirklich so, ich hab jahrelang zuviel getrunken. Ich tu da keene andren Krankheiten erfinden. Ich hab

off Vorrat getrunken und das langt mir. Und das wird dann akzeptiert." (Z.144 Kat. Int. C)

Alle Lebensbereiche werden auf potenzielle Gefährdungen hin beobachtet. Dem Druck durch seinen Vorgesetzten in der Firma begegnet C mit den Worten: „Nee, du kannst wegen der Arbeit nich rückfällig werdn." (Z.76) Es ist für den Reflektierenden selbstverständlich, Überlegungen zur Risikominimierung in geplante Handlungen einzubeziehen. Dazu gehört die Suche nach Wohnraum, nach der Partnerin, das Auftreten als Handballfan oder in der Runde ehemaliger Mitarbeiter. Gerade durch seine klare Positionierung und durch das Erhalten von Kommunikationen über das Thema Abhängigkeit kann C beginnen, unabhängig zu leben.

Veränderungen hinsichtlich der Selbstbeschreibung C

C hat begonnen loszulassen. Nach wie vor sieht sich der Interviewte als Familienmensch, aber die Überidentifikation mit der Lebensweise und den Zielen der Mutter ist in den Hintergrund getreten. Vielmehr findet C zu einer sachlicheren Bewertung seines Lebenslaufes. Er weist sich einen Teil an Verantwortung zu, aber er idolisiert seine Mutter nicht mehr. Dabei sind ihm die Beobachtungen seiner Schwägerin und seines Bruders eine große Hilfe, die ihm aus ihrer Sicht die damals herrschenden Verhältnisse eines mit Alkohol durchsetzten Alltags schildern. C kann Zeiten und Anlässe vermehrten Konsums und Co-Abhängigkeiten differenzieren.

In der Folge geht der Interviewte bewusster mit seinem eigenen abstinenten Alltag um. Er grenzt sich ab, wo es notwendig ist, erklärt sich aber immer offen. C ritualisiert bestimmte Ereignisse wie den 1000. Tag. Als Instrument zur Erfassung seiner Beobachtungen dient ein Tagebuch, welches er regelmäßig führt. So wird in der zeitlichen Sinndimension eine Differenz gesetzt, die ihn von der Vergangenheit entfernt und zugleich Aufgabe für die Zukunft ist. C kann in einer Weise kommunizieren, die ihn in seiner abstinenten Haltung bestärkt. Dabei lotet er auch Grenzen aus, um Erwartungserwartungen bestätigt zu sehen.

Im Verlauf des Katamneseinterviews lässt sich beobachten, dass sich die Bedeutungen in der erinnerten Landschaft gewandelt haben und dass C differenzierter mit Ereignissen umgehen kann. Durch das nicht klare Bekenntnis des doppelbödigen Vaters zu seinen Kindern und den Heimaufenthalten auf Grund der Arbeit der Mutter erlebt C eine Identitätsdiffusion und „klammert" an der Mutter. Nach Jahren der Abhängigkeit und des Absturzes beginnt der Interviewte loszulassen und fertigt eine neue Selbstbeschreibung von sich an, eine Identität, die sich aus der Erfahrung manifestiert, auch in schwierigen Situationen mit sich selbst kohärent zu sein. Es bleibt C zu wünschen, dass er den einmal von ihm beschrittenen Weg hin zu einer zufriedenen Abstinenz fortsetzen und auch später einmal sagen kann: „Solln ja noch mehrere 1000 werden."

6.3 Vergleich der Interviews und Analysen A und C

Beide Personen können auf eine längere Abstinenzphase zurückblicken, in denen sie wieder am Leben teilnehmen und sich neue Welten aufbauen konnten. Zudem können sie auf Ressourcen verweisen, die sich als Wissen auch während der Abhängigkeitsentwicklung erhalten haben.

C erinnert sich daran, ohne äußere Anregung das Rauchen aufgegeben zu haben. Außerdem hat er seine Sportbegeisterung nicht aufgegeben, sondern als Kraftquelle erhalten. C wurde unter „nassen" Bedingungen aus dem Fan-Verband exkludiert. In der abstinenten Phase wird die

Wiederaufnahme in die Fan-Gemeinde zur wichtigen Reintegrationsunterstützung.

A kann sich auf ihre Selbständigkeit stützen. Ihre externe Resource wird durch einen Rest des sozialen Netzes aus ihrer Herkunftsfamilie gebildet.

Beide Biografen zeigen in ihren Ausführungen ein unterschiedliches Bindungsverhalten. Während A, bedingt durch ständig wechselnde Bezugspersonen und fehlende mütterliche Zuwendung früh schon selbständig wird, bleibt C bis in das 30. Lebensjahr auf seine Mutter fixiert. Beide beschreiben problematische Herkunftserfahrungen. Bei A ist deutlich von einer Häufung identitätskritischer Lebenssituationen auszugehen. Die frühe Abwesenheit der Mutter, die ständig wechselnden Bezugspersonen und schließlich die traumatischen Erlebnisse während ihres Heimaufenthaltes haben in A das Vertrauen in die Zuwendungsbereitschaft und Gerechtigkeit sozialer Systeme zerstört. Sie erlebt die mit der Erwartung von Fürsorge, Erziehung und Bildung besetzten Bereiche Heim und Pflegeeltern als strafende Institutionen. Zwiespältigkeit erlebt auch C. Er soll eine positive Beziehung zu seinem leiblichen Vater haben, der sich fürsorgend zeigt, zugleich darf aber dessen doppelte Buchführung nicht offen gemacht werden. So gibt es kein öffentliches Bekennt nis des Vaters zu seinen Söhnen.

A krankt zudem an gesellschaftlichen Veränderungen. In beiden Erzählungen spielen Anerkennung und das Sich als ein Teil des Gemeinsamen empfinden können eine große Rolle. Doch während C die politische Wende mit ihren wirtschaftlichen und individuellen Folgen zu einem Teil noch durch Sport und Arbeit kompensieren kann, verliert A mit der sich schon zu DDR-Zeit manifestierenden Arbeitslosigkeit den Halt. Der Gestaltungsspielraum ihrer Welt wird zunehmend kleiner. Alkohol wird funktionalisiert. Er kompensiert das Gefühl der Verlassenheit und Ausweglosigkeit, nachdem A bereits einen Suizid-Versuch unternommen hat.

C trinkt aus der starken Bindung an seine Mutter co-abhängig mit und entwickelt darüber eine Abhängigkeit. Mit dem Tod der Mutter verliert er jeglichen Halt und stürzt nach dem Verlust der Arbeit und Familie völlig ab.

Beide Biografen beschreiben, an einen Punkt angekommen zu sein, der ihnen eine Entscheidung abforderte. Die Kapitulation vor der Unkontrollierbarkeit des zumindest bei A funktionalisierten Suchtmittels führt zur inhaltlichen Auseinandersetzung während einer Langzeittherapie. Beide entscheiden sich zur anschließenden Adaption, die dem einen eine Rückkehr in seinen angestammten Sozialraum und A eine Neuverortung unter nunmehr abstinenten Bedingungen ermöglicht.

Besonderen Gewinn ziehen beide Biografen aus ihren in den Interviews immer wieder verwendeten Vorher/Nachher-Differenzierungen. Die in den konsensuellen Auswertungen vorgenommenen Differenzierungen hinsichtlich bestimmter Ereignisse und deren Bewertungen führen in der selbstreferentiellen Bearbeitung zu neuen Selbstbe- und Identitätszuschreibungen. Beide beschreiben, durch das Erstinterview zu weiterem Reflektieren angeregt worden zu sein. Kommuniziert werden Themen wie Umgang mit Vertrauen und die veränderte Bedeutung von Arbeit im Leben von A sowie der Umgang des Interviewten C mit Schuld und Verantwortung gegenüber der Mutter und eine differenziertere Sicht auf die doppelte Buchführung seines Vaters.

III. Teil – Auswertungen und Herstellung von Zusammenhängen

7. Auswertung der vorliegenden Untersuchung, Forschungstätigkeit, Schwierigkeiten, Erkenntnisse

7.1 Begegnungen

21 abhängigkeitskranke Personen haben sich bereit erklärt bzw. in Einzelfällen darum gebeten, das in dieser Forschungsarbeit beschriebene Verfahren der Narration mit entsprechenden Auswertungen durchzuführen. Die Erzählenden kannten den Verfasser aus den Begegnungen im Rahmen der Adaptionsbehandlung. Das in dieser Zeit aufgebaute Vertrauen bildete die Grundlage dafür, dass mögliche Konfrontationen in der konsensuellen Auswertung auch (zumindest in den meisten Fällen) einen fruchtbaren Ausgang fanden. Die Gespräche wurden entweder in Räumen der Adaption oder in den späteren eigenen Wohnungen der Befragten geführt. Einige trugen ihre Geschichten in sich, als warteten sie nur darauf, sie in ihrer Geschlossenheit abzulegen und praktisch damit abschließen zu können. Ablehnungen des Interviewverfahrens wurden i.d. Regel mit der Angst vor aufkommenden und überwältigenden Erinnerungen begründet. In der Rolle des Interviewenden war der Verfasser ein Fremder, der vermittels der Erzählungen in die Welt der Erzählenden eintreten durfte, in machen Fällen sogar durch direkte Ansprache hineingeholt wurde. In den frühen Erstinterviews wurde noch relativ häufig Verständnisfragen gegstellt. Später wurde dieser Teil zugunsten der konsensuellen Auswertung eingeschränkt.

Die Welt der Anderen kann auch im narrativen Verfahren nicht wirklich betreten werden. Die Begegnung an sich – zwischen Interviewendem und Biografen bzw. das übereinstimmend bekundete Interesse an dieser Form der Begegnung bestimmt zu einem Teil über den ‚Erfolg' der Intervention. Erfolg ist dann gegeben, wenn es in diesem Interaktionsrahmen gelingt, „auf die möglichen Bedeutungen in ihrem Erlebnisfluß" hinzuweisen und ihr zu helfen „sich auf einen Bezugspunkt zu konzentrieren, die Bedeutungen stärker zu erleben und im Erleben selbst Fortschritte zu machen." (Rogers 2005: 79) Die in den Narrationen geaußerten Belegerzählungen verlangten zum Teil eine große Offenheit vom Erzähler und eine Verständnis und Mitgefühl, zugleich aber auch Sachlichkeit bereitstellende Haltung vom Hörer.

7.2 Erfahrungen

Es gibt keinen Schalter, keinen Mechanismus, der aus einem Abhängigkeitskranken einen zufrieden abstinent lebenden und seinen Alltag kompetent bewältigenden Menschen werden lässt. Ebenso wenig sind narrative Interviews als alleiniges Mittel geeignet, Menschen mit einem Suchtproblem auf Dauer abstinent zu erhalten.
Etwa ein Jahr nach Prozessende mit B wird dieser von einem Kollegen während der Arbeit mit einem ‚Flachmann' gesehen. Sein wieder einsetzendes Trinken trägt zur Ernüchterung dieser Arbeit bei. Das Geschehen wirft die Frage auf, wie manifest die selbstprozessierten Veränderungen im Bewusstsein von B waren oder ob seine zeitweise (unbefriedigende Abstinenz) einen Anpassungsversuch an therapeutische Erwartungen darstellen. Ein halbes Jahr später stirbt B an der Mischung aus Problemen, seiner Diabeteserkrankung und Alkohol.

F erlebt nach dem Katamneseinterview und einer dreijährigen Abstinenz einen einmonatigen Rückfall. In der Rückfallaufarbeitung stellt sich heraus, dass die zum Rückfall führenden Konflikte während des zweiten Interviews schon vorhanden waren, aber bewusst nicht angesprochen wurden. Schließlich ergibt sich F seinem Selbstmitleid und verharrt in einer dauernden Rückfallschleife, die es nahe legt, die Abstinenzzeit von F als längere Trinkpause zu bewerten.

R bittet im Mai 2005 um Hilfe. Alle bisherigen Interventionen haben versagt, auch die dritte Langzeittherapie habe nichts an seiner Unstetigkeit ändern können. Er erzählt mir seine Lebensgeschichte, die von häuslicher Gewalt, Fluchtversuchen und Veränderungssehnsüchten durchsetzt ist. Noch während meiner Auswertung stibt R im Alter von 37 Jahren an den Folgen exzessiven Trinkens.

A ist wie andere Interviewte auch bereits mehrere Jahre trocken und freut sich, nachdem die Beziehung zu ihrer Tochter geklärt ist, an ihrem Enkel.

H erscheint vier Jahre nach dem Erstinterview mit seinem gerade 1 Woche jungen Sohn und der Nachricht seiner abgeschlossenen Ausbildung.

Etwa drei Jahre nach dem Erstinterview wird bei D ein Tumor diagnostiziert. In seiner Lebenserzählung reflektierte er den Umgang mit identitätskritischen Situationen. Obwohl ihm das Sprechen auf Grund eines operativen Eingriffs noch große Mühe bereitet, berichtet D am Telefon von den vergangenen Monaten. Er erzählt, wie er das Geschehene verarbeitet hat und von seinen Erfahrungen der Freundschaft und des Gehaltenseins. Stolz und unter Tränen teilt er mit, wie bedeutsam es ihm ist, diese Situation im Gegensatz zu früheren Verarbeitungsmechanismen abstinent bewältigt zu haben.

Zwei Personen haben sich nach einigen Jahren abstinenten Lebens für eine Auffangtherapie bzw. psychotherapeutische Behandlung im Sinne einer Rückfallvorbeugung entschieden. Sie verdeutlichen in ihren Rückmeldungen, dass der Faktor Abstinenz allein noch nicht ausreicht, eine entsprechende Lebensqualität genießen zu können.

Die angeführten Beispiele belegen, dass es nicht möglich ist, mithilfe narrativer Interviews den Status quo einer Abstinenz nach der Therapie festzuschreiben. Wohl aber verbindet sich mit dieser Art der Intervention die Gewissheit, den betroffenen Menschen ein Werkzeug zur besseren Selbstreflexion und damit zur neuen Selbstbeschreibung an die Hand geben zu können. Auch hier ist es, wie Willke in seiner Arbeit zur Intervention feststellt, Sache des Individuums, welche von außen angebotenen Reize aufgenommen, selektiert und in einer je eigenen Weise verarbeitet werden.

7.3 Erste Erkenntnisse[74]

Menschen unterschiedlichen Geschlechts, Alter, Herkunft und Status erzählen – eingebettet in den Kontext ihres Lebenslaufs – wie Sucht und Abhängigkeit entstehen, sich in die verschiedenen Lebensvollzüge prägen und auf welche Weise sie mit den bio-psycho-sozialen Folgen ihrer Erkrankung umgehen. Während die Entwicklung einer Abhängigkeitserkrankung sich für die einen folgerichtig aus ihrem bisherigen Lebenslauf ergibt, betonen andere die Nichtvorhersehbarkeit solcher Entwicklung. Das primäre Ziel der Erzählenden scheint darin zu bestehen, eine zufriedene Abstinenz zu erlangen. Um dieses Ziel zu erreichen, müssen alte Prozesse abgeschlossen sein bzw. bewältigt werden, die ihrerseits

---

[74] Zur optischen Kennzeichnung der Erzählsequenzen wird nachfolgend die Kursivschreibung verwendet.

Risiken in der Übergangssituation der betroffenen Personen darstellen. Weiterhin geht es in den Geschichten darum, wie Menschen von passiv erleidenden zu aktiv gestaltenden Personen werden, wie sie diese Veränderung wahrnehmen und auf welche Weise sie die Wirksamkeit der Veränderungen beurteilen. A beschreibt das Erleben ihrer biografischen Selbstpräsentation und die Wirkung der Interaktion zwischen Interviewendem und sich selbst bereits im ersten Interview:

„Mann Herr F., was machen se da mit mir? Naja, da kommt das alles wieder hoch. Da werd ich die Nacht wohl wieder / wie nennt man das wohl, wieder zurückgehen. Aber ich kanns jetzt och schon wieder leichter verarbeitn. (…) jetz is mer erstmal aufgewacht, hat lange genuch die Augen zugemacht. /(…) Erinnerung, die tun weh /(…) erst ne Raucherpause." Z. 177ff A

Die verschiedenen in den Erzählungen auftretenden Phänomene ordnen sich einer Kernkategorie zu, die hier als *Leben mit einer Suchterkrankung* bestimmt wird. Die Erzählungen enthalten eine Fülle an Material, die in verschiedene Richtungen hin untersucht werden kann. Bezüge, die eine Person zwischen Ereignissen, Prozessen und Strukturen in der Narration herstellt, ermöglichen das Verstehen ihrer Sinnkonstituierungen. So lässt sich nach bestimmten Formen fragen, in denen sich diese Bezüge ausdrücken. Sie treten bspw. auf in Form von Relationierungen, Metaphern und Bedeutungszuweisungen.

Relationierungen

Der Begriff Relationierung wird als das Herstellen von Bezügen verstanden. Lebensgeschichtliche Stehgreiferzählungen beschreiben individuelle spezifische Kommunikationen, deren Rekonstruktion die Bezugsetzung der erzählenden Personen in ihren jeweiligen Kontexten erhellen. Diese lassen sich zu Mustern verdichten. Auf einer ersten Relationen-ebene, Krizz (1999) beschreibt ein- und mehrstellige Relationen, werden Interaktionen zwischen Personen beschrieben, hier exemplarisch an der Person A dargestellt.

‚Dann bin ich zu ne Pflegefrau gekommn. Die war nich mehr verheiratet. / Naja und da gings eigentlich weiter, ehmnd auch mit Schläge, bloß nich in dem Maße. Anstatt Schläge stand auf der Tagesordnung Arbeiten. Spieln mit andre Kinder ausm Dorf gabs für mich gar nich / […] Nja, nu un da war ich schon zeitich dran gewöhnt, zu arbeiten / Und dann, nja sagn wer / so zwei Jahre hattn wer allein gelebt, dann hatt se n Mann kenngelernt. Sind wer umgezogen. / Und er hatte ja nun n großen Bauernhof. Das Ende vom Lied war; Arbeiten ging weiter, bloß eben mehr / Bin ich halt immer mal abgehaun auch zur Disko gegangn. Nja und wie so üblich bei mir gabs Strafe. / Nja Freunde gabs eigentlich in dem Moment gar nich, außer die man so in der Schule hatte. Ja Schule, weil ich grade davon rede: Schulausflüge mitmachen gabs auch nich bei mir. Meistens fiels dann mal in de Sommerferien. Nja und dann durch den Bauernhof, hieß ja auch wieder Erntezeit und so weite, naja und wenn grade mal nich soviel zu tun war, irgendwas fiel immer an. Naja dann wurd ich natürlich mit de Zeit stur. Un hab dann sozusagn ne Mauer aufgebaut. Un der eigentlich fing somit, kann sagn, der erste Kontakt mit n Alkohol.' Z 44ff A

A beschreibt das Ereignis Strafe in ihrem Alltag. Dieses setzt sie in Bezug zum Ereignis Arbeit und Erziehung. Erziehung wird nicht als fördernde und fordernde Begleitung durch primäre Bezugspersonen und Institutionen erlebt, sondern mit Restriktion und Abwertung verbunden. Bestrafungen tangieren alle ihr bedeutsame Lebensvollzüge wie Erwartungen an liebevolle Zuwendung, Spiel und freundschaftliche Beziehungen. Arbeit bedeutet vorerst, nicht bestraft zu werden, gleichzeitig wieder die Möglichkeit, Fehler zu begehen. Das implizite Fehlen positiver Feedbacks trägt zur Bildung erst passiven, dann aktiven Widerstands bei. Diesen schildert A auf einer nächsten Ebene der Relationierung im Zusammenhang zwischen dem Maß an Fremdbestimmung (Arbeit) und ihrem Autonomiekonzept: *Bin ich halt immer mal abgehaun auch zur Disko gegangn.*

Die Rekursivität der negativen Empfindungen führt zur Verdichtung eines Interaktionsmusters, dem des inneren Mauerbaus. Dieser ist die Antwort einer zirkulären Verkettung spezifischer Kommunikationen. Die bis dahin operationalisierten Bezugsetzungen werden mit bestimmten Bedeutungen versehen, die im Verlauf, sowohl der lebensgeschichtlichen Erzählung als auch der konsensuellen Auswertung und des Katamnese-Interviews auf ihre Gültigkeit hin überprüft werden.

Metaphern

Narrationen enthalten einzelne Worte und Phrasen, die in einer übertragenen Bedeutung verwendet werden. Diese dienen den Erzählenden, um bspw. abstrakte Sinngehalte zu vergegenständlichen.

Methodisch hilfreich war die Verwendung der von A selbst benutzten Metapher der Mauer. Dieses Bild ermöglichte es der Erzählerin, Gefühle des Versagens, der Schuld usw. in eine bestimmte Richtung zu lenken und von sich zu externalisieren. Später setzt sie sich in Bezug zu den mit dem Bild der Mauer verknüpften Erfahrungen. Das Verfahren endet damit, dass A Bruchstücke dieser Erfahrungswelt integriert und neu bewertet.

Bedeutungszuweisungen

Durch die erste Reihe geführter Interviews wurden bestimmte Bedeutungszuweisungen kategorisiert, deren Auswertung zur Grundlage späterer vergleichender Untersuchungen dient. Zum Teil werden in der Sachdimension der Katamneseinterviews andere Themenbereiche angesprochen als in den Erstinterviews. In den Erstinterviews liegt trotz der allgemeinen Fragestellung als Impuls zur lebensgeschichtlichen Erzählung häufig der Focus auf Selbsterklärungsversuchen der Abhängigkeitsentwicklungen. Dies ist sicherlich auch durch das Setting, in dem die Erzählungen stattfinden, beeinflusst. Bedeutsam und erzählwürdig erscheinen demnach:

- der Umgang mit Differenzen in der kindlichen Entwicklung (wechselnde bzw. ambivalent agierende primäre Bezugspersonen) oder eine Sozialisation in sekundären Erziehungssystemen,
- der Umgang mit der Differenz Anerkennung/Nichtanerkennung in sozialen Kontexten
- der Umgang mit identitätskritischen Lebensereignissen.

Weitere Sachthemen sind:

- Funktionalisierungen des Suchtmittels,
- der Umgang mit Exklusionserscheinungen und Ressourcen, die eine Änderung des Verhaltens ermöglichen.

Die Bedeutungszuweisungen der Katamneseinterviews betreffen u.a.:

- das Erleben und die Bewältigung von Schwellensituationen bzw. Krisen,
- den weiteren Umgang mit unerfüllten Sinn- und Handlungskonzeptionen sowie
- Reintegrationsbemühungen und Inklusionserfahrungen.

7.4 Grenzen der Intervention und methodische Schwierigkeiten

Grenzen sind dem Einsatz von Narrationen dort gesetzt, wo autodestruktives Verhalten und das Gefangensein in Ambivalenz eine kritische und konstruktive Reflexion behindern. Das kann bedeuten, dass die Sehnsucht nach dem Tod als Erlösung von selbst definiertem Leiden über den Wert gestalteten und korrigierten Lebens gestellt wird. Hier prallen die Intention des Helfers, den Abgrund des Biografen gemeinsam mit diesem zu überbrücken und dessen mögliche Intention, seine Pathologie zu nähren und zu erhalten, aufeinander. Die Reproduktion krankheitserhaltenden Denkens und Kommunizierens lässt in diesem Fall keine weitere Selbstirritation bzw. keine alternative Anschlusshandlung zu. In diesem Fall bestätigt die Narration lediglich eine schon bestehende Prognose.

Substanzbezogene Störungen vollziehen sich in bio-psycho-sozialen Zusammenhängen. Das besagt: Auch scheinbar gelingende Interventionen können von Mechanismen der psychischen und physischen Abhängigkeit wieder eingeholt werden.

Es gibt eine Reihe von methodischen Fehlern und Schwierigkeiten, die den Ablauf der Intervention beeinflussen können. So wurden gerade in den ersten narrativen Interviews viele Nachfragen und einige davon mit Suggestivcharakter gestellt. Hier besteht die Gefahr zu starker Außensteuerung eines Erkenntnisprozesses, der dann nicht mehr Teil der internen Auseinandersetzung der Berichtenden mit ihren gegenwärtigen Bedeutungszuweisungen ist. Mit zunehmender Erfahrung des Interviewenden verringerte sich auch die Zahl der im Nachfrageteil gestellten Fragen.

Wie konfrontativ darf und muss eine konsensuelle Auswertung sein, um Nachhaltigkeit zu erzeugen? Es wurde prinzipiell darauf geachtet, ein ausgewogenes Maß an Konfrontation und Ermutigung, das von Fall zu Fall variieren kann, bereitzustellen.

Ist eine tiefergehende analytische Auseinandersetzung mit einzelnen Themen der Betroffenen notwendig, kann dies den Rahmen der Narration überfordern und bedingt eine Verweisung an dafür ausgebildete Fachgruppen. Sozialpädagogisch angeregte Reflexionsprozesse sind kein Ersatz für medizinische und psychotherapeutische Behandlungen. Die Nachreifung von Persönlichkeit und die Förderung der Entwicklung stabiler emotionaler Beziehungen zu sich selbst und seinen Umwelten sind eher mit den Mitteln der Psychotherapie herstellbar. Narrationen öffnen den Blick auf die eigenen Bedeutungszuweisungen und möglichen Barrieren im Status des Übergangs. Sie motivieren zu weiteren Reflexionen als Grundlage der Herstellung einer eigenen stabilen Abstinenz. Das Ergebnis der Narration schlägt sich also im stabilen praktischen Alltagshandeln nieder.

8. Aus der Analyse resultierende Erkenntnisse

In diesem Kapitel werden die den ersten theoretischen Teil abschließenden Thesen aufgegriffen und in Bezug zur Analyse der Interviews gesetzt. Die Auswertungen der Interviews mithilfe der Grounded Theory werden dabei aus zwei Blickwinkeln vorgenommen, erstens als Suche nach spezifischen kategorisierten Bedeutungszuweisungen, und zweitens unter differenztheoretischen Gesichtspunkten. Beide Perspektiven zielen darauf ab, Suchtentwicklungen und Reflexionsprozesse im Zusammenhang der Kopplung von Bewusstsein und Kommunikation besser zu verstehen. Die Thesen werden jeweils einem Unterkapitel vorangestellt und im Verlauf mit Beispielen aus den Interviews belegt. In den folgenden Auswertungen wird darauf geachtet, ob sich den Phasen Abhängigwerdung, Realisierung der Abhängkeitserkrankung und Entwicklung eines stabilen abstinenten Alltags spezifische Differenzschemata zuordnen lassen.

8.1 Mögliche Faktoren zur Abhängigkeitsentwicklung

Die erste These lautet:

> Die Abhängigwerdung von psychotropen Substanzen geschieht u.a. im Rahmen der Selbstentwicklung/-kontinuierung des Bewusstseins einer Person. Dieses interne selbstreferentiell und autopoietisch operierende Regelwerk arbeitet mit den über Kommunikation angelieferten und im Bewusstsein wahrgenommenen Impulsen, die als Unterscheidungen erkannt werden und das weitere Operieren anstoßen.

Zunächst erfolgt die Suche nach Hinweisen zu Abhängigkeitsentwicklungen, indem die Interviews auf vergleichbare Kategorien hin untersucht werden. In einem zweiten Schritt werden mögliche Differenzschemata erstellt, anhand derer Betroffene ihren jeweiligen Status markieren.

8.1.1 Vergleichbare Kategorien im Erstinterview

Im Vergleich der mit Hilfe der Grounded Theorie ausgewerteten Erzählungen fallen Kategorien bzw. kategorisierte Bedeutungszuweisungen durch die Häufigkeit ihrer Beobachtung auf. Die folgende Matrix gibt einen Überblick der im ersten Interview beobachteten Kategorien. Diese sollen Auskunft darüber geben, welche Faktoren in der Gruppe der Biografen Abhängigkeitsentwicklungen fördern und welche individuellen und sozialen Ressourcen protektiv wirken, also Abhängigkeitsentwicklungen entgegenstehen.

Kategorien	A	B	C	D	E	F	G	H	I	J	K	L	M	N	O	P	Q	R	S	T	U
Fehlen, häufiger Wechsel bzw. Verlust wichtiger Bezugspersonen in Kindheit und Jugend	x	x		x	x	x				x	x	x	x		x					x	
Stellvertretende Primärsozialisation	x	x		x				x			x	x			x	x	x				
freiwillig erlebte Fremdbestimmung		x	x			x				x					x						
unfreiwillig erlebte Fremdbestimmung	x			x	x		x	x	x		x	x	x	x						x	
Anerkennung/ Nichtanerkennung über Leistung	x	x	x	x	x	x		x	x		x				x	x	x	x	x	x	x

	A	B	C	D	E	F	G	H	I	J	K	L	M	N	O	P	Q	R	S	T	U
Umgang mit Diskontinuität: abweichendes Verhalten, sozialer Rückzug	x	x	x	x	x	x		x		x					x	x	x				x	x
Exklusionserfahrungen	x		x		x			x			x	x			x	x	x				x	x
Inklusionsprobleme				x		x	x			x	x								x	x		
Problematische Herkunftserfahrung	x	x							x		x		x									
Unerfüllte Sinn- und Handlungskonzeptionen	x	x	x	x	x	x	x	x	x	x		x	x			x	x					
Häufung identitätskritischer Lebenslagen	x	x		x			x	x	x					x							x	
Mindestens ein Elternteil trinkt		x														x	x	x				
Milieu bzw. Gruppe	x			x		x			x		x					x						x
Trinkhandeln als gesellschaftliche Normalität		x						x	x			x	x	x	x					x		
Funktionalisierung Suchtmittel	x	x	x		x			x	x	x				x	x			x	x	x	x	
Umgang mit subjektivem Erleben von Ungerechtigkeit	x		x		x			x	x	x		x	x			x		x			x	
Umgang mit gesellschaftlichen Veränderungen	x	x					x							x	x	x						
Verborgenes Wissen, Kraftquellen, Motivationen zur Veränderung	x	x	x	x	x	x		x	x	x	x	x			x	x				x	x	x

Im Gefolge der Beschreibung bestimmter Phänomene werden ergänzende Theorieelemente in die Forschungsarbeit einbezogen. Das betrifft den Bereich der Bindungstheorie, die Bedeutung der Ich-

Funktionen im Zusammenhang der Bewältigung identitätskritischer Situationen und die Forschungen Blume-Zeigarniks zu unbeendeten Handlungen. Letztere werden im Verlauf dieser Untersuchung präzisiert zu unerfüllten Sinn- und Handlungskonzeptionen. Exemplarisch werden im folgenden Interviewausschnitte zu einzelnen Kategorien vorgestellt.

Fast alle Biografen können in ihren Lebensgeschichten auf verborgene Kraftquellen verweisen, die eine der Grundlagen zur Stabilisierung von Veränderungen bilden. Das betrifft beispielsweise innerfamiliäre Bindungen, die zwar eine zeitlang stillgelegt waren, deren Reaktivierung aber ein großes Potenzial zur wechselseitigen Bereicherung bereithält. Dies belegt der folgende Ausschnitt.

‚Ich, am wichtigsten is mir, ich habe Kontakt zu meinen zwei Kindern, zu deren Familien. Ich bin dort gern gesehn, ich bin als Mutter wieder willkommen und akzeptiert.' Z. 1139 N

Berichtet wird, wie im Fallbeispiel L angedeutet, über die in der Mehrzahl als schwierig erlebten familiären Verhältnisse in der Kindheit, die zu unterschiedlichen Formen der Bindungsorganisation führen.

‚meine frühesten Kindheitserinnerungen, die warn an Flasche. Das weeß ich noch. Und das Verlangen danach. Und so den Blickwinkel und das alles. Und diese Emotionen. Vielleicht hat sich das durchn Alkohol ah verstärkt. Hab da keene Ahnung. Na ich war viel alleene / mit meinen kleinen Problemchen als Kind. War zwar bei der Oma viel. [...] Ich hab die ganzen Bilder noch im Kopf. Und ah das ganze Theater, was daheeme immer los war. Haufen Streit. An mein richtigen Vater kann ich mich ne erinnern. Ich weeß ganz genau, dass da ne Menge Zoff losgewesen war.' Z. 8ff L

Eine andere Kategorie bezeichnet den Umgang mit Fremdbestimmung. Während einige Biografen wichtige Entscheidungen, im Sinne erlernter Hilflosigkeit, außen steuernden Objekten überlassen, erleben andere Fremdbestimmung als einen starken Eingriff in ihre jeweilige Handlungsautonomie. Der Wunsch nach Autonomie bleibt bspw. für A eine vorerst unerfüllte Sinn- und Handlungskonzeption.

‚n Höhepunkt war für mich schon mal, wenn ich mal n halben Nachmittag freigekriegt hätte. Und das kam, kann man an fünf Fingern abzähln. Das war im Prinzip n Höhepunkt für mich in meiner Kindheit, wo ich dann machen konnte mal, was ich wollte. Und das war im Prinzip schon n Höhepunkt für mich.' Z. 478 A

Vereinzelt werden in den Narrationen Milieuinternalisierungen beschrieben. Beispielsweise wird riskanter Alkoholkonsum immer wieder im Zusammenhang mit der Ableistung des Wehrdienstes bzw. Heimaturlauben berichtet.

‚Wenn Urlaub angesagt war, dann war angesagt: „Tassen hoch" und meist war das so n verlängerter Kurzurlaub, so von Freitag bis Sonntag. Und da war vom Urlaub praktisch nichts übrig. Als ein schwerer Kopf […] das war eben, ich denke mal, n weiterer Schritt in Richtung Alkoholabhängigkeit.' Z. 86f D

17 Interviewte sind sich der Funktion des Suchtmittelgebrauches bewusst. Trinken erfüllt bspw. die Funktion einer Copingstrategie im Umgang mit identitätskritischen Lebenssituationen oder der Verarbeitung problematischer Herkunftserfahrungen.

Die Vergegenwärtigung von Exklusionserfahrungen im Gefolge oder als weiterer Anlass gesteigerten Trinkverhaltens und die Beschreibung der Inklusionsschwierigkeiten nehmen in einigen Interviews einen auch zeitlich großen Raum ein. Die Schilderungen machen jenen Teil der Komplexität im Leben der Biografen deutlich, dem sie zunehmend weniger in der Lage waren, durch sinnvolle Selektion (Selektion hieße in diesem Fall Verzicht auf Suchtmittel oder eine konsequente frühe Therapiemotivation) zu begegnen. Vielmehr wird Alkohol funktionalisiert, um Schwierigkeiten auszublenden bzw. die Täuschung eines stabilen Selbstbildes aufrechtzuerhalten.

Ein Teil der Biografen schildert das Erleben von Ungerechtigkeit und einen Mangel an Kompetenz, angemessen mit solchen Situationen umgehen zu können. Dies hat eine besondere Bedeutung hinsichtlich des Umgangs mit Anerkennung bzw. Nichtanerkennung.

‚Ich war dort eigentlich bloß (hustet) e eefacher / Arbeiter, also ich hatte für mich das klargehabt, Dass ich jetz nich dr Ernährer dr Familie bin. Es kam eindeutig von dr Frau die Seite immer. Ich hab das vielleicht dann, das war der Fehler damals mit, das is das, was jetz klar is. [...] Dass ich dann den Haushalt geführt hab. [...] Ich hab ja jetz, ich hab ne gute Arbeit, die mir och Spaß gemacht hatte, bloß ich hab dort zurückgesteckt, [...] Also ich hab in der Beziehung immer zurückgezogn. Wenns da irgendwie was um die Pflege ging oder oder krank der Kinder /, Dass sie oh ihrn gesellschaftlichen Status zu der Zeit damals äh voll durchziehn konnte. Und da gabs zum Teil, gabs schon emal Spitzen (hustet) Dass ich ehmd doch mal gucken sollte, wer das Geld bringen däte. Das worde dann schon angespielt. Das war ja in der Zeit, wo ich dann oh schon voll beim Trinken war. Ich hab das dann ehmd damit weggemacht.'
Z.355f B

Im Folgenden werden einzelne Facetten bzw. Themenbereiche näher in ihren Wirkungen und Zusammenhängen dargestellt.

a.) Umgang mit Objekt- und Bindungsdefiziten

Die Bindungstheorie (attachment theory) entstand in den 1960-er Jahren. Bowlby[75] (1907-1990) baute auf den von Spitz (1957) durchgeführten Untersuchungen zum frühkindlichen Bindungsverhalten frühzeitig von der Mutter getrennter Kinder auf. Dabei erforschte er Bindungsverhaltenssysteme bei Kleinstkindern. (vgl.Trautmann-Voigt/Voigt 1998:143) Sinn dieser Prädispositionen ist die Sicherung des Überlebens. Für das Kind stellen sowohl Hunger und Durst Gefahren dar, als auch die Trennung von den Elternteilen oder deren aus der Beobachtung des Kindes nicht kalkulierbare Zu- bzw. Abwendung. Bowlby weitet die evolutionsbiologische Perspektive und die Schutzfunktion des Bindungsverhaltens in Richtung der späteren emotionalen und kognitiven Entwicklung aus.

„Es gibt Hinweise, dass eine starke kausale Beziehung zwischen den Erfahrungen eines Individuums mit seinen Eltern und seiner späteren Fähigkeit besteht, affektive Bindungen einzugehen; zudem können einige allgemeine Veränderungen in dieser Fähigkeit bestimmten allgemeinen Variationen in der Art und Weise, wie Eltern ihre Rolle ausgefüllt haben zugeschrieben werden, was zu Eheproblemen, Schwierigkeiten mit Kindern, neurotischen Symptomen und Persönlichkeitsproblemen führen kann. Die Hauptvariablen sind das Ausmaß, in dem die Eltern ihre Kinder erstens mit einer sicheren Basis ausgestattet

---

[75] Auf die vielzitierte Kritik der psychoanalytische Gegner an Bowlbys Bindungstheorie (vgl. Fonagy 2003: 8) soll hier nicht näher eingegangen werden, da sie für die weitere Forschungsarbeit verzichtbar ist. Das folgende Zitat mag die Stellung der Arbeit Bowlbys zur Psychoanalyse verdeutlichen: „In der Tat verläuft eine deutlich erkennbare Trennlinie zwischen der Seite der Psychoanalyse, die die Erfahrung als primäre Ursache von Verhalten und deren Interpretation als Königsweg zur therapeutischen Veränderung betrachtet, und der Seite der experimentellen Psychologie, die sich mit Interpretationen zurückhält, den Schwerpunkt auf zuverlässige Beobachtungen legt und vor rhetorischen und spekulativen Theoriebildungen zurückschreckt. Doch die Bindungstheorie ist auf beiden Seiten dieses Grabens beheimatet." (Fonagy 2003: 11)

haben und es zweitens ermutigt haben, auf dieser Grundlage seine Umwelt zu erkunden."

Bindung wird als ein emotionals Band beschrieben, (vgl. Klöpper 2006: 39, Bowlby 2003/1987: 23), das sich in der frühen Kindheit entwickelt und über die verschiedenen Lebensphasen hinweg bestehen bleibt. Grossmann/Grossmann stellen die Unterschiedlichkeit von Bindungsqualitäten heraus:

„Psychologisch, in der wirklichen Erfahrung jedes einzelnen Menschen, können die individuellen Qualitäten von Bindung des Kindes an seine Eltern im ersten Lebensjahr bereits sehr verschieden sein. Diese Unterschiede haben Folgen für das Individuum während des Lebenslaufs (Ontogenese). Die Bindungsforschung untersucht die Art individueller Verinnerlichung unterschiedlicher Bindungserfahrungen und ihrer Auswirkungen auf die Organisation der Gefühle, des Verhaltens und der Ziele einer Person. Die Verinnerlichung dessen, wie man sich als handelndes Individuum erlebt, entsteht primär aus dem Zusammensein mit den Bindungspersonen, den Eltern, Adoptiv- oder Pflegeeltern und anderen Personen, die dem Kind nahe stehen." (Grossmann/Grossmann 2004: 29)

Mary Ainsworth (1913-1999), Mitarbeiterin von Bowlby unterscheidet im Ergebnis ihrer standadisierten Untersuchungen (Strange Situation Test 1970-78) zur Fremdensituation drei Bindungsausprägungen. Diesen Ausprägungen lassen sich unterschiedliche Reaktionen der Kinder auf Trennungserleben zuordnen:
- *sichere Bindungen*,
- *unsicher ambivalente Bindungen* sowie
- *unsicher vermeidende Bindungen*. (vgl. Ainsworth 2003: 322ff)

Ainsworth beobachtet, dass bei einfühlendem und aufmerksamem Umgang mit Kindern sichere Bindungen innerhalb des Mikrosystems Familie wahrscheinlich sind. „Ich habe bereits vorgeschlagen, dass das sicher gebundene Kind ein Arbeitsmodell seiner Mutter als eine ansprechbare und zugängliche Person aufgebaut hat. [...] Obwohl sich sein tatsächliches Verhalten von Situation zu Situation unterscheiden mag, gibt ihm diese innere Organisation eine gewisse Kohärenz für seine Verhaltensmuster in verschiedenen Zusammenhängen, so dass man sein Verhalten jeweils voraussagen kann." (Ainsworth 2003: 325) Die Herstellung einer sicheren Bindung gehört somit zu den Grundlagen gesunder Persönlichkeitsentwicklung. Die Entwicklung einer realistischeren Selbst- und Fremdsicht steht in einem engen Zusammenhang mit der Fähigkeit des werdenden Individuums, sich differenziert und emotional abgeklärter mit seinen Umwelten auseinanderzusetzen.[76] Abwesenheiten wichtiger Bezugspersonen können im Vertrauen auf deren Wiederkehr ausgehalten und sichere Bezüge zu Personen auch über zeitliche und örtliche Distanz erhalten werden.[77]

Eltern, die sich stark in Abhängigkeit von ihren eigenen jeweiligen aktuellen Befindlichkeiten gegenüber Kindern verhalten, fördern unsicher

---

[76] Zum Zusammenhang der Ausbildung individueller Identität und Bedürfnisbefriedigung, die auf sicheren Bindungen beruht, äußert sich Volkan: „Das Kind beginnt früh im Leben mit dem Prozess, mit dem es zwei wesentliche Aufgaben erfüllt, die der Differenzierung und der Integration, die es ihm ermöglichen, eine Objektkonstanz zu erreichen und eine Kernidentität zu bilden. [...] Durch die wiederholten Erfahrungen mit bedürfnisbefriedigenden und bedürfnisfrustrierenden äußeren Quellen entwickelt das Kind Selbst- und Objektbilder, die zunächst undifferenziert sind: [...] Eine der frühen Aufgaben des Kind-Ichs besteht darin, mit der Differenzierung zwischen seinen Selbstbildern und den Bildern von anderen Personen oder Dingen (Objekten) zu beginnen, um eine eigene psychologische Grenze zu entwickeln. [...] Vor der Integration von entgegengesetzten Selbst- und Objektbildern neigt das Kind dazu, sich selbst und andere in einem „Schwarzweiß"-Schema zu sehen. Bei normaler Entwicklung beginnt die Integration [...] etwa im Alter von sechs Monaten und ist in den meisten Fällen etwa nach sechsunddreißig Monaten abgeschlossen, wenn das Kind Ambivalenzen tolerieren können sollte – das heißt, dieselbe Person oder sich selbst jeweils zu lieben und zu hassen. Wenn das Kind dann über eine integrierte Selbstvorstellung verfügt, beginnt es, ein ‚dauerndes inneres Sich-Selbst-Gleichsein' zu erfahren und erlebt sich selbst und andere nicht mehr in einem Schwarzweiß-Schema.' (Volkan 2000: 39)

[77] „Das Kind internalisiert seine Erfahrungen mit seinen Bezugspersonen und konstruiert Erwartungsstrukturen bezüglich deren Verhalten. [...] Ob sich beim Kind eine sichere oder unsichere Bindungsorganisation ausbildet, hängt auch von dem Wert ab, den seine Bezugspersonen Bindungen generell beimessen." (Trautmann-Voigt/Voigt 1998:147)

ambivalente Bindungen. Hier kann das Kind die Reaktionen der Eltern auf eigene Bedürfnisse nicht genügend einschätzen, um sich sicher genug zu fühlen. Eines der systemtheoretischen Postulate lautet, dass das vorrangige Ziel von Systemen in der Erhaltung der Stabilität jener Systeme besteht. In der unsicher ambivalenten Bindungsorganisation wird ein Großteil der Energien, die das Kind in Neugier und damit Lernen investieren könnte, zur Kontrolle des in der Zuwendung instabil erlebten Elternteiles benötigt.

Nimmt das Kind den (möglichen) Wunsch der Mutter oder des Vaters nach Autonomie wahr, besteht die Wahrscheinlichkeit der Bildung eines unsicher vermeidenden Bindungsverhaltens.

Problematisches Bindungserleben in der Kindheit bedeutet die Möglichkeit, aber nicht den Fluch einer Fortschreibung des Prozesses hin zu einer bindungsproblematischen Person als Erwachsener. Es können positive Erfahrungen gemacht werden und es besteht die Möglichkeit der Verarbeitung bereits internalisierter Muster. Dies macht Kegan in seinen Untersuchungen zur Bedeutungsentwicklung deutlich:

„Natürlich ist es richtig, dass die Kindheit den Ausgangspunkt der Entwicklungsgeschichte bildet. Folglich können in der Kindheit Themen aufkommen, die sich das ganze Leben über verfolgen lassen, und die Kindheit kann die bedeutungsbildende Aktivität des Menschen nachhaltig und formend beeinflussen. [...] Die Besonderheiten der Kindheit sind vor dem Hintergrund der gleichen Aktivität zu verstehen, die das gesamte Leben des Menschen durchzieht. Treten diese Besonderheiten in der weiteren Entwicklung in neuer Form wieder auf, so werden sie nicht als späte Manifestationen kindlichen Verhaltens aufgefasst, sondern als aktuelle Manifestationen der Bedeutungsbildung, genauso wie das kindliche Verhalten zu seiner Zeit als aktuelle Manifestation der Bedeutungsbildung begriffen wurde." (Kegan 1994: 113)

Prozesse der Bedeutungsbildung und der Bindungsorganisation sind Prozesse der Erhaltung und Neuordnung der persönlichen Organisation. Im Kontext von Abhängigkeitserkrankungen zeigt sich, dass es schon in der frühen Kindheit darauf ankommt, ob ein Kind in die Lage versetzt wird, adäquate Bindungsrepräsentanzen aufzubauen und dass bestimmte Erfahrungen einem gesunden Bindungsaufbau entgegenstehen. Über die Kopplung von Kommunikation und Bewusstsein werden die gemachten frühen Erfahrungen zu protektiven Faktoren oder Negativprediktoren zu Suchtentwicklungen. Belege für defizitäres Bindungserleben enthalten bspw. die Interviews A und P.

(A): ‚(...) fing eigentlich schon mein Leben, (...), chaotisch bald an. Die ersten zwei Jahre wuchs ich mit meine Mutter und meine Oma auf, dann kurz vor dem Mauerbau, (...) ist meine Mutter denn in n Westen gegangn, hat mich ohne Vorwarnung alleine gelassen, dann war meine Oma gezwungn, mich großzuziehn. Konnt se zwar nicht und so is ebn die ersten paar Jahre, bin ich denn zu mein Onkel gekommn bzw. zu meiner Tante, die Schwester meiner Mutter. (...) kam aber unerwartet n zweites Kind (...) wurde die Wohnung zu klein. Wie s halt war, meine Oma konnte mich auch nicht mehr nehm, (...) Zum Schluss blieb - Kinderheim.' Z.14f A

(P): ‚(...),ja, war der älteste Sohn, (...). Danach kam meine Schwester im gleichen Jahr. Dann noch ein Bruder, dann ham sich die Eltern scheiden lassen. Das war zwischen 1954 und 1957. Laut Hören und Sagen weiß ich, dass meine Mutter krank war, die hatte laufend epileptische Anfälle. So, dann konnte sie demnach die Kinder, die sie hatte, nicht richtig be-

tun. (hüstelt) Und dann sind wir ins Heim gekommn. Na, ich hatte das Glück, nach R zu kommen zu den Großeltern.' Z. 3 P

A und P schildern am Beginn ihrer Erzählungen frühe biografische Brüche, die u.a. im Zusammenhang mit gesellschaftlichen Ereignissen und personalen Diskontinuitäten einhergehen. A benötigt in früher Kindheit alle Kraft, sich auf jeweils wechselnde Bezugspersonen einzustellen. Da sie sich nicht an einem Objekt festmachen und die fördernde Beziehung genießen kann, erlebt sie ihre Kindheit als Chaos. Die Folgen dieser fortgesetzten Störung von Bindung führen im beschriebenen Lebenslauf zur Selbstisolation. P erlebt ähnliche Diskontinuitäten. In beiden Fällen fehlt die verlässliche primäre Bezugsperson, im ersten durch Flucht der Mutter, im zweiten durch die Unberechenbarkeit der Mutter als Folge deren Erkrankung.

Zwei Drittel der Biografen beschreiben die Abwesenheit oder den Verlust wichtiger Bezugspersonen. Meist fehlt ein Elternteil oder die Eltern sind auf Grund ihrer Arbeit oder gesellschaftlicher Verpflichtungen nicht zugewandt und fördernd erlebbar. Der folgende Ausschnitt aus dem Interview J beschreibt eine unsicher-ambivalente Bindungsorganisation:

‚Meine Mutti hat (...) gearbeitet. (...) Also hat sich damals meine Großmutter und mei Großvater um mich gekümmert. Ich hatte eine sehr schöne Kindheit. (...) Mir wurden viele Wünsche erfüllt. (...) Mit sieben sind wir dann in de erste Wohnung gezogen. (...) war ich dann mit meiner Mutti allein. Meine Mutti war enne sehr gute Frau. (...) Meinen Vater kenn ich nicht. Er hat damals meine Mutti verlassen als ich noch nich geborn war.' Z.12 J

Begrenzungen erfährt J durch seine Großeltern nicht. Das Fehlen des Vaters wird durch die Idealisierung der Mutter kompensiert. Solange die Großeltern als ausgleichende Personen das System stabilisieren, werden Konflikte klein gehalten. Mit dem Verlust der Großmutter bricht der Schein der Idealisierung:

‚Wo meine Großmutter gestorbn war, hat sich das Verhältnis zu meiner Mutti verschlechtert. Es war, ich kann, ich kann ooh böse wern, (…) Ich hab meine Mutti ooch / ich hab se ooch geschlagn. (weint) was mer, was mer eigntlich ni macht.' Z.61 J

Die hoch ambivalente Beziehung von J gegenüber der Mutter wird durch die Schilderung verbaler und körperlicher Gewaltanwendung sichtbar.

Obwohl Bowlby das Konzept der Bindung von dem der Abhängigkeit unterscheidet, scheinen die in dieser Forschungsarbeit untersuchten Lebensläufen Zusammenhänge zwischen beiden Konzepten zu belegen. Bowlby schreibt: „Zum Beispiel hängt Abhängigkeit nicht unbedingt mit dem Erhalten von Nähe zusammen, bezieht sich nicht auf ein besonderes Individuum, beinhaltet kein überdauerndes Band und ist nicht notwendigerweise mit starken Gefühlen verbunden." (Bowlby 2003: 25) Die Erfahrung im Kontext von Suchterkrankungen weist jedoch darauf hin, dass sich spezifische Bindungsausprägungen zur Abhängigkeit entwickeln können (s. bspw. Angstbindung).

Suchterkrankungen gehen oft mit pathologischen Persönlichkeitsorganisationen einher. Schleiffer weist auf die Ergebnisse verschiedener Untersuchungen zu Verbindungen zwischen Bindungsorganisationen und Psychopathologien hin. Demnach stehen bspw. depressive Entwicklungen oder Borderline-Störungen im Zusammenhang mit unsicherem Bindungserleben. (Schleiffer 1998: 148) Die Betroffenen können u.U. solche Erscheinungen mit Hilfe psychotroper Substanzen versuchen zu regulieren.

b.) Ich-Funktionen und ihre Rolle bei der Bewältigung identitätskritischer Situationen

Nachdem im vorangegangenen Abschnitt das Bindungsverhalten von Personen als Faktor möglicher Suchtentwicklungen dargestellt wurde, soll in diesem Unterkapitel auf die Rolle der Persönlichkeitsorganisation in ihrer Bedeutung für den späteren Suchtmittelmissbrauch fokussiert werden.

Standke differenziert ein Normal-Ich von abweichenden Ich-Organisationen. „Das *Ich* wird durch einen Komplex von Funktionen definiert und entwickelt sich unter der Bedingung, daß dem Säugling von Geburt an »hinreichend gute Objekte« zur Ausdifferenzierung der zunächst undifferenzierten Bedürfnisspannungen aus dem Es zur Verfügung stehen. [...] Die Entfaltung der *Ich*-Leistung und der Niederschlag von Selbst- und Objektrepräsentanzen bedingen sich gegenseitig und sind entsprechend von Geburt an bedeutsam." (Standke 1993: 59) Die Innenseite der Form *Ich* ist nicht bzw. nur über die in Handlungen erscheinende Kommunikation beobachtbar.

Ich-Funktionen organisieren, wie folgt aufgeführt, Prozesse der Steuerung und Verhaltensabstimmung:
- *der Realitätswahrnehmung und -prüfung,*
- *der Antizipation und Verhaltensabstimmung in der Interaktion mit anderen,*
- *der Affekt- und Impulssteuerung/kontrolle,*
- *von Denkprozessen,*
- *der Selbst- und Objektbilder und*
- *synthetisch-integrativer Funktionen des Ich.* (ebd.)

Die genannten Funktionen werden im Folgenden kurz ausgeführt. *Die Realitätswahrnehmung und -prüfung* umfasst den Bereich der Differenzierung hinsichtlich innerer und äußerer Reizquellen sowie deren Einordnung in einen zeitlich, räumlich und sprachlich aufeinander bezogenen Horizont. Standke beobachtet Fähigkeiten des reflexiven Umgangs mit sich selbst.

Im Bereich der *Antizipation und Verhaltensabstimmung* in der Interaktion mit anderen ist die Fähigkeit von Bedeutung, sich differenziert auf seine jeweiligen Umwelten einzustellen. Das bedeutet, sich vorzustellen, welche Konsequenzen das eigene Verhalten auf das Verhalten anderer hat. Die Systemtheorie operiert in diesem Zusammenhang mit den Begriffen der Erwartungserwartungen und der doppelten Kontingenz. Zur Veranschaulichung der Funktion dient das folgende längere Interviewbeispiel.

„[…] stand dann auch schon fest, dass ich beim Zoll dann anfange. Weil mir da versprochen wurde, dass ich da weiter Hundeführer machen kann. […] Na jedenfalls hatte ich das erste halbe Jahr da bei der Dienststelle, ein Vierteljahr im Reiseverkehr, bei der Personenkontrolle zu tun. Wo ich natürlich nich selbst Personen allein kontrollieren konnte, nur unter Aufsicht und so. Was mir eigentlich gar nich gelegen hat, so bei andern Leuten in Sachen rumzuschnüffeln. Das liegt mir nich. Dann eben das andre Vierteljahr Waren-Güter-Verkehr, wo ich auch mit Hunden zu tun hatte. Und das hat mir natürlich Spaß gemacht. […] Aber nach n Vierteljahr hat man mir eröffnet, dass ich vorgesehen bin für die Personenkontrolle und nicht wie vorgesehen und versprochen für n Hundeführer. Und das wollte ich dann eigentlich gar nich. Und von da an hab ich mich eigentlich auch zurückgezogen und hab gegrübelt. Machst de nu was richtig oder machst de, wenn de hier kündigst, könn se dir ir-

gendwas andrehn. Das war damals so in DDR-Zeiten. Davor hatt ich ehmnd Schiß gehabt, mächtig gewaltig. Und jedenfalls, das hatt ich gar nich mitbekomm, jetzt im Nachhinein is es mir wirklich klar gewordn. Ich hab mich dadurch sehr verändert. Ich hab mich zurückgezogen, hab mit niemandem darüber gesprochen. Ich hab das alles in mich reingefressen. [...] Naja, jedenfalls hab ich dann meine Kündigung beim Zoll eingereicht, weil ich damit nich mehr klargekommen bin. [...] Da wurde ich in der Woche drei, viermal zum obersten Chef der Schule beordert. Und da wurd ich eben zwei drei Stunden wie gesagt, beknetet. Warum, wieso, weshalb ich nu beim Zoll aufhörn will, ob ich was gegen die DDR hätte. So weit gings schon. Und das hat mich ziemlich mitgenommen, nervlich. Naja jedenfalls hab ich meinen Willen durchgesetzt und habe beim Zoll gekündigt. [...] In dem letzten Vierteljahr hatt ich, ehmnd weil ich mich so zurückgezogen hatte und nicht mehr wusste, was ich machen sollte, eben öfter zur Flasche gegriffen. Noch beim Zoll. Da fing es ebn schon an. Ich denke mal, das war so mit n entscheidender Schritt [...] dass ich so dem Alkohol verfallen bin.' Z.96ff D

D erlebt einen für ihn unauflösbaren Konflikt im Bereich der Verhaltensabstimmung, indem er die Erwartungen anderer nicht mehr erfüllen kann und will, für seine Entscheidungen aber entsprechende Konsequenzen fürchten muss. Seine innere Ausstattung reicht nicht aus, die Spannung auszuhalten. Die spezifischen Strategien des Umgangs mit dem Phänomen der Überforderung sind u.a. sozialer Rückzug, der Verzicht auf Karrieremöglichkeiten sowie die Spannungsregulierung über Alkohol.

Eine weitere Ich-Funktion, die zur Steuerung von Impulsen und Affekten dient, besteht in der *Fähigkeit zur Triebmischung* (aggressiv/libidinös)

bzw. der *Aufhebung der Gut-Böse-Spaltung,* die sich in einem frustrationstoleranten Umgang mit erfahrenen Kränkungen zeigt. Kränkungen können durch eigenes Versagen, aber auch mittels Versagungen durch andere Personen zustande kommen. Ebenso bedarf es des differenzierten Umgangs mit den Forderungen des eigenen Über-Ichs und den Idealvorstellungen vom eigenen Selbst. D hat einen besonderen Grund, die Tätigkeit bei der Personenkontrolle zu verweigern. Die Spezifik der Leistungsrolle verlangt von ihm Führungsfähigkeit und eine gewisse Abgegrenztheit gegenüber den Reaktionen zu kontrollierender Personen. D will jedoch nicht Personen kontrollieren, sondern weiter mit Hunden arbeiten. An dieser Stelle lässt sich ein Bezug zum drohenden Verlust narzisstischer Zufuhr herstellen.[78] Die Idealvorstellungen des eigenen Selbst lassen bei D zu diesem Zeitpunkt keinen konstruktiven Umgang mit diesem Konflikt zu.

Denkprozesse beschreibt Standke mit den Funktionen Gedächtnis, Aufmerksamkeit, Konzentration, Vorstellungsvermögen und Abstraktionsfähigkeit. Sie dienen der Reduktion von Komplexität. Die Kategorie *Selbst- und Objektbilder* bezieht sich auf die Fähigkeit zur Erstellung und Gestaltung differenzierter und kontinuierender Vorstellungen von sich selbst und anderen sowie deren Aufrechterhaltung (Objektkonstanz).

Die *Synthetisch-integrative Funktion* bezieht sich auf die Einordung des Individuums in den Zusammenhang von Gemeinschaft und umweltlicher Komplexität. Hier geht es darum, Widersprüche und Pluralität wahrzu-

---

[78] Wernado beschreibt einen Zusammenhang zwischen narzisstischer Persönlichkeitsstörung und Abhängigkeit wie folgt: „Dem narzisstisch gestörten Menschen liegt eine Abhängigkeitsstruktur zugrunde – er ist abhängig von Selbstobjekten. Sofern diese nicht (mehr) in ausreichendem Maße zur Verfügung stehen, entfaltet sich die Problematik, die durch Suchtmitteleinsatz klinisch auffällig wird. Psychotrope Substanzen verfügen ihrerseits über abhängig machende Eigenschaften, so dass sich psychische und stoffliche Abhängigkeiten überformen." (Wernado 2008: 132) ‚Selbstobjekte' bezeichnet Wernado „lediglich als Erfüllungsgehilfen der eigenen Bedürfnisse". (ebd. 131)

nehmen, zu ertragen und sich damit adäquat auseinanderzusetzen. (vgl. Standke 1993: 60)

Die genannten Fähigkeiten entwickeln sich co-evolutionär. Physisches Wachstum und Reife erweitern die Möglichkeitenhorizonte, aus denen das Individuum via Wahrnehmung und Ausprobieren auswählen kann. Die libidinöse Besetzung von Objekten bzw. Handlungen bedeutet, eine Befriedigung narzisstischer Bedürfnisse. Schließlich sind für das werdende Individuum Erfahrungen bedeutsam, die in Interaktionen erworben werden. Standke macht noch einmal darauf aufmerksam, dass sowohl bewusst als auch unbewusst der Drang zur Wiederholung von Handlungen herrscht, die aus der Sicht des Kindes zur Unlustvermeidung oder zur lustvollen Entspannung geführt haben. Er beschreibt einen Prozess der Bedürfnisregulierung, „der durch das Verhältnis von Bedürfnisäußerung auf Grund von Unlust-Erleben auf seiten des Kindes oder des Säuglings und Bedürfnisbefriedigung auf seiten der Liebesobjekte (nicht nur der Mutter) geprägt zu sein scheint. [...] Solche Prozesse werden dann gestört verlaufen, wenn die libidinös besetzten Objekte – in der Regel zunächst Mutter und Vater – nicht in verläßlicher Weise auf jene Signale eingehen, die eine beginnende Differenzierung und Weiterdifferenzierung kindlicher Fähigkeiten ankündigen, wenn sie also nicht in einem spiegelbildlichen Bezugsrahmen antworten." (Standke 1993: 61) Ausgedrückt wird, dass ohne eine differenzierte Beantwortung der kindlichen Differenzierungsprozesse letztere sich pathogen entwickeln können.

Einige Personen beschreiben in ihren Lebensläufen eine Häufung identitätskritischer Situationen. Diese Situationen stellen sich als bedrohlich für die Beibehaltung der bisherigen Lebenspraxis dar. Verschiedene Krisenlagen treffen aufeinander und übersteigen die Möglichkeiten des

Betreffenden, die Komplexität der Ereignisse adäquat zu meistern. So kann die Unfähigkeit/Unmöglichkeit, Abschied zu nehmen, zu manifesten Verlustkrisen führen. Entwicklungskrisen zeigen sich an Kreuzwegen, die den Betroffenen zur Bilanzierung des bisher Erreichten zwingen. Beziehungskrisen sind Ausdruck der Schwierigkeit, Anschlüsse innerhalb der Kommunikation zwischen wenigen Menschen so her-zustellen, dass eine reibungslose Fortführung der Kommunikation gewährleistet ist. Alle drei Formen sind in spezifischer Weise Sinnkrisen. Die psychosozialen Fähigkeiten der adäquaten Verarbeitung von Krisen durch das Individuum werden auf die Probe gestellt. Wird die Krise bewältigt, trägt sie zur Stärkung des Selbst des Individuums bei. Im anderen Fall führt sie zu einer sich in der Katastrophe entladenden Konfliktspannung. Letzteres lässt sich an einem weiteren Abschnitt der Biografie D gut nachvollziehen.

„Ja ich bin dann nach Hause. […] Und zweieinhalb Wochen später kam dann der ganz große Hammer für mich. Da kam, äh da ist meine Mutter gestorben. Also, da wusste ich wirklich nicht mehr, was ich machen sollte. Es war wie, als wenn die Welt untergehen würde. Denn meine Mutter war immer für mich da, wenn, ich konnte zu ihr kommn, wann ich wollte. Und was ich wollte, sie hat mir immer geholfen. Sie war praktisch von Geburt an bis zu diesem Zeitpunkt meine wichtigste Bezugsperson. […] Und da hab ich wirklich mit Saufen, muss ich jetzt mal so sagn angefangn. […] Dazu kam dann noch nach m halben Jahr, nachdem meine Mutter gestorben war, dass mein Vater schwer erkrankt war. Das hat sich im Vorfeld auch abgezeichnet, denn er hatte schon n Antrag auf Invalidenrenten gestellt. Äh, er war Diabetiker und sein Zustand verschlimmerte sich immer mehr, so weit, dass er n halbes Jahr nach dem Tod meiner Mutter, also im Herbst bettlägerig geworden is. Konnte nicht

mehr laufen. Musste gepflegt werden. Und jedenfalls, ich allein konnte ihn nicht pflegen, da eben durch meinen Zustand, weil ich jeden Tag wirklich im Tee war und äh, so dass eben auch Pflegehilfe beantragt werden musste, die auch gekommen is dann. Vom Pflegedienst. [...] Und äh, nja als ich dann von der Fahne zurückbin, stand ich plötzlich allein, praktisch allein da und. Mir hat praktisch, also ich wusste erst mal nich, was ich machen sollte und so. also ich war praktisch unselbständig. Ja jedenfalls mein Vater war bettlägerig, ich hab n mehr schlecht als recht gepflegt / äh ich bin jeden Tag nach der Arbeit erst mal in die Kneipe, bin dann praktisch bis zum Amnd da geblieben und da kann man eben von keiner Pflege des Vaters reden.' Z. 139 ff D

D ist nicht in der Lage, die zeitlich komprimierten Ereignisfolgen, den Tod der Mutter und die eintretende Pflegebedürftigkeit des Vaters, emotional adäquat zu verarbeiten und sich sowohl gegen dieses emotionale Erleben als auch gegenüber von außen an ihn gestellten Anforderungen entsprechend abzugrenzen. Er flüchtet sich durch sein ständiges Trinken in die passive Verweigerung.

Im folgenden Ausschnitt werden traumatische Ereignisfolgen und der Umgang mit ihnen aus der Lebenserzählung von N beschrieben:

'Und kriegte ein Arbeitsangebot als Reinigungskraft im Kindergarten. Ja wie denn, mit fünf Kindern. Wo unterbringn? Und da bin ich offs Jugendamt in W., hab um Hilfe gebeten. Hab die Situation dargelegt und hab gesagt: Ich weeß ni, wie ich das mit den fünf Kindern, weil der eene war grad mal in der 2. Klasse, den hab ich gerne noch zuhause die Hausaufgaben bewacht und so. Ich sach, die andern sin im Abstand von 3, nee 4, 3, und 1 Jahr, wie, wann soll ich arbeiten gehen? Also es wächst mir übern Kopf. So und: Der is sowieso nich da. Und. Ja und denn irgendwann, ne Woche später, ich hatte mein Job angefangn als

Reinigungskraft, man hatte mir Hilfe versprochen, die kam ooch. Und zwar kamen da zwee Beamte vom Jugendamt. Zwee Fraun. Zu mir off Arbeit in n Kindergarten. Ich hatte das so gedeichselt, dass ich die drei Jüngeren zu mir mit auf Arbeit nehmen konnt. Ja, ich hab die früh mit hingenomm und abends wieder nach Hause. Und die Schulkinder pph, mussten sich halt selber kümmern. S ging ja ni anders. Die kamen zu mir, meenten, ich soll Schluss machen für den heutigen Tag. Ich soll die Kinder holn. Die kamen dann mit in die Gruppe, den I., dort die. I., dort den M.. Warten Se mal hier Frau N. Wir gehen bloß mal kurz zur Chefin. Hoi, denk ich. Ich komme nach Hause. Die begleiten mich. Friede, Freude und: Ach, wie gefällt Ihnen die Arbeit? Nischt Böses ahnend. Und wir komm in die Fünf-Raum-Wohnung und da sagt die eene Frau: So Frau N, wir teilen Ihnen mit, wir nehmen jetzt alle fünf Kinder mit in das Heim, da wir ehmnd gehört ham, dass es hier Schlägereien gibt, dass getrunken wird, dass de Kinder vernachlässigt wern. Und da hatt ich dann an diesem Abend an Ort und Stelle, hab die Körbe mit gemacht, die Körbe gepackt für jedes Kind, Spielzeug und Sachen und, die packten die in nen B1000 und Tschüß und fort. So und ich hab dagesessen. Weeß ich noch.

Und was ha ich gemacht? Vielleicht nachdem ich ne halbe Stunde da wirklich nischt gemacht hab, bin ich runter in die Kaufhalle und hab mir ne große Flasche, quatsch n großen Karton, da warn sechs Flaschen, Goldkrone geholt, hab den hoch, hab die erste Flasche fast off Ex niedergeknüppelt [...].' Z.515 N

N wendet sich in einer für sie schwierigen psychosozialen Situation an das Jugendamt mit der Bitte um Hilfe. Diese gestaltet sich für sie überraschend anders als erwartet. N reguliert ihre Spannung in dieser Situation über Alkohol und rituelle Handlungen.

Die im letzten Ausschnitt geschilderten Ereignisse sind Facetten der konfliktären Beziehung zwischen I und seinem Vater.

‚Also die einzige Bezugsperson für den Hund war ich, (...) sollte der Hund erschossen wern. (...) war der Fall da. Mein Vater und sein Kumpel hatten den Hund mit so nem Bolzenschussgerät erst, die wollten ihn erschießen, aber das hat nich gelangt. Da ham se n Strick genomm und ham ihn aufgehang. Und ich kam dazu, wie er noch zuckte und zappelte und. (...) In der 9.Klasse hat ich mir schon den Berufswunsch ausgedacht und ich wollte Forstfacharbeiter mit Abitur werdn und hinterher Ornithologie studiern. (...) hab mir dort als Schüler der 9.Klasse n Lehrvertrag dort besorgt. Hatte n Lehrvertrag in der Tasche und hab das, (...) zuhause erzählt. (...) jedenfalls kannte mein Vater den Stellvertretenden Direktor vom Chemiefaserwerk (...) der besorgte mir ne Lehrstelle als Facharbeiter EDV. Davon hab ich aber überhaupt nischt gewusst. Hab denn nur n Brief erhalten, ich soll zur Lehrvertragsunterzeichnung (...). Und war da wie vorn Kopf geschlagn. Mein Vater hatte meinen gewünschten Lehrvertrag von sich aus gekündigt. (...) hat ich schon in der 10.Klasse ne Freundin.(...), aber das hat meinen Eltern ooh ni gepasst. (...) Ich gab meiner Mutter Briefe mit für E., die wurden gar nich in n Kasten gesteckt. Und die Briefe, die mir E. schrieb, die hab ich gar nich überreicht bekommen. Aus m Moped war die Luft raus. Jedenfalls hundert kleene Dinge, die das bewirkten, dass auf einmal Schluss war. Aber darauf, dass meine Eltern dran maßgeblichen Anteil hatten, darauf bin ich erst viel später gekommen' Z.61f I

Drei Ereignisse haben sich dem Tierliebhaber I tief ins Bewusstsein geprägt: die Tötung seines Hundes, den I mit der Zuneigung besetzen kann, die ihm selbst im elterlichen Haushalt versagt bleibt; der verhinderte Berufswunsch; die zerstörte erste Liebe. Die Unmöglichkeit, diese

Krisen adäquat zu bearbeiten, lässt ihn später kurzzeitig zum Aussteiger werden. Jahre später wird I zu einem der gefragtesten Kleintierhändler, der über seine eigene kompensatorische Arbeitssucht und Hybris (eine Mischung aus Selbstüberheblichkeit und Expertentum) in die Abhängigkeit stürzt.

In den beschriebenen Fällen besteht ein Zusammenhang zwischen dem schwierigen Umgang mit identitätskritischer Situationen und mangelhaft ausgeprägten Ich-Funktionen. Die in diesem Kapitel vorgestellten Personen sind in konfliktfreien Zusammenhängen nicht zwangsläufig als in ihren Ich-Funktionen eingeschränkt beobachtbar. Erst das Überschreiten eines Maßes aus Problemlagen lässt die Defizite in diesem Bereich zu Tage treten. Die Folge sind Kompensationsversuche, die auch in Suchtentwicklungen ihren Niederschlag finden.

c.) Unerfüllte Sinn- und Handlungskonzeptionen

14 Interviewte berichten über unerfüllte Sinn- und Handlungskonzeptionen. Dem Zeigarnik-Effekt[79] zufolge verbleiben unerledigte Aufgaben deutlich länger im Bewusstsein, können also im selbstreferentiellen Zirkel länger verweilen und damit einen Teil der Identität prägen. Die nicht zum Ende geführten Handlungen verlangen nach einer Lösung der Bedürfnisspannung und sind durch deren Aufschub ständig, wenn auch unterschwellig, präsent. Aus den Interviews ergeben sich verschiedene Formen unerfüllter Sinn- und Handlungskonzeptionen. Beobachtet werden Wünsche und Träume, die durch spezifische Ereignisse nicht realisiert oder überkompensiert werden. Mit den folgenden Fallbeispielen soll diese Kategorie belegt werden. Im ersten Beispiel wird über ein zu erreichendes Ziel reflektiert. Im zweiten beschreibt I die Folgen eines

---

[79] „Wir untersuchen die Frage: Wie verhält sich die Erinnerung an Handlungen, die vor Beendigung unter-brochen worden sind, zum Behalten beendeter Handlungen. Wir vermuteten nämlich, dass das unbefriedigte Quasibedürfnis auch das rein gedächtnismäßige Behalten beeinflusst." (Zeigarnik 1927:3)

problematischen Umgangs mit der Sinn- und Handlungs-konzeption. Das dritte Beispiel beschreibt den Wunsch nach Revision bestimmter Ereignisse.

H bereitet sich darauf vor, Jagdflieger der Nationalen Volksarmee zu werden und ordnet diesem Ziel sein schulisches und privates Leben unter:

'Ich wollte damals zur NVA gehen, also wollte dann vier Jahre studiern, nachdem ich, ich wollte Pilot wern dort. Also das war n ganz großer Traum von mir, mit m Kampfjet mal so n bisschen rumzurösten. War wirklich, das ging dann ab der 8.Klasse los, da bin ich dann in solche Programme reingenomm wordn. Mit Tauglichkeitsuntersuchung. Und so weiter, also ich hab da ooch schon mal in so ner Zentrifuge gesessen. Und gesundheitlich war ich fit, (...) es hat alles gepasst. In der neunten Klasse, da ging es schon los, da war ich schon mehr in solchen Militäreinrichtungen wie in der Schule, also das wurde schon richtich gefördert. Ja und wie gesagt, man musste erst mal n Beruf lern, dann sollte man vier Jahre studiern und das passte halt nich, weil bei mir genau dann die Wendezeit reinkam. Und damit hatte sich das ganze Ding zerschlagen' Z.224 H

Voraussetzung für diesen Schritt ist das Erlernen eines Berufes zur Studienzulassung. So lernt der Interviewte den Beruf des Maurers. H kann sich mit dem erlernten Beruf nicht identifizieren, doch die Vorstellung über sein zukünftiges Sein als Jagdflieger hilft ihm, die Berufsausbildung diszipliniert zu überstehen. Endlich sind die geforderten Voraussetzungen erfüllt und die vorherigen Anstrengungen könnten Früchte tragen. Auf Grund der gesellschaftlichen Wandlungen ändert sich die Zugangsvoraussetzung und H erlebt seine bis dato geleistete Anstrengung als sinnlos. Es ist bedeutsam, dass H sich Jahre auf dieses Studium

vorbereitet und eine Bedürfnisspannung aufgebaut hat, um zu verstehen, dass es nicht einfach irgendeine Alternative des Handelns für ihn gab. Diese hat H bereits zur Erreichung seines Zieles herausselektiert.
I fühlt sich auf besondere Weise der Natur verbunden:
‚Dann ging das mit mir los. Das war dieses für die Dorfbewohner abartige Hobby. Das war der Wald. Der Wald mit seine Tiere und Bäume und Flur und alle Fische und Flüsse und so was alles. Ich sollte zuhause arbeiten, Kühe ausmisten, füttern, Heu machen, Gras holn und so die typischen Arbeiten. Ich hielt mich immer mehr im Wald auf. Ich führte Buch über Vogelnester, über Vogelfedern, Vogeleier, Fuchsbauten, Dachsbauten und so weiter und so weiter. Z. 17f I*
Für I steht es außer Frage, dass er einmal in diesem Bereich arbeiten wird. Doch erreicht er dieses Ziel nur auf Umwegen.
‚Ja, hat ich denn drei Berufe. Den Buchdrucker und Schriftsetzer hab ich denn ausgeübt. Ich hab dann bis 1990 die Druckerei geleitet.' Z.148 I
In der Folgezeit beginnt I sein Leben und letztlich das seiner Familie dieser Sinn- und Handlungskonzeption unterzuordnen.
‚ Und da fing ich an zu baun. Eine Vogelvoliere nach der andern. Und in 15 Jahrn, da gabs auf diesem Grundstück bis auf n bisschen Rasenfläche mit n paar Sträuchern keen Platz mehr für fünf Tomaten und ne Reihe Gurken. Das war alles bebaut mit Volieren und ich glaube, in dieser Zeit hat sich auch diese Sucht und das war ne Sucht, diese fremdländischen Vögel zu erhalten und zu vermehrn, das war regelrecht eine Sucht. Das ging gar nich anders. Das ging… Die Vögel mussten immer teurer wern und das bedeutet, je teurer n Vogel is, desto schwieriger vermehrt er sich. Und ich hatte nur noch teure Vögel. Es gab keen Urlaub. Und immer, wenn die Urlaubszeit ran war, Juni, Juli, August, hatten die Vögel Brutzeit. Da konnt ich nich in Urlaub fahrn.' Z. 179ff I

Das einstige Hobby von I erfährt durch die zunehmende Verstrickung in die Abhängigkeit eine folgenreiche Wandlung. an deren Ende die Erkenntnis steht, den selbstgestellten Idealen des Tierfreundes nicht mehr genügen zu können.

‚Denn kam das Washingtoner Artenschutz-Abkommen, die Neuverordnung 1997 denn. Das war ganz schön hart. Über 75% der handelbaren (...) durften nich mehr gehandelt werdn. Nich mal das hat mich intressiert. Ich war nich verantwortlich für den Tod von Menschen, ich war aber verantwortlich für den Tod von tausenden Tiern. Vögeln und kleen Tiern. Es sind Streifenhörnchen aus Südkorea verreckt in Antwerpen, in Brüssel auf m Flughafen angekommen, tausend Stück. Die irgendwo in Saudi-Arabien zwischengelagert wurdn und verdurstet sind. Tja und irgendwie gab mir das ä bissl zu denken. Es sind tausende Finken aus Afrika verreckt angekommen. Tja und das hat sich bei mir, <u>da muss sich wohl irgendwas verändert haben vom ehemaligen Tierfreund zum Tiertöter.</u> Irgendwie gabs da enn Ruck bei mir.' Z.292ff I

Der Wunsch, Vergangenes zu revidieren, wird bspw. von J thematisiert:
‚Meine Mutti hat damals (...) gearbeitet. Als Lageristin. Also hat sich damals meine Großmutter und mei Großvater um mich gekümmert. Ich hatte eine sehr schöne Kindheit. Ich hatte nichts auszustehen. Mir wurden viele Wünsche erfüllt (...) Mit sieben sind wir dann in de erste Wohnung gezogen. (...) Da war ich dann mit meiner Mutti allein. Meine Mutti war enne sehr gute Frau. Und ich vermisse sie jetzt sehr.
(...) wo meine Großmutter gestorbn war, hat sich das Verhältnis zu meiner Mutti verschlechtert. Es war, ich kann, ich kann ooh böse wern (...) Ich hab meine Mutti ooch / ich hab se ooch schlagn. (weint) was mer, was mer eigntlich ni macht. Das is, is s Allerletzte, was mer machen

kann. Das is / (weint) Ich hab jahrelang damit gelebt, ich hab ehmnd das ni gesacht, ooh wenn mich immer Leute off der Straße angesprochen hatten, die sachten ehmnd: J, du hattest immer so ä gutes Verhältnis zu deiner Mutter und jetz bist de alleene (...) Ich konnte ehmnd nich sachn, dass ich ehmnd meine Mutter ooh schlecht behandelt hab. Und ich hab se schlecht behandelt. Ich hab manchmal Worte gefunden zu meiner Mutter, das war, das war schlimm, das war sehr schlimm. Und hab se ehmdn ooch noch mit geschlagen.
Ich wünsch mir ehmnd bloß, dass ich alles wiedergutmachen kann an meiner Mutter. / Aber das wöllt se gar ni. Ich kenn se ja, ich hab se ja gekannt.' Z.12-102 J

Die Großmutter, zu der J in der frühen Kindheit eine enge Bindung als Ersatzmutter aufbauen konnte, wirkt im gemeinsamen Haushalt mit der Mutter stabilisierend. Ihr Tod beeinflusst die Beziehung zwischen J und dessen Mutter. J kann sein Verhalten der Mutter gegenüber nicht mehr revidieren, aber seine veränderte Lebensführung als mögliche Fremdreferenz einbringen, indem er sich selbst objektiviert („Se wär ehmnd so zufrieden mit mir gewesen, wie ich jetzt bin' Z. 103f J).

Alle Beispiele unerfüllter Sinn- und Handlungskonzeptionen, einschließlich der beschriebenen Überkompensationen belegen in den Biografien besondere Situationen und Spannungsverhältnisse. Erst deren adäquate Verarbeitung bildet eine Voraussetzung dafür, mit Kränkungen, Schuld und Nichtkorrigierbarkeit von Ereignissen umgehen zu können.

8.1.2 Zuordnung spezifischer Schemata zur Abhängigwerdung

Rekursiv wird aus der differenztheoretischen Sicht auf die Rolle binärer Schematismen Bezug genommen. „Binäre Schematismen sind besondere Typen von Unterscheidungen, die durch eine rigide Binarität unter Ausschluss von dritten Werten gekennzeichnet sind. [...] Binarität bedeutet also eine drastische Reduktion, die die unendliche Anzahl der Möglichkeiten auf nur zwei durch eine Negation aufeinander bezogene Optionen reduziert." (Baraldi et al.: 34) Einfacher formuliert, es wird ein eher grundlegendes Wahrnehmungsprinzip beschrieben. Der Ausschluss eines dritten Wertes vereinfacht den Umgang mit bestimmten Phänomenen. Eine Person kann sich vorerst für einen Wert des binären Schematismus (Bsp. Ablehnung/Zuwendung) entscheiden, um dann mit der bezeichneten Seite weiter zu operieren. Die Person ordnet bspw. vor dem Hintergrund ihrer verschiedenen Erfahrungen und Vorstellungen den Gebrauch des Suchtmittels nach dem Muster geeignet/nicht geeignet und der Code findet Eingang in die Reproduktion der systemeigenen Kommunikationen. Das Phänomen, aus sich selbst heraus süchtig zu agieren, also nicht unter der Einwirkung externer Gewalt (Zwang zum Konsum, iatrogene Phänomene) soll nun mit Hilfe von Differenzschemata erklärt werden. Die Person ordnet bestimmte Schemata (hierzu Luhmann1984: 327) ihrer Umwelt zu und bezieht sie auf sich selbst. Folgende Differenzierungen wurden exemplarisch in den Erstinterviews beobachtet bzw. in der offenen Codierung kategorisiert:

Abbildung 8: Unterscheidungen zur Abhängigkeitsentwicklung

N belegt die Differenz Zuwendung/Abwendung wie folgt:

„Und wenn ich da aus Versehen mal Schularbeiten an dem Tisch gemacht hab, der fiel um, weil da wieder mal n Been locker war, na da gabs Dresche. Also Dresche gekriegt hab ich viel. Ausklopper, Kleiderbügel, Kochlöffel, Handfeger, das war so. Nach außen hin und das war immer das, was mich geärgert hat, war meine Mutter zum Beispiel für die Kinder im Haus die liebe Tante. Die kamen nach mir klingeln, fragten, ob ich raus darf. Meine Mutter sagte: Nee, aus dem und dem Grund nich. Und um die Kinder zu beruhigen, hatte die in der Küche so ne Bonbondose, so ne lila mit weißen Schnörkeln drauf, da durften sich de Kinder dann was rausnehmen. Und sind wieder abgezogen. Warn getröstet und. Na irgendwann kamen se dann mal nur noch wahrscheinlich wegen den Bonbons klingeln. Aber da war meine Mutter immer die Gute. Und wenn ich traurig und niedergeschlagen war, ooch in der Schule, die ham das nie, nie deuten können. Mutter war Elternaktiv-Vorsitzende, ja und im Gegenteil, die wurde immer bewundert." Z. 57ff N

Die Differenz Macht/Ohnmacht erlebt N im Kontext häuslicher Gewalt.

„Und da wurde aus diesem Unteroffizier der frühere Kellner in der Mitropa. Ja und da hab ich eigntlich erst mal gemerkt, wen ich da geheiratet hab. Nämlich een, der ooch nie nüchtern nach Hause kam. Und der obendrein noch gewalttätig war. Gewalttätig vor allem gegenüber meinen Kindern, die ja nu ni seine leiblichen war. (…) Und es beruhigte sich, als ich von ihm schwanger war. (…) Ja und das fiel dann in diese Zeit, im April starb meine Mutter. Und mein ehemaliger Schwager kam zu mir nach Hause, ich war im sechsten Monat schwanger, und brachte mir ne Trauerkarte höchstpersönlich. Und blieb natürlich zwee Stundn. Ja und *ich erzähle das meim stark angetrunknen Ehemann, als er abends so gegen halb elf nach Hause kam. Und der Kerl holt aus und schlägt mich zusamm (…). Und der is wirklich noch richtig über mich mit meim dicken Bauch drüberweggetreten.'* Z.432 N

Bei der Einschätzung des Trinkverhalten ihrer Mutter wählt N bei der Differenz Konformität/Abweichung die Seite der Konformität. Sie findet das Verhalten der Mutter normal und erklärt es mit gesellschaftlichen Mustern.

‚Und mit dem Trinken selber, ich hab das immer so empfunden, weil mir wird oft die Frage gestellt von Therapeuten beispielsweise: Wann ham Sie mit dem Trinken angefangn. Und ich sage immer, das hat eigentlich nie angefangen. Das war ne Begleiterscheinung des Erwachsenwerdens. (…) Und das war irgendwie, war das normal. Also bei meiner Mutter, da wars normal, früh n großes Limoglas Wodka zu trinken, nja und da hat se immer gesagt: Ja, das is gut für den Kreislauf. Also das bringt mich in Schwung. (…) Und abends, wenn die dann nach hause kam, da war se ja immer gut droff. Ich fand das Klasse, also meine Mutter hatte nie schlechte Laune. Dass es am Alkohol lag, also damals hab ich das noch ni so gecheckt. Da wurde erst mal ne Flasche Rotwein aufgemacht. Bei einer blieb es dann nich und es wurden mitunter dreie. Das war für mich normal. Also das war, ich hab da nie viel drüber nachgedacht.' Z.118ff N

Der Wert eigenen Bemühens wird in der Differenz Erfolg/Mißerfolg gemessen. A reflektiert diesen Zusammenhang ihrer Erwerbssituation:
‚Wieder ne Arbeit gesucht, war auch nich so. Immer bloß so n paar Monate. Denn wars eines Taches soweit. War ich ja denn nur zu Hause, gar nich mehr weggegangen und so. Ja und der Lebensgefährte, wir hatten

ja nich geheiratet Der hats scheinbar irgendwie ausgenutzt, was ich ooch erst hinterher gemerkt hab, nich vorher. Naja, un da wars dann mal soweit- da wollt ich mirs Leben nehmn. Da hatt ich dann mal wieder Absachn gekricht. Und gings wieder nich. Das hat sich dann so eingepegelt, dass ich / nur noch denn zu Hause gesessen hab. Dann kam ja auch mit der Zeit die Wende. Da war ja denn überhaupt nichts mehr. Die Betriebe, da wo ich noch ne Chance gehabt hätte, die hatten alle zugemacht. [...] bin ich überhaupt nich mehr rausgekommn." Z.90 A

Die Entscheidung, zum Suchtmittel zu greifen oder es zu unterlassen, entspringt bestimmten begründeten Zwecksetzungen. (vgl. Willke 2006: 188) Das wird in den Biografien mehrfach belegt. Die dabei zu beobachtende Differenz lautet Coping geeignet/nicht geeignet. Q trinkt zur Entspannung von seiner überbordenden Arbeitsorganisation.
‚Da, wo sich andre Leute mal zur Ruhe setzen und sich doch mal was mit Ehefrau oder Familie unternehm, da bin ich auf Arbeit gegangn. Und die paar Stunden, die ich am Tag wirklich geschlafen hab, die ham meinem Körper derartig zugesetzt, dass ich relativ nervlich und ooh körperlich am Boden war. Es kam als Folge davon, dass ich mich mit meiner Frau nich mehr verstanden hab, mehr getrunken hab, gezielt getrunken hab.'
Z.210ff Q

O setzt das Trinken zur Verarbeitung einer besonderen identitätskritischen Situation ein. Bemerkenswert ist, dass zwischen der Idee zu trinken und der Ausführung ein Aufschub der Bedürfnisregulierung von sechs Wochen liegt.
„Und dann zwee Tage später hat er mir gesagt, dass mein Vati gestorbn is. / Das war hart. Und da wusst ich überhaupt nich mehr, was ich ma-

chen sollte. Wollt ich eigentlich bloß noch heeme und trinken. Ich kann mirs ni erklärn, warum ich da direkt offs Trinken gekomm bin. Weeß ich ni. Da bi ich dann nach Hause und da hab ich dann aber gedacht, stillst de erst mal die Klenne. Kannst dich ni betrinken. Nja und da hab ich die sechs Wochen noch gestillt. Und dann hab ich die Kinder zu meiner Mutti rausgeschafft übers Wochenende, freitags. Da hab ich mir dann ne Flasche geholt und da hab ich, (…) hatte da übers Wochenende die Flasche leer gemacht." Z. 48ff O

N verwendet das Suchtmittel, um sich in den häuslichen Auseinandersetzungen besser behaupten zu können.

‚Und das is vielleicht der Punkt, wo ich sage, bei diesem Mann und zu dieser Zeit hab ich bewusst angefangn, mehr zu trinken. Ich hab gemerkt, wenn ich angesoffen bin, nich be, also ich weeß noch, was ich tue, ich war angesoffen und der geht off mich los, der hebt die Hand gegen mich, dann hab ich den Mut, zurückzuschlagen. Dann kann ich mich wehrn gegen den. Ja also, wenn der sich ne Flasche gekooft hat für sich alleene, hab ich ne halbe getrunken. Ich hab mir gesagt, alles, was ich trinke, das kannst du nich saufen. So hab ich damals argumentiert.' Z. 493ff N

Eine erfahrene Kränkung kann unter dem Einfluss von Suchtmitteln ihre Bedeutung verlieren. Symbolisch erhält A gestaltende Macht über ihre Person/Umwelt-Beziehung, indem der Alkohol gezielt (bspw. zur Aggressionsabfuhr) genutzt wird.

‚Ich hab ja damals nich soweit gedacht, als ich anfing mit trinken. Naja, du trinkst jetzt, das kommt doch immer wieder. **Aber da hat man getrunken, da wars gut.** Dann hat mer weitergetrunkn, dann warn die Gedanken wieder weg. Und das ehmnd über Jahre. Un dann wurde es ja *eben so weit, dass der Körper das gebraucht hat. Bis das Kind in n Brunnen gefalln, (...) wie man sagt'* Z.172 A

Der erfolgversprechende Einsatz des Suchtmittel ist eine Folge der Reduktion möglicher Bedürfnisbefriedigungen auf eine einzige. Abhängigkeit existiert von der ständigen Reproduktion krankmachender und Krankheit erhaltender Kommunikationen, die laufend wieder eingebracht werden als Beitrag zur Selbstbeobachtung des Systems und als laufende Korrektur einer selbst konstruierten Wirklichkeit.

„Nu ich hab zum Teil versucht, meine Krankheet in n Mittelpunkt zu stellen, um von andern Mitleid zu kriegen: „Ach, du armer Mann, tu nur ja offpassn bein Essen. Aber n Weißen kannste ja noch trinken." Denn wir warn ja oh ni dumm. (lacht) Wenn s zum Zuckertest ging, ä Weißer senkt. Das war ja grade das Gift. / Naja, ne Weile hatts ja funktioniert, bis se dann merkten, ja ganz so krank isser ja ni. Da kam dann kee Mitleid mehr un un ich dachte, da suchste wieder paar neue. Wenn das ni geklappt hatte, da habsch mich alleene getröstet." Z 419f B

Die in den zwei Unterkapiteln vorgenommenen Auswertungen der Interviews belegen sowohl durch die herausgearbeiteten Bedeutungszuweisungen als auch durch die binären Codes die eingangs gesetzte These. So ist die Internalisierung von Milieus genauso Teil der Suchtentwicklung wie der Lerneffekt, Stress unter Alkohol scheinbar besser bewältigen zu können. Die Entstehung von Abhängigkeiten fußt auf der grundlegenden Kopplung zwischen dem Bewusstsein der einzelnen Person und ihrer kommunikativen Eingebundenheit, die im frühesten Alter Bedingung für gesundes Wachstum und Reifung ist. Somit beginnt die Gefährdung für späteres süchtiges Verhalten nicht zwingend mit dem ersten Nippen am Glas, sondern mit Negativerfahrungen bzgl. des eigenen Wertes, mit Zurückweisungen, dem Nichtvorhandensein eigener Begrenzungen usw. Wichtig ist, diese Mechanismen und Funktionszuweisungen zu erkennen. Damit wird zur 2. These übergeleitet.

8.2 Bewusstmachung der Abhängigkeitserkrankung

Nachdem anhand spezifischer Differenzierungen die Entwicklung von Abhängigkeitserkrankungen aus den Erzählungen der Personen belegt wurden, soll nun der Blick auf das Erkennen und Bearbeiten der Erkrankung durch die Person gelenkt werden. Mithilfe dieses Blickes soll die zweite These belegt werden.

Symbolische Kopplungen und ihr zugrundeliegendes Medium Sinn bilden die Basis operativer, prozessiver und struktureller Dynamiken zwischen Person und sozialem System. Diese ermöglichen die Veränderbarkeit von Unterscheidungen und damit ein Erkennen und Bearbeiten von Abhängigkeit.

Als Ergebnis der Analyse der Erstinterviews wurden folgende binären Codes herausselektiert.

Abbildung 9: Unterscheidungen zur Abhängigkeitserkennung

Sie lernen zu unterscheiden zwischen:
- konstruktiv/destruktiven oder
- normal/unnormalen Verhaltensmustern;

und sie lernen diese und andere Unterscheidungen neu zu bewerten. Das kann, muss aber nicht zur Suche nach Auswegen aus der Krankheit motivieren. Und es kann, muss aber nicht zu einer weiteren Verschlimmerung der Krankheit führen. Letzteres geschieht bspw. dann, wenn die Person ihr destruktives Verhalten zwar wahrnimmt, aber die Schlussfolgerungen die Destruktion verstärkt. Ein Beispiel für die Reflexion der Destruktion enthält die Erzählung von R:

- *‚Das is ja schon Jahre so. Dass es immer wieder so geht. Die päppeln mich wieder auf. Ich versuche alle Schulden wieder abzubaun. Und hab wieder ne Wohnung, hab wieder das, Freundin. Und dann wenn der Zenit, in meinem Kopf der Zenit wieder erreicht ist, dann muss es wieder bergab gehen. Dann kommt das da aus dem Hintergrund, aus dem tiefsten Hintergrund und klopft bei mir an und sagt: Äh R. das bist nicht du hier, das is jemand anders. Du bist doch der, der da überhaupt nichts selber da auf die Reihe bringt. Und dann sagt da mein tiefstes Ich wahrscheinlich: am besten erreichst du s wieder, am schnellsten mit deinem alten Mittel. Und das is ehmnd nu mal der Alkohol. Da bist du innerhalb von zehn Tagen wieder voll im Arsch und hast ooch drei, vier Fehltage auf Arbeit gehabt. Und da kannst de damit rechnen, dass de dort rausfliegst. Demzufolge keen Geld mehr kriegst. Demzufolge deine Miete nicht bezahln kannst, demzufolge wieder abhauen musst und bei irgendeinem wieder hausen tust. Bis es überhaupt nich mehr geht. Wieder im Krankenhaus landest. Und dann geht's wieder von vorne los. Da geht's wieder Berg hoch. Und das is das, was ich eigentlich unbedingt, hundertprotzentig erreichen möchte, dass ich da ne innere Zufriedenheit* *kriegen kann, wenn's mir gut geht. Denn zufrieden bin ich ja auch nich, wenn ich wieder voll unten bin. Damit kann ich mich ooch nich identifiziern. Das is n ewiger Kampf zwischen hoch und runter, hoch und runter. Immer wieder. Wenn ich oben bin: Oh Scheiße, du bist doch gar nich der. Runter.' Z.307 R*

R beobachtet seine Autodestruktivität, sieht sich aber nicht in der Lage, daran etwas zu ändern. Vielmehr manifestiert sich in der Selbstbeschreibung die Verhaltensschleife ohne Aussicht auf andere Möglichkeiten des Umgangs mit dem Beobachteten.

Psyche und Soziales sind im Medium Sinn über das Mittel Sprache symbolisch gekoppelt. Dieses Medium sorgt im Bewusstsein für die Strukturierung gedanklicher Assoziationsketten und in der Kommunikation für Anschließbarkeit der Kommunikation. Sprache wird von den Teilnehmern der symbolischen Kopplung gleichsinnig, aber auch irritierend anders gebraucht. Das psychische System formiert über seine Ausdifferenzierung *Bewusstsein* den Außenkontakt von Kommunikation, indem es die zu Symbolen transformierten Zeichen ‚für wahr' nimmt und sie mit entsprechenden Bedeutungen versieht. Der gleichsinnige Gebrauch von Zeichen ist auch die Bedingung zur Möglichkeit, Einsichten zu gewinnen, Vorstellungen dem anderen zugänglich zu machen und Zwecksetzungen zu überprüfen bzw. zu verändern. Eine Voraussetzung zur Annahme therapeutischer Interventionen besteht bspw. darin, entschieden zu haben:

- abhängigkeitskrank zu sein,
- durch sein Suchtverhalten sich selbst und soziale Zusammenhänge zu gefährden,
- Veränderung zu wünschen.

Die Unterscheidung, exemplarisch abhängigkeitskrank/nicht abhängigkeitskrank, geschieht als mehrfach selektives Geschehen.

Informationen (bspw. in Form von Feedbacks) werden unterschiedlich interpretiert. So wird bei gleichem Sprachgebrauch der Gegenstand der Beobachtung individuell interpretiert. Das bedeutet, was die eine Person als behandlungswürdig einordnet, wird von der anderen als Ausdruck ihrer Lebensgestaltung verstanden. Die Wahl der Unterscheidung bindet sich, wie im Folgenden beschrieben, an bestimmte Ereignisse.

„da hab ich dann schon auf dem Heimweg gemerkt, wie ich angefangen hab zu zittern, Schweißausbruch. Nichts wie heeme. S erste war, ran an die Flasche. Bis abends um Zehne ne halbe Flasche leergemacht. / (…) Wo ich dann aber das letzte Praktikum gemacht hab, da hatte ich gedacht, ne das schaffst du ni. Drei Monate, das hältst du körperlich ni durch. Ich bin dann ooh früh offgestanden und hab mir gesagt: Du bist Alkoholiker, geh und lass dir helfen. Bin dann zum Arzt gegangen. / Zu meiner Ärztin gesagt, ich brauch ne Entgiftung. Bin Alkoholiker." Z. 99 O

K entscheidet sich, eine Therapie zu absolvieren, nachdem seine Existenz und der ihm wichtige soziale Zusammenhalt mit der Partnerin gefährdet sind:

‚Und dann hab ich noch eine Entgiftung gemacht. Aber dann hab ich schon durchgezogen. Erste Mal hab ich einen riesegroßen Schreck bekommen. Wie blöde ich war. Also meine Selbsterkennt-nisse: war schon die Drohung da, dass ich aus die Wohnung fliege. Und äh ich bin eigentlich Nichtgläubiger, aber möchte ich mal sagen, da hab ich erst mal bloß so gebeten, dass das wieder gut wird. Und hab ich mich noch mal entschieden zu einer Langzeittherapie.' Z.282f K

Der folgende Ausschnitt bezieht sich auf die Differenz *Veränderung gewünscht/nicht gewünscht*. Der Erzählende schildert, dass die therapeutische Intervention den eigentlichen Sinn verfehlt, weil die dazu erforderliche Motivation zu diesem Zeitpunkt fehlt:

‚Frau (...), die aber 1997 dann ooch mitgekriegt hat, dass bei mir was nich stimmt, also dass ich alkoholabhängig bin und die mich dann vor die Tatsache gestellt hat, entweder ich mach ne Therapie oder sie verlässt mich. Na gut ich hab halt die Therapie gemacht (...), muss ich jetzt im Nachhinein auch mal sagn, die Therapie, die hätt ich mir ooch sparn könn, (...) war noch gar nich bereit dazu. Ich hatte den Druck von ihr, aber das ganze Drum un Dran, was da geloofen is. Jetzt weeß ich s ja auch, jetzt weiß ich's besser, für mich war's auch keine Therapie in dem Sinne' Z.136ff F

Im Zuge entsprechender veränderter Bewertung von Erfahrungen kann das bisherige Selbstkonzept überarbeitet, neu geschrieben und damit zugleich die Vorausetzung geschaffen werden, sich aus der krankheitserhaltenden Feldabhängigkeit zu lösen. Dazu ein Beispiel aus dem Interview M:

‚So is der Abstand von den Trinkern (...), nebenan is (...) (betreutes Wohnprojekt für obdachlose Männer), da kenn ich noch viele aus der (...) die intressiern mich nich: Guten Tag. Und Auf Wiedersehn. Oder seh ich se jetzt im Sommer, wenn se da an meinem Weg, wenn ich da vorbeigeh muss nach Hause, da geh ich hin, da rooch ich ene und dann reicht mirs. Weil dann auch garantiert von den Leuten eener besoffen is, das mag arrogant und überheblich klingn, aber ich hab von denen, die ich länger kenne, ich hab mich von Leuten schon getrennt. Ich bin aus der Straßenbahn ausgestiegn oder ich hab den raus..... Na, wenn der mich voll leiert, bitt ich den ruhig zu bleiben, es sitzen auch andere in der Straßenbahn, leiert der weiter, denn sag ich dem klipp un klar, dann sach ich dem: Weißte was, blamiern tust de dich alleene. Da bin ich schon paar Mal ausgestiegn. Weil, ich gehör nicht mehr dazu. Das mag arrogant sin, aber des is, dass, das is normal' Z520f M

8.3 Katamneseinterviews - Reflexionen zweiter Ordnung

In den Erstinterviews wurde über die Erzählung der Lebensgeschichte und erzählgenerierende Nachfragen der Sinn bestimmten Handelns oder Erlebens rekonstruiert. Aus den konsensuellen Auswertungen resultierten in der Regel Anregungen zur weiteren Differenzierung. Ob es einen Prozess der selbstreferentiellen Auseinandersetzung der einzelnen Biografen gab und zu welchem Ergebnis die Betreffenden gekommen sind, lässt sich erst aus den Katamneseinterviews herausfiltern.

15 Personen erklärten sich bereit, ein zweites Interview zu geben. Katamneseinterviews enthalten Reflexionen zweiter Ordnung. Sie greifen die Reflexionen der ersten Interviews auf und vertiefen sie, gleichzeitig verändern sich Perspektiven der Beobachtung. Im Hin-blick auf diesen Prozess wurde die dritte These formuliert:

> Die (dadurch) angeregten selbstreferentiellen Prozesse helfen, die externe Abstinenzerwartung in eine interne stabile Abstinenzerfahrung zu wandeln.

In den Katamneseinterviews ordnen die Personen ihrer Umwelt und sich selbst teilweise Unterscheidungsmerkmale zu, anhand derer sie ihr Selbst neu schreiben.

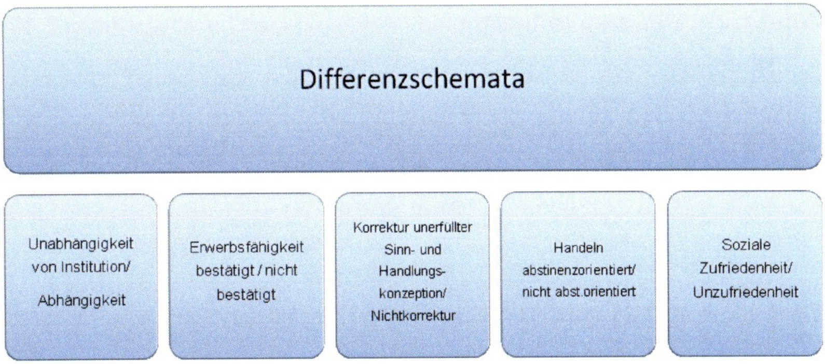

```
┌─────────────────────────────────────────────┐
│                                             │
│           Differenzschemata                 │
│                                             │
└─────────────────────────────────────────────┘

| Unabhängigkeit von Institution/ Abhängigkeit | Erwerbsfähigkeit bestätigt / nicht bestätigt | Korrektur unerfüllter Sinn- und Handlungskonzeption/ Nichtkorrektur | Handeln abstinenzorientiert/ nicht abst.orientiert | Soziale Zufriedenheit/ Unzufriedenheit |

**Abbildung 10: Unterscheidungen in der Katamnese**

Die Katamneseinterviews beinhalten – nicht zuletzt vor dem Fragehintergrund – bestimmte Formen der Bilanzierung. Mit der Fragestellung *Erzählen Sie bitte über den Zeitraum zwischen dem Erstinterview und heute. Gab es in der Zwischenzeit Veränderungen, die Sie auf das Erzählen ihrer Lebensgeschichte zurückführen können?* sollen zwei Perspektiven beleuchtet werden. Die Erzählaufforderung zur Reflexion des Zwischenzeitraumes zielt auf die Beschreibung des Barriereüberschreitens von der stationär institutionellen Begleitung hin zur Selbständigkeit. Dazu gehören Erfahrungen der Rückkehr und Teilhabe. Der zweite Frageteil überprüft die Wirkung des Reflexionsprozesses.

Es ist zum einen etwas besonderes, dass Menschen mit Lebensläufen, wie sie in den Interviews geschildert werden, wieder Verantwortung für sich übernehmen können, bspw. in der Rolle des Mieters, des Teilnehmers am öffentlichen Leben oder der Leistungsrolle des Angestellten in einer Firma bzw. als Lernende in einer Ausbildungsstätte. Die Biografen können sich auf eigene Ressourcen besinnen und mit deren Aktivierung zum Neuerstehen sozialer Netzwerke beitragen. Zum anderen liegen mögliche Barrieren gegen eine gelingende Inklusion in gegenseitigem Misstrauen, Desinteresse oder Nichtadressierbarkeit begründet, das die
```

ersten Schritte in die Normalität des Alltags erschwert. Die in den Katamneseinterviews reflektierten Themenbereiche sind in der folgenden Tabelle erfasst und werden anschließend mit Interviewtexten belegt:

Kategorien	A	B	C	D	E	F	G	H	J	L	M	O	P	Q	S	T
Inklusionserfahrungen (Wohnung, Arbeit, Ehrenamt, Familie, Partnerschaft)	x	x	x	x			x	x	x	x	x	x	x	x		x
Umgang mit Schwellensituationen	x	x	x				x	x				x			x	x
Umgang mit Krisen und Konflikten	x	x	x	x			x	x		x		x	x		x	x
Umgang mit Ablösung, Verantwortung und Schuld		x	x					x		x	x				x	x
Umgang mit Thema Alkohol in der Alltagspraxis (z.B. Outing oder nicht)	x		x	x	x			x			x	x				x
Vergleich mit noch abhängig trinkenden Menschen bzw. Milieu	x		x				x	x				x				x
Bedeutung der zeitlichen Sinndimension der Abstinenz		x	x	x				x	x							
Nutzen sozialer Netzwerke und Unterstützungssysteme (SHG, Eltern)	x	x	x	x	x	x		x	x			x	x	x	x	x
Bilanzierung der Differenzierungen (Veränderung von Sinnzuweisungen)	x	x	x	x	x			x			x				x	x
Motivationale Faktoren (Feedbacks, z.B. Enkel)		x	x	x	x			x	x			x			x	x
Benennung und Anerkenntnis eigener Ressourcen	x	x					x				x			x	x	x

	A	B	C	D	E	F	G	H	J	L	M	O	P	Q	S	T
Korrekturen bzw. Kontinuierung unerfüllter Sinn- und Handlungskonzeptionen	x		x	x	x		x	x		x		x				x
Nichtkorrektur unerfüllter Sinn- und Handlungskonzeptionen						x										
Beschreibt Entwicklung	x	x	x	x	x		x	x	x		x			x	x	x
Beschreibt keine Weiterentwicklung						x				x	x					
Zufriedenheit	x	x	x	x	x	x	x	x		x	x			x	x	x
Unzufriedenheit/Unruhe							x			x						

A schildert den Wechsel aus der Behütetheit aber auch Kontrolle in einen eigen verantworteten Alltag, in dem jeder Schritt etwas Neues darstellt und mit Risiken behaftet ist. Sie beobachtet an sich aber auch gewachsene Stärke und die Zunahme an Selbstvertrauen.

‚Die erste Zeit war zwar n bisschen schwierig. War ich eigentlich mehr in der Adaption als in der Wohnung. Ehmnd die Umgewöhnung (...). Ich hatte mich umgemeldet, das lief auch alles glatt. Und, nja da hab ich vom Sozialamt ne Arbeitsmaßnahme bekommn. (...) die auch bezahlt wird, was ja nun mir ooh zugute kommt. Bin unabhängig, hab keine Sozialhilfe mehr. Wo drauf ich eigentlich hingearbeitet hatte. Ich bin selbständig gewordn dadurch. (...) Habe dadurch wieder Menschen kennen gelernt, gute, weniger gute und ich muss ehrlich sagn, zu meim Nachteil sehr viel Alkoholiker.' Z. 22ff Kat.Int. A

Der Wunsch nach Autonomie taucht im ersten Interview als latente unverwirklichte Sinn- und Handlungskonzeption auf und lässt sich im Katamneseinterview sowohl in der Differenz Abhängigkeit/ Unabhängigkeit von Institutionen als auch im Sinne der Korrektur einer unbeendeten Handlungskonzeption darstellen.

Ein zweites großes Thema betrifft den Umgang mit Abstinenz. Die dazu erfasste Differenz lautet: Handeln abstinenzorientiert/nicht orientiert. Hier werden zwei Phänomene berichtet. Einerseits nimmt die Bedeutung der Kommunikation über Abhängigkeit und damit in Verbindung stehende Themen im Alltag ab. Sie werden, wie nachfolgend erzählt, aus der bewussten Kommunikation herausselektiert.

‚Als ich hier aus der Reha raus ging, aus der Adaption raus ging, hatt ich erst mal von diesen Therapien de Schnauze voll. (…) Ich hatte dann aber noch Kontakt mit, das war der einzige Kontakt außerhalb der Familie, mit der Frau X. Und n Y. Und da gings ooch um n Alkohol. Es wurde zuviel und trotzdem war es immer wieder – grade weil das ja ooch selbst Betroffene warn, unterschwellig im Gespräch bzw. im Treffen mit drin. Das zog sich Gott sei Dank, immer mit jeder Zeit zog sich das zurück. Es wurde nich mehr aktuell.' Z.94ff Kat.Int. M

Zum anderen wird das Einhalten von Abstinenz stützenden internalisierten Regeln zur Grundlage des Handelns. Einige Interviewte vergleichen ihr abstinenzorientiertes Handeln mit der Situation noch konsumierender Anderer. Dieser Vergleich kann sowohl in der Sozialdimension (Ich/Andere) als auch in der erweiterten Zeitdimension (Ich in Gegenwart/in Vergangenheit) erfolgen.

‚Ich wohne in einem Haus, (…)wohnen (…) unter anderem aber auch Alkoholiker, die weit jünger sind als ich. Ja, man kommt ja mit denen ins Gespräch, man is ja auch irgendwie vorgewarnt. Trotz der momentanen Situation, in der man war und ist, wegen dem Alkohol, nicht mehr zu trinken. Ja und solche Leute kommen dir dann entgegen. Man kommt mit denen ins Gespräch. Und meint dann so altklug: Keule, lass das Saufen, das bringt dir sowieso nichts. Das Besserwisserische. Man weiß es ja *auch, das es besser is. Und die Leute wissen s letzten Endes auch. Denn sie bestätigen das, aber sie können nicht ab. Man kennt es ja. Ja und dann sieht man sie irgendwann mal wieder, dann liegen se im Fahrstuhl. Vollgekotzt. Ja, da sagt man dann sich: P, das kann dir nur ne Warnung sein.' Z.74ff Kat. Int. P*

Dazu noch ein zweites Beispiel. M beschreibt Freundschaft unter dem Gesichtspunkt der Abstinenzsicherung. Der dazu mögliche binäre Schematismus lautet Handeln abstinenzorientiert/nicht abstinenzorientiert.

‚Da bin ich froh, dass ich Frau X., dass se mir bekannt is. Und dass mer sehr, im Grunde genomm eng, weil, mit m Rückfall muss man ja immer rechnen. Und wenn ich jetz enne betroffne Person enger hab, so n Netzwerk, grade mit der Frau X is ne sehr sehr gute Sache. Find ich. Möchte als Beispiel benennen: Ich hatte ah im November, Dezember n ziemlich lethargischen Zeitabschnitt. Und da hab ich mich mal n Monat bei Frau X nich gemeldet. Und sofort rief se mich an und fragte mich gleich, ob was passiert sei. Das find ich enne wunderbare, na ja Absicherung. Also wer das hat, also dem Toi, toi, toi. Das is wirklich wahr, das war wirklich de erste Frage. Dass ich dann gesagt hab: Ne brauchst de keene Angst zu ham, ich wohn in der Nähe von der Rücke. Ich hab das immer vor Augen, wo ich hinkomme. Is ne andre Sache.' Z. 69ff Kat. Int. M

Mehrfach wird die Rolle der Selbsthilfegruppe als Ort des Erfahrungsaustausches und als ein mit besonderen Funktionen belegtes soziales System betont. Sie hält den Austausch unter Gleichgesinnten lebendig und dient als Motivationsquelle und Reflexionsbasis zur weiteren Erhaltung der Abstinenz.

‚Dass ich dort auch mal n Denkanstoß erhalte und auch Hilfe erhalte. Ich finde, der Besuch der Selbsthilfegruppe ist weniger die Selbsthilfe oder die Hilfe in Fragen der Abstinenz, sondern ich finde dieses Gesamtklima dort – familiär, ich geh gern dort hin. Und ich finde das als innerliche Verpflichtung, auch wenn ich unregelmäßig dort erscheine. Einfach wieder mal zu sagen: Ich bin immer noch O.K., auch wenn ich nicht ständigen Kontakt mit euch pflege.' Z.49ff Kat. Int. Q

Ebenfalls interessant ist der Umgang mit Situationen, in denen Interviewte durch ein

„Outing" eine riskante Vorleistung gegenüber dem Vertrauen ihrer Umwelt erbringen.

‚(…) stand er mit ner guten Flasche Braunen vor der Tür. Zwee kleene Gläser. Sagte: Wolln wir uns nich ä schönes Weihnachtsfest wünschen, mal anstoßen, wir kennen uns ja noch gar nich. Nja ich hab n gleich gesagt: Ich hab das jahrelang auf Vorrat getrunken, ich trink jetzt nichts mehr. Hat er sofort eingesehn.' Z.135ff Kat. Int. C

Krisen werden immer wieder als Chancen zur Bewährung geschildert, aus denen die Betroffenen in der Regel gestärkt hervorgehen. Wie aus folgendem Beispiel ersichtlich, treffen oft mehrere Stressoren aufeinander, die ein Risiko des Rückfalls in sich bergen. H meistert die Situation mit Hilfe seiner Freundin, beobachtet aber zugleich die Abhängigkeit von anderen als eine Bedrohung seiner gerade wieder gewonnenen Selbständigkeit.

‚(…) den Unfall, wo ich mir das Been gebrochen hab. Das war enne schwierige Zeit für mich, weil erstens die Frage stand: Bekomme ich meinen Vertrag. Ich war kurz vor der Verlängerung. Da hatte ich schon gewaltig Existenzängste. (…), weil ich viel zuhause rumgesessen hab. Konnte nich laufen und hab viel Langweile geschoben.(…) Aber nun nich so, dass ich da irgendwie, was weeß ich, mir de Flasche nehmen muss oder was. Nee allgemein, das war meine Unzufriedenheit. Dann halt auch irgendwo doch von der Freundin abhängig zu sein. (…) dort hab ich's eigentlich gemerkt, dass ich das nich möchte – von irgendjemand oder irgendwas abhängig zu sein.' Z.51ff Kat.Int. H

8.4 Zusammenfassung

Mithilfe der Narrationen wurden Reflexionsprozesse auf ihren Kopplungscharakter hin beobachtet. Abhängigkeit wurde dabei als ein Phänomen gesehen, das sich nicht ausschließlich, aber zu einem entscheidenden Part über semantische Verfasstheit und damit symbolischer Kopplung entwickelt.

Die Analyse der Erstinterviews ergab eine Reihe möglicher binärer Schematismen, mit deren Hilfe die Betroffenen sich selbst und ihre Umwelt beobachten und die Teil der Entwicklung der Abhängigkeitserkrankung sein können. Unterscheidungen wie *Macht/Ohnmacht* oder *Anerkennung/Nichtanerkennung* und die Bedeutungszuweisungen durch den Beobachter hinsichtlich jeweils einer der beiden Seiten der Unterscheidung geschehen in Austauschprozessen zwischen der Person als psychischem System und den für diese Unterscheidungen ausgewählten sozialen Zusammenhängen. Eine besondere Rolle im Kontext der Abhängigkeit fördernden Unterscheidungen scheint das Schema *unerfüllte/erfüllte Sinn- und Handlungskonzeptionen* einzunehmen.

Es wurde deutlich, dass für eine Veränderung des unerwünschten Zustands der Abhängigkeit vom Suchtmittel zuerst die Unterscheidung *abhängigkrank/nichtabhängigkrank* und im zweiten Schritt die Differenz *veränderungsbereit/nicht bereit* operationalisiert werden muss.

Reflexion bedeutet die Chance der Alternativenbildung. Die Erkrankung kann nicht rückgängig gemacht, Schuld und Versagen (eigen und fremd) nicht einfach anulliert werden. Es lassen sich aber neue Unterscheidungen finden und benennen, die den Anspruch auf ein normales suchtmittelfreies Leben begründen. Für diese neuen Unterscheidungen stehen die Katamneseinterviews. Hier werden Erfahrungen der suchtmittelfreien Bewältigung des Alltags ebenso benannt wie auch das Zuendeführen bzw. Kontinuieren unbeendeter Sinn- und Handlungskonzeptionen.

Zufriedene Abstinenz scheint ein Wert zu sein, der nicht über äußere Intervention her-stellbar ist. Die Wahrnehmung, selbst an diesem Prozess beteiligt zu sein, sich etwas schaffen zu können, seinen eigenen Beitrag zur Inklusion in Systeme beitragen zu können, führt zu einer stabileren Beziehung der Betroffenen zu sich selbst und zur stärkeren Anerkennung der eigenen Ressourcen. Umso wichtiger ist es, dass die Biografen die Teilnahme am Verfahren mit einer eigenen Zwecksetzung verbinden, die auf eine gewünschte Stärkung der Persönlichkeit in der Bewältigung der Schwellensituation abzielt.

Die Frage, wie Menschen Haltungen, Einstellungen und Meinungen revidieren, wie sie zu einem anderen Bild von sich selbst und ihrer Umwelt gelangen können, wird im folgenden Kapitel genauer untersucht.

9. Narrative Konstituierungen in Schwellensituationen

Die vorangegangene Analyse hat gezeigt, dass es einem größeren Teil der Biografen gelungen ist, Reflexionsprozesse zur Stabilisierung ihrer Abstinenz zu nutzen.
Im Anschluss an die praktische Analyse soll theoretisch begründet werden, wie die aus den Reflexionsprozessen resultierenden Veränderungen von der Person internalisiert und stabilisiert werden. Dazu werden mit den folgenden Ausführungen zu Spencer-Browns Formenkalkül Zusammenhänge zwischen Reflexionsprozessen und deren Transformation in veränderte Handlungsmuster dargestellt. In einem zweiten Schritt werden mit Hilfe der von Kurt Lewin eingeführten Feldtheorie Spannungsverhältnisse im Zeitraum der Übergangssituationen verdeutlicht.

9.1 Narration als Kreuzen der Form – Der Brown'sche Formenkalkül

Möglicherweise scheint die Einführung der Überlegungen von Georg Spencer-Brown an dieser Stelle der Forschungsarbeit ungewöhnlich, könnte man doch die Essenz seiner Arbeit genausogut in die Entwicklung der Systemtheorie und deren prominente Beobacht-ung durch Luhmann integrieren. Dass Brown erst in diesem Kapitel zur Geltung kommt, begründet sich aus der Suche nach der Antwort, wie die empirisch nachgewiesenen Veränderungen durch Reflexionsprozesse zustande kommen und sich als relativ stabil erweisen. Obwohl Luhmann die Aufforderung Browns *Triff eine Unterscheidung* in seine differenztheoretische Betrachtungsweise aufgenommen hat, lohnt sich eine Betrachtung der Überlegungen zur Stabilisierung bestimmter Prozesse. Spencer-Brown beobachtet in Differenz. Demnach kann keine Bezeichnung für einen Gegenstand vorgenommen werden, ohne eine Unterscheidung zu treffen. Er nennt dies *calculus of indications* und definiert es folgendermaßen:

„Unterscheidung ist perfekte Be-Inhaltung. Das heißt, eine Unterscheidung wird getroffen, indem eine Grenze mit getrennten Seiten so angeordnet wird, dass ein Punkt auf der einen Seite die andere Seite nicht erreichen kann, ohne die Grenze zu kreuzen. Wenn einmal eine Unterscheidung getroffen wurde, können die Räume, Zustände oder Inhalte auf jeder Seite der Grenze, indem sie unterschieden sind, bezeichnet werden. Es kann keine Unterscheidung geben ohne Motiv, und es kann kein Motiv geben, wenn nicht Inhalte als unterschiedlich im Wert angesehen werden. Wenn ein Inhalt einen Wert hat, kann ein Name herangezogen werden, diesen Wert zu bezeichnen. Somit kann das Nennen des Namens mit dem Wert des Inhalts identifiziert werden." (Spencer-Brown, 1997: 1)[80]

Brown formuliert seine Kernüberlegungen zum Indikationenkalkül[81] in zwei Axiomen. Er beschreibt das *Axiom 1: Das Gesetz des Nennens (The law of calling)* wie folgt: *„Der Wert eines nochmaligen Nennens ist der Wert der Nennung. Das heißt, wenn ein Name genannt wird und dann noch einmal genannt wird, ist der Wert, der durch beide Nennungen zusammen bezeichnet wird, derjenige, der durch einen der beiden bezeichnet wird. Das heißt für jeden Namen: Wieder-Nennen ist Nen-

---

[80] Brown hebt den Status quo der Definition wieder auf, indem er erklärt: ‚Lasst uns so tun, als ob'. (ebd. X)
[81] „Um den mathematischen Kalkül von seiner philosophischen Deutung zu unterscheiden, sprechen wir zum einen vom ‚Indikationenkalkül' und zum anderen vom ‚Kalkül der Beobachtung'." (Lau 2005: 14)

nen. Wenn der Inhalt Wert hat, kann gleichermaßen ein Motiv oder eine Absicht oder eine Anweisung, die Grenze in den Inhalt hinein zu kreuzen, herangezogen werden, um diesen Wert zu bezeichnen. Somit kann das Kreuzen der Grenze ebenfalls mit dem Wert des Inhalts identifiziert werden." (Spencer-Brown 1997: 2) Unterscheidungen werden nicht grundlos getroffen. Die Unterscheidung selbst ist mit einer Sinnzuweisung (Motiv, Absicht, Anweisung) verbunden.

Im *Axiom 2: Das Gesetz des Kreuzens (The law of crossing)* beschreibt Brown, dass ein Wiederholen des Kreuzens an gleicher Stelle nicht möglich ist. Es lautet: *„Der Wert eines nochmaligen Kreuzens ist nicht der Wert des Kreuzens.* Das heißt, wenn beabsichtigt ist, eine Grenze zu kreuzen und dann beabsichtigt, sie nochmal zu kreuzen, ist der Wert, der durch die zwei Absichten zusammen bezeichnet wird, der Wert, der durch keine der beiden bezeichnet wird. Das heißt für jede Grenze: Wieder-Kreuzen ist nicht Kreuzen." (ebd.)

Ein Wert wurde im Zuge des Kreuzens benannt. Etwas hat sich verändert, eine Sichtweise, ein Zustand. Beruht das erstmalige Kreuzen auf einer bestimmten Absicht und resultiert aus dem Kreuzen eine Veränderung durch das Nennen eines Wertes, so kann sich nicht die gleiche Absicht wiederholen.

Um diesem Gedanken nachgehen zu können, muss zuerst der Kommunikationsprozess des narrativen Verfahrens vom Prinzip eines reinen Informationstransfers differenziert werden. Folglich ist der Interviewende kein Dialogpartner im engeren Sinn, sondern eher eine Projektionsfläche. Das Erzählen der Lebensgeschichte ist das Treffen von Unterscheidungen. Browns Kalkül *Triff eine Unterscheidung!* bedeutet, „die Trennung eines Zustandes von einem anderen, so dass man von der einen auf die andere Seite der Unterscheidung nur dann gelangt, wenn man die gemeinsame Grenze kreuzt". (Lau 2005: 16) Der Biograf kann sich über die zeitliche Versetztheit zwischen Nennen und Kreuzen selbst beobachten. Brown reflektiert die Wesenheit des Beobachters in der Weise, dass mit einem Standortwechsel zugleich eine Veränderung der Wahrnehmung verbunden ist. Er merkt dazu an: Somit ist es offensichtlich nicht genug, bloß einen Ausdruck niederzuschreiben, selbst auf einer Fläche des Genus 0, und zu erwarten, dass er verstanden wird. Wir müssen ebenso bezeichnen, wo der Beobachter in Beziehung zu dem Ausdruck stehen soll." (Spencer-Brown: 1997: 89) Um sich selbst sehen zu können, muss der Beobachter eine Unterscheidung seiner selbst vornehmen, in einen Teil der beobachtet und in den zweiten Zustand des Beobachteten. Der Beobachter kann auf sich selbst sinnhaft Bezug nehmen, aber er ist nie vollständig erfass- oder gar objektivierbar. Somit bleibt er auf Konstruktionen seiner Wirklichkeit angewiesen. Der Begriff *entry* bezeichnet eine erste Unterscheidung. Lau weist auf den Zusammenhang von Unterscheidung und Anzeige hin. Von einander Unterschiedenes muss durch eine Anzeige einer der Seiten asymmetriert werden, um als Unterscheidung zutage zu treten. Unterschieden wird das in der Narration Verlautbare vom nicht erzählten als einer Zwei-Seiten-Differenz. Innerhalb der Erzählung finden weitere Differenzierungen statt, bspw. die Unterscheidung der gegenwärtigen Situation von vergangenen Erfahrungen. „Die Einheit von Unterscheidung/Anzeige ist Beobachtung; das, was immer gerade jetzt geschieht. Denn wenn man beobachtet, trifft man Unterscheidungen und bezieht sich eben immer auf eine Seite der Unterscheidung." (Lau 2005: 38) Brown führt die Bezeichnung des *re-entry* ein, die Wiederholung der Form der Unterscheidung innerhalb des Unterschiedenen. Jedes einzelne Ereignis innerhalb der Erzählung lässt sich auf diese Weise neu kontextualisieren, indem die Differenzierungen neue Anschlusskommunikationen ermöglichen. Mit der Asymetrierung eines Beobachtungsgegenstandes wird Erkenntnis möglich. Etwas ist so bedeutsam, dass es im Gegensatz zum Nichtbedeutenden hervorgehoben, asymetriert wird. Die wieder errichtete Frauenkirche in Dresden, ein Symbol der Schließung von Wunden, mag diesen Sachverhalt visualisieren.

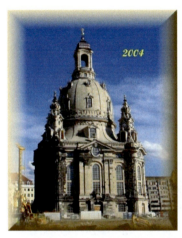

Abbildung 11: Dresdner Frauenkirche nach Wiedererrichtung

Brandschwarze Steine durchbrechen die hellen neuen Mauern als mit eigenem Sinn ausgestattete Elemente. Sie verdeutlichen – stärker als ein Neubau – die wechselvolle Geschichte eines Bauwerkes und die vielfältigen Relationen, in denen es steht.

Mit seiner Erzählung beobachtet sich das Individuum. Und es konstruiert sich, aufbauend auf Unterscheidung und Bezeichnung (die brandschwarzen Steine) neu. Die Seiten möglicher Unterscheidungen sind in der Systemtheorie durch binäre Schematismen symbolisiert. Eine mögliche Form der Unterscheidung ist die Neudefinition revisionsbedürftiger Intrasystembeziehungen. Der folgende Fall dient der Exemplifizierung der beschriebenen Zusammenhänge. D berichtet über das Verhältnis zu seinem verstorbenen Vater.

‚(…) is möglich, dass ich mir dann auch gesagt habe, was soll ich ihn pflegen, ich kann ihm eh nichts recht machen. Und na gut, jedenfalls, das beste Verhältnis zu meinem Vater war es eben nicht.' Z. 279 D

Die Formel ‚ich kann ihm eh nichts recht machen' wird durch die zweite Formel ‚das beste Verhältnis zu meinem Vater war es eben nicht' im Sinne des ersten Axioms bestätigt. Ein mögliches anderes Verhältnis, in der Systemtheorie als Kontingenz bezeichnet, wird auf der Außenseite der Form (wertschätzend/nicht wertschätzend) nicht angezeigt. Auf der Innenseite wird die Schilderung des schlechten Verhältnisses weiter begründet.

Einerseits beobachtet D, dass er seinem Vater ‚eh nichts recht machen' könnte. Andererseits geht aus der Lebenserzählung hervor, dass er immerhin neun Jahre mit seinem pflegebedürftigen Vater zusammen in einem Haushalt gelebt hat. Die Unterscheidung wird durch Beobachtung des transkribierten Erstinterviews erschlossen. Mit dem Aufgreifen des möglichen Widerspruchs wird die Grenze der Unterscheidung wertschätzend/ nicht wertschätzend gekreuzt. Die Konsequenz fordert eine Differenzierung in der Darstellung des Verhältnisses. Im zweiten Interview greift D diese Unterscheidung auf und revidiert die Form kreuzend ihre Gültigkeit. Eine neue Betrachtungsebene kann eingenommen werden und bis dahin in die Kontingenz verwiesene Sichtweisen Gültigkeit erlangen.

‚Ja ach so und dann hatte ich ja in dem letzten Gespräch noch, ich sags mal so, kein gutes Stück an meinem Vater gelassen. Also ich hatte, das kam jedenfalls so raus, dass er kein guter Vater war. Ich hab dann auch noch ehmnd überlegt, was für gute Seiten er hatte. Und bin doch zum Schluss gekommen, dass er trotz seiner Fehler auch gute Seiten hatte. Und zwar äh, ich sag jetzt mal n paar Beispiele: Als Kind hat er oft mit uns gespielt, also mit mir und meinem beiden Schwestern. Er hat mir *auch sehr viel beigebracht, was so das handwerkliche Geschick ehmnd anbelangt. Und äh in / und dann hat er mir auch einmal sehr geholfen. Da bin ich durch Selbstverschulden reingeschlittert. Das war, als ich das erste Mal arbeitslos geworden bin als Schlosser, da hab ich mich n dreiviertel Jahr lang nicht arbeitslos gemeldet. Denn das war für mich neu gewesen, das erste Mal arbeitslos. Ich hab mich geschämt. Und in der Zeit ist mir ein Unfall passiert. Da war das linke Schlüsselbein gebrochen. Und da musst ich natürlich ins Krankenhaus. OP und das alles. Und ich war natürlich nicht versichert. Und musste nachher die ganzen Krankenhauskosten selber tragen. Das warn immerhin damals 5000 DM. Und ohne mein Wissen hat er die bezahlt. Das habe ich erst viel, viel später erfahrn. Leider erst nach seinem Tod. Und das hat mir dann äh eigentlich auch sehr zu denken gegeben, dass ich ihm doch etwas bedeutet habe. Dass er nicht wollte, dass ich praktisch in den Knast gehe." Z. 51ff Kat. Int. D*

D kann die in seiner Lebenserzählung aufgetretenen Widersprüche nutzen, das bisherige Bild vom Vater zu korrigieren. Damit erhält diese Beziehung einen neuen Wert. Lau formuliert das wie folgt: „Das Gesetz des Nennens versinnbildlicht die Möglichkeit, dass die Wiederholung keinen Unterschied macht, und so bleibt der Wert einer nochmaligen Nennung der Wert der Nennung. Im Gesetz des Kreuzens verändert sich der Wert durch die Wiederholung: Der Wert vor dem Kreuzen ist nicht der Wert nach dem Kreuzen." (Lau 2005: 45) Das Ergebnis des Kreuzens kann nicht rückgängig gemacht werden. Bei einer Wiederholung der Lebensgeschichte ist nun davon auszugehen, dass die Definition des Vater-Sohn-Verhältnisses differenzierter und mit dem neu bezeichneten Wert dargestellt wird. Der neue Wert, sich wertgeschätzt zu wissen, kann zur Abstinenzstabilisierung beitragen.

9.2 Psychosoziale Dynamik – Die Feldtheorie Kurt Lewins

9.2.1 Allgemeine Einführung

Kurt Lewins Feldtheorie[82] entsteht neben anderen Theorien wie Triebtheorie, Schicht- und Instanzmodell am Beginn des 20. Jahrhunderts mit dem Motiv, menschliches Erleben und Handeln grundlegend und möglichst in einer Formel psychologisch zu erklären. (vgl. Heigle-Evers 1979) Das ‚Feld' bezeichnet dabei einen „Raum, dem an jedem Punkt eine bestimmte Charakteristik zuzuschreiben ist." (Lück 1996: 139)

Von zentraler Bedeutung in Lewins Überlegungen ist das Lebensraumkonzept: „Der Lebensraum oder das psychologische Feld ist die Konstruktion, die der Forscher herstellt, wenn er Aussagen über die Verhaltensbedingungen eines Individuums zu einer gegebenen Zeit machen will. Er trifft das konkrete Individuum in einer konkreten Situation (Weltausschnitt) an. Dem entsprechend muss der Lebensraum eine Repräsentation des Individuums selbst (psychologische Person) und eine Repräsentation eines Weltausschnittes (psychologische Umwelt) enthalten." (Heigl-Evers 1982: 52)

Eine Zusammenschau der Feldtheorie[83] und der Systemtheorie ist deshalb interessant, weil beide Theorien die Innenseite des Psychischen (im Sinne von Wollen und Gerichtetheit der Antriebe) mit der Außenseite (im Sinne von Orientierung, Teilhabe und Abgrenzung vom und zum Sozialen) zu verbinden suchen. Beide Theorien zielen auf die Erklärung

---

[82] Lewin hat wichtige Begriffe zur Bereicherung der heute gängigen Psychologie beigetragen. Die Begriffe *Anspruchsniveau* oder *Aufforderungscharakter* entstammen der zum Teil von ihm begründeten experimentellen Sozialpsychologie. Anspruchsniveau ist zum einen als Element der Motivation die Erwartung eines bestimmten Leistungsstandes der Person an sich selbst. Zum anderen wird dieser Leistungsstand mit dem anderer Personen verglichen. Aufforderungscharakter können Gegenstände und Aufgabenstellungen haben.
[83] „Die Feldtheorie kann wahrscheinlich gar nicht in derselben Weise wie Theorien im gewohnten Wortsinn als richtig oder falsch beurteilt werden. Man definiert sie besser als eine Methode, nämlich eine *Methode der Analyse von Kausalbeziehungen und der Synthese wissenschaftlicher Konstrukta*. Diese Methode lässt sich in Form einer Anzahl allgemeiner Sätze über das Wesen der Bedingungen von Veränderungen darlegen." (Lewin 1963: 88)

komplexer dynamischer Prozesse und Bedingungen ab. Dabei bleibt die Feldtheorie Lewins in ihrem Ansatz deterministisch, indem sie Verhalten aus den strukturell vorliegenden Feldbedingungen ableitet. Ihre Determiniertheit belebt die Vorstellung, Verhalten, im Sinne der Konstruktion des jeweils folgenden Lebensraumes, ließe sich bei genügender Kenntnis der Gesetzmäßigkeiten der Feldkräfte vorherbestimmen. Dabei unterliegen Vorhersagen der Kontingenz. Immer bleiben Aspekte unberücksichtigt oder treten nicht vorhersehbare Irritationen ein.

In Analogie zur Physik beobachtet Lewin Kräfte innerhalb eines bestimmten Feldes. Menschen werden wie Massepunkte innerhalb eines Magnetfeldes von Kräften angezogen oder abgestoßen. Vom behavioristischen Standpunkt her ist der Mensch Produkt seiner Umwelt und dieser in gewisser Weise ausgeliefert. Lewin grenzt sich im Sinne einer ganzheitlich orientierten Psychologie vom seinerzeit herrschenden Paradigma des amerikanischen Behaviorismus ab. „Einer der Irrtümer des klassischen Behaviorismus war es, den Charakter einer Tätigkeit nur durch ihre physikalischen Aspekte zu beschreiben und die bedeutende Wirkung der psychologischen Gesamtsituation zu vernachlässigen." (Lewin 1963: 121) In einer weiter gedachten Feldtheorie ist es der Mensch selbst, der den Kräften der Umwelt die auf ihn einwirken, Bedeutungen beimisst.

Unter 4.4. wurden symbolische Kopplungen im Interventionsgeschehen untersucht. Dabei spielte der Begriff der operativen Selbstkontinuierung eine wichtige Rolle. Im Prozess der Selbstkontinuierung werden Ereignisse mit Bedeutung belegt. Zum anderen ändert sich von Moment zu Moment das durch Dichte und Richtung der Kräfte bestimmte Feld. Zur Veranschaulichung seiner Ideen verwendet Lewin ein topologisches Modell. Begriffe wie Lokomotion, Region und Vektoren (Feldkräfte) dienen der Visualisierung dynamischer Zusammenhänge. Die

Grundlage des Modells bildet die topologische Abbildung eines Lebensraumes (Jordan-Kurve), der von einer *äußeren Hülle* umschlossen ist. Diese visualisiert die durch Nichtwahrnehmung ausgeschlossene Komplexität der Welt. Sie ist im Moment für das Individuum ohne Bedeutung. Der umschlossene Raum ist der vom Individuum gestaltete und wahrgenommene aktuelle Lebensraum. Seine Grenze ist semipermeabel, das heißt, es finden Austauschprozesse statt. Gegebenheiten außerhalb der Hülle können für das Individuum dann von Bedeutung sein, wenn sie durch Wahrnehmung in den Lebensraum eingehen. Das Individuum konstruiert seine Welt fortwährend durch Beobachtung. Laufend werden neue Weltausschnitte der Wahrnehmung zugänglich und selektiv einbezogen. Zunächst wird ein Grundmodell nach Lewins Topologie inkl. Vektoren vorgestellt:

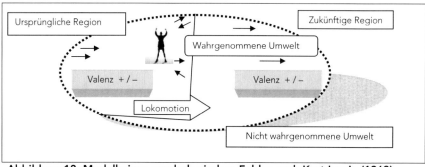

Abbildung 12: Modell eines psychologischen Feldes nach Kurt Lewin (1963)

Für das Individuum gegenwärtige Bedeutungszuweisungen bestimmen sein Handeln. Im dargestellten Modell deuten die Pfeile verschiedene Kräfte, ihre Wirkungen und Wirkungsrichtungen (Vektoren) innerhalb des Lebensraumes an. Diese können von der Person ausgehen oder/und sich multifaktoriell auf sie beziehen. Die Einordnung dieser Bedeutsamkeiten folgt der Form des gegenwärtigen Beobachtens. Valenzen bilden einen dynamischen Aspekt dieses personalen Konstruktes ab. Wie geht die Person mit ihren Wahrnehmungen, Vorstellungen, Wünschen usw. zu einem gegebenen Zeitpunkt und in bestimmten Situationen um?

Das Individuum ist Produkt seines Lebensraumes und Lebensräume sind Produkte der Gestaltung durch Individuen. Durch Einbeziehen der Zeitdimensionen wird der Blick auf die Prozesshaftigkeit des Geschehens gelenkt. Die ursprüngliche Region beinhaltet das im Gedächtnis verfügbare Wissen. Entwicklungs- und Reifungsprozesse reichen in der Regel über den Abschluss der Adoleszenz hinaus. Das Verharren innerhalb einer Region bedeutet nach Lewin Stagnation. Den Wechsel von Region zu Region innerhalb des Lebensraumes bezeichnet Lewin als Lokomotion und weist damit wiederum auf ein zweites aktives Element individualpsychologischer Entwicklung hin. Ähnlichkeiten in der Lokomotion mehrerer oder Gruppen von Individuen erlauben eine begrenzte Generalisierung und relative Aussagen zu Folgeentwicklungen. Die der Topologie entlehnte Analogie erinnert an das Durchwandern einer Landschaft. Innerhalb eines bestimmten Rahmens ist die Landkarte veränderbar, einerseits durch die aktive Gestaltung des Individuums, andererseits dadurch, dass innerhalb einer Landschaft den einzelnen Messpunkten eine neue Bedeutung zugemessen werden kann. Lewins Modell dient der Veranschaulichung individueller Landschaften. Visualisiert werden Bedingungen und Kräfte zu einem bestimmten Zeitraum innerhalb eines bestimmten Prozesses.

Zur Erweiterung des Modells wird aus C. Rogers' (1959) gesprächstherapeutischem Ansatz der Begriff der *Selbst-Aktualisierungstendenz* aufgenommen. „Dies ist die innewohnende Tendenz des Organismus, all seine Kapazitäten auf die Arten zu entwickeln, die dazu dienen, den Organismus aufrechtzuerhalten oder zu verbessern." (Rogers, C., in: Cochrane/Holloway 1982: 31) Der Terminus verdeutlicht die Dynamik der Persönlichkeit innerhalb eines Aktionsrahmens: Der Biograf trifft im Gespräch aus freien Stücken Aussagen über sich selbst, er aktualisiert sich. Und es findet im Kontext der verschiedenen Kräfte, die auf die Person innerhalb eines bestimmten Lebens- und Zeitraumes einwirken bzw. die sie gestaltend einsetzt, eine beständige Bewegung in der Auswahl des Aktuellen statt.

9.2.2 Barrieren und Optionen

Mithilfe der Feldtheorie lassen sich Situationen mit spezifischem Charakter für die erlebende und handelnde Person beschreiben. Sinn- und Handlungskonzeptionen, wie im vorangegangenen Kapitel beschrieben, sind mit einem Aufforderungscharakter verbunden. Deren Erfüllung können Hindernisse, so genannte Barrieren, entgegenstehen. Diese werden zu Kräften im Konflikt. Am Beispiel von B sollen diese Zusammenhänge in mehreren Sequenzen näher dargestellt werden.

B lernt in seiner Kindheit das Geigenspiel. Das hoffnungsvolle Talent führt zum Wechsel an eine Spezialmusikschule. Ein besonderer Lehrer gibt weiter Unterricht. Und das nächste Ziel, einmal an der Staatskapelle zu spielen, scheint erreichbar. Da zwingt ein Gehörschaden zur Aufgabe der Sinn- und Handlungskonzeption, in die bereits einiges investiert wurde. Mithilfe der folgenden Tabelle sollen die Zusammenhänge, die sich um das Phänomen des Umgangs mit dem Violinspiel gruppieren, visualisiert werden.

Wunsch/Ziel	Barriere	Konsequenz
‚(…) habe in meiner Kindheit Geige gespielt, war dort och sehr gut'	‚(…) hab dann aber diese Richtung leider uffgeben müssen auf-	- ‚(…) was mich dort eigentlich das erste Mal bißchen aus der Bahn geworfen hatte.' Z. 39 B -‚(…) ich hab die Geige zerdroschen, das

Z. 34 - ‚Dass ich hätte Musiker wern könn, / dort hätten se sich gerne gewünscht, dos war dann eigentlich oh es bissel was zum Vorzeigen.' Z. 82 B	grund Gehörschäden.' Z. 38 B	warn vielleicht sechsehalb/siebentausend Mark, das war schon, also für mei Alter un als Kind, war das schon e Wahnsinnsinstrument.' Z.300 Int.B - ‚(...) an meine normale Polytechnische Schule zurück nach der Zeit, (...) da wieder Kontakt zu kriegen, habsch mich eigentlich e bissel schwergetan, (...) nicht mehr so die Freunde gefunden, wies im Vorfeld war.(hustet) / S sind dann normale Bindungen gewesen, aber direkt Riesenfreundschaft oder so hatt ich da ni mehr.' Z.43 B - ‚ Da gabs dann mal irgendwie so en, na Knacks ni, aber da war dann emal e Punkt, da war mir alles Wurscht, keene Lust mehr gehabt und so, soner Clique angeschlossen sag'n wer mal, da ham mir dann efach so in die Welt reingelebt und hab dadurch eigentlich och die Ausbildung mit Abitur sausen lassen, (...) nach zwei Jahrn aus der Lehre raus, allerdings ohne Abschluß,' Z. 50 B

Der Wunsch, Geige zu spielen, ist mit einem Aufforderungscharakter im Sinne der Anerkennung durch die Eltern verbunden. Das Spiel aufgeben zu müssen bedeutet Veränderungen für die gesamte weitere Lebensplanung. B ist hilflos und zerschlägt das Instrument, dessen besonderer Wert noch einmal herausgestellt wird. Die Situation der Barriere zeigt sich dann in einem weiteren Effekt. Bei der Rückkehr an die alte Schule kann B nicht mehr an die alten Freundschaften anküpfen und empfindet sich zu seiner Umwelt distanzierter. Die später erfolgende

Ausbildung ist mit den ursprünglichen Plänen nicht in Einklang zu bringen. B absolviert sie halbherzig und beendet sie ohne Abschluss.

Sein Gehörschaden fordert B ein zweites Mal auf zu verzichten bzw. die Sinn- und Handlungskonzeption zu variieren. Diesmal ist B in der Lage, Alternativen anzunehmen.

Wunsch/Ziel	Barriere	Konsequenz
- ‚(…) e bissel als / Traum eigentlich mit darum, Dass ich drei Jahre zur Armee ging, das war Luftwaffe damals, Hubschraubergeschwader, (…) da eigentlich noch e bissel geliebäugelt damit, mal enne längere Bahn zu gehen, / als / naja als Hubschrauberpilot.' Z. 57 B	- ‚aber da tat sich das dann och wieder / wegen meinem / wegen meiner Hörschädigung bissel zerschlagen.' Z.61	- ‚(…) hab mich dann aber dort die Zeit in das Triebwerkswesen, das hat mir eigentlich sehr viel Spaß gemacht, war ooch interessant, habe dann Unteroffizierslaufbahn gemacht och drei Jahre, Triebwerksmechanik, was dann oh schön war.' Z.62 B

Der gleiche Auslöser (Hörbeeinträchtigung) hat möglicherweise eine variante Höhe zur ersten Barriere und kann diesmal besser verarbeitet werden, indem B das Angebot, als Triebwerksmechaniker zu arbeiten, annimmt. Er arrangiert sich mit den Verhältnissen. Der Konflikt wird durch eine scheinbare Sublimierung aufgehoben.

Im folgenden Beispiel beschreibt B seinen Umgang mit dem Problem der Wohnungsnot.

Wunsch/Ziel	Barriere	Konsequenz
‚dort ging ja das Haupttheater los, Dass mer noch e Zimmer gebraucht hätten, weil mir zwee Kinder warn.' Z.403 B	‚Dort war ehmnd der ständige Meinungswechsel, du kannst emal, dann kannste mal ni. Dann hattense schon ema soweit, dass ich hätte, hätte das halbe Haus könn kriegn- das war immer wieder die Eierei' Z. 395	- „(...) in der Zeit versucht, dort enne Wohnung auszubaun, da hieß es: „Ja" un dann ema „Nej" un dann zum Teil versucht un dann hatsch ma ej Zimmer, dann hattens s mir wieder weggenommn. .(...) Dass mer noch e Zimmer gebraucht hätten, weil mir zwee Kinder warn. (...) da alkoholmäßig noch keene Probleme warn, aber das trat dann, es ging dann los dort. Ja, aus Ärger zum Teil, weil dan gar nischt mehr vorwärts ging, dann habsch mich dann ehm oh ma hingesetzt- zu guter Letzt dann mitm Schwiechervater." Z.390 B

B wohnt auf dem Hof der Schwiegereltern. Es gibt besondere Machtverhältnisse, die sich als Hindernis auf dem Weg zu mehr Wohnraum für die junge Familie mit dem zweiten, behinderten Sohn erweisen. B betont, vorher sozial angepasst getrunken zu haben. Es scheint, dass er als im Konflikt Unterlegener Alkohol kompensatorisch einsetzt und sich darüber zurückzieht. Dass er auch Alternativen hat, zeigt sich in einer anderen Konsequenz.

Wunsch/Ziel	Barriere	Konsequenz
‚Ich hab in der Zeit versucht, dort enne Wohnung auszubaun' Z. 390 B	‚da hieß es: „Ja" un dann ema „Nej" un dann zum Teil versucht un dann hatsch ma ej Zimmer, dann hattens s mir wieder	- „Un dort hattsch dann aber hattsch dann bis ans an Staatsratsschreiben » Das is dann zwar ni angekommn bei dem, das war dann irchendewie bei soner Vorzimmerdame hänggebliem-

| | weggenommn. .Un dann immer wieder, weil er oh meistens besoffen war in der Zeit.' Z. 390f B | aber off ema hatt mer dann ne Wohnung, ne Zweehalbraumwohnung." Z.397. B |

Aus der Reflexion wird deutlich, dass B über das Potenzial verfügt, mit Schwierigkeiten angemessen umzugehen. Letztlich überwiegt in seiner Lebensgeschichte aber doch der problematische Umgang mit Barrieren. Das Muster des sozialen Rückzuges wird von B in verschiedenen Konflikten eingesetzt und taucht als mittlerweile vom Ursprung unabhängige Verhaltensschleife im späteren Leben wieder auf.

Lewin beobachtet den Zusammenhang zwischen Vergangenheit und gegenwärtigem Verhalten wie folgt: „Die Wirkung der Vergangenheit auf das Verhalten kann nur indirekt sein; das vergangene psychologische Feld ist einer der ‚Ursprünge' des gegenwärtigen Feldes, doch beeinflusst dieses das Verhalten. Das Verhalten mit einem vergangenen Feld in Verbindung bringen setzt daher voraus, dass hinreichend bekannt ist, wie vergangene Ereignisse das Feld zu jener Zeit verändert haben und ob in der Zwischenzeit andere Ereignisse das Feld wieder verändert haben oder nicht." (Lewin 1963: 105)

Sind solche Zusammenhänge einmal entdeckt, kann mit Mitteln der antizipatorischen Sozialisation (Voraberleben möglicher Pfade in der Landschaft) eine Vorbereitung auf die realen Erfordernisse des Lebens geschehen. Die zu erwartenden Lebensereignisse verlieren den Charakter des Unheimlichen und des Unentrinnbaren, wenn sie bekannt gemacht und Möglichkeiten des adäquaten Umgangs gefunden sind.

Die bisherigen Erläuterungen münden nachfolgend in die Darstellung eines eigenen Modells der Feldkräfte im Lebensraum eines Abhängigkeitskranken im Übergang. Diese Kräfte bzw. Wirkfaktoren werden in den Erst- und Katamneseinterviews deutlich, bspw., wenn Interviewte über ihre Ängste und Erwartungen hinsichtlich einer Neuverortung reflektieren.

9.2.3 Psychosoziale Situation abhängigkeitskranker Menschen im Übergang

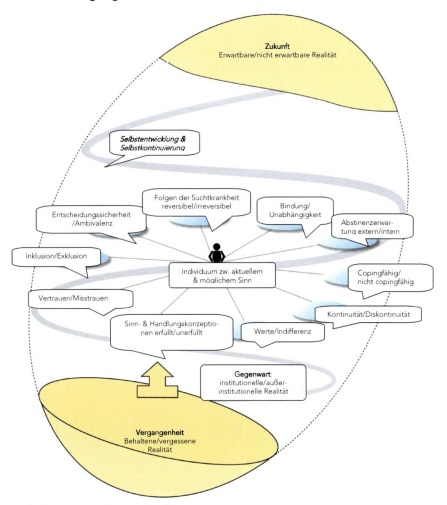

Abbildung 13: Dynamik in Übergängen

Das Modell umfasst einige Kräfte, die sich in den Übergängen als Risiko- und Schutzfaktoren erweisen. Bei den einzelnen Faktoren ist auf Unterschiede im Erleben hinzuweisen. So kann die gleiche Konstellation aus Stresserleben, unerfüllter Sinn- und Handlungskonzeptionen und Inklusionserwartungen bei zwei Personen zu völlig unterschiedlichen Wahrnehmungs- und Reaktionsweisen führen. Phänome oder bestimmten Feldkräfte können in der Wahrnehmung ‚zentral' bis ‚peripher' (vgl. Lewin 1969: 187) Bedeutungen zugewiesen werden.

Die im Modell dargestellten Faktoren lassen sich jeweils als Differenz beobachten. Zum gleichen Zeitpunkt sind mehrere Faktoren wirksam. Die Person gibt Ereignissen bestimmte Bedeutungen, d.h., sie wählt aktuellen Sinn. Das geschieht vor dem Hintergrund einer spezifischen Lebenssituation, der intrinsischen Motivationslage und dem Maß an vorhandenen wählbaren Alternativen. Bei der in dieser Forschung beschriebenen Zielgruppe befinden sich die Personen in so genannten Schwellensituationen bzw. Übergängen. Während die einen gespannt auf die vor ihnen liegende Zeit der abstinenten Alltagsbewältigung blicken, erfahren sich andere gerade in ihrer Existenz bedroht und beobachten demzufolge in anderen Differenzen als erstere.

Die Erinnerung an den Aufforderungscharakter des Suchtmittels, Geschmack, Duft, Etikett und an die funktionale Wirkung fließt in die Bewertung der Sinnhaftigkeit ein, abstinent zu leben. Daher ist es nicht unerheblich, welche Vorerfahrungen und Erwartungen die Biografen mit Abstinenz verbinden und ob die Motivation, abstinent zu leben eine extern über therapeutische Systeme transportierte oder eine intern erzeugte Haltung der einzelnen ist.

Dem Wissen, dass Abstinenz nur unter bestimmten Bedingungen zu halten ist, bspw. dem Anschluss an ein gesundes soziales Netz, steht die Möglichkeit der Isolation als Extremform der Unabhängigkeit als Folge einer Neuverortung gegenüber.

Am Ende einer Therapie fühlen sich Abhängkeitskranke psychisch und körperlich erstarkt. Manche stellen dabei erst im Rahmen einer Realitätsüberprüfung fest, dass sie nicht wie gewünscht einen gesundheitlichen Zustand vor Ausbruch der Krankheit erreichen konnten.

Ein großer Antagonist der Stabilität im Handeln und Denken ist Ambivalenz. Die Unfähigkeit, eine Entscheidung als richtig einzuordnen und kohärent zu agieren, ist die Barriere vor allen Barrieren. Es kann keine nächste Region erreicht werden, weil sowohl der Sinn des Wechselns als auch der des Verharrens in Frage gestellt ist. Ambivalenz hindert Lokomotion.

Vorwärts treibende Kräfte liegen in der (Wieder)entdeckung von Lebenssinn und einem persönlichen Wertesystem, in vielen Fällen auch Spiritualität. Diese Faktoren bilden die Grundlage, Diskontinuitäten adäquat verarbeiten zu können. Sich Werten gegenüber indifferent zu verhalten, bedeutet mehr oder weniger vor sich hin zu treiben, zwar formal an soziale Systeme angeschlossen zu sein, aber sich selbst als Adressat in der Gesellschaft nicht wirklich verorten zu können. Diese Drift ist das Anzeichen neuerlich beginnender Exklusion.

Der folgende Ausschnitt aus dem Erstinterview mit J gibt einen Einblick in das ambivalente Erleben des Übergangs aus dem institutionellen Gehaltensein in eine eigenständige Lebensführung.

‚Ich will, also mich um Arbeit kümmern, bin ich schon dran. / Ich muss dazu noch eewas sachn: Es macht mir manchmal Angst, es klingt jetz komisch, es macht mir Angst, wie ich jetze bin. Das klingt komisch, ich weeß, aber ich hh, ich krieg alles gut off de Reihe. Ich geh off de Leute droff zu, hab, wenn mal ä Problem is, ich rede drüber. Aber es macht

mir Angst, so wie ich jetze bin. Manchmal. Angst is vielleicht das falsche Wort. Aber hh ich kann mich ni dran erinnern, dass ich mal irgendwie so gewesen bin vor Jahrn. Ich bin, ich bin anners, bin anders gewordn. / Ob nun positiv. Ja postiv schon. Ich / ich will ehmnd mal Verbindung offnehm zu meiner Bekannten aus C, will mal hinfahrn, aber ich weeß ehmnd noch ni wann. Ich warte noch ab. Es geht um mein Freund von C. Aber ich wills ehmnd ooch ni riskiern. Ich hab mir soviel wieder geschaffen. Eigentlich soviel off de Reihe bekomm. Und das jetz wieder einreißen lassen. Das möchte ich ooh ni. Denn ich hatte die letzten Jahre genug Ärger, genug Stress.' Z.316 J

J erlebt sich verändert, zugleich unsicher und hoffnungsvoll. Er sehnt sich danach, Kontinuität zu erleben, schafft die Grundlage für sichere soziale Bindungen und reduziert Handlungsoptionen im Rahmen der Unterscheidung Vertrauen/Misstrauen. Da für ihn der Herkunftsort noch stark suchtpotenziell besetzt ist, verzichtet J vorerst auf einen Besuch seines Freundes. Diese Entscheidung kann nach einer Zeit positiver Erfahrungen in der Alltagswelt anders fallen.

Das Thema abschließend soll der binäre Code Vertrauen/Misstrauen eingehender betrachtet werden. Luhmann geht von einer Steigerung der Handlungsmöglichkeiten bei vorhandenem Vertrauen aus. Damit steige die Komplexität sozialer Systeme. Das geschieht in sachlicher, zeitlicher und sozialer Hinsicht. Sprache und reflexives Bewusstsein ermöglichen die Reduktion überbordender Komplexität. Vertrauen kann nicht einfach als Überwindung der Zeit begriffen werden. In der Gegenwart sind im Wechsel der Ereignisse ständig Entscheidungen zu treffen, deren Folgen nur zum Teil abzuschätzen sind. Um dies zu ermöglichen, wird „das Problem des Vertrauens nunmehr [...] zum Problem der *riskanten Vorleistung*." (Luhmann 2000: 26) Die riskante Vorleistung ergibt sich aus der Enttäuschungsanfälligkeit des Vertrauens vor dem Hintergrund nicht fassbarer Komplexität der Zukunft. Für das Gespräch zwischen Interviewten und Intervenierendem ist Vertrauen die Basis gelingender Kommunikation. Der Erzählende muss sich darauf verlassen können, dass die in den Lebensgeschichten geäußerten Informationen nicht gegen seinen Willen verwendet werden. Luhmann sieht Vertrauen an eine kritische Alternative gebunden, „in der der Schaden beim Vertrauensbruch größer sein kann als der Vorteil, der aus dem Vertrauenserweis gezogen wird. Der Vertrauende macht sich mithin an der Möglichkeit übergroßen Schadens die Selektivität des Handelns anderer bewußt und stellt sich ihr." (ebd. 28) Vertrauen kann als die Schaffung einer inneren Sicherheit oder Gewissheit beschrieben werden, die an Stelle der äußeren Sicherheit tritt. Es ist weder objektiv noch subjektiv auf andere Gegenstände oder Vertrauende übertragbar. Vor dem Hintergrund der Nichtübertragbarkeit innerer Sicherheit wird die genaue Klärung des Vorgangs der Vertrauensvermittlung im primärsozialisatorischen Kontext schwierig. Einen möglichen Ansatz bietet die im Zusammenhang der Analyse herausgearbeitete Kategorie der frühen Bindungsmuster. Das Kind lernt. Es lernt, Erfahrungen zu machen. Und es lernt, diese Erfahrungen mit Hilfe seines Gedächtnisses zu verarbeiten. Identität und Vertrauen bilden einen inneren Zusammenhang. „Die Gefühlsfixierung des Kleinkindes in seiner Familie ist [...] Grundlage für das Lernen von Vertrauen schlechthin. Und so kann denn auch die Vertrauensbereitschaft als gewohnte und bewährte Einstellung fortleben, wenn die Gefühle, denen sie ihr Dasein verdankt, längst verblaßt sind." (Luhmann 2000: 107) Das Selbst konstituiert sich vor dem Hintergrund der Differenz Ich/Du. Luhmann differenziert das Du als „anderes Ich". In dieses andere Ich werden die gemachten Erfahrungen, positive wie negative hineinprojiziert. Erfahrungen werden verallgemeinert und später wieder spezifiziert. Ist das Kind bereit, Vertrauen zu honorieren, kann es selbst Vertrauen schenken. Mit Vertrauen belegte Systeme sind anfällig für Störungen. Störungen des Vertrauens im Bereich verschiedener Facetten können schnell verallgemeinert werden und zum Misstrauen gegenüber dem gesamten System führen. (Klient-Therapeut-Beziehung) Vertrauen geschieht in je eigens festgelegten Grenzen, die ihrerseits über den Rahmen formaler Abgrenzungen hinausgehen können. Der Vertrauende setzt sich über das Fehlen von Informationen hinweg. Dies geschieht willentlich. Je weniger Informationen gegeben sind, desto schwieriger und wichtiger ist Vertrauen. „Durch […] Menschen kommt überhaupt erst jene Komplexitätserweiterung in die Welt, auf die das Vertrauen bezogen ist: die Freiheit des Handelns. […] Vertrauen ist dann die generalisierte Erwartung, daß der andere seine Freiheit, das unheimliche Potential seiner Handlungsmöglichkeiten, im Sinne seiner Persönlichkeit handhaben wird – oder genauer, im Sinne der Persönlichkeit, die er als die seine dargestellt und sozial sichtbar gemacht hat. Vertrauenswürdig ist, wer bei dem bleibt, was er bewußt oder unbewußt über sich selbst mitgeteilt hat."(Luhmann, 2000: 48) Die einmal gezeigte Identität verpflichtet. Will der Einzelne Vertrauen empfangen, muss er derselbe bleiben, als der er sich vertrauenswürdig gezeigt hat. Für einen Menschen, der zunehmend in den Strudel der Abhängigkeit gezogen wird, bedeutet dieser Fakt ein Auseinanderbrechen zwischen dem ideal vermittelten Selbstbild und dem wirklichen. Je deutlicher der Riss zwischen eigener Selbstdarstellung und Fremdinterpretation der eigenen Selbstdarstellung wird, desto größer wird das Risiko pathologischer Regulationsversuche.

„Immer gibt der einzelne durch sein Verhalten mehr Aufschluß über sich selbst, als er mit seinem idealen Selbst abstimmen kann und bewußt mitteilen will. Schon das Erscheinen überhaupt setzt daher ein

Mindestmaß an Vertrauen voraus, [...], nicht fehlgedeutet zu werden, sondern [...] so angenommen zu werden, wie man sich zu zeigen wünscht. Es gibt Menschen, die diese Vertrauensbedingung so stark erleben, daß ihnen schon das bloße Anwesendsein und erst recht alles Handeln in Gegenwart anderer Schwierigkeiten bereitet. [...] Ihre Unfähigkeit, Vertrauen zu erweisen, begrenzt dann auch ihre Möglichkeit, Vertrauen zu erwerben. Das Handlungspotential wächst in dem Maße, als das Vertrauen wächst – das in die eigene Selbstdarstellung und in die Fremdinterpretation der eigenen Selbstdarstellung. Mit diesem Vertrauen werden neuartige Verhaltensweisen möglich: Scherze, [...] Wahl heikler Themen usw., durch deren Bewährung sich Vertrauenskapital ansammeln läßt." (Luhmann, 2000: 49)

Über die Zurechnung, welches Handeln als persönlich bedingtes Handeln geschieht, dem zu vertrauen ist, entscheidet die soziale Erwartung. Ausgeschlossen sind beispielsweise Weisungen innerhalb der Hierarchie oder Normausführungen. Abstinent zu sein, wenn keine Abhängigkeit vorliegt, ist demnach keine Grundlage für einen Vertrauensbeweis. Der Vertrauende erbringt eine *riskante Vorleistung,* vertraut und muss sich einem möglichen Vertrauensbruch aussetzen. Der andere muss die Möglichkeit und ein Interesse haben, Vertrauen zu enttäuschen. Dieses Interesse muss er dauerhaft stabil vor dem Hintergrund der Honorierung des Vertrauens zurückstellen. Das Gelingen des vorgestellten Prozesses an wechselseitiger Vertrauensvorleistung und Bewährung führt zu einer Beziehung die stärkere Störungen verkraften und länger Zeiten des Ungleichgewichtes besser ertragen kann. Vertrauen basiert auf einer Selbstgewissheit der Person und einer sich „in Interaktionen aufbauenden, mit der Umwelt korrespondierenden Identität." (Luhmann 2000: 80) Die Voraussetzung zum Vertrauenserwerb wird durch die aktive Teilnahme am sozialen Leben geschaffen und die Fähigkeit des Individuums, fremde Erwartungen in die eigenen Selbstdarstellung einzubauen. Luhmann weist daraufhin, dass diese Haltung nichts mit bloßem Konformismus zu tun hat. Sie hat aber sehr wohl etwas mit der Adaption der in der Forschungsarbeit beschriebenen Menschen zu tun – einer Adaption durch Reintegration in den Alltag. Menschen, deren kindliches Vertrauen früh Schaden genommen hat und deren Überlebensfähigkeit von starkem Misstrauen abhing, sollen im Verlauf einer Therapie und der Adaption wieder soviel Zutrauen in ihre eigenen Kompetenzen und in ihre Umwelt erlangen, dass sie in der Lage sind, sich dem Misstrauen einer stigmatisierenden Welt zu stellen und den Anforderungen eines abstinent gestalteten Alltages Rechnung zu tragen. Natürlich stigmatisiert die soziale Umwelt nicht zwangsweise den Betroffenen. Es reicht aber die Vorstellung einer möglichen Stigmatisierung. Die Vorstellung eines Vertrauensmissbrauches reicht ebenfalls aus, um spezifische Reaktionen zu bewirken. „"Eine Begrenzung [...] durch Schwellen gehört zum Phänomen sowohl der Vertrautheit als auch des Vertrauens. [...] Nicht jede Unstimmigkeit weckt Zweifel an den vertrauten Zügen der Umwelt, nicht jede Enttäuschung zerstört das Vertrauen. Eben deshalb muß es eine Grenze geben, an der diese Absorptionskraft endet, wo Vertrautheit oder Vertrauen abrupt in Mißtrauen umschlagen." (ebd.: 97) Dieses Misstrauen wird im sozialen Verhalten sichtbar. Umwelt wird dann zunehmend nach „Beweisen" zur Erhaltung des Misstrauens sondiert. Der Interviewte L. beschreibt eine solche Situation im Katamneseinterview:

'(…) mit nem andern Kumpel telefoniert. Und der hatte n mächtigen Knoten in der Zunge gehabt. (…) Wenn man grade sieht, wie jemand wieder rückfällig wird. Selbst, wenn s bloß der Verdacht is. Der muss sich noch nich mal bestätigen.' Z.80 Kat.Int.L

Ein Telefonat einem ehemaligen Mitpatienten, von dem L erwartet, dass er abstinent ist, gibt Anlass zu misstrauen. Die Veränderung der Sprache (auch hier muss es eine Differenz zu früheren Kommunikationserfahrungen geben) verstärkt den Zweifel des Interviewten.

Luhmann betont die die Einheit der Differenz: „Mißtrauen ist jedoch nicht das Gegenteil von Vertrauen, sondern *funktionales Äquivalent* für Vertrauen." (Luhmann, 2000: 92) Vertrauen zu verweigern reicht demnach nicht aus, um Komplexität zu reduzieren. Es ist eine Strategie der negativen Zuspitzung erforderlich, ein Misstrauen, um zweckrational handeln zu können. Misstrauen äußert sich in verschiedenen Strategien, teils als Kampf mit dem Feindbild, als Liquiditätsproblem im Sinne des Ansammelns von Gütern oder als Verzicht auf die Erfüllung bestimmter Bedürfnisse. Das Feindbild eines jeden Abhängigkeitskranken ist der Rückfall eines guten Bekannten oder Freundes, der mit diesem Rückfall die eigene Stabilität hinterfragt. Die Interviewte A berichtet über den Prozess der Vertrauensbildung zu sich selbst, der Ausgangspunkt ist, Um-Welt wieder mehr an Vertrauen entgegenzubringen:

‚*Hätte ich mir, glaub ich, vorm Jahr oder, nich getraut oder, sagn wer, den Weg wär ich gar nich gegangn. S erste Mal. Und ich kann sagn eigentlich weeß ich gar nich mehr, dass ich das mal alles nich konnte. Irgendwie is mir das unbegreiflich. Wenn ich manchmal abends zuhause sitz, dann denke ich nach: Das bist nich du. Nee, das bin ich nich. Na das war ich nich.*' Z.61f Kat. Int. A

Beschrieben wird eine zeitlich, sachlich und sozial wahrgenommene Veränderung. Unterschieden wird der gegenwärtige zum früheren Umgang mit Lebensbewältigung. Erst durch Reflexion wird aus der Nichtannahme der Selbstbeschreibung (‚Nee, das bin ich nich.') die Neuschreibung der Identität vor dem Hintergrund einer Differenz (‚Nee, das war ich nich.') Der letzte Satz bezieht sich auf die gelebte Erfahrung, bestehend aus Demütigungen, Ablehnung und Selbstaufgabe. Latent wird der die primäre Selbstvorstellung in Differenz zu diesem Satz beschrieben, das Bild einer Frau, die sich ihrer Kraft und Würde bewusst wird.

Vertrauen bedarf eines sicheren Fundamentes, das bis zu bestimmten Schwellen nicht erschütterbar, gleichsam sensibel genug ist, Störungen aus der Umwelt in einen Kontext einzuordnen. Luhmann weist aber auch darauf hin, dass unsichere Erwartungen, die Nichterfüllungsmöglichkeiten enthalten, psychologisch viel stabiler als so genannte sichere Erwartungen sind. Das bedeutet, dass Instabilitäten der Umwelt nicht zwangsläufig Vertrauen des Systems enttäuschen, vorausgesetzt, Instabilität gehört mit zur Erwartung. Wenn ein Interviewter rigoros die Möglichkeit eines Rückfalles ausschließt, ist die Enttäuschungsanfälligkeit im Falle des Eintretens eines Rückfalles größer als im Benennen der Möglichkeit zum Rückfall. Vertrauensvolle Beziehungen bilden die Grundlage für Entwicklungen und für die Annahme positiver Feedbacks. (in Sozialmedizin weitersuchen)

Am Ende dieser Ausführungen soll noch die Äußerung des Interviewten E für eine gelungene Wiederentdeckung des Vertrauens stehen:

‚Ich wollte einmal, dass die Leute oder die Menschen mich, Vertrauen zu mir haben, hab aber skrupellos dieses Vertrauen ausgenutzt. Und die Leute, die mir vertraut haben und vertrauen wollten, die hab ich hintergangen, belogen, betrogen, ja. Das war wie gesagt die Zeit, als ich getrunken habe. Und heute spielt Vertrauen ja noch eine sehr sehr große Rolle, da ich ja auch Menschen viel belogen und betrogen habe, ist es ehmd schwer auch Vertrauen wieder aufzubauen. Ich denke mal, für mich is es e großer Augenblick, wenn meine Mutter zu mir sagt nach den vielen Jahrn, ich vertrau dir noch, wie das jetzt so is bei mir. Das war ja damals och das Vertrauen zu meiner Ursprungsfamilie oder wie man *das nennt, das war ja total zerbrochen, ja, und das hab ich jetzt wieder aufgebaut oder bin noch dabei, das aufzubauen. Und für mich war das jetzt ganz groß, wo die Mutti gesagt hat, ich vertrau dir und du kannst wieder komm.' Z.303ff Int.E*

In den vorangegangenen Kapiteln standen die Reflexionsprozesse der Betroffenen im Mittelpunkt der Beobachtung. Es konnten Erkenntnisse über Abhängigkeitsentwicklungen fördernde Kräfte und über Abstinenzstabilisatoren gesammelt und mit Hilfe der Interviews belegt werden.
Im folgenden Kapitel wird noch einmal eine andere Beobachterperspektive eingenommen. Der Fokus liegt auf Teilhabe und Teilnahme. Es wird Bezug auf die im dritten Kapitel beschriebenen Termini der Inklusion/Exklusion genommen. Diese werden in einen inhaltlichen Zusammenhang mit den Begriffen der Integration/Desintegration gebracht.

10. Von der Inklusion und Integration

In diesem Kapitel wird die Rückkehr abhängigkeitskranker Menschen nach ihrer medizinischen Rehabilitation in den Alltag im Spiegel des Diskurses über Inklusion und Integration beschrieben. Es ist zu fragen, welcher Anteil zur Wiedereingliederung auf der gesellschaftlichen Seite inkludierend erbracht wird und in welchem Verhältnis dieser zum integrativen Bemühen der betroffenen Person steht. Welche Voraussetzungen müssen die einzelnen Individuen in ihre Rückkehr einbringen? Inwieweit wirkt die narrativ sozialpädagogische Intervention als Inklusion unterstützendes soziales System?
Um die Situation abhängigkeitskranker Menschen im Übergang zu einem abstinent gestalteten Alltag aus der Perspektive der Begriffe Integration und Inklusion fassen zu können, werden die unterschiedlichen Blickrichtungen als sich ergänzende Prinzipen neben-einander gestellt. Der erste Begriff lenkt den Blick auf die Bewältigung eines aus vielfältigen Interaktionen bestehenden Alltages. Der zweite erfasst die verschiedenen Formen der Vereinnahmung der Person in ganz konkrete Funktionssysteme. Damit zielt der Begriff Integration auf das einzelne Individuum aus seiner Beobachtungsperspektive und in seiner konkreten Lebenssituation, während Inklusion auf die aufnehmenden Systeme fokussiert.

In Bezug auf die einführenden Fragestellungen werden die Begriffspaare Inklusion/Exklusion vs. Integration/Desintegration auf der Basis ihrer theoretischen Grundlagen dargestellt. Im zweiten Schritt wird die Rückkehr Abhängigkeitskranker auf Seiten der gesellschaftlichen Funktionssysteme im Sinne einer Inklusion diskutiert. Im Anschluss daran wird in einem dritten Schritt auf die Innenseite des Individuums gewechselt und die Rückkehr der Betroffenen unter dem Gesichtspunkt erneuerter Selbstkonstitutionen mithilfe von Reflexionsprozessen beobachtet. Innen und Außensicht werden in einem vierten Schritt zusammengeführt. Abschließend wird die Rolle sozialer Arbeit in Zusammenhang der Diskussion dargestellt und das Postulat der Vollinklusion von Personen in der Praxis hinterfragt.

10.1 Inklusion/Exklusion vs. Integration/Desintegration? – Einordnungen

Zunächst werden die Begriffspaare Inklusion/Exklusion und Integration/Desintegration entsprechend ihrem funktionalen Charakter theoretisch fundiert und in ihrem Verhältnis zueinander bestimmt.

Im Fokus der folgenden Überlegungen stehen die Erkenntnisse Niklas Luhmanns, Jürgen Habermas und dessen Theorie des kommunikativen Handelns sowie die Perspektiven Hartmut Essers.

In den Begriffspaaren System/Lebenswelt richten sich die Positionen der beiden Soziologen Luhmann und Habermas in ihrem Gesellschaftsverständnis unterschiedlich aus: „Luhmann operiert mit Differenzvorstellungen, Habermas mit Einheitskonzepten; Luhmann arbeitet mit einer System/Umwelt-Differenz, Habermas mit einem System/Lebenswelt-Konzept, Luhmann fundiert seine Theorie funktionalistisch, Habermas optiert für eine Handlungstheorie". (Merten 26 Jg.3, 2001: 43f)

Esser hingegen beschäftigt sich mit der Frage der Integration in die Gesellschaft, exemplarisch beschreibt er dies an dem Phänomen von Zuwanderung. Er bezeichnet Integration als „Zusammenhang von Teilen in einem ‚systemischen Ganzen', gleichgültig zunächst, worauf dieser Zusammenhalt beruht. Die Teile müssen ein nicht wegzudenkender, […] ‚integraler Bestandteil' des Ganzen sein." (Esser 2001: 1)

Zuerst werden die separaten Positionen dargestellt und für das Thema aufbereitet. Anschließend werden in einem zweiten Schritt anhand der Überlegungen von Eva Barlösius und im Interesse der Integration in ein Modell, das die scheinbar gegensätzlichen Positionen eint, die im Rahmen der Forschungsarbeit gewonnenen Erkenntnisse mit dem Ziel eines alternativen Modells Inklusion/Integration in die Diskussion eingeführt. Die Diskussion wird neben der personellen Ausrichtung in folgende Kontexte eingebettet:

- Lebensweltkonzept und Systemanalyse
- Systemintegration und Sozialintegration
- Sozialintegration und Inklusion

10.1.a Integration aus der Sicht des Lebensweltkonzeptes von Jürgen Habermas

Habermas beschreibt die moderne Gesellschaft vor dem Hintergrund der Unterscheidung von Handlungssphären. Mit seiner auf Interaktion und Kommunikation ausgerichteten Reformulierung des bis dahin subjektphilosophisch besetzten Begriffs der Lebenswelt führt er den Gedanken der dialogischen Intersubjektivität ein und schafft auf diese Weise einen Zusammenhang zwischen Lebenswelt und kommunikativem Miteinander. Die Lebenswelt wird in drei Aspekten: als Kultur, Gesellschaft und als Persönlichkeit symbolisch reproduziert. Nur durch Kommunikation ist es möglich, kulturelles Wissen weiterzugeben und ständig zu aktualisieren. In der Gemeinschaft erfährt die Person Solidarität und soziale Integration und es kommt über Austauschprozesse zur Herstellung personaler Identitäten. Über Fortführung und Bruch mit dem Traditionellen reproduziert sich nach Habermas Lebenswelt.

Sprache und Sprechhandeln verbinden sich in Habermas' Theorie des Kommunikativen Handelns mit spezifischen Ansprüchen. „Neben dem Geltungsanspruch der *Wahrheit* ist [...] der Anspruch auf die *Richtigkeit* bzw. *Angemessenheit* einer Sprechhandlung vor dem Hintergrund sozial geltender Normen und Werte von zentraler Bedeutung. Zieht der Adressat einen Geltungsanspruch in Zweifel, dann unterliegt der Sprecher der Verpflichtung, ihn durch *Argumente* im Rahmen eines *Diskurses* einzulösen. [...] Zum Kern der Habermasschen Theorie des kommunikativen Handels gehört so die Annahme, dass sozial geltende Normen rational begründet werden können und dass ihre empirische Gel-tung wesentlich davon abhängt, dass die Akteure *von der rationalen Begründbarkeit dieser Normen überzeugt sind.*" (Schneider 2005: 409; Herv. i.O.)

Habermas (1985) entfaltet das Problem einer *Systemintegration*[84] (vgl. 10.1.c) vor dem Hintergrund einer Fragestellung Durkheims hinsichtlich der Zusammenhänge zwischen Systemdifferenzierung und Formen der sozialen Integration. „Die Unterscheidung zwischen einer sozialen, an den Handlungsorientierungen ansetzenden und der systemischen, durch die Handlungsorientierungen hindurchgreifenden Integration der Gesellschaft nötigt zu einer entsprechenden Differenzierung im Begriff der Gesellschaft selber. Ob man mit Mead von Grundbegriffen der sozialen Interaktion oder mit Durkheim von Grundbegriffen der kollektiven Repräsentation ausgeht, in beiden Fällen wird die Gesellschaft aus der Teilnehmerperspektive handelnder Subjekte als Lebenswelt einer sozialen Gruppe konzipiert. Demgegenüber kann die Gesellschaft aus

---

[84] David Lockwood (1970) beobachtet das Gesellschaftssystem als Ganzheit und als seine Teile. Daraus folgend unterscheidet er analytisch *Systemintegration* und *Sozialintegration*. „Während beim Problem der sozialen Integration die geordneten oder konfliktgeladenen Beziehungen der *Handelnden* eines sozialen Systems zur Debatte stehen, dreht es sich beim Problem der Systemintegration um die geordneten oder konfliktgeladenen Beziehungen zwischen den *Teilen* eines sozialen Systems." (Lockwood 1970: 125, Herv. i. O.)

der Beobachterperspektive eines Unbeteiligten nur als ein System von Handlungen begriffen werden, wobei diesen Handlungen, je nach ihrem Beitrag zur Erhaltung des Systembestandes, ein funktionaler Stellenwert zukommt." (Habermas Bd.2 1985: 179) Im Ergebnis solcher Überlegungen schlägt er vor, „Gesellschaften gleichzeitig als System und Lebenswelt zu konzipieren." (ebd.: 180) Darüber wird es ihm möglich, sowohl die Ausdifferenzierung von Gesellschaft als auch die Mechanismen ihrer sozialen Integration genauer zu beobachten.

„System und Lebenswelt differenzieren sich, indem die Komplexität des einen und die Rationalität der anderen wächst, nicht nur jeweils als System und Lebenswelt – beide differenzieren sich gleichzeitig auch voneinander. […] Auf dieser Analyseebene bildet sich die Entkopplung von System und Lebenswelt so ab, dass die Lebenswelt, die mit einem wenig differenzierten Gesellschaftssystem zunächst koextensiv ist, immer mehr zu einem Subsystem neben anderen herabgesetzt wird. Dabei lösen sich die systemischen Mechanismen immer weiter von den sozialen Strukturen ab, über die sich die soziale Integration vollzieht. […] Gleichzeitig bleibt die Lebenswelt das Subsystem, das den Bestand des Gesellschaftssystems im Ganzen definiert. Daher bedürfen die systemischen Mechanismen einer Verankerung in der Lebenswelt – sie müssen institutionalisiert werden. […] Die systemischen Zusammenhänge, die bei einem geringen Grad der Differenzierung noch eng mit den Mechanismen der sozialen Integration verwoben sind, verdichten sich in modernen Gesellschaften zu normfreien Strukturen. […] in modernen Gesellschaften entstehen Bereiche organisationsförmiger und mediengesteuerter Sozialbeziehungen, die normenkonforme Einstellungen und identitätsbildende soziale Zugehörigenkeiten nicht mehr zulassen, diese vielmehr an die Peripherie verweisen." (Habermas Bd. 2 1985:230f)

Wenn Kritiker die Unterscheidung Lebenswelt/System als eine nicht ausreichende Adaptation der Unterscheidung von Mikro- und Makroebene sozialer Handlungen bezeichnen können, so bleiben als Ertrag dennoch beide Begriffe interessant, weil sie die Vielfalt der interpersonellen und anonymen Bezüge als mögliches soziales und systemisches Integrationsmoment abbilden. „Soziale Integration gründet auf der kommunikativen Abstimmung der Handlungsintentionen, die vor dem Hintergrund geltender Normen und auf der Basis der Anerkennung von Geltungsansprüchen vollzogen wird." (Schneider 2005: 248) Dem Modus sozialer Integration stellt Habermas eine funktionale Integration in die systemische Sphäre gegenüber, die Schneider wie folgt beschreibt: „Funktionale Integration basiert auf der kausalen Vernetzung der Folgen nutzenorientierter Handlungen durch anonymisierte Steuerungsmechanismen, welche die Auswirkungen einer Vielzahl von Einzelhandlungen zu makrosozialen Effekten aggregieren, die sich nicht mehr auf individuelle Handlungsintentionen und damit verknüpfte Geltungsansprüche zurückführen lassen." (ebd.) Habermas spricht von einem „systemisch stabilisierten Zusammenhang von Handlungen sozial integrierter Gruppen" (Habermas 1981, Bd.2: 349) und sucht auf diese Weise die zwei integrativen Momente in Lebenswelt und System zu einen.
Treten an die Stelle kommunikativer Handlungskoordination andere Mechanismen, bspw. Recht als Steuerungsmedium, verkehrt sich soziale Integration im Ernstfall in ihr Gegenteil. Habermas illustriert dies am Beispiel der sozialstaatlichen Eingriffe. Er beobachtet, „dass die sozialstaatlichen Verbürgungen dem Ziel der sozialen Integration dienen sollen und gleichwohl die Desintegration derjenigen Lebenszusammen-

hänge fördern, die durch eine rechtsförmige Sozialintervention von handlungskoordinierenden Verständigungsmechanismen abgelöst und auf Medien wie Macht und Geld umgestellt werden." (ebd. 534) Es ist dort zuzustimmen, wo sich die Bemühungen einer sozialen Reintegration von bspw. Abhängigkeitskranken durch unterstützende Systeme noch häufig ausschließlich auf diese selbst richten und die Ressourcen und Hilfsbedürftigkeiten der sozial nahen Umwelt zu wenig beachten.

10.1.b Die differenztheoretische Sichtweise Niklas Luhmanns

Lebenswelt ist in Luhmanns Diktion in die Umwelt der verschiedenen Systemtypen verwiesen und als solche vorerst nicht relevant für die Wirkungsweise von Funktionssystemen. Umwelt kann nicht zugleich System sein. Sie ist aber auch kein Leerraum, sondern gefüllt mit Möglichkeitshorizonten, auf die Personen quasi über ihr Bewusstsein und im Rahmen von Kommunikation bei Bedarf zugreifen können.

Auch in Luhmanns Konzeption selbstreferenziell prozessierender Systeme hat Kommunikation eine zentrale Bedeutung. Soziale Systeme reproduzieren sich über ihre Kommunikation und grenzen sich mit Hilfe ihrer speziellen Semantiken gegenüber ihrer Umwelt ab. Luhmann setzt in seiner soziologischen Analyse auf die Begriffe der Inklusion und Exklusion. Beide wurden unter 3.2.7 ausgeführt. Ein- und Ausschluss legen scheinbar nahe, dass sie von den Individuen passiv erlitten werden. Begriffe wie Selbstreferenzialität, Selbstbeschreibung, Selbstthematisierung und Selbstbeobachtung stehen allerdings für die Exklusionsindividualität der Person und entscheiden in ihren spezifischen Zusammenhängen mit darüber, ob die Kopplung zwischen Person und sozialem System zustande kommt, fortgeführt oder beendet wird. Ein Merkmal der Exklusionsindividualität ist, dass das einzelne Individuum in der Moderne nur selektiv wahrgenommen und einbezogen wird. Kein System kann demnach die sozialen Möglichkeiten eines Einzelnen ausschöpfen oder kontrollieren. „Die soziale Berücksichtigung von Personen durch das Gesellschaftssystem ist nicht mehr selbstverständlich, sondern wird von hochdifferenzierten Kommunikationschancen der Einzelnen abhängig, die in der Gesellschaft entstehen, von dieser jedoch nicht mehr sicher und zeitbeständig koordiniert werden können." (Hille-brandt, in Thole 2005: 221)

Hat eine Firma Interesse an ganz bestimmten Fähigkeiten und Fertigkeiten eines Mitarbeiters, so wird es trotzdem Grenzen geben, jenseits derer eine Zusammenarbeit nicht mehr vorstellbar ist. Diese Grenzen werden u.a. durch interne Wert- und Normvorstellungen definiert und bspw. als Leitbilder sprachlich ausformuliert. Eine Verletzung dieser Grenzen hätte mögliche gravierende Folgen, die den Fortbestand der Firma ernsthaft gefährden könnte. Exkludierungen der Person erfolgten dann gemäß den Regelungen des Systems duch die verschiedenen arbeitsdisziplinarischen Maßnahmen bis hin zur möglichen fristlosen Kündigung. Sie werden als Einschnitte in die Selbstbestimmung der betroffenen Person spürbar.

Bewusstsein der Person und Kommunikation des entsprechenden sozialen Zusammenhangs sind für die Dauer ihres Zusammenwirkens gekoppelt und bedingen wechseitige Bezugnahmen. Aber systemtheoretisch kann weder von einer Integration in ein einzelnes System noch von singulärer Totalinklusion gesprochen werden. Damit die Person in die Vielfalt sozialer Bezüge einbezogen werden kann, darf sie sich nicht einem einzelnen zuordnen, sondern sie muss exklusiv sein. „Da die Gesellschaft aber nichts anderes ist als die Gesamtheit ihrer internen System/Umwelt-Verhältnisse und nicht selbst in sich selbst als Ganzes nochmals vorkommen kann, bietet sie dem Einzelnen keinen Ort mehr, wo er als >gesellschaftliches Wesen< existieren kann. Er kann nur außerhalb der Gesellschaft leben, als System eigener Art in der Umwelt der Gesellschaft sich reproduzieren, wobei für ihn die Gesellschaft eine dazu notwendige Umwelt ist. Das Individuum kann nicht mehr durch Inklusion, sondern nur noch durch Exklusion definiert werden." (Luhmann 1993: 158) Diese Exklusion des Individuums aus der Gesellschaft erfordert neuere Semantiken zur Herstellung von Anschlussfähigkeit. „Die Spuren des exkludierten Individuums müssen als wiederauffindbare Adressen fixiert werden. Mit der Pluralisierung der Bezugssysteme für die Teilnahme an Gesellschaft gerät gesellschaftliche Kommunikation unter Abstraktionsdruck bei der Typisierung, Identifizierung und Fixierung des Personseins." (Bohn: 2006: 68) Diese Abstraktion erfolgt durch den Begriff der *sozialen Adresse.*

Luhmann fasst Inklusion als den Vorgang, bei dem „ein autopoietisches psychisches System, das auf der Basis von Bewusstsein operiert, seine Eigenkomplexität zum Aufbau sozialer Systeme zur Verfügung stellt. Das psychische System wird dabei nicht (auch nicht: teilweise) Teil des sozialen Systems. Aber es begründet die Möglichkeit, dass Kommunikation verstanden (nämlich auf gemeinten Sinn bezogen) und Handlung zugerechnet wird. […] Es kann also kein soziales System ohne Inklusion zustande kommen." (Luhmann 1993: 162) Im Vorgang der Sozialisation des Individuums ist es aus der systemtheoretischen Sicht die sich über Kommunikationen autopoietisch reproduzierende Gesellschaft, die ihre „Eigenkomplexität zum Aufbau psychischer Systeme zur Verfügung stellt." (vgl. ebd.) Vielfältige Austauschbeziehungen zwischen System und Umwelt sorgen dafür, dass die selbstreferenziell und mit dem Merkmal der Autopoiese versehenen Systeme sich nicht wie Pendel an sich selbst abarbeiten und schließlich zum Stillstand kommen. Den Begriff der *sozialen Integration* lehnt Luhmann im Zusammenhang der beschriebenen Wechselseitigkeit der Bezüge ab. „Sozialisation ermöglicht

Inklusion, und Inklusion konfrontiert ihrerseits mit den sozialen Systemen, in denen der einzelne sich (!) sozialisiert." (ebd. 165) So bleiben – in der Luhmannschen Auffassung die Begriffe Inklusion und Sozialisation die bestimmenden Komponenten der Entwicklung von sozialen und psychischen Systemen. Sie erscheinen wechselseitig als Konsequenz des je anderen Vorganges unter der Prämisse ihrer jeweiligen Eigenlogiken.

10.1.c Systemintegration und Sozialintegration – Essers Perspektiven

Der Begriff Integration (griech. unberührt, unversehrt) verweist im weitesten Sinne auf den Zustand einer Zusammengehörigkeit. Dessen Grundlage beruht auf der Interdependenz der beteiligten Einheiten, also ihrer wechselseitigen Abhängigkeit. Esser unterscheidet Intensitäten und Relationen dieser Abhängigkeiten. Diese Sprache erinnert an den systemtheoretischen Gedanken der losen und festen Kopplungen. Integration ist nicht zu trennen von Interaktion. Nachbarschaften, die nebeneinander existieren, ohne voneinander Notiz zu nehmen, sind dagegen segmentiert. *Segmentation* ist hier als entropisches Aufgehen systemintegraler Bestandteile in der Umgebung zu verstehen. Integration, so macht Esser klar, lässt auch zeitweise Konflikte zu. (vgl. Esser 2001: 1) Die von Lockwood vorgenommene Differenzierung von Systemintegration und Sozialintegration wird durch Esser weitergeführt.

<u>Systemintegration</u>
Esser bezeichnet mit Systemintegration „jene Form des Zusammenhalts der Teile eines sozialen Systems, die sich unabhängig von den speziellen Motiven und Beziehungen der individuellen Akteure [...] ergibt und durchsetzt". (Esser 2001: 3f) In der modernen Gesellschaft scheinen insbesondere die Marktinterdependenzen und die damit verbundenen

Fähigkeiten der Produktion und Dienstleistung den inneren Zusammenhalt sozialer Gemeinschaft zu beeinflussen. Neben dem materiellen benennt Esser zwei weitere Mechanismen der Integration: die politische, über staatliche Organisation erfolgende Ordnung, und die Orientierungen der Akteure hinsichtlich der aufnehmenden Gesellschaft. (vgl. Esser 2008) Dabei scheint die materielle Interdependenz im Einzelfall Loyalitäten und Identifikationen überflüssig zu machen.

Soziale Integration
„Die soziale Integration (hat) unmittelbar mit den Motiven, Orientierungen, Absichten und – insbesondere – den Beziehungen der Akteure zu tun. […] Sie ist […] der Einbezug, die ‚Inklusion' der Akteure in die jeweiligen sozialen Systeme." (Esser 2001: 3f) In der Praxis ist es bspw. die Begegnung alkoholabhängiger Personen in einer kleinen Gruppe, deren symbolische Kopplung über die Frage ‚*Wo gibt's denn Brühe?*' hergestellt wird. Dieser Frage liegt eine gemeinschaftliche Motivation (Trinken) inne und sie taucht als verbindendes Ritual durch ihre möglichen Wiederholungen auf.

Einen eigenen Zugang zum Begriff Soziale Integration hat zuvor schon Bernhard Peters formuliert. Er definiert *Soziale Integration* als dreidimensionale Problematik sozialer Systeme hinsichtlich einer gelingenden sozialen Teilhabe der einzelnen Individuen und Gruppen. „Im sozialen Lebensprozess stellt sich erstens das Problem der Orientierung in der objektiven Welt und des Eingreifens in diese Welt und komplementär dazu das Problem äußerer Handlungen. Zweitens stellt sich das Problem der Interpretation von Bedürfnissen, der Bildung von Wertmaßstäben, Lebenszielen und -plänen und der Bildung von individuellen und kollektiven Identitäten sowie entsprechend die Probleme der Realisierung von Werten und der Befriedigung von Bedürfnissen in expressiven und »konsumatorischen« Aktivitäten. Drittens ergibt sich die Notwendigkeit, *konfligierende* Ansprüche auszugleichen und das Wohl und die Integrität aller Betroffenen angemessen zu berücksichtigen." (Peters 1993: 93) Personen und Gruppen beobachten sich in einem wie auch immer gearteten gesellschaftlichen Rahmen als zugehörig/nicht zugehörig. Sie orientieren sich am Vorhandenen und folgen ihren Vorstellungen, mit deren Hilfe sie die Wirklichkeit verändern. Die eigenen Bedürfnisse und die der anderen müssen eingeordnet und miteinander in Einklang gebracht werden (bspw. in Form von Hierarchien, sozialen Netzwerken oder Normativen). Soziale Integration wird innerhalb des von der Person und der Gruppe eingegrenzten Bezugsrahmens beobachtbar als:

- *Funktionale Koordination* (Aufgabenteilung innerhalb einer Familie oder eines anderen sozialen Zusammenhangs),
- in der *Moralische(n) Integrität* (Anerkennung, Solidarität und Schutz der Systemmitglieder)
- und *Expressiver Gemeinschaft* (individuelle und kollektive Identität bspw. durch Rituale, gemeinschaftliche Deutungsmuster). (vgl. Peters 1993: 93f)

Esser geht über die von Peters am „Erfolgsbegriff: Integration kann gelingen – und zwar in höherem oder geringerem Maß – oder sie kann scheitern" (Peters 1993: 75) orientierte Definition hinaus. Sein Begriff der Sozialen Integration ist weiter gefasst als der von Peters und stellt Anschlussmöglichkeiten sowohl zu Habermas Theorie des kommunikativen Handelns als auch zu Luhmanns Systemtheorie her. Er ermöglicht einen Blick sowohl auf die inhaltliche Seite (Kulturation, Plazierung, Interaktion) der Inklusion als auch auf die integrative Seite (Identifikation) und lässt sich in Teilen auch zur Analyse der Rückkehr von behandelten Abhängigkeitskranken adaptieren. Sozialintegration ist dann gelungen, wenn sich das Individuum (bspw. Migrant) in relativer Spannungsfreiheit und einem inneren Gleichgewichtszustand zu den aufnehmenden Systemen befindet. Die vier Dimensionen der Sozialintegration werden kurz dargestellt:

Kulturation verlangt Wissen und Kompetenzen als Grundlagen eines erfolgreichen Agierens in der Gesellschaft. Dazu gehört bspw. der Spracherwerb.

Der Begriff *Plazierung* bezieht sich auf den (partiellen) Einbezug der Person in bestimmte gesellschaftliche Positionen, also einer funktionsspezifischen Inklusion. Durch diesen Einbezug werden Menschen in soziale Systeme eingebunden (bspw. Aufenthaltsrecht/ Staatsbürgerschaftsrecht). Es macht einen Unterschied, ob ein Mensch nur geduldet oder Teil der sozialen Gemeinschaft ist. Abhängig ist dies u.a. von der Attraktivität des zu Inkludierenden. Welche exklusiven Eigenschaften, Ressourcen und interessante Perspektiven der Person motivieren das System vor dem Hintergrund seiner Bedarfe zur Aufnahme?

Esser unterscheidet drei Ausprägungen von *Interaktion*: „[…]: die gedankliche Koorientierung, die so genannte symbolische Interaktion und die Kommunikation. Dazu kommen die sog. sozialen Beziehungen – mehr oder weniger feste und verbindliche Regeln für typische Arten der Interaktion, etwa eine (gute) Nachbarschaft, eine Freundschaft oder eine eheliche Beziehung". (Esser 2002: 10f) Es ist von entscheidender Bedeutung, dass Menschen nach einer Therapie auf schon bestehende Netzwerke aufbauen können oder in der Lage sind, selbst solche Netzwerke zu bilden. Im anderen Fall drohen erneute Exklusionen oder die Bildung von Parallelwelten.

Die *Identifikation* einer Person mit der Gesellschaft lässt sich Esser zufolge in unterschiedliche Intensitäten einteilen. Sie reicht von der passiven Hinnahme dessen, was innerhalb des Systems passiert, bis hin zur aktiven Beteiligung im Sinne engagierten Bürgersinns.

Die Formen der Sozialintegration sind sowohl sachlich, zeitlich als auch sozial anspruchsvoll. Je nachdem, auf wessen Seite das Interesse an einer Beziehung stärker ist, werden Vorleistungen erwartet bzw. erbracht.

10.1.d Integration und Inklusion – Schlüssel und Schloss?

Barlösius weist auf „binär codierte systemspezifische Kommunikation" (ebd. 189) als Mechanismus der Inklusion bzw. Exklusion hin. Wenn es die Systeme sind, die binäre Zugangs- und Ausschlussmechanismen hervorbringen, lässt sich der Einbezug von Personen in die systemspezifische Kommunikation nur auf Seiten der Systeme bilanzieren. Barlösius differenziert deshalb zwischen sozialer Integration und Inklusion unter dem Gesichtspunkt ihrer Bilanzierungsorte. „Das Ausmaß sozialer Integration bzw. Desintegration ergibt sich für den einzelnen ebenso wie für Kollektive aus der Summe der gesellschaftlichen Teilhabe an den verschiedenen Teilsystemen oder Feldern. Soziale Integration bzw. Desintegration wird auf der Seite der Individuen oder Kollektive bilanziert, nicht auf der der Teilsysteme oder Felder. Luhmanns Theorie funktionaler Differenzierung setzt dagegen bei den gesellschaftlichen Teilsystemen an, die als selbstreferenziell geschlossen und damit gegenseitig voneinander abgegrenzt bestimmt werden. Gesellschaftseinheitliche Regelungen existieren somit nicht, nur systemspezifische." (ebd. 188) Mit der Bilanzierung Einbezug/Ausschluss auf der Systemseite leitet Luhmann einen Perspektivenwechsel vom Individuum zum Teilsystem und damit von der Sozialintegration zur Systemintegration ein. Letztere bestimmt sich über den Einbezug/Ausschluss der Person an systemspezifischer Kommunikation.

Die zwei folgenden Ausschnitte aus der Alltagswelt exemplifizieren die Differenz zwischen den Beobachterebenen der Integration und Inklusion.

Das Entrichten der Grundsteuer durch die Bewohner einer Siedlung lässt sich als spezifische Kommunikation dem Teilsystem der städtischen Finanzen zuordnen. Es bedeutet nicht die Integration in nachbarschaftliche Beziehungen. Diese werden bspw. durch gegenseitige kommunikative Angebote, Hilfen und kleinere Feste vertieft und durch die Siedler bilanziert. Die Indikationsstellung, in einer Werkstatt für Behinderte zu arbeiten bedeutet nicht zwangsläufig, dass der Betroffene sozial intergriert ist. So beobachtet eine langjährige Anleiterin im Metallarbeitsbereich der Werkstatt die Zunahme an Konfliktpotenzial unter den Beschäftigten, weil zunehmend junge Menschen mit Motivationsproblemen in die Werkstatt kommen und die Beziehungsangebote seitens der Institution nur schwer annehmen können.

Die Person geht mit ihrer relevanten Umwelt identifikatorisch eine Bindung ein. Es bildet sich ein Zusammenhang der je nach den Bedingungen und Motivationen der Beteiligten kurzzeitig oder von Dauer bestehen kann.

„Aus der Perspektive der Individuen stellt sich jedoch der Zugriff der Teilsysteme auf sie als soziale Integration dar, die graduell abgestuft sein kann. Zugehörigkeit meint nur die prinzipielle Möglichkeit der Teilhabe und -nahme, entscheidend für die Individuen ist jedoch, welche Verwirklichungschancen und Ressourcen sie aus der Integration ziehen können. Diese sind nicht von ihrer sozialen Lage und ihren sozialen Erwartungen und Forderungen an die Teilsysteme zu trennen.

Damit wirkt sich soziale Differenzierung auf die Art und den Grad der sozialen Integration aus. Kurz: Aus der Perspektive der Individuen bedeutet Inklusion ein eher passives Geschehen, bei denen ihnen formale Zugangsrechte und -chancen zugestanden werden." (Barlösius 2004: 207)

Integration lässt sich in aktiver Co-Existenz zu Inklusion und Exklusion beobachten. Die Integration inkludierter Personen findet über Annäherung, gegenseitigen Respekt, gemeinschaftliche Wertorientierungen bei Wahrung der eigenen Identität und unter systemverbindlichen Zielstellungen statt. Exkludierte Personen können sich ebenfalls in Gemeinschaft wissen und verhalten, wenn ihre Lebenslagen vergleichbar sind. Integration ist hier eine mögliche Antwort auf die Dynamiken von Exklusion und Separierung.

Sowohl im Exklusions- als auch Inklusionsgeschehen (komplementär: Desintegration/Integration) koppeln sich soziale und psychische Systeme, wie in allen Kommunikationen, symbolisch. Personen werden zu Adressaten systemspezifischer Kommunikationen sozialer Systeme. (vgl. Simsa 2003: 110, Luhmann 1994: 192) Funktionssysteme beziehen sich explizit auf die funktionsrelevanten Merkmale der Gesamtbevölkerung und nutzen diese (vgl. Luhmann 1981: 27) „je nach Bedarf, nach Situationslage, nach funktional relevanten Fähigkeiten oder sonstigen Relevanzgesichtspunkten" (Luhmann 1980: 31). Aus dem semantischen Postulat der Vollinklusion (vgl. Luhmann 1997: 774) leitet Barlösius den Anspruch ab, dass keine Person von der Teilhabe an Teilsystemen ausgeschlossen sein darf. (vgl. Barlösius 2004: 189) Sie mahnt, dass in der modernen Gesellschaft darauf hinzuarbeiten ist, weniger zu exkludieren und Exklusionen aus Teilsystemen sachlich zu begründen. Das bedeutet für die aufnehmenden Systeme, sich gegenüber potenziellen Teilhabern zu öffnen und Zugangsbedingungen nicht nur am eigenen Bedarf zu orientieren, sondern auch auf die Bedürfnisse der Aufzunehmenden abzustimmen. Teilsysteme brauchen nicht zuletzt die exklusiven Beiträge der Personen zur Eigenirritation und damit zur Weiterentwicklung. Dem Systemkonflikt – Personen einzubeziehen/nicht einzubeziehen – steht der personale Konflikt – Begründung von Annahme/Ablehnung der zugerechneten Kommunikation gegenüber. Auf Seiten der Person geht es nicht um bloße Anpassung an das jeweilige Teilsystem, sondern um Öffnung der Persönlichkeit gegenüber den zu erwartenden Anforderungen bei Wahrung einer eigenen Identität. Kein System inkludiert die Person vollständig und jedes System bekommt (ob es nun für die Autopoiese relevant ist oder nicht) im Rahmen der Inklusion zusätzliche Informationen mitgeliefert, mit denen es beliebig verfahren kann. In der Moderne gibt es weder das Schloss im Sinne eines universellen Einschlusskriteriums noch den Generalschlüssel, der seitens der Person Zugang zu allen Systemen ermöglicht. Die Anschlussstellen werden jeweils durch die individuellen binären Codes beherrscht. Dennoch scheinen beide Bereiche, Inklusion und Integration, je nach Situation in unterschiedlichen Intensitäten aufeinander angewiesen zu sein.

Integration ist demnach die aktive Gestaltbarkeit der eigenen Rolle und die Anpassung der Person im Rahmen der möglichen Systemkommunikation. Sie ist damit mehr als technisch konforme Symbolik. In ihrem Qualitätsgehalt wird Integriertheit von den einzelnen Teilhabern ganz unterschiedlich wahrgenommen. Inklusion kann ein wesentliches Moment für Integration sein (bspw. Erwerbstätigkeit zur Selbstachtung). Und mit dem Ende der Inklusion ist in der Regel auch die Integration einer Person im jeweiligen System beendet. Da aber Integration möglicherweise die Funktion eines Schutzmechanismus vor dem Verlust von Kohärenz übernimmt, begegnet sie uns auf der Exklusionsseite wieder.

Auch im Vorgang der Exklusion (bspw. einer Behandelten aus der Rehabilitationsklinik) bleibt innerhalb des Systems nicht nichts zurück. Haltungen, Einstellungen, Neuerungen haben sich in spezifischer Weise festgesetzt, so wenig relevant sie auf den ersten Blick auch scheinen mögen. Und auf Seiten des Individuums kann der einzelne Ausschluss Potenziale freisetzen, die eine Inklusion in andere Funktionssysteme erst attraktiv erscheinen lassen. Inklusion/Exklusion und Integration treten an solchen Entscheidungspunkten in ein Spannungsverhältnis zueinander.

Wie lassen sich nun die beiden, zum einen analytisch, zum anderen empirisch besetzten Perspektiven Inklusion und soziale Integration in einem Modell vereinen?

Eine mögliche Lösung liegt darin, Integration und Inklusion unter dem Gesichtspunkt notwendiger Kopplungen zu beobachten und das Kopplungsmedium Sinn zugrunde zu legen. Dabei gibt es, wie oben festgestellt, das Problem, dass die Inklusion in einem Teilsystem nicht zwangsläufig die Integration der Person bedeutet. Wird vom einzelnen Funktionssystem auf die Gesamtheit der Gesellschaft bildenden Systeme gezoomt, so besteht die Integration einer Person aus deren inhaltlich erfahrener Verortung in den verschiedensten Teilsystemen. Es ist also nicht das eine System, das über den Grad der Integration der Person in der sozialen Gemeinschaft entscheidet. Die Katamnese Sucht befragt ehemalige Patienten zu Differenzerfahrungen und bezüglich ihrer Zufriedenheit. Der Indikator *Zufriedenheit* hinsichtlich der beruflichen Situation, Partnerschaft, Freunden, Freizeit und Gesundheit bildet die personale Seite der Integration als individuelle Interpretation der jeweiligen Lebenssituation und vor dem Hintergrund der Vorher/Nachher-Differenz ab. Die Interpretation der „gefühlten" sozialen Zufriedenheit kann im Einzelfall deutlich von den gesellschaftlich erwarteten Normen abweichen. Normative Elemente wie Leistungsorientierung beeinflussen Behandlungsrichtlinien und Zielstellungen für Alkoholabhängige. Die Behandlung hat sich dann gelohnt, wenn der Betroffene wieder erwerbstätig wird und in die Rentenkasse einzahlt. Die Einbindung in krankheitsspezifische Selbsthilfegruppen, Suchtberatungsstellen und andere Formen der Nachsorge könnte dann als Sicherung dieser Zielstellung auf der systemischen Seite bilanziert werden. Das Integrationsmoment auf Seiten der Person und die Inkludierung der Person in systemspezifische Kommunikationen sind durch Sinndimensionen miteinander verbunden. Dabei dominiert der sachliche Sinn auf Seiten der Systeme. In der Firma steht das Produkt oder die Dienstleistung im Fokus des Interesses. Auf Seiten der Person ist die Fokussierung sozialen Sinns zu erwarten. Sowohl die sachliche, zeitliche als auch soziale Sinndimension werden im Vorgang der Inklusion deutlich. Sie treten analytisch auseinander, bilden aber in der Realität eine Einheit. Auf der Basis von Sinn verständigen sich System und Person. Obwohl beide für sich gesehen in sich abgeschlossene Einheiten mit autopoietischer Reproduktion ihrer wesentlichen Merkmale und Elemente bilden, sind ihre wechselhaften Bezüge zum Fortbestand von Kommunikation unabdingbar. Insofern bilden Inklusion und Integration, zum einen als Einschluss-/Ausschlusskriterium, zum anderen als inhaltlich qualitative Verortung die beiden Seiten der Verankerung der Person in der Gesellschaft. Inklusion bildet hierbei die äußere Seite der Verortung und Integration die inhaltliche. Je nachdem, welche Operationsweisen aneinanderknüpfen, welche Ziele mit Ein- und Auschluss verbunden sind und wo sich die einzelne Person verortet, treten Inklusion und Integration zueinander in ein Spannungs- oder/und Bedingungsgefüge.

Rückkehrer benötigen Inklusionschancen in Teilsysteme. Diese werden formal zugesichert. „Die Inklusionsmechanismen der Teilsysteme richten sich an alle Individuen auf die gleiche Art und Weise. Sie treffen aber auf Individuen, die mit ungleichen Chancen starten, weshalb die den Inklusionsmechanismen innewohnende Legitimationsformel ‚gleiche Adressierung an alle' ganz unterschiedliche Effekte erzielt, nämlich lebenslagenspezifische Benachteiligungen und Bevorzugungen." (Barlösius 2004: 201) Die äußere Seite der Rückkehr wird im nächsten Kapitel hinterfragt, die inhaltliche Seite der Verortung wird im Kapitel 10.3. genauer untersucht. Beide Seiten werden zwar getrennt dargestellt, bilden aber eine innere Einheit.

10.2 Abhängigkeitskranke aus- und eingeschlossen

10.2.1 Sucht und Gefangenschaft – eine Analogie

Abhängigkeitskranke assoziieren ihre Sucht häufig mit Gefangenschaft. Darüber hinaus machen sie oft die Erfahrung, dass mit dem Ausstieg aus der Sucht nicht zugleich die volle Anerkennung ihrer Person einhergeht. Sie erleben Stigmatisierungen und haben Schwierigkeiten, auf eine angemessene und konstruktive Weise damit umzugehen. Der 16-jährige Arthur Schopenhauer beschreibt 1804 auf einer seiner Reisen Zwangsarbeiter des Arsenal de Toulon, einem der berüchtigsten Orte für Galeerensträflinge. In den so genannten Bagnos (vergleichbar deutschen Zuchthäusern) wurden nicht nur kriminell auffällige, sondern auch politisch missliebige Personen jahrelang gefangen gehalten. Der folgende Text soll die Schwierigkeiten von Reintegration und Reinklusion dieser Gefangenen verdeutlichen und so auch als bildhafte Vorlage zum Verständnis der Situation von Abhängigkeitserkrankungen betroffener Menschen dienen:

„In die Stadt darf kein Forcat (Zwangsarbeiter) kommen. […] Die dritte Klasse, die der schwersten Verbrecher, ist an die Bänke der Galeere geschmiedet, die sie gar nicht verläßt: diese beschäftigen sich mit solchen Arbeiten, die sie im Sitzen verrichten können. Das Loos dieser Unglücklichen halte ich für bey weitem schrecklicher, wie Todes-Strafen. Die Galeeren, die ich von außen gesehen habe, scheinen der schmutzigste ekelhafteste Aufenthalt der sich dencken läßt. Die Galeeren gehen nicht mehr zur See: es sind alte kondemnirte Schiffe. Das Lager der Forcats ist die Bank an die sie gekettet sind. Ihre Nahrung (ist) bloß Wasser und Brod: u. ich begreife nicht wie sie, ohne eine kräftigere Nahrung u. von Kummer verzehrt, bey der starcken Arbeit nicht eher unterliegen; denn während ihrer Sklaverey werden sie ganz wie Lastthiere behandelt: es ist schrecklich wenn man es bedenckt, daß das Leben dieser elenden Galeeren-Sklaven, was viel sagen will, ganz freudlos ist: u. bey denen, deren Leiden auch nach fünf und zwanzig Jahren kein Ziel gesetzt ist, auch ganz hoffnungslos: läßt sich eine schrecklichere Empfindung dencken, wie die eines Unglücklichen, während er an die Bank in der finsteren Galeere geschmiedet wird, von der ihn nichts wie der Tod mehr trennen kann! – Manchem wird sein Leiden wohl noch durch die unzertrennliche Gesellschaft dessen erschwert, der mit ihm an eine Kette geschmiedet ist. Und wenn dann nun endlich der Zeitpunkt herangekommen ist, den er, seit zehn od. zwölf Jahren, od., was selten kommt, zwanzig ewig langen Jahren, täglich mit verzweifelnden Seufzern herbeywünschte: das Ende der Sklaverei: was soll er werden? (Er) kommt in eine Welt zurück, für die er seit zehn Jahren todt war: die Aussichten die er vielleicht hatte, als er zehn Jahre jünger war, sind verschwunden: keiner will den zu sich nehmen, der von der Galeere kommt: u. zehn Jahre Strafe haben ihn vom Augenblick des Verbrechens nicht reingewaschen. Er muß zum zweyten Mal ein Verbrecher werden..." (Schopenhauer, zit. n. Sloterdijk/ Safranski: Schopenhauer 1998: 62)

Schopenhauers Schilderung über das Leben der Gefangenen von Toulon ist sehr berührend und sie enthält Bilder, die sich auf die Dramatik der Suchterkrankung und die Rückkehr von Menschen aus den Untiefen ihrer Abhängigkeit übertragen lassen. Das geschmiedet(e) Sein an die Bank der Suchtmittel, an die unaufgearbeitete eigene Geschichte, die Unsicherheit darüber, wie denn eine Zukunft ohne Alkohol zu gestalten ist, sind Realitäten im Leben vieler Menschen mit einer Abhängigkeitserkrankung. Aus dieser Parallelwelt sollen Patienten mithilfe der verschiedenen Möglichkeiten der Rehabilitation, Adaption und unter Inanspruchnahme der vorgestellten spezifischen sozialpädagogischen Intervention in die Normalität des Alltags begleitet werden.

In der Schilderung der Gefangenen im Arsenal de Toulon ist zu lesen von ‚schmutzigen Orten', unnatürlichen Haltungen, von Notgemeinschaften und scheinbarer Ausweglosigkeit, besonders aber von der verweigerten Heimkehr in die Normalität. Schopenhauer beschreibt die Galeeren als ‚schmutzige Orte', Schiffe, die nicht mehr zur See gehen – sie sind ihrer eigentlichen Bestimmung verlustig gegangen. Es lässt sich bildhaft ein Bezug zwischen den beschriebenen Schiffen und den persönlichen Ausrichtungen abhängigkeitskranker Personen herstellen. Sucht ist kein alternativer Lebensstil. Sie ist in den seltensten Fällen mit Anerkennung für einen gesellschaftlichen Ausstieg verbunden. Und sie macht Menschen, wie im folgenden Interviewausschnitt beschrieben, zu körperlichen, seelischen und sozialen Wracks.

‚Und ich habe dann ooch sehr viel zu Hause getrunkn. Nja und dann kam ja das. Magen. Nischt vertragen drei Tage. Und das zog sich dann naus, die Asozialität. Dann warens nicht mehr zwei Tage, dann wars mal ne Woche, 14 Tage. Ab und zu kam der Bereichsleiter, holte een mal off Arbeit. Dann is mal wieder ne Weile gegangn.' (Z.125f M)

Nicht nur die persönlichen Ausrichtungen scheinen wie die ausgemusterten Schiffe der Bewegungslosigkeit unterworfen. Das Hineingehen des Menschen in seine Abhängigkeit vom Suchtmittel lässt sich mit den äußeren Merkmalen der Galeerensklaven und ihren Abstufungen der persönlichen Würde vergleichen. Während anfänglich Makel des Missbrauchs wie eiserne Fußringe beobachtet werden können, tritt später zunehmend die Ohnmacht der an ihre Abhängigkeit geketteten Personen zutage. Familiäre Systeme, Partnerschaften, Mutter-Sohn-Symbiosen werden zu Notgemeinschaften und die Ketten, die beide, den Protagonisten seines Suchtfilms und sein engstes co-abhängiges Umfeld als Komparsen an die Bank der Sucht binden, scheuern bei jeder Bewegung des Einen die Wunden der Anderen wieder auf. Das Eingeschlossensein in solche Systeme manifestiert sich über eigene Semantiken und funktionale Rollenzuweisungen (Opfer/Nörgler/ Versorger etc.). Von der Psychoanalytikerin Melanie Klein (1882-1960) stammt der Begriff der *projektiven Identifikation*. Dieser erklärt mögliche Abwehrmechanismen, bei denen Teile des Selbsterlebens einer Person abgespalten, auf andere Personen übertragen und schließlich ihrem Selbst zugerechnet werden. Auf diese Weise werden Schuldgefühle, die sich aus dem Konflikt der Beibehaltung oder Beendigung einer Kommunikation ergeben, von Systemteilnehmern auf den Süchtigen oder umgekehrt übertragen. Dort führen sie zu Problemleugnung, bestimmten Formen co-abhängigen Verhaltens, Schuldzuweisung usw.
Aus der Sicht besonderer psychosozialer Arrangements beschreibt der Psychoanalytiker Stavros Mentzos das Phänomen der institutionalisierten Abwehr. Seinen Beobachtungen zufolge „gibt es Abwehrkonstella-

tionen [...] bei denen soziale Rollensysteme und Institutionen maßgebend sind und deren Abwehrfunktion einen wichtigen Bestandteil der Struktur des betreffenden sozialen Systems ausmacht". (Mentzos 1994: 79) Abwehr entsteht als interaktionelles Geschehen und sie scheint sich (mindestens teilweise) als eine schleichende Veränderung der Funktion in sozialen Systemen niederzuschlagen. Mentzos schildert bspw. die traditionelle Form des Weihnachtsfestes als Gemeinschaftserlebnis der Freude, des Gebens und Erhaltens. Zugleich lenkt er den Blick auf das unter dem Weihnachtsfrieden liegende Geflecht aus Erwartungen, Enttäuschungen und aggresiven Handlungen. Es sollen in dieser Arbeit nicht soziale Systeme mit psychoanalytischen Ableitungen erklärt werden. Sie gehorchen ihren Eigengesetzlichkeiten, die kommunikativ transportiert werden und haben keinen direkten Einfluss auf die Umwelt der beteiligten Psyche. Sie dienen auch nicht primär der Erfüllung „neurotischer Bedürfnisse", sondern folgen sachbezogenen Funktionen. Bezogen auf die Zusammenhänge der vorliegenden Forschungsarbeit geht es darum, herauszufinden, was bspw. dazu beiträgt, die Grenzen des Erträglichen im Zusammensein mit suchtkranken Menschen in einem sozialen Zusammenhang (Familie, Partnerschaft) bis zur völligen Selbstaufgabe (Co-Abhängigkeit) auszudehnen und was daran abgearbeitet wird. Das Modell der institutionalisierten Abwehr bietet einen möglichen Erklärungsansatz dafür, Exklusionen aufzuschieben und ‚Notgemeinschaften' zu ertragen. So könnte die partnerschaftlich erlebte Trennungsangst durch soziale Bindung abgewehrt werden. Die Angst vor der Depotenzierung, mit dem Trinkverhalten des Partners nicht abgrenzend umgehen zu können, führt in der Abwehr möglicherweise zur autoritären Kontrolle, die ihrerseits wiederum weitere Formen der Abwehr im System erzeugt. Dem für sein handwerkliches Geschick bekannten Maurer wird sein tägliches Quantum Alkohol an seinem Arbeitsplatz nachgesehen, aus der Angst heraus, den Großauftrag nicht erfüllen zu können und weitere Aufträge zu verlieren. Insofern ist der Betroffene nicht nur der Gefangene seiner Sucht, sondern in mancher Hinsicht auch der Gefangene der interaktionell entstandenen Abwehrstrategien seiner Bezugssysteme.

Im Suchtgeschehen entstehen von außen betrachtet destruktive Verhaltensweisen, die einer systeminternen Logik folgen. Die Erfüllung von Grundbedürfnissen wie ausreichender Nahrung, genügend Schlaf und sozialer Gemeinschaft werden bis an die Grenzen ihrer Rationierungsmöglichkeiten komprimiert. Der junge Schopenhauer ist erstaunt, wie die Gefangenen von dem kargen Brot ihre Arbeiten verrichten können und entdeckt dabei den Willen als Drang zur Selbstbehauptung. Trotz aller destruktiven Verhaltensweisen scheinen viele Suchtkranke über diesen Drang zur Selbstbehauptung zu verfügen. Die innere Motivation, dem Leiden und Geschundensein zum Trotz weiterzumachen, könnte eine mögliche Grundlage zur Exklusion aus den pathologisierten Systemen heraus sein.

Nach einer zweiten Auszeit – die erste bestimmt sich über die Suchtentwicklung; eine zweite über die Behandlung der Folgen – kehren Suchtkranke wie Fremde in ein ihnen fremd gewordenes Land heim. Diese Entfremdung wird in vielfältigen sozialen, sachlichen und zeitlichen Bezügen spürbar und sie ist mit Unsicherheiten in Bezug auf die Ausrichtung des eigenen Lebens der Betroffenen verbunden. „Keiner will den zu sich nehmen, der von der Galeere kommt: und zehn Jahre Strafe haben ihn von dem Verbrechen des Augenblicks nicht reingewaschen. Er muß zum zweyten Mal ein Verbrecher werden, und endet am Hoch-Gericht." (Safranski 1995: 62f) Lassen sich Suchtkranke mit Verbrechern in Bezug setzen? Es ist deutlich darauf hinzuweisen, dass dieser Bezug sich ausschließlich auf die Erfahrung der Ausgrenzung stützen kann. Schopenhauers Wahrnehmung, dass die einmal stigmatisierten Personen wieder rückfällig werden können, wenn nicht der Wille zur veränderten Lebensführung auf eine inklusionsbereite Gesellschaft trifft, lässt sich eins zu eins auf die Erfahrung von abhängigkeitskranken Menschen übertragen.

Exklusionen und Desintegrationen aus einzelnen sozialen Zusammenhängen waren Begleiterscheinung und Folge, in Einzelfällen auch Anlass einer voranschreitenden Abhängigkeitserkrankung. Demgegenüber traten Formen der organisierten Interaktion, bspw. die Wahrnehmung einer Reihe von Gesprächen in einer Suchtberatungsstelle zeitweise in den Vordergrund. Systeme organisierter Hilfe, Gesundheit, Justiz u.a. inkludierten in ihren jeweils spezifischen Kommunikationen. Entgiftungen als Akutbehandlungen wurden in Anspruch genommen und Rehabilitationsbehandlungen absolviert. Die Einbeziehung abhängigkeitskranker Personen in diese Systeme ist sowohl einmalig als auch zyklisch (bei Schaffung der gleichen Voraussetzungen im Sinne der Wiederkehr süchtiger, eigen- und fremdgefährdender Verhaltensmuster) möglich.

Am Ende einer Behandlungskette und der bevorstehenden Exklusion aus einem spezifischen Hilfesystem tut sich eine Kluft auf. Es ist eine Kluft zwischen den Erwartungen des Suchtkranken an seine Umwelt, ihm ein Leben in Abstinenz zu ermöglichen und den Erwartungen der ihn umgebenden Gesellschaft, sich den alltäglichen Anforderungen anzupassen, ohne dass sie Abstriche von ihren Rechten auf Freizügigkeit machen muss.

Bezogen auf die in der Forschungsarbeit untersuchte Zielgruppe wird Inklusion/Integration unter dem Blickwinkel einer Rückkehr in die Fremde – Abhängigkeitskranke zwischen Klinik und Alltag, betrachtet.

Eine Annäherung an diese Beobachtung soll in zwei Schritten erfolgen. Im ersten Schritt geht es um die Zielgesellschaft der Rückkehrer, im zweiten, darum, wann Rückkehr beginnt und welche Dynamiken dabei eine Rolle spielen.

10.2.2 Rückkehr in die Fremde – Abhängigkeitskranke zwischen Klinik und Alltag

a.) Die Zielgesellschaft der „Rückkehrer"

B beschreibt, welche Gemeinschaft für ihn in der Zeit des Trinkens Bedeutung hatte, deren eigene Sprache und dass er

‚nur mit Alkoholikern da Umgang wollte. Da gabs ja eigentlich niscsht zu besprechen außer dem Thema, wo kriegn wir n jetzt ‚Brühe' her. Was anders gar ni.' Z.150f Kat.Int. B.

Einen weiteren Verbleib in diesem System verbindet B nach der Entwöhnungsbehandlung mit einem erheblichen Rückfallrisiko.

‚Ich schätze für mich ein, wär ich in mei altes Umfeld zurückgemacht, dann hätte das ni geklappt. ' Z.80 Kat.Int B.

Eine Rückkehr erfolgt in Bereiche der Alltagsbewältigung, in soziale Beziehungen und, wo es möglich ist, in die Erwerbstätigkeit. Ist dies aus verschiedenen Gründen nicht möglich, geht es um die Sicherung der weiteren Existenz bzw. um Teilhabe an der Gemeinschaft.

<u>Alltag</u>

Die Rückkehr in den Alltag bedeutet für Menschen mit manifester Suchterkrankung von vornherein Selektionszwang. Wird beim Einkauf die Worchestersoße mit ihrem Likörwein-Anteil als abstinenzgefährdend/nicht gefährdend eingestuft? Wie soll er sich verhalten wenn auf einer Geburtstagsfeier seiner Angehörigen Alkohol getrunken wird? Welches Maß an Rücksicht kann erwartet bzw. eingefordert werden und ist gegenüber anderen Menschen zu erbringen? Wie verhalten sich potenzielle Arbeitgeber, wenn sie erfahren, dass die Lücken im beruflichen Lebenslauf aus den Folgen der Suchtentwicklung resultieren? Alltägliche Belange werden symbolisch gekoppelt in suchtrelevante Ereignisse transformiert und auf ganz unterschiedliche Weise beantwortet. So kann für die eine Person der Gang zur Tanzveranstaltung ohne jeden Suchtdruck erfolgen und Vergnügen bereiten, während ein anderer den Gang in die Stadt meidet, um sich nicht unkalkulierbaren Risiken auszusetzen.

Soziale Beziehungen

Ein Ergebnis von Entwöhnungsbehandlung und nachfolgenden Schritten kann die Rückkehr des Behandelten in familiale Zusammenhänge sein. Angehörige, zu denen die Beziehung aus verschiedensten Gründen unterbrochen war, rücken jetzt wieder in den Vordergrund und werden teilweise zu Reflektoren einer gelungenen Reintegration der Betroffenen. In anderen Fällen ist gerade die Entbindung aus familialen Abhängigkeitsverhältnissen (Hotel Mama) wichtig, um Veränderungen dauerhaft stabilisieren zu können und ein Leben in relativer Selbstbestimmtheit zu führen.

Erwerbstätigkeit

Bezogen auf die in dieser Forschungsarbeit beschriebene Gruppe von Abhängigkeitskranken lässt sich feststellen, dass eine Rückkehr in das Erwerbsleben nicht unproblematisch ist. Auf Seiten der betroffenen Personen summieren sich Arbeitslosenzeiten und die sich aus dem fortgesetzten Konsum schädlicher psychoaktiver Substanzen ergebenden psychischen und medizinischen Folgen. Das Interesse auf Seiten des Wirtschaftssystems richtet sich auf die spezifische Leistungsfähigkeit und den Wert der potenziell zu inkludierenden Personen. Deren Wert bestimmt sich über Qualifikation, Verfügbarkeit, Austauschbarkeit usw. Die Maßnahmen zur Unterstützung von Personen bzgl. einer Inklusion in das System der Erwerbsarbeit sind vielfältig. Allerdings ist dies weniger das Verdienst einer humanistisch ausgerichteten Firmenpolitik als vielmehr Produkt des gesellschaftlichen Umgangs mit den selbst geschaffenen Risiken. Arbeit gilt als eine sich verknappende Ressource. So sind die Maßnahmen zur Wiedereingliederung neben der berufsspezifischen Vorbereitung vermehrt darauf ausgerichtet, Personen anpassungsfähig an einen in seiner Entwicklung schwer vorherzubestimmenden Arbeitsmarkt zu machen. Für den beschriebenen Personenkreis bedeutet der Wandel des Arbeitsmarktes (sicher/unsicher), der Wandel der Bildungsfunktion (reale Anforderungen/Überbrückung) sowie die Arbeitslosigkeit als existenzielles Problem ein erhöhtes Risiko, zu scheitern.

Aus Sicht der Inklusion unterstützenden Einrichtung (Entwöhnungsbehandlung, Adaption, spezifische Intervention) ist ein Prozess der Rückkehr in den Alltag dann als größter Erfolg des Biografen zu werten, wenn die behandelte und begleitete Person über das Maß einer passiven Inklusionshinnahme hinaus zur aktiven und gestaltenden Adresse wird – und nicht zu einem toten Briefkasten verkommt. Das verlangt ein hohes Maß an Kompetenz, an wieder entdecktem Anspruch und Realitätssinn. Zugleich benötigt es eine Gesellschaft, die über das bloße Postulat der Vollinklusion hinaus praktische Inklusion anbietet und vollzieht.

b.) Wann beginnt Rückkehr? – Barrieren und Chancen

Ein möglicher erster Schritt der Rückkehr von Abhängigkeitskranken in die Unabhängigkeit ist die Annahme des Angebotes niederschwelliger Zugänge zu Suchtberatungsstellen oder ähnlichen formalen Organisationen. Obwohl die Niederschwelligkeit postuliert ist, bedeutet es dennoch für den Betroffenen, eine Schwelle zu überschreiten.

Der Motivierte entscheidet sich zu einer Entgiftung, die ihn in das Gesundheitssystem inkludiert. Die integrative Einordnung in den Kontext der Behandlung geschieht graduell. Das bedeutet, Motivation, gruppendynamische Prozesse, professionelle und individuelle Identität der Behandler und der Behandelten tragen dazu bei, wie intensiv die Verortung im jeweiligen System stattfindet. In der Gemeinschaft mit anderen Patienten, in Gesprächen und Reflexionen entscheidet sich der Patient zur Aufnahme einer Entwöhnungsbehandlung. Deren Ziel ist die Rehabilitation und Wiederherstellung der Erwerbsfähigkeit. Kopplungen zwischen Gesundheitssystem und Recht schaffen die Basis für die Behandlungswürdigkeit der Abhängigkeitserkrankung. 1968 erkennt das Bundessozialgericht Alkoholismus als Krankheit im Sinne der Reichsversicherungsordnung an. Andere Kopplungen (zwischen Gesundheitssystem und Wirtschaftssystem) ermöglichen den Betroffenen (bspw. durch Realitätsprüfungen im Rahmen berufsspezifischer Praktika während der Entwöhnungsbehandlung oder der Adaption) die Schaffung von Voraussetzungen zur Reinklusion in das Erwerbsleben.

Im Rahmen der Entwöhnungsbehandlung wird die Gemeinschaft mit anderen vom gleichen Krankheitsbild betroffenen Individuen als förderlich erlebt. In dieser Phase spielen aber auch innere Barrieren wie Scham und Abwehr bei der Aufarbeitung der eigenen Geschichte eine nicht unerhebliche Rolle. Sowohl die akute als auch die postakute Behandlung sind Orte temporärer Inklusion. Sie bieten Felder der Auseinandersetzung und der Sicherheit. Zugleich verstärkt das sich im Verlauf der Entwöhnungsbehandlung wieder bildende Bewusstsein sozialer Ungleichheit den Reintegrationsdruck auf das Individuum.

Der Exklusion aus dem klinischen Kontext folgt im Idealfall eine Rückkehr in die Vielfalt alltäglicher Beziehungen und Bezüge. In einem weiteren Idealfall wird diese Rückkehr durch Inklusionen in entsprechende Funktionssysteme begleitet. Der junge Erwachsene, der mehrere Ausbildungen abgebrochen hat, beginnt eine Lehre und bringt diese erfolgreich zum Ende. Die seit Jahren arbeitslose Verkäuferin findet Arbeit und Anerkennung, sie baut eine neue Partnerschaft auf und nimmt wieder am politischen und kulturellen Leben teil. Ein anderer holt in der Abendschule die zehnte Klasse als Voraussetzung besserer Karriere-Chancen nach. Einige schildern die Wiedererlangung des Führerscheines und den Erwerb eines Gebrauchtwagens. Die Frau, die kurz vor dem Ende ihrer Arbeitslaufbahn steht, setzt sich mit Lebens- und Generationsfragen auseinander und nimmt bewusst den Platz der Großmutter in ihrer Familie ein. Für sie ist es wichtig, die ihr bleibenden Jahre der Abstinenz für sich selbst, ihre Kinder und ihre Enkel als Ansprechstation zu nutzen. Einen Rückkehrer ohne soziale Einbindungsmöglichkeit begleitet die Angst vor dem Identitätsverlust. Die soziale Bezugsgruppe am Supermarkt mit der er gemeinschaftlich diese Angst abwehren und ein Gruppenidentität herstellen konnte, kann nach einer Entwöhnungsbehandlung diesem Zweck nicht mehr dienen. So bleibt ihm häufig nur der Umweg über institutionalisierte Formen der sozialen Einbindungen, bezogen auf seine Krankheit und solange, bis es ihm gelingt, sich sozial neu zu beheimaten.

Übergänge sind für Abhängigkeitskranke als wichtige Akklimatisierungszeiträume zu verstehen, in denen sie sich wieder mit Normen und Gegebenheiten des Alltags vertraut machen, ihre Unsicherheiten ablegen und ihre persönlich erfahrbare Sozialdimension wieder aufzuweiten. Soziale Arbeit leistet, sowohl während der klinischen Behandlung als auch in der konkreten Phase des Übergangs in den eigen verantworteten Alltag Unterstützung. Diese reicht von der Organisation von Hilfen für Wohnungseinrichtung, Geldangelegenheiten, Benennung von Anknüpfungspunkten wie Suchtberatungsstellen, Empfehlung von Nachsorgeeinrichtungen bis hin zu Hilfestellungen, wenn der Betroffene seine berechtigten Ansprüche auf Wiederübernahme von Verantwortung nicht aus eigener Kraft gegenüber entsprechenden Funktionssystemen durchsetzen kann.

10.3 Von der komplementären Struktur Integration/Inklusion zur Dynamik integrativer Funktionen und Inklusion

10.3.1 Das integrierte positive Selbst

Bis jetzt wurden die Begriffe Integration und Inklusion konkurrierend und komplementär unter dem Gesichtspunkt der Rückkehr suchtkranker Menschen in den selbstverantworteten Alltag betrachtet. In diesem Kapitel soll die Kopplung von Integration und Inklusion als dynamischer psychosozialer Prozess dargestellt werden. Der Begriff der Integration soll nunmehr zusätzlich als ein spezifisches Geschehen in psychischen Systemen verstanden werden. Aus diesem Grund werden Anleihen aus den Bereichen der Objektbeziehungstheorie und der Ich-Psychologie aufgenommen, wohl wissend, diese Bereiche im Kontext der Forschungsarbeit nicht erschöpfend ausloten zu können. Die Implementierung dieser Theorieanteile soll dazu dienen, den Zusammenhang zwischen inneren und äußeren Prozessen und Operationen der Person und relevanten Umwelten hinsichtlich ihrer Integration und Inklusion vertiefend einzuordnen. Darüberhinaus soll deutlich werden, welche Kompatibilität Systemtheorie hinsichtlich der in der psychotherapeutisch und tiefenpsychologisch orientierten Behandlung Suchtkranker zur Anwendung gelangenden Theorien besitzt. Die durch dieses Kapitel begleitende Fragestellung soll lauten: Auf welche Weise lassen sich systemtheoretische und objektbeziehungs-theoretische Anteile zum Verständnis der Prozesse im Bewusstsein einer abhängigkeitskranken Person und ihrer relevanten Umwelten in Bezug auf Integration und Inklusion in Einklang und in einen Erklärungszusammenhang bringen?

Jede Person verfügt über eine einzigartige Vorstellung ihres Selbst. Dieses wird in psychodynamischen Prozessen und im Austausch mit sozialen Systemen erworben und integriert. Die Objektbeziehungstheorie (Fairbain, Winnicott, Kernberg) ist ein Konstrukt der jüngeren psychoanalytischen Theorien. Sie erklärt durch ihre Analyse der Mechaniken bestimmter Selbst-Funktionen die Entwicklung und Komplexität von Identität. Vom Augenblick der Geburt an werden Beziehungen gebildet und in ihrem emotionalen Gehalt verinnerlicht. „Diese grundlegenden affektiven Erinnerungen enthalten die Repräsentationen des Selbst, die Repräsentationen des anderen – in der Objektbeziehungstheorie als Objekte bezeichnet – und den dominanten Affekt, der sie verbindet. Es gibt viele dieser Doppelstrukturen von Selbst- und Objekt-Repräsentanzen, die sich konsolidieren. Alle Selbst-Repräsentationen werden schließlich zu einem integrierten Selbst zusammengefügt. Und dieses integrierte Selbst entspricht praktisch dem ‚Ich', dem kategorischen ‚Ich' oder kategorischen Selbst der Philosophen." (Bridle 2000: 130) Ein sich in dieser Weise entwickelndes Selbst tritt als Adressat und über seine mentalen Repräsentanzen in Austauschprozesse mit seiner Umwelt, sprich sozialen Systemen ein.

Nach dem Psychoanalytiker Otto F. Kernberg lassen sich Aspekte des Trieberlebens bzw. der Neugier, Stabilität, Selbst- und Objektrepräsentanzen einem psychodynamischen Modell des Selbst eines Individuums zuordnen.

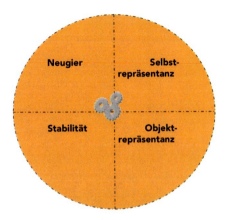

Abbildung 14: Psychodynamik des Selbst

Die individuellen Gewichtungen und Kombinationen der angeführten Aspekte bzw. ihrer Relationierungen im psychischen System bedingen die Unverwechselbarkeit und Identität einer Person.

„Selbstrepräsentanzen entsprechen guten und schlechten Kind-Selbstbildern, die Objektrepräsentanzen guten und schlechten Eltern-Objekt-Bildern. Die Repräsentanzen zwischen beiden umfassen Gefühle und Affekte, Wünsche, Erwartungen und Verhaltensweisen, die zum großen Teil unbewusst geworden sind. Innere Objektbeziehungen sind so strukturiert, dass dem Selbst und dem Objekt eine bestimmte Rolle in einem Interaktionsverlauf zugewiesen wird. (Sandler u. Sandler 1978) Innere Objektbeziehungen haben die Tendenz, die jeweiligen Rollenbeziehungen zu aktualisieren. Die gegenwärtigen äußeren Objektbeziehungen stellen, so betrachtet, also das Ergebnis der Aktualisierung einer inneren Objektbeziehung dar." (Wöller/Kruse 2002: 128)

Frühe Störungen in der Selbst- und Objektbeziehungsentwicklung generieren nicht zwingend eine Fehl- bzw. abweichende Entwicklung im Sinne von Abhängigkeitserkrankungen. Allerdings ist es schwierig, gegen einmal internalisierte Erfahrungen und Reaktionsmuster – so genannte Erinnerungsspuren an frühe Objekte, an die Interaktion des Kindes mit dem Objekt (bspw. Interaktion Kind/Mutter) und an die mit der Interaktion verbundenen Gefühle – neue Erfahrungen zu setzen, bewusst anders zu ent- und zu unterscheiden. Nach Schafer (1968) ist Internalisierung der Vorgang, durch den die Person reale oder phantasierte regulierende Interaktionen mit der Umwelt und reale oder phantasierte Eigenschaften der Umwelt in innere Regulationen und Eigenschaften umwandelt.

Mertens (1996) beschreibt unter der Überschrift *Das falsche Selbst* eine entwicklungspsychologische Tendenz bestimmter Kinder, nicht authente Persönlichkeiten und Beziehungen entwickeln zu können. Diese resultiere u.a. aus einer bestimmten Form der frühzeitigen Anpassung des Kindes an die gespürten elterlichen Bedürfnisse. „Wenn dies auf Kosten der eigenen kindlichen Gefühle, wie Zorn, Empörung, Verzweiflung, Neid oder Angst geht, die von kränkbaren, autoritären oder gefühlsstumpfen Eltern nicht wahrgenommen oder unterdrückt werden, resultiert daraus im späteren Leben eine emotionale Verunsicherung und Verarmung." (Mertens 1981: 198) Mertens schlussfolgert, dass ein Fehlen der basalen Grundfertigkeit, Gefühle und Empfindungen erleben und adäquat verarbeiten zu können, auch im späteren Leben „Anpassungs- und Wartestellung(en)" (ebd) generiert. Bei solchen Erscheinungen wird die Welt durch die Brille des binären Codes Vertrauen/Misstrauen beobachtet und mit der bezeichneten Seite des Misstrauens weiter operiert. Eine aus der Angst, Erwartungen der Umwelt nicht erfüllen zu können, entstehende Unterwerfung und Anpassung kann dann unter Umständen durch den Gebrauch von Suchtmitteln kompensiert werden.

Psychotherapeutisch bzw. tiefenpsychologisch orientierte Entwöhnungsbehandlungen agieren im Rahmen der Konzepte mit Ich-psychologischem und Objetbeziehungstheoretischem Hintergrund. Sie operieren mit einem daraus resultierenden Krankheitsverständnis und bestimmten Störungsmodellen hinsichtlich der Persönlichkeitsentwicklung. Das methodologische Vorgehen innerhalb der Behandlung hängt von den zum Suchtverhalten führenden diagnostizierten Gründen ab. Wöller (2007) beschreibt drei mögliche Gründe: ein regulatorisches Versagen einer Konfliktproblematik, ein Ich-strukturelles Defizit oder eine psychische Traumatisierung. (vgl. Wöller, W. In:Bilitza 2007: 91) Im Rahmen von Gruppenpsychotherapie und Einzelgesprächen kann die einzelne Person sich ihrer bis dahin möglichen unbewussten Konflikte bewusst werden und lernen, ihr Verhalten und Erleben zu reflektieren und angemessen zu Situationen zu regulieren. Klarifizierungen und eine kontrollierte Konfrontation mit den zugrunde liegenden Schwierigkeiten sollen den Betreffenden in die Lage versetzen, einen Realitätsbezug herzustellen und zur Herstellung einer Grundstabilität im Selbst zu gelangen.

Die Objektbeziehungstheorie ermöglicht es, bestimmte Entwicklungen der Selbst-Organisation zuzuordnen und Störungsmuster zu erkennen. Dabei geht es nicht um eine Etikettierung der abhängigkeitskranken und in der Regel in ihrem Selbst erschütterten Personen. Vielmehr kann ein Mensch, der eine Vorstellung von dem hat, woran er leidet, seinem Leiden auf eine andere und konstruktivere Weise begegnen als einer, der die Phänomene seines Verhaltens und Erlebens nicht zuzuordnen vermag. In der Praxis der Begleitung abhängigkeitskranker Menschen wird deutlich, dass ein Agieren der Betroffenen wie oben beschrieben, einen Idealzustand markiert. Das folgende Beispiel soll verdeutlichen, dass eine diagnostische Zuordnung zwar helfen kann, Erleben und Verhalten einer Person einzuordnen, aber dieses Wissen keine Erfolgsgarantie im Sinne der Heilung von einem Leiden darstellt.

> *E* bleibt nach Adaption und narrativer Intervention fünf Jahre abstinent. Er weiß um seine Selbstkonstruktionen, löst aber seine persönlichen Grenzen letztendlich in einer Arbeit mit anderen noch konsumierenden Suchtkranken und in seinem Machtempfinden auf. Die Krise gipfelt in einem Rückfall. In einer sich anschließenden Therapie ist *E* nicht in der Lage, seine Situation zu realisieren und beruft sich auf die Zeit seiner Abstinenz und persönlichen Stärke. Es gelingt ihm in der folgenden Anschlussbehandlung nicht, das Wissen um seine Selbstkonstruktion angemessen in praktisches Handeln umzusetzen und sich erneut auf eine therapeutische Beziehung einzulassen. Seine Prognose ist aus der Sicht der unaufgearbeiteten Grundkonflikte als schwierig zu bewerten.

Objektiv hat E die Kriterien für Gefährdungen und Abhängigkeitsentwicklungen erkannt. Sein subjektives Empfinden und Erleben hinsichtlich seiner eigenen Suchtgefährdung führt zur verzerrten Selbstwahrnehmung. Die Gefährdung durch Alkohol wird in zu betreunde andere alkoholkranke Personen identifikatorisch projiziert, um sie dort kontrollieren zu können. Schließlich wird in der Krise infolge eines Lust/Unlustspannung-Konfliktes das *beobachtende Ich* (vgl. Sterba 1934) ertränkt. Dieses beobachtende Ich beschreibt Sterba als jenen „Anteil des psychischen Apparates, der der Außenwelt zugewandt ist und Reizaufnahme und abführende Reaktion besorgt. [...] Alle Erkenntnis über tiefere Schichten des psychischen Apparates geschieht über dieses Ich und gelingt nur insoweit, als das Ich vermöge noch geduldeter Abkömmlinge des Unterbewusstseins es zulässt". (Sterba 1934: 66) Das beobachtende Ich ergibt sich aus den Anteilen der Selbst- und der Fremdwahrnehmung. Das Ertränken des Ichs in der Krise ist dann letztlich ein Ausdruck der Abwehr gegen eine therapeutische Beziehung, in der der Fremdbeobachtung zuviel Anteil überlassen werden müsste.

Der bisherigen Betrachtungsweise wird nun eine systemtheoretische Beobachtungsebene gegenübergestellt.

Abbildung 15: Systemische Dynamik des Selbst

Sie baut auf den im klinischen Kontext (wieder) erworbenen Reflexionsfähigkeiten auf und überträgt diese auf den Zusammenhang Person/Umwelt. Gesellschaft wird systemtheoretisch als eine Menge von spezifischen Kommunikationen beobachtet, an die eine abhängigkeitskranke Person aufgrund einer besonderen Unterscheidung gesund/krank temporär nicht anschließen kann. Anschluss und Ausschluss werden systemtheoretisch reformuliert beobachtbar. So lässt sich das Merkmal der *Neugier* (Kernberg) als Drang nach Selbstentwicklung im systemtheoretischen Focus darstellen. Eine positive Vorstellung (Selbstrepräsentanz) von sich selbst entsteht, wenn die Person lernt, mit ihren verschiedenen Anteilen differenziert umzugehen. Das nötigt zur Selbstreferenz und an den blinden Stellen der Selbstbeobachtbarkeit zur Fremdreferenz.

Das Streben nach Veränderung und nach stabilen Zuständen sowie die Formen der Be-obachtung an sich selbst bzw. über den Umweg der Umwelt greifen als ein Getriebe ineinander und bewirken die Dynamik eines Lebensprozesses. Es wird noch einmal auf das Beispiel der Person *E* Bezug genommen.

E tritt auf der Stelle und hat Angst vor dem Verlust eines Teils seiner Selbstkonstitution. Alle Anschlusskommunikationen seinerseits beziehen sich auf den Schutz dieser Sphäre (bspw. in Form ständiger Rechtfertigungsversuche) und verhindern Veränderung. Veränderungen brauchen Energie. Diese ist nicht einfach vorhanden. Sie muss vom Betroffenen als Ressource ausgemacht und in die entsprechenden Bewusstseinsoperationen und Kommunikationen geleitet werden. *E* ist gefangen zwischen der Erkenntnis, etwas verändern zu müssen und fürchtet gleichzeitig den Verlust der Vorstellung seiner Ich-Stärke. In der Selbstbeobachtung ist *E* blind für die Auswirkungen seines Widerstandes, der als Ausdruck einer überfordernden Komplexität infolge unbearbeiteter Konflikte erscheint. Die Fremdbeobachtung in Form von Feedbacks aus der therapeutischen Umgebung ermöglicht *E* eine Überbrückung seines blinden Fleckes und kann helfen, die Komplexität zu reduzieren. So kann bspw. das Phänomen des Leistungsdrucks hinterfragt und neu relationiert werden. Zugleich kann im Bewusstsein die Auswahl an Handlungsoptionen in Drucksituationen steigen.

Reintegration im psychischen System bedeutet die Rekonstruktion eines wünschenwerten Zustandes des Selbst einer Person. Ein gesundes Selbstbild, die Fähigkeit, differenziert mit dem Bild des Anderen umgehen zu können, Gefühle sich bewusst machen und zeigen zu können bzw. angemessen in verschiedenen sozialen Situationen agieren zu können, dienen als Voraussetzung der Adressabilität des Individuums. Da, wo sich nicht Störungen einer Beobachtung (bspw. durch den Personalchef einer Firma) in den Vordergrund drängen, wird der Blick stärker auf die vom sozialen System zu seiner Funktionserhaltung notwendigen eingeforderten Ressourcen gelenkt.

10.3.2 Reflexionsprozesse als Voraussetzung stabilisierter Abstinenz und gelingender Inklusion

Der durch die Narration entstehende bzw. offen gehaltene Zugang zu den verschiedenen Kontexten ermöglicht das Anfertigen neuer Selbstbeschreibungen unter einer bewussten Integration bisheriger Sinnzusammenhänge und bedeutet in der Praxis alkoholabhängiger Menschen eine Stärkung und Stabilisierung des Abstinenzwillens.

Am Beginn der Forschungsarbeit wurde diese These aufgestellt. Die Stabilisierung des Abstinenzwillens vor dem Hintergrund einer Neufertigung der Selbstbeschreibung wird als eine der Grundlagen für ein gesünderes und von sozialer Zufriedenheit erfülltes Leben angesehen. Sie bildet zugleich das Fundament zum Wiedergewinn an Adressabilität von Personen, denen aus Sicht der Teilsysteme unserer Gesellschaft ein sachliches Interesse (bzgl. Arbeitskraft, Verfügbarkeit usw.) entgegengebracht wird. Von der Teilhabe zeitweilig ausgeschlossene und mit wenig Aussicht auf Veränderung stigmatisierte Personen bieten sich wieder als Adresse für die Vielfalt von Möglichkeiten an, die Gesellschaft bereithält. Dieser Vorgang lässt sich mit den Begriffen der Reintegration und der Inklusion beschreiben.

Im Rahmen dieser Forschungsarbeit wurden die Reflexionen abhängigkeitskranker Personen in der Übergangsphase von der postakuten Behandlung in den selbst gestalteten Alltag und die sozialpädagogisch spezifische Intervention der Narration, aus der systemtheoretischen Perspektive beleuchtet. Gemäß dieser Sichtweise erscheint Inklusion als ein kommunikativer Akt sozialer Systeme. Die Inklusion von Personen in einzelne Teilgebilde der Gesellschaft geschieht durch Interpenetration. Das bedeutet, das aufnehmende System nutzt die Komplexität des Inkludierten. „Die Teilnahme am sozialen System […] führt dazu, dass die Menschen sich voneinander unterscheiden, sich gegenseitig exklusiv verhalten, denn sie müssen ihren Beitrag selbst erbringen, müssen sich selbst motivieren. Gerade wenn sie kooperieren, muss gegen alle natürliche Ähnlichkeit geklärt werden, wer welchen Beitrag leistet." (Luhmann 1999: 299) Die postakute Behandlung schafft die Voraussetzung im Sinne einer Wiederherstellung von Erwerbs- und Handlungsfähigkeit. Die Behandelten wollen gestärkt wieder in den Alltag zurückzukehren und Teilhaber verschiedener Systeme zu sein. Dazu bedarf es eines Eigenbeitrages der einzelnen Personen. Er oder sie muss sich auf die Bedingungen der inkludierenden Systeme einlassen können und sich mit entsprechenden Beiträgen zur Verfügung stellen. Darüber findet eine Aufweitung der Sozialdimension statt, in der Adressabilität und Anschlusshaftigkeit eine qualitative Steigerung erfahren.

An das Ende seiner Regelbehandlungszeit gelangt hofft macher Suchtkranke, es könne eine Rückkehr in schon einmal vorhandene (oft idealisierte) Verhältnisse geben. Solche Erwartungen führen zu Enttäuschung und sind nicht selten Anlass für einen Rückfall. Regionengrenzen (wie am Lebensraummodell dargestellt) sind technisch gesehen mit Rückschlagventilen ausgestattet, die nur eine Flussrichtung der Vita zulassen. So gestaltet sich die Rückkehr in angestammte Rollen innerhalb der Partnerschaft sehr viel schwieriger, als von den meisten Personen nach der stationären Behandlung erwartet wird. Die Verantwortungsübernahme durch den Partner während der Krankheit kann nicht einfach rückgängig gemacht werden. Rollen und Relationierungen im jeweligen System werden neu bestimmt. Der Abhängigkeitskranke hat in der Zeit seiner Rehabilitation einen Prozess der Veränderung erlebt, den die Partnerin nur ansatzweise (bspw. unter Einbeziehung in so genannten Familienseminaren) nachvollziehen kann. Das bedeutet, dass sich im Vorgang des sich Reintegrierens die zeitliche, sachliche und soziale Sinndimension als Koordinaten eines Spannungsfeldes wiederfinden und in einer spezifischen Weise verarbeitet werden müssen. In sachlicher Hinsicht haben sich die zu kommunizierenden Themen in Richtung Wiedereinstieg in den Alltag verschoben, in sozialer Hinsicht müssen Rollen neu definiert werden und in der zeitlichen Hinsicht dienen Vorher/Nachher-Differenzen der Festschreibung oder Überprüfung eines gegenwärtig erwünschten Zustandes. Voraussetzung einer gelingenden Rückkehr in den Alltag ist die Herstellung eines Realitätsverständnisses, sowohl die eigene Leistungsfähigkeit und Selbstsichten betreffend als auch die Fähigkeit, sich mit den Augen anderer zu sehen. Immer wieder beschreiben die Biografen in Abgrenzung zu früheren Exklusionserfahrungen einen zumeist problemlosen Umgang mit Behörden. Sowohl die Wahrnehmung als auch der Fakt an sich kommt vor dem Hintergrund einer veränderten Selbstbeschreibung zustande. Veränderte Selbstbeschreibungen entstehen nicht einfach aus dem Nichts. Sie fußen auf internalisierten Erfahrungen und der Überprüfung dieser Erfahrungen.

In Sartres Dramenadaption „Le Mouches" *(Die Fliegen)* kehrt Agamemnon, der König von Argos, aus dem Trojanischen Krieg zurück und wird von Ägisth, dem Geliebten der Königin Klytämnestra erschlagen. Orest, der Sohn Klytämnestras, wird ausgesetzt und von Bürgern aus Athen gefunden. Nach 15 Jahren kehrt Orest mit seinem Pädagogen nach Argos zurück. Seit dem Verbrechen an seinem Vater schwärmen von Jupiter gesandte Fliegen in der Stadt. Sie symbolisieren die Schuld des Weghörens und -schauens der unfreien Bürger. Ägisth macht aus seiner Tat eine Kollektivschuld und hält die Menschen durch ihre Reue und spezifische Rituale nieder, um seine Macht zu erhalten. Agamemnons Tochter Elektra hofft seit Jahren auf die Rückkehr ihres Bruders Orest und dessen blutige Rache an Ägisth und Klytämnestra. Orest entspricht nicht den Erwartungen seiner Schwester, entscheidet sich dann aber zu bleiben und die Rache an der Mutter und Ägisth zu vollziehen. „Was geht mich das Glück an. Ich will meine Erinnerungen, meinen Boden, meinen Platz inmitten der Leute von Argos. [...] Ich will ein Mensch sein, der irgendwohin gehört, ein Mensch unter Menschen. [...] Ich bin zu leicht, ich muss mich mit einer schweren Freveltat belasten, sodass ich auf den Grund gehe, bis auf den schweren Grund von Argos." (Sartre 1943: 44 – 46)

Elektra bindet sich in Schuld und Reue nach der Tat, während ihr Bruder Orest seine Existenz als Fehltretender in der Freiheit eigener Verantwortung gegenüber Jupiter bejaht: „Wenn du zu behaupten wagst, (spricht Jupiter) du seist frei, dann müsste man auch die Freiheit des Gefangenen rühmen, der mit Ketten beladen zuunterst in einem Verlies liegt, und die eines gekreuzigten Sklaven." „Warum nicht?", antwortet Orest, „Du hättest mich nicht frei erschaffen sollen. [...] ich bin dazu verurteilt, kein anderes Gesetz zu haben als mein eigenes. [...] Denn ich bin ein Mensch, Jupiter, und jeder Mensch muss seinen Weg erfinden." (Sartre 1943: 66 – 71)

Sartres atheistischer Existentialismus wird als radikaler Versuch der Philosophie des vergangenen Jahrhunderts bezeichnet, die Frage nach dem Sein zu stellen, die Krise des der Welt entfremdeten Menschen zu denken, andererseits ihn aber auch dieser entfremdeten Welt zu entreißen. Diese Krise betrifft auch die Verneinung des Transzendenten. Unabhängig davon, in welche Art von Beziehung Gott und Mensch eintreten, muss sich letzterer seinen Sinn selbst geben. Mit den Begriffen der Systemtheorie ausgedrückt erhält das Individuum die Macht über seine selbstreferentielle und selbstgestaltende Prozessdynamik zurück. Die Theorie der selbstreferentiellen Systeme vereint in ihrer Synthese Determinismus und Existenzialismus. Über Wahrnehmung werden äußere Einflüsse in das jeweilige System aufgenommen, intern wird jedoch die Determination gebrochen und verliert den Charakter der Linearität Ursache-Wirkung. Es werden selbstreferentiell neue Zustände geschaffen, deren Outputs nur als wahrscheinlich, nicht aber festlegbar getroffen werden können.

Orest bekennt sich zur Tat und damit zu sich selbst. Was aber geht dem voraus? Es sind die ungeklärten Schuldkonten in der Herkunftsfamilie, die durch die pathogene Kommunikation ständig reaktualisiert werden. Der Aufenthalt des Kindes und Jugendlichen Orest bei aufgeklärten und freien Bürgern lässt sich mit der Selbstsozialisation zur inneren Freiheit und Verantwortung im Rahmen einer Therapie interpretieren. Am Brennpunkt dieser Intervention steht die (begleitete) Konfrontation mit den krankmachenden und Krankheit erhaltenden Strukturen. Orest vermag nur durch den Mord an seiner Mutter und deren Geliebtem Ägisth den Bann aus manipulativen Wirklichkeitskonstruktionen zu durchbrechen – nicht ohne einen hohen Preis dafür zu bezahlen. In den antiken Versionen des Dramas wird Orest von den Furien gehetzt, denen er nicht entfliehen kann. Die Furien treten als Personifizierung des

Gewissens auf. In Sartres Version nimmt Orest Verantwortung sich seiner selbst bewusst an. Die Fliegen Sartres, Borcherts Tote an den Wänden seines Jahrhunderts, die ‚Leichen' in den Kellern eines suchtkranken Menschen, sie werden angenommen und der eigene Anteil bewusst reflektiert. In diesem Tun wird ein Teil der zwischen Person und Gesellschaft stattgefundenen Entfremdung wieder aufgehoben und Identität zurückgeholt. Entfremdung ist der Verlust an Kohärenz, an Bindung innerhalb des modernen Gesellschaftsgefüges, in dem sich Sozialisationsbedingungen grundlegend verändert haben, in dem Rollen mit anderen Erwartungen verknüpft werden, Werte und Autoritäten Geltung verlieren und Übergänge bzw. Brüche zum Merkmal gesellschaftlicher Entwicklung aufsteigen.

Wann also kann ein Mensch, der sich über das Merkmal einer Abhängigkeitserkrankung aus der Gesellschaft ausgeschlossen sieht, zurückkehren? Sartre verweist auf eine Rückkehr zur eigenen Bewusstheit, die dazu befähigt, sich neu in Gefüge und Kontexte einzuordnen. Im zweiten Akt seiner Version des Atriden-Dramas lässt er Jupiter zu Ägisth sagen: „Das schmerzliche Geheimnis der Götter und der Könige: dass nämlich die Menschen frei sind. Sie sind frei, Ägisth. Du weißt es, und sie wissen es nicht. […] Wenn einmal die Freiheit in einer Menschenseele aufgebrochen ist, können die Götter nichts mehr gegen diesen Menschen." (Sartre 1943: 54 – 56) Sartres politisch-aktuelle Parabel (Neis 1995: 47) lässt sich auf die Situation mit Sucht belasteter Menschen transferieren. Die Basis für einen Neubeginn besteht eben darin, sich nicht schicksalsergeben der Geschichte seiner Abhängigwerdung zu fügen. Die Freiheit zu neuem Tun entsteht aus der Bereitschaft, sich seiner Vergangenheit zu stellen – dies geschieht im Rahmen der Reflexionsprozesse – und die Konsequenzen seines Handelns zu tragen, ohne die eigenen Anteile unter den Teppich zu kehren oder andere Individuen dafür verantwortlich zu machen.

10.4 Buten un Binnen

Die niederdeutsche Überschrift verweist sinngemäß auf Draußen und Drinnen; das Draußen als Umwelt, mit der bspw. Kaufleute über ihre Geschäftsbeziehungen Verbindung aufnahmen; das Drinnen als lokales Geschehen und eigentliche Heimat der Person.

In den beiden vorangegangenen Kapiteln wurde die Einbindung abhängigkeitskranker Personen in die Gesellschaft aus der Perspektive von Außen- und Innensichten dargestellt. Systemtheorie verortet (in ihrer Beobachterfunktion) das Individuum außerhalb sozialer Systeme. Zugleich bilden soziale Systeme die Umwelt der Person. Die Idee von der Vollinklusion beansprucht, dass jede Person formal in jeden sozialen Zusammenhang inkludiert werden kann – und zwar nach den systeminternen Regelungen und Semantiken. In der Realität werden Personen in die Kommunikation eines Systems einbezogen oder nicht und Personen stellen sich zur Verfügung oder nicht. Exklusion, also die Nichtteilhabe, scheint geradezu eine notwendige Voraussetzung für den Einbezug der Person in Systeme zu bilden. Exklusive Eigenschaften der Person lassen diese für eine Bezugnahme relevant erscheinen und aus dem in der Umwelt verschwundenen Individuum wird eine soziale Adresse. Funktionssysteme wie das Gesundheitssystem dienen auch der Prävention von möglichen Exklusionserscheinungen. Leitsätze wie *Rehabilitation vor Rente und Rehabilitation vor Pflege* formulieren den durch das Funktionssystem zu erfüllenden Auftrag. In Kliniken werden Personen, deren Leiden zur Exklusion führen können, behandelt. Und in der Rehabilitation und dem Rentenversicherungssystem ist die Exklusion aus Erwerbs- bzw Berufsfähigkeit bei aller Unterschiedlichkeit von Verlauf und Konsequenz Grundlage.

Unterscheiden sich abhängigkeitskranke Personen in ihrem Exklusions- und Inklusionsgeschehen von Menschen mit anderen Krankheiten? Setzt die Gemeinschaft für eine solche Exklusion/Inklusion andere Normen und Wertmaßstäbe als etwa bei psychisch behinderten Menschen? Mechanismen der Exkludierung sind mindestens teilweise vergleichbar. Der Umgang mit abhängigkeitskranken Personen wird als Systemkonflikt ausgetragen, in dem darüber entschieden wird, ob eine Person weiterhin an der sozialen Gemeinschaft teilhaben kann oder nicht. Systeminternal kann der Konflikt zu Formen der Abwehr, vergleichbar innerpsychischen Schutzmechanismenn führen. Die nicht zum eigenen Kontext zugehörig erscheinenden Verhaltensweisen werden als störend empfunden. Eine Abwehr dagegen äußert sich als Stigmatisierung, Bagatellisierung, Schuldzuweisung, Abscheu oder besondere Formen sozialer Kontrolle.

Die zeitweise Inklusion in den Status von Patientenrollen ermöglicht Abhängigkeitskranken die Schaffung von Voraussetzungen zur Rückkehr in die Vielfalt alltäglicher sozialer Bezüge, angefangen von der Teilhabe am Waren- und Geldverkehr, über Partnerschaft und Familie bis hin zur Wiederübernahme von Leistungsrollen in der Arbeitswelt.

Doch das ist nur die äußere Seite der Einbindungen der Person in die Gesellschaft. Den äußeren Gegebenheiten stehen die Binnendispositionen der Persönlichkeit gegenüber. Das Ineinandergreifen von Selbst- und Fremdbeobachtung, die Motivation, sich weiter zu entwickeln bzw. den erreichten Stand zu halten, können für den Einzelnen erfülltes Leben oder inneres Gefängnis bedeuten. Im Rahmen der Kommunikation über seine Suchterkrankung kann der Betroffene objektiv die Kriterien für abhängigkeitskrank/nicht abhängigkeitskrank (quasi digital) anerkennen. Er kann es aber auf der subjektiven Ebene (quasi analog) völlig anders erleben. Erst, wenn beide Seiten zusammenfinden, Fremd- und Selbstbeobachtung sich in einem stabilen beobachtenden Ich einen, kann die Akzeptanz krank zu sein, zu einer differenzierten und reflexiven Bearbeitung der Krankheit führen.

Die sich integrierende Person hat nicht nur funktional Teil an verschiedenen Funktionssystemen. Sie beheimatet sich über ihre Identifikationen und Zufriedenheit in den unterschiedlichsten sozialen Zusammenhängen. Das bedeutet nicht, integriert ist ausschließlich, wer zufrieden ist. Doch Zufriedenheit ist ein wichtiger Indikator neben anderen. Über die Entwicklung von Abhängigkeit entfremdet sich der Betroffene seiner sozialen Gemeinschaft. Um die Fremde zu überwinden, zurückzukehren, bedarf es der eigenen Beiträge des Individuums. Diese Beiträge bestehen in der unterstützten Auseinandersetzung mit den inneren Dispositionen, dem Abgleich zwischen Selbst- und Fremdbeobachtung zur Herstellung von Realität und dem Willen, mit belastenden Ereignissen abzuschließen. Die Befreiung aus dem inneren Gefängnis der Abhängigkeit vom Suchtmittel und der Aufbau stabiler Beziehungen nach außen werden durch Reflexionsprozesse in Gang gesetzt und bilanziert. Am Anfang der Arbeitsbeziehung steht die Akzeptanz, krank zu sein und Hilfe zu brauchen. Eine tragfähige Beziehung ist der Bypass zur Überbrückung des Konfliktes zwischen objektiven Datenlagen und der Eigenwahrnehmung der Person. Dies gilt sowohl für den therapeutischen Teil der Behandlung als auch für den sozialpädagogisch begleiteten Übergang in den abstinent selbstgestalteten Alltag. Eine Rückkehr aus der Fremde zur Partizipation braucht sowohl von der systemischen Seite her die Inklusionsbereitschaft als auch von der Person den Willen und die Fähigkeit, sich zu integrieren.

Die moderne Gesellschaft erfordert für die sich aus ihrer Ausdifferenzierung ergebenden Probleme bestimmte Regulierungseinrichtungen, bspw. Gesundheits-, Rechts- und Bildungssystem. Diese fungieren an den Nahtstellen Öffentlichkeit/Person. Sozialer Arbeit kommt an der Nahtstelle Person/soziale Systeme die Aufgabe unterstützender Kommunikationen zu. Diese spezifische Aufgabe wird im folgenden Kapitel dargestellt.

10.5 Soziale Arbeit

10.5.1 Soziale Arbeit als Intervention in Lebensbedingungen

In allgemein akzeptierter Weise steht Soziale Arbeit für die nicht trennscharf zu identifizierenden Bereiche der Sozialarbeit und Sozialpädagogik. Ihr Auftrag besteht in der Förderung von Veränderungen sozialer Zustände, die in einer spezifischen Weise als Benachteiligungen von Personen oder Gruppen in unterschiedlichsten Situationen erlebt werden. So lautet die 2000 durch die International Foundation of Social Workers (IFSW) in Montreal erstellte Definition:

„The social work profession promotes social change, problem solving in human relationships and the empowerment and liberation of people to enthance well-being. Utilising theories of human behavior and social systems, social work intervenes at the points where people interact with their environments. Principles of human rights and social justice are fundamental to social work." (IFSW Delegates Meeting Montreal 2000)

Soziale Arbeit tritt als *Profession und Disziplin* in Erscheinung. Der erste Begriff steht für die Vielfalt ihrer praktischen Bezüge, „die Realität der hier beruflich engagierten Personen sowie die von ihnen offerierten Hilfe-, Beratungs-, und Bildungsleistungen auf der von der Gesellschaft an sie adressierten Ansprüche und Wünsche". (Thole 2005: 17) Der Begriff Disziplin fokussiert auf „das gesamte Feld der wissenschaftlichen Theoriebildung und Forschung, sowie das Handlungsfeld [...] indem sich die Forschungs- und Theoriebildungsprozesse realisieren". (ebd.) Mit der Ausdifferenzierung der Gesellschaft bis hin zur aktuellen lässt sich auch eine Differenzierung der Wirkungsorte und Aufgaben Sozialer Arbeit beobachten. Thole nimmt eine Einordnung der aktuellen Praxisfelder – Kinder- und Jugendhilfe, Soziale Hilfe, Altenhilfe, Gesundheitshilfe – nach der Interventionsintensität vor und geht dabei vom Lebensweltbegriff aus. Er unterscheidet inhaltlich Lebenswelt-„ergänzende", -„unterstützende", -„ersetzende" und arbeitsfeld- „übergreifende" Projektansätze. (vgl. Thole 2005: 22) Es geht um eine Form der Unterstützung und Begleitung von Prozessen der Lebens- und Alltagsbewältigung in sozial prekären Lebensbedingungen, die nicht durch andere Professionen bzw. nichtöffentliche soziale Zusammenhalte gewährleistet werden kann. Hilfen zur Lebensbewältigung können materiell im Sinne von Versorgungsleistungen, als beratendes, betreuendes, therapeutisches, erzieherisches Handeln oder im ‚anwaltlichen' Mandat erfolgen. In allen Handlungen geht es um Teilhabe am Leben in der sozialen Gemeinschaft und um Herstellung oder ressourcenorientierte Erhaltung von Autonomie. Es geht um die Herstellung bzw. Wahrung einer relativen Chancengleichheit mit dem Ziel sozialer Zufriedenheit. Mit diesem Aufgabenpaket agiert Soziale Arbeit partiell an den Nahtstellen privaten und öffentlichen Raumes. Im Blick auf die Seite sozialer Systeme beobachtet und benennt Soziale Arbeit Missstände und Unausgewogenheiten. Im Blick auf die einzelne Person deckt sie Problembereiche des Lebensalltages auf und gibt praktische Hilfen zur Bewältigung, bspw. als Sozialpädagogische Familienhilfe oder in der psychosozialen Beratung. Grundsätze der modernen Sozialen Arbeit begegnen uns in Ansätzen der Ressourcenorientierung, der Förderung von Handlungsautonomie und -kompetenz, Einbindung der Person in stabile soziale Beziehungen, sozialer Gerechtigkeit und Werteorientiertheit. Klassisch erfolgt sozialarbeiterisches und sozialpädagogisches Handeln als Einzelfallhilfe, Gruppenarbeit und Gemeinwesenarbeit. Soziale Forschung und Soziale Planung als weitere Methoden der Sozialarbeit richten ihren Blick stärker auf die Zusammenhänge Person/Umwelt, auf die Erforschung spezifischer Strukturen, vertikaler (bspw. im Sinne von Macht/Ohnmacht) und horizontaler (bspw. im Sinne von Austauschbeziehungen).

10.5.2 Narrative Intervention – helfende Kommunikation zur Inklusion

Auf welche Weise verortet sich die narrative Intervention im Kontext Sozialer Arbeit? Soziale Arbeit geht hier über die Deutungsperspektive ihrer Profession hinaus und stellt neben den traditionell notwendigen und anerkannten Hilfen eine spezifische Form von Beratung bzw. Intervention für spezifische Situationen zur Verfügung.

Dabei löst sich die narrative Methode von ihrem Entwicklungshintergrund als Forschungsmethode und rückt in den Bereich pädagogischer, beraterischer und Sozialer Arbeit. Ruth Großmaß (2000/2006) verweist auf die sensible Stellung beraterischen Handelns als einer besonderen Form helfender Kommunikation. Die am Kommunikationsgeschehen Beteiligten begegnen sich als Personen an den Grenzen des öffentlichen und des privaten Raumes. Das erfordert die Herstellung einer Organisationsform, bei der die Integrität der Person gewahrt bleibt und zugleich sensible Themen angesprochen werden können. Vertrauen und Verbindlichkeit bilden wichtige Grundlagen, um im Rahmen einer helfenden Kommunikation die Handlungsspielräume von Abhängigkeit betroffener Personen in der auch emotional stark belasteten Situation ihrer jeweiligen Übergänge zu erweitern. Eine Erweiterung der Handlungsoptionen bindet sich an die Kopplung von Bewusstseinsoperationen und Kommunikation der an diese Prozesse angeschlossenen Personen. Der eigentliche Gewinn beraterischen und sozialpädagogischen Intervenierens liegt in der Bereitstellung von Zeit. Konfliktsituationen können antizipiert und kumulierende, stressbesetzte Momente entschleunigt werden. Übergänge beinhalten für die Betroffenen eine hohe Stresskonzentration. Die narrative Intervention entfaltet ihre Wirksamkeit als soziales System sowohl in aktuellen Konfliktlagen als auch in der Bewältigung vergangener Schwierigkeiten über die Adressabilität des Betroffen, also über seine Fähigkeit, Unterschiede wahrzunehmen bzw. zu setzen. Es geht in erster Linie nicht darum, welche Lösungen anzustreben sind, sondern ob überhaupt wahrgenommen werden kann, dass andere Sichten, alternative Entscheidungen und Bedeutungszuweisungen möglich sind. Intervention bezieht sich als soziales System auf die verschiedenen Realitäten der zeitlichen Sinndimension. In der Vergangenheit gilt es die behaltene und vergessene Realität zu überprüfen bzw. zu rekonstruieren. In der Gegenwart erlebt sich der Betroffene an der Grenze der institutionellen/außerinstitutionellen Realität und reflektiert die Übergangssituation. Bezüglich der Zukunft geht es um erwartbare bzw. nicht erwartbare Realitäten. Das bei der betroffenen Zielgruppe häufig beobachtbare Schema der Unsicherheit bzgl. der Zukunftsgestaltung: *Was soll denn aus mir werden?* gehorcht der Eigengesetzlichkeit fundamentierter Vorerfahrung und Selbstentwertung.

Mit Hilfe der narrativen Intervention kommt die Zukunft jedoch als so oder so gestaltbar (vgl. Großmaß 2006: 490) in den Blick. Die Person kann die Barriere der Selbsterstarrung überwinden und der (nicht selten) pessimistisch vorgedachten Entwicklung neue Handlungsmöglichkeiten gegenüberstellen.

Geradezu wohltuend verweist Großmaß auf die Unterbrechung des in der Psychotherapie gängigen Schemas *Leidensdruck*. Die Entscheidung, eine narrative Intervention anzunehmen beruht auf Freiwilligkeit. Die Person ist nicht an Macht und äußerliche Objekt-Steuerung gebunden. Sie erwartet keinerlei Sanktion in Folge einer Nichtannahme. Vielmehr formt sich eine Erwartungshaltung über die möglichen Ergebnisse des Verfahrens. „Die Situation/Problemlage, mit der ein Biograf oder eine Biografin aktuell beschäftigt ist, wird in Vergangenheit und Zukunft eingebettet, ein (bei Personen biografisches) Kontinuum entsteht, das Optimierungsmöglichkeiten zum Thema werden lässt. Man muss Veränderung als Ziel daher gar nicht durchsetzen – wer sich auf Beratung einlässt, hat es bereits im Sinn." (Großmaß 2006: 491)

Das Interventionssystem stellt eine Möglichkeit der Entschleunigung aktueller Denkprozesse und die Möglichkeit der weiteren Optimierung vorangegangenen Therapieerfolgs zur Verfügung – und dies mit der Aussicht einer weiteren Stabilisierung und Anbahnung zufriedener Abstinenz. Das klingt vorerst so unverbindlich, dass sich die Frage aufdrängt, welche gesellschaftliche Funktion denn narrative Intervention als soziales System erfüllen könnte. Die in dieser Forschungsarbeit vorgestellte spezifische Intervention ist eingebettet in das Gesamtsystem der bio-psycho-sozialen Begleitung Abhängigkeitskranker. Diese endet nicht etwa beim letzten Handschlag eines Patienten am Ausgang der Rehabilitationsstätte, sondern sie beinhaltet die Unterstützung zur Inklusion in die Spezifik der abstinent zu bewältigenden Alltagswelt. Als ein ganz eigener kommunikativer Zusammenhang bietet der narrative Reflexionsprozess einen Rahmen, an den die erlebende Person bewusst anschließen und ihre Handlungskompetenz vergrößern kann. Dies findet im wahrsten Sinne unter Ausschluss der öffentlichen Umwelt statt. Es werden sachliche, zeitliche und soziale Bezüge hergestellt – das Interventionssystem bleibt aber für die Dauer der Interaktion in sich abgeschlossen.

Die spezifische Intervention – an dieser Stelle wird die Definition von Ruth Großmaß zum Begriff Beratung adaptierend aufgegriffen – „kann als ein soziales System verstanden werden, dessen inklusionsfördernde Funktion darin besteht, Spannungen und Kommunikationsbrüche [...] wieder in Kommunikation zu verwandeln". (ebd. 493) Diese Brüche entstehen Großmaß zufolge in den verschiedenen am System anschließenden Umwelten. Das, was sie am Beispiel der Studienberatung erläutert, lässt sich auch auf die spezifische sozialpädagogische Intervention transferieren. Intervention als ein soziales System grenzt an verschiedene Typen von Umwelt, mit denen es interagiert. Großmaß unterscheidet:

- die Umwelt der psychischen Systeme – jedes davon in sich geschlossen als Bewusstsein operierend;
- die Umwelt der Trägerorganisationen und;
- die eher strukturlose Umgebung (im fachlichen Diskurs von Beratung: der Ausschnitt von Lebenswelt), auf die sich ein Beratungsangebot bezieht. Umwelt ist hier weder als Organisation noch als Person auszumachen, also kann auch niemand adressiert werden. (vgl. Großmaß 2006: 491)

Die narrative Intervention hat keine Möglichkeit der direkten Einwirkung auf die psychischen Systeme der am Interventionssystem Beteiligten. Psychische Verarbeitung bleibt intransparent und nur ansatzweise über den indirekten Weg reagierender Kommunikation beobachtbar. Damit bleibt der Prozess der Intervention auch ergebnisoffen. Es lässt sich aber infolge der Freiwilligkeit der Interventionsannahme ein Bedarf ausmachen, dessen möglicher Grund in der antizipierten Herausforderung besteht, angemessen zufrieden und abstinent in den sozialen Zusammenhängen zurechtzukommen, in die die Betroffenen zurückkehren.

Im Verlauf der Intervention gemachte Erfahrungen auf Seiten des Intervenierenden regen zur Reflexion über die Wirksamkeit und mögliche Veränderungen bisheriger Begleitmuster in der klinischen Arbeit an und bedürfen einer anderen Kommunikationsform gegenüber dem Träger der Leistung als gegenüber dem direkten an der Intervention Beteiligten. So kann der quantitativ erbrachte Nachweis über die Wirksamkeit der Methode zur Implementierung derselben in den klinischen Kontext führen – vorausgesetzt, er erfüllt die von der Geschäftsführung geforderten Kriterien der Wirtschaftlichkeit und genügt Wissenschafts- und Qualitätsstandards. Großmaß verweist auf diametral entgegengesetzte Kommunikationsformen der persönlich beraterischen Tätigkeit und der Kommunikation mit der die Intervention tragenden Institution als eigenem sozialem System. Während erstere prozessoffen agiert, erscheint letztere unter Macht/Ohnmacht-Differenz-Gesichtspunkten ergebnisorientiert. In welchen Konstellationen auch immer die spezifische Intervention betrachtet wird, sie ist zwar als solche ein in sich abgeschlossenes System, zugleich aber eingebunden in die verschiedenen kommunikativen Zusammenhänge: der Interventionsbeziehung, der institutionellen Trägerschaft, der Lebenswelt der angeschlossenen Personen und weiterer Funktionssysteme (bspw. Gesundheits- /Wirtschaftssystem).

Die narrative Intervention stellt als psychosozial besondere Beratungsform „kein eigenes Funktionssystem dar, sondern operiert inklusionsunterstützend an der Grenze zwischen Funktionssystemen und deren psychischer Umwelt". (ebd. 492) Ihre gesellschaftliche Funktion besteht in der Kompensation von Exklusions-/Inklusionsproblemen in sensiblen Phasen der von Abhängigkeit betroffenen und behandelten Personen. Großmaß vermutet einen nicht nur situativen sondern dauerhaften Bedarf von Interventionssystemen (vgl. Fuchs 1999) „wo die Anforderungen mehrere Funktionssysteme aufeinander treffen". (Großmaß 2006: 492) Dies scheint in der Situation des Übergangs vom abhängigkeitskranken Patienten zum Teilhaber an der Alltagswelt gegeben. Wirtschaft, Recht, Gesundheit, Familie oder Bildung sind Systeme, die Inklusionsbedingungen setzen und über den Ein- bzw. Ausschluss der Person entscheiden. Die narrative Intervention kann hier die Antizipationen der Person hinsichtlich ihrer möglichen Inklusion/Exklusion beobachten und sie an Stellen zur Verfügung stellen, die der Eigenbeobachtung des Intervenierten nicht zugänglich sind. Auf diese Weise können bspw. Ängste ausgemacht und bearbeitet werden, die aus Sicht eines aufnehmenden Systems mögliche Hinderungsgründe für ein Kommunikationsangebot bilden.

Die funktionale Differenzierung von Funktionssystemen birgt in der Moderne die Gefahr der Sprachpartitionierung und schafft auch auf diese Weise Exklusionsphänomene. Indem Kommunikation entpersönlicht wird und der Zugriff von Systemen in ihrer jeweils eigenen Sprache erfolgt, droht eine Situation der kommunikativen Heimatlosigkeit. Es ist möglich, dass ein Patient in einer Rehabilitationseinrichtung schnell in die fachspezifisch medizinische, psychotherapeutische und sozialarbeiterische Sprache zerfällt – eine große Herausforderung, wenn man bedenkt, dass es eine Person mit einem Bewusstsein ist. Funktional haben alle Systeme gute Arbeit geleistet, geht es doch um die Herstellung einer bio-psycho-sozial ausgewogenen Zustandes als Voraussetzung wiedererlangter Erwerbsfähigkeit. Und doch fügen sich in der Menge der angeschlossenen Systeme die auseinanderfallenden Bilder, Vorstellungen und Wahrnehmungen der betroffenen Person nur in der aktiven Integration zusammen. Am Ende der Behandlungskette und unter einem enormen Reintegrationsdruck stehend, wächst die Wahrscheinlichkeit für Betroffene, in Krisen zu geraten und diese nicht mehr adäquat bearbeiten zu können. Mit den Mitteln der Narration können sie besonders in Schwellensituationen eine Sprache finden, die ihre gegenwärtige Erfahrungswelt und biografische Ereignisse mit hoher Bedeutsamkeit einen und die Partitionierungen ausgleicht. Leider gibt es noch keine Sicherheit über die Zurechnung des Ertrages. Aus dem System der Behandlung und Betreuung entlassene Abhängigkeitskranke können auch ohne narrative Intervention stabile Abstinenz erreichen und trotz Intervention wieder in den Zirkel der Sucht zurückkehren. Wer bereit ist, eine weitere Hilfe anzunehmen, unabhängig davon, welche Interventionsform in Anspruch genommen wird, vergrößert seine Chancen einer aktiv gestalteten Inklusion in die Normalität des gesellschaftlichen Alltags und ihrer Vielfalt. Der Effekt vergrößerter Handlungs- und Entscheidungsspielräume bei den betroffenen Personen konnte allerdings mit dem Katamneseinterview gut nachgewiesen werden.

Der Focus der gesamten bisherigen Forschungsarbeit richtete sich auf ein Verstehen von Reflexionsprozessen abhängigkeitskranker Menschen hinsichtlich ihrer persönlichen Exklusion aus bzw. Inklusion in sozialen Systemen. Dabei wurde deutlich, dass die Prozesse des Ausschließens und des Einschließens als semantische Dimension in den Reflexionsprozessen Gestalt gewinnen. Die Betroffenen anerkannten, abhängigkeitskrank zu sein. Sie konnten jedoch im Verlauf der Prozesse weitere

Merkmalszuordnungen treffen und waren nicht auf die Selbststigmatisierung als einzige Legitimationsquelle ihres Identitätsbewusstseins angewiesen. Im Bemühen, sich in die Vielfalt gesellschaftlicher Bezüge zu integrieren und unter gleichzeitiger bewusster Desintegration aus krankheitserhaltenden Kontexten konnte ein Teil der Personen die Inklusionschancen deutlich steigern.

10.6 Inklusionspraxis und Kritik

Lassen sich die Bemühungen der einzelnen Person um Integration mit dem Inklusionsanliegen sozialer Systeme in entsprechender Weise verbinden? Wie gestalten Systeme aktiv Inklusion für Menschen mit Benachteiligungen?

Im Rahmen dieser Forschungsarbeit wird weithin davon ausgegangen, dass sich Systeme gegenseitig und in Bezug auf ihre Umwelt exklusiv verhalten. Sie grenzen sich ab, indem sie Spezialsprachen und Codes entwickeln, die der Funktionserhaltung dienen. Mit dem Mittel der Ausdifferenzierung reagiert Gesellschaft einerseits auf die gesteigerte Komplexität menschlichen Zusammenlebens, andereseits schafft sie weitere Komplexität.

Bendel schreibt: „Demnach sind es drei Momente, die nach Luhmann die Formen sozialer Teilhabe in modernen Gesellschaften auszeichnen: Exklusionsindividualität vor dem Hintergrund multipler Teilinkluson statt singulärer Vollinklusion, Variation sozialer Positionen innerhalb und zwischen Teilsystemen aufgrund von Temporalisierung und Interdependenzunterbrechung sowie ein Gleichheitspostulat im Sinne prinzipiell gleicher Zugangsrechte aller zu allen Funktionssystemen." (Bendel, in: Corsten 2005: 134) Die Kommunikation sozialer Systeme beobachtet ihre Umwelt, zu der sie die Individualität psychischer Systeme rechnet, auf für den Systemerhalt interessierende Ereignisse, die wiederum dazu führen, eine Person als für das System „mitwirkungsrelevant oder als nichtmitwirkungsrelevant" (Luhmannn, in: Corsten 2005: 133) einzustufen. Exklusionsindividualität im Sinne der Einbringung neuer Anregungen ist dabei ein Merkmal der sozialen Adressierung. „Individualität erscheint als eine exklusive Vorausetzung sozialer Teilhabe, die unterschiedliche Formen der Inklusion in verschiedene Teilsysteme ermöglicht. Exklusion bedeutet in diesem Kontext insofern nicht Ausschluss von sozialer Teilhabe, sondern stellt hierfür vielmehr eine notwendige Ausgangsbedingung dar." (Bendel, in: Corsten 2005: 133)

Gesellschaft schafft Inklusion und kann der Entfremdung des Einzelnen und ganzer Gruppen entgegenwirken, indem sie ihnen Individualität zugesteht. Bürger engagieren sich ehrenamtlich und schaffen Netzwerke in Differenz zu professioneller Gemeinwesenarbeit. Die verschiedenen Institutionen der sozialen und der Suchtkrankenhilfe entwickeln temporäre Inklusionsräume zur Vorbereitung der Betroffenen auf eine vollständige Teilhabe am gesellschaftlichen Leben. Dort, wo dies auf Grund der Folgen der Abhängigkeit nicht mehr möglich ist, haben sich weitere Institutionen bedürfnisorientiert herausgebildet. Sie dienen der Grundsicherung an Lebensqualität und sozialer Zufriedenheit.

An den Bruchstellen zwischen helfenden Institutionen und dem Funktionssystem der Wirtschaft wird die empirisch beobachtbare Wirkung des Inklusions-Postulats ebenfalls brüchig. Die Nutzung der Möglichkeiten an diesen Nahtstellen ist noch deutlich steigerungsfähig. Abstinent lebende Menschen mit einer Abhängigkeitserkrankung werden, ausgestattet mit den finanziellen Mitten beruflicher Förderung, von Firmen aufgenommen – bis die Förderung ausläuft. Danach werden sie erneut exkludiert. So etwas geht nur, wenn die Interdependenz zwischen dem sozialen System der Firma und der Person mit dem Merkmal der Abhängigkeit in der Weise unterbrochen wird, dass psychische und soziale Ressourcen geringere Beachtung finden als eine auf Gewinnmaximierung ausgerichtete Firmenkultur. Die von außen gesetzten Interventionen, wie etwa finanzielle Vergünstigungen für Firmen oder die Schaffung gesetzlicher Rahmenbedingungen zur Inklusion von Menschen mit Benachteiligungen, erzeugen nur allzu oft nicht den gewünschten Effekt. Hilfen versanden zusammen mit den dafür in Aussicht gestellten finanziellen Mitteln. Besonders prekär gestaltet sich die Reinklusion von Abhängigkeitserkrankungen betroffener Personen, wenn die Maßnahme zur beruflichen Wiedereingliederung darin gipfelt, den erst seit wenigen Monaten abstinent Lebenden wissentlich in eine Gruppe noch konsumierender Personen einzugliedern. Wer hier hofft, dass sich der Betroffene bewähren wird, verschließt die Augen vor der Realität der Erkrankung. Der Wert eines abstinenten Daseins lässt sich auf diese Weise nur schwer implementieren.

Es bleibt zu hoffen und zu wünschen, dass die Kopplungen zwischen Systemen ein Stück mehr Chancengleichheit herstellen, als das bisher der Fall war. Die Voraussetzung auf Seiten der Betroffenen liegt in der verstärkten Reflexionsleistung und damit größerer Anpassungsfähigkeit an den Alltag in unserer modernen Gesellschaft, ohne eine bloße Passungsleistung zu vollbringen. Der Gewinn für die Gesamtgesellschaft liegt in der Erreichbarkeit und Adressabilität von Personen, die bei Nichtinklusion ein höheres soziales und sachliches Risikopotenzial bedeuten.

11. Zusammenfassung und Ausblick

Die in dieser Forschungsarbeit generierten Theorien haben den Anspruch von Teiltheorien und beschreiben eine eingeschränkte Klasse von empirisch Beobachtbarem. Der Übergang von der Rehabilitation Abhängigkeitskranker hin zu eigenverantwortlich und stabil abstinent agierenden Personen legt den Rahmen der Beobachtung sowohl zeitlich, sachlich als auch sozial sinndimensioniert fest.

Es wurden angeregte Reflexionsprozesse vorgestellt und auf ihre Wirkung hin überprüft. Im Rahmen erzählender Konversationen (Narrationen) sollten die Erzähler selbstreferentiell Zugänge zu Systemkonflikten und Lösungsansätzen finden. Dabei stand besonders die Entwicklung der Fähigkeit zur weiteren Differenzierung im Mittelpunkt des forschenden Interesses. Mit dem Instrument der Narration konnte im Verlauf der Forschungen nachgewiesen werden, dass ein *zu Tage fördern* von unterdrücktem Wissen die Personen der beschriebenen Zielgruppe in die Lage versetzt, sich neu zu orientieren und zu stabilisieren. Die Intervention ist somit zweckmäßig im Sinne des Einsatzes zur Abstinenzstabilisierung und Sinnkonstitution. Das wirft noch einmal die Frage auf: Taugt der alte Sinn nicht mehr? Und worin bestand der alte Sinn? Dazu ist folgende Antwort zu geben: Wenn unter der vertrauten Sinnflagge Betroffene ihr eigenes und das Leben der sie umgebenden Menschen bis zum Verlust an körperlicher, psychischer und sozialer Autonomie und Handlungsfähigkeit zerstört haben, dann taugt der alte Sinn im Sinne von Handlungs- und Verarbeitungsstrategien für ein Leben unter der Prämisse von Abstinenzerwartung nicht mehr. Der Einzelne, der bereit ist, sich unterdrücktem Wissen zu stellen, auf die Gegenseite seiner bisherigen Unterscheidungen zu achten, erfährt in verschiedenen Facetten seines Lebens eine Bereicherung. Diese lässt sich in den Katamneseinterviews als veränderte Beobachtungspraxis des Erzählenden beobachten.

Durch die offene Frageweise der Narration und durch die Anerkenntnis des Betroffenen als Beobachter seiner eigenen Erfahrungen wird eine Situation geschaffen, die ansatzweise Augenhöhe im Interventionsgeschehen zwischen Erzähler und Begleiter des Reflexionsprozesses etabliert und die Autonomie der Person respektiert und achtet. Ob nun explizit durch Reflexion oder auch infolge eines Beziehungsangebots begründet, leben aktuell 14 der 21 Interviewten immer noch abstinent, zum Teil seit sechs Jahren. Eine Person erlebte nach fünf Jahren einen Rückfall, konnte sich aber stabilisieren. Sechs Personen sind entweder rückfällig, gestorben oder nicht mehr erreichbar.

Es wäre ein fataler Schluss aus dieser Forschungsarbeit, die Lebendigkeit und überraschenden Wendungen in den Lebensberichten der Biografen hinter reduktionistische Sachlichkeit zurückzustellen. Die Wirkung der in Narrationen gefassten Reflexionsprozesse beruht gerade auch darauf, dass sie sowohl Raum geben zu interpretieren als auch Dinge in ihrer gegenwärtigen Bedeutung gelten lassen. Ein nur auf Aufräumen gerichtetes Intervenieren reduzierte das Lebensbild einer Person bis zur Unkenntlichkeit. Bilanzierend lässt sich sagen, dass es mit Hilfe des Verfahrens und der Bereitschaft der begleiteten Personen gelang, im Gedächtnis als latentes Wissen vorhandene krankheitserhaltende Kommunikationen herausfiltern, um ein Rückfallrisiko in den Phasen des Übergangs aus behandelnden Institutionen hin zu einem eigenverantworteten und abstinent gestalteten Alltag weiter zu senken. Nicht mehr – aber auch nicht weniger. Zwei Seiten einer Medaille sollten im

Vorgang der Integration und Inklusion einer Person der beschriebenen Zielgruppe beobachtet werden, Integration als Part der Selbstsicht und verbunden mit dem Streben nach zufriedener Abstinenz, und Inklusion als das Angebot der Gesellschaft, Heterogenität zuzulassen und Menschen mit Abhängigkeitserkrankungen bei Geeignetheit die gleichen Chancen auf Teihabe zu gewähren.

Es lohnt sich, eine Ab- bzw. Anschlussintervention zu konzipieren, wie sie im Rahmen dieser Forschungsarbeit vorgestellt wurde. Die Form der Verbindlichkeit in der Beziehung zwischen den am Interventionssystem unmittelbar Beteiligten ist eine andere als in den vorausgegangenen Begegnungen im Rahmen der Therapie. Sie beruht stärker auf der Eigenstrukturierung der Person, sowohl zeitlich, sachlich als auch sozial. Die spezifische Intervention ist deutlicher in der Wirklichkeit verankert und nimmt neben der je eigenen Geschichte auch die gegenwärtigen Erfahrungen des Feldwechsels auf. Es ist vorstellbar, dass die Intervention, die sich am Scharnier zwischen stationärer Behandlung und ambulanter Nachsorge verortet, sowohl im klinischen Kontext als Abschlussintervention als auch in den Beratungsablauf ambulanter Nachsorge eingebaut wird. Mit Hilfe der vorgestellten Methode kann sozialpädagogisch eine Unterstützung zur Lebensbewältigung in bestimmten risikobehafteten Übergängen gegeben werden. Dabei ist die Intervention selbst nicht beliebig oft wiederholbar.

Eine sich dieser Forschung anschließende quantitative Untersuchung könnte zur Evaluierung der Wirksamkeit der Methode dienen. Ein Transfer der spezifischen Interventionen in andere Felder therapeutischer und sozialer Arbeit kann mögliches Resultat dieser Überlegungen sein.

Die Forschungsarbeit kann sowohl der Anregung einer Schnittstellendiskussion zwischen der Anwendung psychotherapeutischer Verfahren und der in dieser Arbeit vorgestellten narrativen Vorgehensweise dienen als auch ihre Fortsetzung in der Auseinandersetzung mit der Schönheit einiger Theorien (erinnert sei an den Brown`sche Formenkalkül und Lewins Feldtheorie), finden. Insofern wird das Ende dieser Arbeit nicht das Ende der Beschäftigung mit den hier zur Sprache gekommenen Themen sein.

Literaturverzeichnis

- Ainsworth, M. D. (2003): Muster von Bindung des Kindes und das Verhalten der Mutter und Kind zu Haus. In: Grossmann, E.; Grossmann, K. (Hrsg.): Bindung und menschliche Entwicklung: John Bowlby, Mary Ainsworth und die Grundlagen der Bindungstheorie. Stuttgart. S. 322 – 340.
- Antonovsky, A. (1997): Salutogenese – Zur Entmystifizierung der Gesundheit. Tübingen.
- Antons, K.; Schulz, W. (1976/77): Normales Trinken und Suchtentwicklung. Bd.1/2 Göttingen.
- Assmann, A. (2008): Soziales und Kollektives Gedächtnis. Link: http://www.bpb.de/files/OFW1JZ.pdf.
- Assmann, A. (2007): Der lange Schatten der Vergangenheit – Erinnerungskultur und Geschichtspolitik. bpb: Bundeszentrale für politische Bildung, Bonn.
- Assmann, A. (2006): Erinnerungsräume – Formen und Wandlungen des kulturellen Gedächtnisses. München.
- Assmann, A.; Assmann, J. (1983): Schrift und Gedächtnis: Beiträge zur Archäologie der literarischen Kommunikation. München.
- Assmann, J. (1992): Das kulturelle Gedächtnis: Schrift, Erinnerung und politische Identität in frühen Hochkulturen. München.
- Babor, T.; Kraus, L. (2005): Alkohol – kein gewöhnliches Konsumgut: Forschung und Alkoholpolitik. Göttingen.
- Baecker, D. (2004): Niklas Luhmann : Einführung in die Systemtheorie. Heidelberg.
- Baecker, D. (2002): Wozu Systeme? Berlin.

- Bamberg, M. (1999): Identität in Erzählung und im Erzählen – Versuch einer Bestimmung der Besonderheit des narrativen Diskurses für die sprachliche Verfassung von Identität. In: Journal für Psychologie, 7. Jg. Heft 1, S. 43 – 55.
- Baraldi, C.; Corsi, G.; Esposito, E. (1997): GLU Glossar zu Niklas Luhmanns Theorie sozialer Systeme. Frankfurt a.M.
- Bardmann, T. M.; et al. (1991): Irritation als Plan – Konstruktivistische Einredungen. Aachen.
- Barlösius, E. (2004): Kämpfe um soziale Ungleichheit – Machttheoretische Perspektiven; Hagener Studientexte zur Soziologie. Wiesbaden.
- Bateson, G. (1983): Die Kybernetik des „Selbst": Eine Theorie des Alkoholismus. In: Bateson, G.: Ökologie des Geistes. Frankfurt.
- Baumeister, S. (2006): Alkoholkonsum und Inanspruchnahme medizinischer Leistungen in Deutschland. Dissertation, Universität Greifswald.
- Beck, U. (1986): Risikogesellschaft. Frankfurt a. M.
- Bendel, K. (2005): Inklusion und Integration: Soziale Arbeit zwischen funktionaler Differenzierung und sozialer Ungleichheit. In: Corsten, M., Rosa, H., Schrader, R.: Die Gerechtigkeit der Gesellschaft. Berlin, S. 127 – 150.
- Bertalanffy, L. V.; Beier, W.; Laue R. (1977): Biophysik des Fließgleichgewichtes. Berlin.
- Bertaux, D.; Bertaux-Wiame, J. (1980): Autobiografische Erinnerungen und kollektives Gedächtnis. In: Niethammer, L.: Lebenserfahrung und kollektives Gedächtnis. Die Praxis der „Oral History". Frankfurt, S. 108 – 122.
- Beutel, M. (2005): Sucht und Verantwortung – Anforderungen an die Zukunft. Bd. 6 Geesthaacht.

- Beyer, M. A.; Spatz, J. (1997): Ein Fragebogen gibt Aufschluß: Arbeit ist wahre Medizin. In: Gesundheit und Soziale Lage. Gesundheitsbericht 1997 Berlin, S. 33 – 38.
- Bilitza, K. W (Hg) (2008): Psychotherapie der Sucht: Psychoanalytische Beiträge zur Sucht. Göttingen.
- Bilitza, K. W. (1993): Suchttherapie und Sozialtherapie. Göttingen und Zürich.
- Bjerg, O. (2005): Die Welt als Wille und System. Oder: Eine Schopenhauersche Kritik der Systemtheorie Luhmanns – Essay. In: Zeitschrift für Soziologie, 34. Jg., Heft 3: S. 223 – 235.
- Bloomfield, K. et al. (2005): Gender, culture and alcohol problems. A multi-national study. Berlin: Charité Universitätsmedizin.
- Bloomfiel, K.; Kraus, L.; Soyka, M.; Robert Koch-Institut (Hg) (2008): Heft 40 – Alkoholkonsum und alkoholbezogene Störungen: (Reihe „Gesundheitsberichterstattung des Bundes").
- Blumer, H. (1973): Der methodologische Standort des Symbolischen Interaktionismus. In: Arbeitsgruppe Bielefelder Soziologen: Alltagswissen, Interaktion und gesellschaftliche Wirklichkeit. Bd.1 Symbolischer Interaktionismus und Ethnomethodologie. Reinbek, S. 80 – 146.
- Böhnisch, L. (2005): Sozialpädagogik der Lebensalter. Weinheim, München.
- Böhnisch, L.; Winter, R. (1993) Männliche Sozialisation. Bewältigungsprobleme männlicher Geschlechtsidentität im Lebenslauf. Weinheim, München.
- Böning, J. (1994): Warum muss es ein "Suchtgedächtnis" geben?: Psychopathologische Empirie und neurobiologischer Zugang. In: Trabert, W.; Ziegler, B.: Psychiatrie und Zeitgeist. München, S. 53 – 64.

- Bohn, C. (2006): Inklusion, Exklusion und die Person, Konstanz 2006.
- Bommes, M.; Scherr A. (2000): Soziologie der Sozialen Arbeit. Eine Einführung in Formen und Funktionen organisierter Hilfe. Weinheim, München.
- Boscolo, L.; Bertrando, P. (2000): Systemische Einzeltherapie. Heidelberg.
- Bowlby, J. (2003/1987): Bindung. In: Grossmann, K. E.; Grossmann, K. (2003) (Hrsg): Bindung und menschliche Entwicklung. Stuttgart. S. 22 – 26.
- Bridle, S. (2000): Der Ursprung des Selbst – Ein Interview mit Otto Kernberg. In: Was ist Erleuchtung? 2. Jg. H2, S. 126 – 173.
- Brisch, K. H. (1999): Bindungsstörungen: Von der Bindungstheorie zur Therapie. Stuttgart.
- Brockmeier, J. (1999): Erinnerung, Identität und autobiografischer Prozeß. Journal für Psychologie, 7. Jg., Heft 1, S. 22 – 42.
- Bruner, J. S. (1999): Self Making and World Making. Wie das Selbst und seine Welt autobiografisch hergestellt werden. Journal für Psychologie, 7. Jg., Heft 1, S. 11 – 21.
- Bühringer, G.; Augustin, R.; Bergmann, E.; Bloomfield, K.; Funk, W.; Junge, B.; Kraus, L.; Merfert-Diete, C.; Rumpf, H.-J.; Simon, R.; Töppich, J. (2000): Alkoholkonsum und alkoholbezogene Störungen in Deutschland. (Schriftenreihe des Bundesministeriums für Gesundheit. Bd. 128). Baden-Baden.
- Bürkle, S. (2004): Nachsorge in der Suchthilfe. Freiburg i.B.
- Buschmann-Steinhage R.; Zollmann, P. (2008): Zur Effektivität der medizinischen Rehabilitation bei Alkoholabhängigkeit. FZ Suchttherapie, 9. Jg., Heft 2, S. 63 – 69.
- Cassirer, E. (2007): Versuch über den Menschen. Einführung in eine Philosophie der Kultur. London, Hamburg.

- Cassirer, E. (1923): Philosophie der symbolischen Formen. Bd. 1: Die Sprache. Berlin.
- Castelucci, L. (2008): Inklusion und Arbeitsmarkt: Schaffen Netzwerke neue Perspektiven für Benachteiligte? Dissertation, Darmstadt.
- Chasse, K. A., von Wensierski, H. J. (1999): Praxisfelder der Sozialen Arbeit: Eine Einführung. Weinheim.
- Ciompi, L. (1997): Die emotionalen Grundlagen des Denkens: Entwurf einer fraktalen Affektlogik. Göttingen.
- Clam, J.(2001): Probleme der Kopplung von Nur-Operationen: Kopplung, Verdünung, Verwerfung. In: Soziale Systeme, 7. Jg., Heft 2, S. 222 – 240.
- Cochrane, C. T.; Holloway, A. J. (1982): Biografenzentrierte Therapie und Gestalttherapie: Versuch einer Synthese. In: Howe, J.: Integratives Handeln in der Gesprächstherapie: Ein Kompendium zur Kombination therapeutischer Verfahren. Weinheim.
- Conners, G. J.; Tonigan, J. S.; Miller, W. R. (2001): A longitudinal model of intake symptomatology, AA participation and outcome: retrospective study of the project MATCH outpatient and aftercare samples. In: Journal of Studies on Alcohol, 62. Jg., S. 817 – 825.
- Corrao G.; Bagnardi V.; Zambon A.; Arico, S. (1999): Exploring the dose-response relationship between alcohol consumption and the risk of several alcohol-related conditions: a meta-analysis. Addiction 94, S.1551 – 73.
- Citizen Advice (2003): Mental Health and Social Exclusion – Crisis's response to a consultation request from the Social Exclusion Unit.
- Dieckmann, J. (2006): Schlüsselbegriffe der Systemtheorie. München.
- Dollinger, B., Schneider, W. (Hg) (2005): Sucht als Prozess: Sozialwissenschaftliche Perspektiven für Wissenschaft und Praxis. Berlin.

- Dreitzel, H. P. (1972): Die gesellschaftlichen Leiden und das Leiden an der Gesellschaft. Stuttgart.
- Emcke, C. (2000): Kollektive Identitäten: Sozialphilosophische Grundlagen. Frankfurt a.M.
- English D. R.; Holman C. D. J.; Milne, E. et al. (1995): The quantification of drug caused morbidity and mortality in Australia 1995. Commonwealth Department of Human Services and Health Canberra, Australia.
- Erb, E. (1993): Selbstentwicklung/sozialisation statt Selbstaktualisierung/verwirk-lichung – Zur konzeptionellen Kritik und Weiterführung des zentralen Motiv-Konstrukts der Humanistischen Psychologie: Bericht aus dem Psychologischen Institut der Universität Heidelberg.
- Erikson, E. H. (1995): Der vollständige Lebenszyklus. Frankfurt am Main.
- Erikson, E. H. (1956, dt. 1973): Identität und Lebenszyklus. Frankfurt a.M.
- Erler, M. (2004): Soziale Arbeit : Ein Lehr- und Arbeitsbuch zu Geschichte, Aufgaben und Theorie. Weinheim.
- Ernst, M. L.; Rottenmanner, I.; Spreyermann, Ch. (1995): Frauen- Sucht- Perspektiven. Grundlagen zur Entwicklung und Förderung frauenspezifischer Drogenarbeit. Studie im Auftrag des Bundesamtes für Gesundheitswesen, Bern.
- Esposito, E. (2001): Strukturelle Kopplung mit unsichtbaren Maschinen. In: Soziale Systeme: Zeitschrift für Soziologische Theorie, 7. Jg., Heft 2, S. 241 – 252.
- Esser, H. (2001): Integration und ethnische Schichtung. Zusammenfassung einer Studie für das „Mannheimer Zentrum für Europäische Sozialforschung" Arbeitspapier 40, Mannheim 2001.

- Eugster, R. (2000): Die Genese des Biografen: Soziale Arbeit als System. Bern.
- Fengler, J. (2002): Handbuch der Suchtbehandlung: Beratung, Therapie und Prävention: 100 Schlüsselbegriffe. Landsberg/Lech.
- Fengler, J. (1994): Süchtige und Tüchtige: Begegnung und Arbeit mit Abhängigen. München.
- Feser, H. (2005): Sucht oder Sinn. Schwabenheim.
- Feuerlein, W. et al. (1998): Alkoholismus – Mißbrauch und Abhängigkeit. München.
- Fischer, H. R. (Hg.) (1993): Autopoiesis: Eine Theorie im Brennpunkt der Kritik. Heidelberg.
- Fischer, M.; Missel, P.; Nowak, M.; Roeb-Rienas, W.; Schiller, A.; Schwehm, H. (2007) : Ergebnisqualität in der stationären medizinischen Rehabilitation von Drogenabhängigen (Drogenkatamnese) – Teil II: Abstinenz und Rückfall in der Halbjahres- und Jahreskatamnese. In: Sucht Aktuell – Zeitschrift des Fachverbandes Sucht e.V., 14. Jg., Nr. 2, 10/2007, S. 37 – 46.
- Fischer-Rosenthal, W.; Rosenthal, G. (1997): Narrationsanalyse biografischer Selbstpräsentation. In: Hitzler/Hohner: Sozialwissenschaftliche Hermeneutik. Opladen, S. 133-164.
- Fischer, W.; Goblirsch, M. (2004): Fallrekonstruktion und Intervention in der sozialen Arbeit. Psychosozial, 27. Jg., Heft 2, S. 71 – 90.
- Flick, U. (2002): Qualitative Sozialforschung – Eine Einführung. Vollständig überarbeitete und erweiterte Neuausgabe (6. Auflage), Reinbek bei Hamburg.
- Fonagy, P. (2003): Bindungstheorie und Psychoanalyse. Stuttgart
- Franke, A. (2000): Gesundheit und Abhängigkeit von Frauen. In: DHS (Hg). Jahrbuch Sucht, Heft 1, S. 219 – 228.

- Frey, H. P.; Haußer, K. (Hg.) (1987): Identität, Entwicklungen psychologischer und soziologischer Forschung. Stuttgart.
- Fuchs, P. (2004): Der Sinn der Beobachtung: Begriffliche Untersuchungen. Weilerswist.
- Fuchs, P. (2004): Niklas Luhmann – beobachtet. Wiesbaden.
- Fuchs, P. (2003): Der Eigensinn des Bewusstseins. Bielefeld
- Fuchs, P. (1999): Intervention und Erfahrung. Frankfurt am Main
- Fuchs, P. (1998): Das Unbewusste in Psychoanalyse und Systemtheorie: Die Herrschaft der Verlautbarung und die Erreichbarkeit des Bewusstseins. Frankfurt a. M.
- Fuchs, P. (1997): Adressablität als Grundbegriff der soziologischen Systemtheorie. In: Soziale Systeme 3. Jg., Heft 1, S. 57 – 79.
- Fuchs, P. (1993): Moderne Kommunikation. Frankfurt a.M.
- Fuchs, S. (2005): Handlung ist System. Stephan Fuchs über Talcot Parsons: „The Social System" (1951) In: Baecker, D.: Schlüsselwerke der Systemtheorie. Wiesbaden.
- Gahleitner, S., Hahn, G. (2008): Klinische Sozialarbeit - Zielgruppen und Arbeitsfelder: Beiträge zur psychosozialen Praxis und Forschung. Bonn.
- Geyer, D. et al. (2006): AWMF Leitlinie: Postakutbehandlung alkoholbezogener Störungen. In: Sucht 52. Jg., Heft 1, S. 8 – 34.
- Geißler-Piltz, B. et al. (2005): Klinische Sozialarbeit. München, Basel.
- Geißler, K. A.; Hege, M. (1995): Konzepte sozialpädagogischen Handelns. Weinheim
- Giebeler, C. (2007): Perspektivenwechsel in der Fallarbeit und Fallanalyse. In: Giebeler, C.; Fischer, W.; Goblirsch, M.; Miethe, I.; Riemann, G. (Hg.): Fallverstehen und Fallanalyse – Interdisziplinäre Beiträge zur rekonstruktiven Fallarbeitsforschung/Rekontruktive Forschung in der Sozialen Arbeit, Bd.1 Opladen S. 9 – 22.

- Glinka, H. J. (1998): Das narrative Interview: eine Einführung für Sozialpädagogen. Weinheim und München.
- Goodwin, D. W. (2000): Alkohol & Autor. Originaltitel: Alcohol and the Writer. (1988) Kansas City.
- Gosdschan et al. (2002): Alkoholabhängigkeit und Wohnungslosenhilfe. Heft 52, Materialien zur Wohnungslosenhilfe. Bielefeld.
- Graf, M. (2006): Sucht und Männlichkeit: Grundlagen und Empfehlungen. Lausanne.
- Greif, S.; Bamberg, E.; Semmer N. (Hg.) (1991): Stress in der Arbeit : Einführung und Grundbegriffe : Psychischer Stress am Arbeitsplatz. Göttingen, S. 1 – 28.
- Grossmann K.; Grossmann K. E. (2004): Bindungen: Das Gefüge psychischer Sicherheit. Stuttgart.
- Großmaß, R. (2006): Psychosoziale Beratung im Spiegel soziologischer Theorien. In: Zeitschrift für Soziologie, 35. Jg., Heft 6, S. 485 – 505.
- Großmaß, R. (2000): Psychische Krisen und sozialer Raum – eine Sozialphänomenologie psychosozialer Beratung. Tübingen.
- Gutjahr E.; Gmel, G. (2001): Die sozialen Kosten des Alkoholkonsums in der Schweiz. Schweizerische Fachstelle für Alkohol- und andere Drogenprobleme SFA/ISPA Lausanne: Epidemiologische Grundlagen 1995-1998.
- Habermas, J. (1985): Theorie des Kommunikativen Handelns (Bd.2): Zur Kritik der funktionalistischen Vernunft. Frankfurt a.M.
- Hanke, M. l. (2002): Alfred Schütz: Einführung. Wien.
- Hauschildt, E. (1995): Auf den richtigen Weg zwingen: Trinkerfürsorge 1922-1945. Freiburg i. Breisgau.
- Hafen, M. (2005): Systemische Prävention: Grundlagen für eine Theorie präventiver Maßnahmen. Heidelberg

- Hafen, M. (1998): Die gesellschaftliche Funktion der Sozialen Arbeit. In: Soziale Arbeit : die Fachzeitschrift für Sozialarbeit, Sozialpädagogik, soziokulturelle Animation, 29. Jg., Heft 21, S. 3 – 9
- Halbwachs, M. (1985): Das Gedächtnis und seine sozialen Bedingungen. Berlin.
- Heigl-Evers, A. et al. (1995): Suchtkranke in ihrer inneren und äußeren Realität: Praxis der Suchttherapie im Methodenvergleich. Göttingen.
- Heigl-Evers, A. (1979): Lewin und die Folgen. In: Kindlers Enzyklopädie: Die Psychologie des 20. Jahrhunderts. Bd. 8, Zürich, S. 51 – 57.
- Heiner, M. et al. (Hg.) (1994): Methodisches Handeln in der Sozialen Arbeit. Freiburg.
- Hell, D.; Ryffel, E. (1986): Vatermangel – ein Aspekt bei chronischen Alkoholikern. In: Drogalkohol, 10. Jg.,Heft 1, S. 101 – 120.
- Henkel, D. (1992): Arbeitslosigkeit und Alkoholismus. Epidemiologische, ätiologische und diagnostische Zusammenhänge (Psychologie sozialer Ungleichheit, Bd. 3). Weinheim
- Hering, S., Münchmeier, R. (2000): Geschichte der Sozialen Arbeit: Eine Einführung. Weinheim.
- Herrmanns, H. (1995): Narratives Interview. In: Flick, U. et al: Handbuch Qualitative Sozialforschung. München, S. 182 – 185.
- Hillebrandt, F.; Weber, G. (1999): Soziale Hilfe – ein Teilsystem der Gesellschaft?: Wissenssoziologische und systemtheoretische Überlegungen. Wiesbaden.
- Hillebrandt, F. (1999): Exklusionsindividualität: Moderne Gesellschaftsstruktur und die soziale Konstruktion des Menschen. Wiesbaden.
- Hinz, A. (2006): Segregation – Integration – Inklusion. Zur Entwicklung der gemeinsamen Erziehung, Beiträge zur Tagung "Von der In-

tegration zur Inklusion" am 12. November 2005, GEW Berlin, S. 5 – 19.
- Hitzler, R.; Honer, A. (1997): Sozialwissenschaftliche Hermeneutik. Opladen.
- Hobbes T. (1651, dt.1998): Leviathan oder Stoff, Form und Gewalt eines kirchlichen und bürgerlichen Staates. Frankfurt a. M.
- Hock, U. (2003) Die Zeit des Erinnerns. In: Psyche 57. Jg. S. 812 – 840
- Höfer, R. (2000): Kohärenzgefühl und Identitätsentwicklung. In: Wydler et al.: S. 57ff.
- Hörmann, G./ Nestmann, F. (Hg.) (1988): Handbuch der psychosozialen Intervention. Opladen.
- Hohm, H. J. (2000): Soziale Systeme, Kommunikation, Mensch. Weinheim
- Holl, M. K. (2003): Semantik und soziales Gedächtnis: die Systemtheorie Niklas Luhmanns und die Gedächtnistheorie von Aleida und Jan Assmann. Würzburg
- Hollstein-Brinkmann, H. (1993): Soziale Arbeit und Systemtheorien. Freiburg.
- Hollstein, W. (2008): Was vom Manne übrig blieb. Krise und Zukunft des starken Geschlechts. Berlin.
- Holtmann, M.; Poustka, F.; Schmidt, M. H. (2004): Biologische Korrelate der Resilienz im Kindes- und Jugendalter; In: Kindheit und Entwicklung, 13. Jg., Heft 4, S. 201 – 211.
- Hülst, D. (1999): Symbol und soziologische Symboltheorie: Untersuchungen zum Symbolbegriff in Geschichte, Sprachphilosopie, Psychologie und Soziologie. Opladen.

- Irwin, M.; Schuckit, M.; Smith T.L. (1990): Clinical Importance of Age at Onset in Type 1 and Type 2 Primary Alcoholics. Archieves of General Psychiatry. 47. Jg., S. 320 – 324.
- Jacob, J.; Stöver, H. (Hg) (2006): Sucht und Männlichkeiten: Entwicklungen in Theorie und Praxis der Suchtarbeit. Wiesbaden.
- Jahrbuch Sucht 2001. Geesthacht.
- Jahraus, O.; Scheffer, B. (Hg) (1999): Interpretation, Beobachtung, Kommunikation: Avancierte Literatur und Kunst im Rahmen von Konstruktivismus, Dekonstruktivismus und Systemthorie. 9. Sonderheft. Tübingen.
- Jahraus, O.; Ort, N. (Hg) (2001): Bewusstsein – Kommunikation – Zeichen: Wechselwirkungen zwischen Luhmannscher Systemtheorie und Peircescher Zeichentheorie. Tübingen.
- Jaco, G.; von Wensierski, H.J. (Hg.) (1997): Rekonstruktive Sozialpädagogik – Konzepte und Methoden sozialpädagogischen Verstehens in Forschung und Praxis. Weinheim, München.
- Jung, P. (1988): Realitäten der Abhängigkeit – Epistemologische Grundlagen und Perspektiven der Systemtheorie zum Verständnis der Sucht am Beispiel des Alkoholismus. Universität Trier.
- Jungwirth, I. (2007): Zum Identitätsdiskurs in den Sozialwissenschaften. Eine postkolonial und quer informierte Kritik an Georg H. Mead, Erik H. Erikson und Erving Goffman. Bielefeld.
- Kast, V. (1990): Der Schöpferische Sprung – Vom therapeutischen Umgang mit Krisen. Olten und Freiburg i. B.
- Kegan, R. (1994): Die Entwicklungsstufen des Selbst – Fortschritte und Krisen im menschlichen Leben. München.
- Singletary, W.; Gapstur, M. (2001): Alcohol and Breast Cancer – Review of Epidemiologic and Experimental. Evidence and Potential Mechanisms, JAMA 286/2001: S. 2143 – 2151.

- Kellermann, B. (2005): Sucht – Versuch einer pragmatischen Begriffsbestimmung für Politik und Praxis. Geesthacht.
- Kellermann, P. (1967): Kritik einer Soziologie der Ordnung: Organismus und System bei Comte, Spencer und Parsons. Freiburg.
- Kernberg, P. F. (2001): Persönlichkeitsstörungen bei Jugendlichen. Stuttgart.
- Keupp, H.; Höfer, R. (Hg.) (1997): Identitätsarbeit heute: Klassische und aktuelle Perspektiven der Identitätsforschung. Frankfurt a.M.
- Keupp, H. (1999): Identitätsarbeit in einer multiphrenen Gesellschaft. Wenn die Passungen zwischen Subjekt und Lebenswelt immer schwieriger werden. *Sozialpsychiatrische Informationen*, 29. Jg., Heft 1. S. 7 – 15.
- Keupp, H. et al. (2002): Identitätskonstruktionen: Das Patchwork der Identitäten in der Spätmoderne. Hamburg.
- Khurana, T. (2007): Sinn und Gedächtnis – Die Zeitlichkeit des Sinns und die Figuren ihrer Reflexion. München.
- Kindler, H. (Hg) (1998): Kindlers Enzyklopädie. Bd. 8: Die Psychologie des 20. Jahrhunderts. Zürich.
- Kiss, G. (1972): Einführung in die soziologischen Theorien. Bd. I und II, Opladen.
- Klein, M. (2001): Kinder aus alkoholbelasteten Familien: Ein Überblick zu Forschungsergebnissen und Handlungsperspektiven. In: Suchttherapie. Heft 2, S. 118 – 124.
- Klein, M. (1996): Alkohol und Gewalt – Zwei archaische Begleiter des Menschen auf dem Weg durch die Postmoderne. In: Deutsche Hauptstelle gegen die Suchtgefahren (Hg.): Alkohol – Konsum und Mißbrauch, Alkoholismus – Therapie und Hilfe. (= Schriftenreihe zum Problem der Suchtgefahren; 38) Freiburg S. 86 – 103.

- Kleve, H. (2000): Integration/Desintegration und Inklusion/Exklusion: Eine Verhältnisbestimmung aus sozialwissenschaftlicher Sicht. In: Sozialmagazin. 12. Jg., S. 38 – 46.
- Klöppel, M. (2006): Reifung und Konflikt. Stuttgart.
- Kögler, H. (2004): Michel Foucault. Stuttgart, Weimar.
- Köster, H.; Matakas, F.; Scheuch, E. K. (1978): Alkoholismus als Karriere. Institut für angewandte Sozialforschung der Universität zu Köln.
- Kopp, B. S. (2003): Triffst du Buddha unterwegs …: Psychottherapie und Selbsterfahrung. Frankfurt a. M.
- Krauledat, R. (2005): Alkoholkonsum und die diagnosespezifische Mortalität bei einer Kohorte von 19943 Arbeitern in der Bauwirtschaft. Disseration Universität. Ulm.
- Kraus, W. (1996): Das erzählte Selbst: Die narrative Konstruktion von Identität in der Spätmoderne. Pfaffenweiler.
- Kriz, J. (1999): Systemtheorie für Psychotherapeuten, Psychologen und Mediziner: Eine Einführung. Wien.
- Kriz, J. (1998): Über die Schwierigkeit systemisch zu narrativieren. In: System Familie 11. Jg., S.105-111.
- Kronauer, M. (1998): „Exklusion" in der Armutsforschung und der Systemtheorie: Anmerkungen zu einer problematischen Beziehung. SOFI Mitteilungen Nr.26.
- Kronauer, M. (2002): Exklusion: die Gefährdung des Sozialen im hoch entwickelten Kapitalismus. Frankfurt/New York.
- Krüger, H.; Marotzki, W. (2006): Handbuch erziehungswissenschaftliche Biografieforschung. 2. überarbeitete Auflage, Wiesbaden.
- Küfner, H. (2004): Evidenzbasierte Nachsorge und Nachbehandlung. In: Bürkle, S. (Hg): Nachsorge in der Suchthilfe. Freiburg i. B., S. 246-267.

- Küsters, Y. (2006): Narrative Interviews – Grundlagen und Anwendungen. Hagener Studientexte zur Soziologie. Wiesbaden.
- Lambert, M. J. (1992): Psychotherapy Outcome Research: Implications for Integrative and Eclectic Theories. In: Norcross, J. C.; Goldfried, M. R. (Hg.): Handbook of Pychotherapy Integration. Basic Books, New York.
- Lambert, M. J.; Bergin, A. E. (1994): The effectiveness of psychotherapy. In: Bergin, A. E.; Garfield, S. L. (Hg.) (4th ed.): Handbook of Psychotherapy and Behavior Change. New York.
- Leibniz, G. W.; Hecht, H. (Hg) (1714/1998): Monadologie. Stuttgart.
- Leichsenring, F.; Rabung, S.; Leibing, E. (2004): The efficacy of short-term psychodynamic psychotherapy in specific psychiatric disorders: a meta-analysis. ARCH GEN PSYCHIAT, 61. Jg. Heft 12, S. 1208 – 1216.
- Lewin, K. et al. (1963): Feldtheorie in den Sozialwissenschaften: Ausgewählte theoretische Schriften. Bern, Stuttgart.
- Lieb, R.; Isensee, B.; Höfler, M.; Pfister, H.; Wittchen, H. U. (2001): Elterliche Alkoholbelastung und die Entwicklung von Suchtproblemen bei ihren Kindern – Ergebnisse der prospektiv-longitudinalen EDSP-Studie. In: Suchttherapie 2. Jg. Heft 3 S. 125 – 136.
- Lockwood, D. (1970): Soziale Integration und Systemintegration. In: Zapf, W. (Hg.): Theorien des sozialen Wandels. Köln, Berlin. S. 124 – 137.
- Löschmann, C. (2000): Multizentrische Studie zur Evaluation von Entwöhnungsbehandlungen: Ein Beitrag zur Qualitätssicherung in der Rehabilitation Abhängigkeitskranker. Frankfurt a.M., Berlin.
- Lucius-Hoene, G.; Deppermann, A. (2004): Rekonstruktion narrativer Identität. Wiesbaden.
- Lück, H. E. (1996): Die Feldtheorie und Kurt Lewin. Weinheim.

- Luhmann, N. (2005): Soziologische Aufklärung 6 – Die Soziologie und der Mensch. Wiesbaden.
- Luhmann, N. (2001): Formen des Helfens im Wandel gesellschaftlicher Bedingungen. In: Lüssi, P.: Systemische Sozialarbeit: Praktisches Lehrbuch der Sozialberatung. Bern.
- Luhmann, N. (2000): Vertrauen: ein Mechanismus der Reduktion sozialer Komplexität. Stuttgart.
- Luhmann, N. (1998): Die Gesellschaft der Gesellschaft. (Teilbd.1/2), Frankfurt a. M.
- Luhmann, N. (1995): Die Kunst der Gesellschaft. Frankfurt a.M.
- Luhmann, N. (1995): Soziologische Aufklärung 6 – Die Soziologie und der Mensch. Opladen.
- Luhmann, N. (1993): Gesellschaftsstruktur und Semantik: Studien zur Wissenssoziologie der modernen Gesellschaft (Bd. 3). Frankfurt a. M.
- Luhmann, N. (1991): Die Form Person. In: Soziale Welt – Zeitschrift für wissenschaftliche Forschung und Praxis. Universität Bamberg, 42. Jg., Heft 2, S. 166 – 175.
- Luhmann, N. (1990): Soziologische Aufklärung 5 – Konstruktivistische Perspektiven. Opladen
- Luhmann, N. (1987): Soziale Systeme: Grundriß einer allgemeinen Theorie. Frankfurt am Main
- Luhmann, N. (1980): Gesellschaftsstruktur und Semantik: Studien zur Wissenssoziologie der modernen Gesellschaft (Bd. 1). Frankfurt a. M.
- MacKenzie, K.R.; Burlingame, G.; Strauß, B. (2002): Zum aktuellen Stand der Gruppenpsychotherapieforschung. III. Gruppenpsychotherapieprozeßforschung. In: Gruppenpsychotherapie und Gruppendynamik. 38. Jg. S. 111 – 131.
- Mahler, M. S.; Pine, F.; Bergmann, A. (1980): Die psychische Geburt des Menschen : Symbiose und Individuation. Frankfurt a. M.

- Mann, K. l. (2002): Neue Therapieansätze bei Alkoholproblemen. Lengerich.
- Maturana, H., Pörksen, B. (2002): Vom Sein zum Tun: Die Ursprünge der Biologie des Erkennens. Heidelberg.
- Maturana, H., Varela, F. (1987/2009): Der Baum der Erkenntnis: Die biologischen Wurzeln menschlichen Erkennens. Frankfurt a.M.
- McClelland, G.H., Teplin, L.-A. (2001): Alcohol intoxication and violent crime: Implications for public health policy. In: American Journal on Addictions 10. Jg. S 70 – 85.
- McKay, J. R. (2001): The role of continuing care in outpatient alcohol treatment programs. Recent development in alcoholism: an official publication of the American Medical society on Alcoholism, the Research Society on Alcoholism, and the National council on Alcoholism 15. Jg., S. 357 – 372.
- Mead, G. H. (1973): Mind, Self and Society. From the standpoint of a social behaviorist (1934). Frankfurt am Main.
- Mead, G. H. (1976): Sozialpsychologie. Darmstadt.
- Mentzos, S. (1994): Interpersonale und institutionalisierte Abwehr. Frankfurt a.M.
- Merten, R., Scherr, A. (2004): Inklusion und Exklusion in der Sozialen Arbeit. Wiesbaden
- Merten, R. (2001): Soziale Arbeit als Inklusions- oder als Integrationsarbeit: Eine Replik auf Heiko Kleve. In: Sozialmagazin, 26. Jg., Heft 3, Juventa.
- Merten, R. (2000): Systemtheorie Sozialer Arbeit: Neue Ansätze und veränderte Perspektiven. Opladen.
- Merten, R. (1998): Sozialarbeit, Sozialpädagogik, Soziale Arbeit – Begriffsbestimmungen in einem unübersichtlichen Feld. Freiburg im Breisgau.

- Mertens, W. (1996): Psychoanalyse (1981). Stuttgart.
- Meuter, N. (1995): Narrative Identität; das Problem der personalen Identität im Anschluß an Ernst Tugendhat, Niklas Luhmann und Paul Ricoeur. Stuttgart.
- Meyer, B. (1994): Analyse und Kritik der Grundlagen der Luhmannschen Theorie sozialer Systeme aus der Sicht der allgemeinen Systemtheorie. Dissertation, Universität Leipzig.
- Miebach, B. (2006): Soziologische Handlungstheorie: Eine Einführung. Wiesbaden
- Miller, T. (2001): Systemtheorie und soziale Arbeit: Entwurf einer Handlungstheorie. Stuttgart.
- Miller, W. R., Rollnick, S. (2004): Motivierende Gesprächsführung. Freiburg i. B.
- Mollenhauer, K., Uhlendorff, U. (1999): Sozialpädagogische Diagnosen I: Über Jugendliche in schwierigen Lebenslagen. Weinheim.
- Morel, J. et.al. (2001): Soziologische Theorie: Abriß der Ansätze ihrer Hauptvertreter. München, Wien
- Morbitzer, L. (2003): Katamnestik: Anspruch und Realität. In: Beratung aktuell, 4. Jg., Heft 1, S.49 – 59.
- Mruck, K. unter Mitarbeit von Mey, G.: Qualitative Sozialforschung in Deutschland. Forum qualitative Sozialforschung. On-line Journal 1 (1), verfügbar über http://qualitative–research.net/fqs.
- Müller, S. (2001): Erziehen, Helfen, Strafen: Das Spannungsverhältnis von Hilfe und Kontrolle in der sozialen Arbeit. Weinheim, München.
- Mundle, G., Banger, M., Mugele, W., Stetter, F., Soyka, M., Veltrup, C., Schmidt, L.G. (2003): AWMF – Behandlungsleitlinie: Akutbehandlung alkoholbezogener Störungen. In: Sucht – Zeitschrift für Wissenschaft und Praxis. 49. Jg., Heft 3, S. 147 – 167.

- Nassehi, A. (1997): Inklusion, Exklusion – Integration, Desintegration: Die Theorie funktionaler Differenzierung und die Desintegrationsthese. In: Heitmeyer, W.: Was hält die Gesellschaft zusammen? Frankfurt a.M., S. 113 – 148.
- Neis, E. (1995): Erläuterungen zu Jean-Paul Sartre: Die Fliegen; Bei geschlossenen Türen; Die schmutzigen Hände: Königs Erläuterungen und Materialien, Hollfeld.
- Neumann, B. (2005): Erinnerung - Identität – Narration: Gattungstypologie und Funktionen kanadischer "Fictions of memory". Berlin, New York.
- Nietzsche, F. (1959): Die fröhliche Wissenschaft. München.
- Olick, Jeffrey K., Robbins, J. (1998): Social Memory Studies. From „Collective Memory" to the Historical Sociology of Mnemonic Practices. In: Annual Review of Sociology 24. Jg., S. 105 –140.
- Ort, N.(1999): Versuch über das Medium: das ›was sich zeigt‹ In: Jahraus, O.; Scheffer, B.: Interpretation, Beobachtung, Kommunikation. Tübingen. S. 147 – 170.
- Osterland, M. (1983): Die Mythologisierung des Lebenslaufs. Zur Problematik des Erinnerns. In: Baethge, M., Eßbach, W.: Soziologie: Entdeckungen im Alltag. Frankfurt, S. 279 – 290.
- Parsons, T. (1951): The Social System. The Free Press of Glencoe III, New York.
- Parsons, T. (1968): Das Über-Ich und die Theorie der sozialen Systeme. In: Sozialstruktur und Persönlichkeit. Frankfurt a.M., S. 25 – 45.
- Patzeld, W. (1987): Grundlagen der Ethnomethodologie. Theorie, Empirie und politikwissenschaftlicher Nutzen einer Soziologie des Alltags. München.
- Penner, P. (2006): Das Einvernehmen: Eine phänomenologische Konsenstheorie. Frankfurt a. M.

- Peters, B. (1993): Die Integration moderner Gesellschaften. Frankfurt a.M.
- Peters, R. H., Witty, T. E., O'Brien, J. K. (1993): The importance of the work family with structured work and relapse prevention. Journal of Applied Rehabilitation Counseling, 24. Jg., S. 3-5.
- Rehm, J., Room, R., Monteiro, M. et al. (Eds.), (2004): Alcohol as a risk factor for burden of disease. WHO Geneva: Comparative quantification of health risks: global and regional burden of disease due to selected major risk factors.
- Reim, T. (1997): Auf der Suche nach Biografischen Passungsverhältnissen. Die Prozessierung durch Möglichkeitsstrukturen anstelle Biografischer Arbeit. In: Nittel, D., Marotzki, W. (Hg.): Berufslaufbahn und Biografische Lernstrategien: Eine Fallstudie über Pädagogen in der Privatwirtschaft. Hohengehren, S. 175 – 213.
- Richter, D. (2006): Psychische Störungen und Erwerbsminderungsberentungen. In: DRV 55.
- Rogers, C. R.; Rosenberg, R. L. (1980/2005): Die Person als Mittelpunkt der Wirklichkeit. Stuttgart.
- Rogers, C. R. (1987): Eine Theorie der Psychotherapie, der Persönlichkeit und der zwischenmenschlichen Beziehungen. Köln.
- Rogner, J.; Hüls, B.; Vargas, G. (1997): Introjekte bei Alkoholikern und deren Veränderung in einer stationären Suchttherapie. In: Zeitschrift psychosomatische Medizin 43. Jg., S. 395 – 406.
- Rossow, M. I.; Amundsen, A. (1995): Alcohol abuse and suicide: a 40-year prospective study of Norwegian conscripts. Addiction 90, S. 685 – 691.
- Rosenthal, G.; Fischer-Rosenthal, W. (1998): Narrationsanalyse biografischer Selbstrepräsentationen. In: Hitzler, R., Hohner, A. (Hg.): Sozialwissenschaftliche Hermeneutik. Opladen, S. 133-164.

- Rosenthal, G. (1995): Erlebte und erzählte Lebensgeschichte: Gestalt und Struktur biografischer Selbstbeschreibungen. Frankfurt am Main.
- Safranski, R.; Sloterdijk, P. (Hg.) (1998): Schopenhauer: Ausgewählt und vorgestellt von Rüdiger Safranski. München.
- Sartre, J. P. (1943/1989): Die Fliegen; Die schmutzigen Hände – Zwei Dramen. Reinbeck bei Hamburg.
- Schiepek, G. (1999): Die Grundlagen der Systemischen Therapie. Göttingen.
- Schiepek, G. et al. (2001): Stationäre Rehabilitation alkoholabhängiger Patienten – Evaluation eines systemisch-ressourcenorientierten Konzepts. In: Psychotherapeut 46. Jg., Heft 4, S. 243 – 251.
- Schleiffer, R. (2001): Der heimliche Wunsch nach Nähe – Bindungstheorie und Heimerziehung. Münster.
- Schleiffer, R. (1998): Bindungstheorie und Psychotherapie. In: Trautmann-Voigt, S.; Voigt, B. (Hrsg): Bewegung in Unbewusste. Frankfurt a. M. S. 143 – 158.
- Schleiffer, R. (1988): Elternverluste – Eine explorative Datenanalyse zur Klinik und Familiendynamik. Berlin.
- Schlippe, A., Schweitzer, J. (2000): Lehrbuch der systemischen Therapie und Beratung. Göttingen.
- Schmidt, L. G. (1993): Alkoholkrankheit und Alkoholmissbrauch. Stuttgart.
- Schmidt L. G. et al.: (2006) Evidenzbasierte Suchtmedizin – Behandlungsleitlinie Substanzbezogene Störungen.
- Schneider, R. (1998): Die Suchtfibel. Hohengehren.
- Schneider, W. L. (2005): Grundlagen der soziologischen Theorie. Bd.2: Garfinkel – RC – Habermas – Luhmann. Wiesbaden.
- Schroll-Decker/Buhmann: Spätaussiedlung als Lernfeld von Erwachsenen; In: Sozialmagazin 27. Jg. 2002, Heft 2, S. 46-51.

- Schütz, A. (1962, 1971-72): Gesammelte Aufsätze, Den Haag.
- Schütz, A. (1993): Der sinnhafte Aufbau der sozialen Welt : eine Einleitung in die verstehende Soziologie. Frankfurt a.M.
- Schütze, F.: (1995) Verlaufskurven des Erleidens als Forschungsgegenstand der interpretativen Soziologie. In: Krüger, H. H., Marotzki, W.: Erziehungswissenschaftliche Biografieforschung. Opladen S. 116 – 157.
- Schütze, F. (1983): Biografieforschung und narratives Interview. In: Neue Praxis. Kritische Zeitschrift für Sozialarbeit und Sozialpädagogik 13. Jg., S. 283 – 293.
- Schütze, F. (1977): Die Technik des narrativen Interviews in Interaktionsfeldstudien. Universität Bielefeld.
- Schütze, F. (1976): Zur Hervorlockung und Analyse von Erzählungen thematisch relevanter Geschichten im Rahmen soziologischer Feldforschung. In: Arbeitsgruppe Bielefelder Soziologen (Hg): Kommunikative Sozialforschung. München, S. 433 – 495.
- Schuhler, P.; Jahrreis, R. (1996): Die Münchwies-Studie: Alkohol- und Medikamentenmissbrauch psychosomatisch Kranker; Evaluation der stationären Behandlung und Katamnese. Berlin/Bonn.
- Schulte, G. (1993): Der blinde Fleck in Luhmanns Systemtheorie. Frankfurt a.M.
- Senftleben, H. U. (1998): Der Forschungsbericht „Der typische Fall der Krankenhaussozialarbeit" In: Forum Krankenhaussozialarbeit, 4. Jg., Mainz.
- Simon, F. B. (2006): Einführung in Systemtheorie und Konstruktivismus. Heidelberg.
- Simon, F. B. (2004): Vom Navigieren beim Driften: „Post aus der Werkstatt" der systemischen Therapie. Heidelberg.

- Simon, F. B. (2004): Meine Psychose, mein Fahrrad und ich – Zur Selbstorganisation der Verrücktheit. Heidelberg.
- Simon, F. B. (Hg.) (1997): Lebende Systeme, Wirklichkeitskonstruktionen in der systemischen Therapie. Frankfurt a. M.
- Simsa, R. (2003): Defizite und Folgeprobleme funktionaler Differenzierung. In: Soziale Systeme 9. Jg., Heft 1, S. 105 – 130.
- Sonntag, D.; Künzel, J.(Hg.) (2000): Hat die Therapiedauer bei alkohol- und drogenabhängigen Patienten einen positiven Einfluss auf den Therapieerfolg? In: Zeitschrift Sucht, Sonderheft 2. Geesthacht.
- Spencer-Brown, G. (1997): Laws of Form. Gesetze der Form. Aus dem Englischen von Thomas Wolf, Lübeck.
- Spode, H. (1993): Die Macht der Trunkenheit – Kultur- und Sozialgeschichte des Alkohols in Deutschland. Opladen.
- Srubar, I. (2005): Sprache und strukturelle Kopplung. Das Problem der Sprache in Luhmanns Theorie. In: Kölner Zeitschrift für Soziologie und Sozialpsychologie (KZfSS), 57. Jg., Heft 4, S. 599 – 623.
- Stäheli, U. (2000): Sinnzusammenbrüche – Eine dekonstruktive Lektüre von Niklas Luhmanns Systemtheorie. Weilerswist.
- Standke, G. (1993): Psychoanalytische Entwicklungspsychologie. In: Bilitza, K.-W. (Hrsg): Suchttherapie und Sozialtherapie. Göttingen.
- Staub-Bernasconi, S. (1995): Systemtheorie, soziale Probleme und Soziale Arbeit: lokal, national, international – oder: Vom Ende der Bescheidenheit, Bern/Stuttgart.
- Steinke, I. (1999): Kriterien qualitativer Forschung – Ansätze zur Bewertung qualitativ-empirischer Sozialforschung. Weinheim, München.
- Sterba, R. (1934): Das Schicksal des Ichs im therapeutischen Verfahren. In: Internationale Zeitschrift für Psychoanalyse XX, S. 66 – 73.
- Sting, S.; Blum C. (2003): Soziale Arbeit in der Suchtprävention. München/Basel.

- Strauss, A. L.; Corbin, J. M. (1996): Grounded Theory: Grundlagen qualitativer Sozialforschung. Weinheim.
- Strauss, A. L. (1994): Grundlagen qualitativer Sozialforschung: Datenanalyse und Theoriebildung in der empirischen soziologischen Forschung. München
- Streeck, U. (2004): Auf den ersten Blick: psychotherapeutische Beziehungen unter dem Mikroskop. Stuttgart.
- Subkowski, P. (2007): Die Qualitäten der Suchtbehandlung: Zu Grundannahmen und gesicherten Ergebnissen der psychoanalytischen bzw. tiefenpsychologischen Psychotherapie in der stationären Suchttherapie. Vortrag zum 20. Kongress des Fachverband Sucht e.V., Heidelberg.
- Süß, H. M. (1995): Evaluation von Alkoholismustherapie. Bern/Stuttgart.
- Süß, H. M. (1995): Zur Wirksamkeit der Therapie bei Alkoholabhängigen : Ergebnisse einer Meta-Analyse. Psychologische Rundschau 46. Jg., S. 248 – 266.
- Thiersch, H. (2006): Die Erfahrung der Wirklichkeit: Perspektiven einer alltagsorientierten Sozialpädagogik. Weinheim und München.
- Thole, W. (2005): Grundriss Soziale Arbeit. Wiesbaden.
- Tillman, K. J. (1999): Sozialisationstheorien (1989). 9. Aufl., Reinbek bei Hamburg.
- Tomm, K. (1989): Das Problem externalisieren und die persönlichen Mittel und Möglichkeiten internalisieren. In: Zeitschrift für systemische Therapie 7. Jg., Heft 3, S. 200 – 205.
- Trabert, G. (2001): Arbeitslosigkeit macht krank und Krankheit macht arbeitslos. In Forum Krankenhaussozialarbeit. Jg. 2001, Heft 3/4, S. 56f.

- Trabert, G. (1995): Gesundheitssituation (Gesundheitszustand) und Gesundheitsverhalten von alleinstehenden, wohnungslosen Menschen im sozialen Kontext ihrer Lebenssituation. Bielefeld.
- Trabert, G. (1995): Soziales Umfeld beeinflusst Gesundheitszustand. Deutsches Ärzteblatt. 92. Jg., Heft 11, S 748 – 751.
- Trautmann-Voigt, S.; Voigt, B. (Hg.) (1998): Bewegung ins Unbewusste. Frankfurt a.M.
- Uchtenhagen, A.; Zieglgänsberger, W. (Hg) (2000): Handbuch Suchtmedizin. München.
- Volkan, V. D. (1996): Das Versagen der Diplomatie: Zur Psychoanalyse nationaler, ethnischer und religiöser Konflikte. Gießen 2000.
- Vosshagen, A. (1996): Männeralkoholismus. Das starke Geschlecht und seine Abhängigkeit. In: Fett, A.: Männer – Frauen – Süchte. Freiburg i.B.
- Wagner, G. (1996): Differenzierung als absoluter Begriff? : Zur Revision einer soziologischen Kategorie, Zeitschrift für Soziologie 25. Jg., Heft 2, S. 89 – 105.
- Wagner, H. (2000): Milieu und Subkultur als Elemente eines empirischen Strukturmodels zum Phänomen des Rechtsradikalismus, in: Hirschfeld, U., Kleinert, U. (Hg): Zwischen Ausschluß und Hilfe. EVA Leipzig. (Akzente der Entwicklung Sozialer Arbeit in Gesellschaft und Kirche; Bd. 6.
- Wagner, T. (2006): Inklusion/Exklusion: Darstellung einer systemtheoretischen Differenz und ihre Anwendung auf illegale Migration. Frankfurt a. M./London.
- Wasser, H. (2004): Luhmanns Theorie psychischer Systeme und das Freudsche Unbewusste: Zur Beobachtung strukturfunktionaler Latenz. In: Soziale Systeme. Zeitschrift für Soziologische Theorie. 10. Jg., Heft 2, S. 355 – 390.

- Weber, A. (2005): Subjektlos: Zur Kritik der Systemtheorie. Konstanz.
- Weiskopp, T. (2001): Die Dualität von Struktur und Handeln. In: Suter, A., Hettling, M.: Struktur und Ereignis. Geschichte und Gesellschaft, Zeitschrift für Historische Sozialwissenschaft. Sonderheft 19, S. 99 – 119.
- Welbrink, A., Franke, A. (2000): Zwischen Genuss und Sucht: das Salutogenesemodell in der Suchtforschung. In: Wydler/Kolip/Abel, S. 43ff.
- Wensierski, H. J. (1997): Verstehende Sozialpädagogik – Zur Geschichte und Entwicklung qualitativer Forschung im Kontext der sozialen Arbeit. In: Wensierski, H.J., Jacob, G: Rekonstruktive Sozialpädagogik. München, S. 77 – 124.
- Wernado, M. (2008): Selbstwertstörung und narzisstische Vulnerabilität des Suchtkranken. In: Bilitza, K.W. (Hg.): Psychodynamik der Sucht. Göttingen.
- Wernado, M. (2002): Entgiftung und Entzug. In: Fengler, J. (Hg): Handbuch der Suchtbehandlung – Beratung Therapie Prävention. Landsberg/Lech, S.113 – 120.
- White, M.; Epston, D. (2006): Die Zähmung der Monster. Heidelberg.
- Wiesbeck, G. A. (2007): Alkoholismus-Forschung – Aktuelle Befunde, Künftige Perspektiven. Lengerich.
- Willems, H.; Hahn, A. (1999): Identität und Moderne. Frankfurt a.M.
- Willke, H. (2005): Komplexität als Formprinzip. In: Baecker, D.: Schlüsselwerke der Systemtheorie. Wiesbaden.
- Willke, H. (2005): Symbolische Systeme: Grundriss einer soziologischen Theorie. Weilerswist.
- Willke, H. (2000): Systemtheorie I: Grundlagen. Stuttgart.
- Willke, H. (1999): Systemtheorie II: Interventionstheorie. Stuttgart.

- Wöller, W.; Kruse, J. (Hg.) (2002): Tiefenpsychologisch fundierte Psychotherapie: Basisbuch und Praxisleitfaden. Stuttgart.
- Wolkenstein, E.; Spiller, H. (1998): Providingvocational services to clients in substance abuse rehabilitation. Directions in Rehabilitation Counseling, 9. Jg., S. 65 – 77.
- Wurmser, L. (1997): Die verborgene Dimension: Psychodynamik des Drogenzwangs. Göttingen.
- Wydler, H.; Kolip, P.; Abel, Th. (Hg) (2000): Salutogenese und Kohärenzgefühl: Grundlagen, Empirie und Praxis eines gesundheitswissenschaftlichen Konzeptes. Weinheim, München.
- Zeigarnik, B. (1927): Das Behalten erledigter und unerledigter Handlungen. Inaugural-Dissertation, Berlin.

Abbildungsverzeichnis

Abbildung 1: Systemformen 132
Abbildung 2: Exklusionsbedingungen 136
Abbildung 3: Intrapersonelle Dynamik 171
Abbildung 4: Intervenierende Kommunikation 173
Abbildung 5: Sinn und Gedächtnis 182
Abbildung 6: Intervention als symbolische Kopplung 195
Abbildung 7: Axiales Kodieren nach Strauss/Corbin 223
Abbildung 8: Unterscheidungen zur Abhängigkeitsentwicklung 323
Abbildung 9: Unterscheidungen zur Abhängigkeitserkennung 329
Abbildung 10: Unterscheidungen in der Katamnese 335
Abbildung 11: Dresdner Frauenkirche nach Wiedererrichtung 347
Abbildung 12: Modell eines psychologischen Feldes nach Kurt Lewin (1963) 352
Abbildung 13: Dynamik in Übergängen 359
Abbildung 14: Psychodynamik des Selbst 403
Abbildung 15: Systemische Dynamik des Selbst 407

Transkriptionsregeln

Pausen:	/ < 4s; // < 7s /// >7s
Außersprachliche Aktivitäten:	(lachen usw.)
Laut:	**Fettdruck**
Unverständl. Passage:	(…)
Interviewer:	I:
Betonte Passage:	<u>Unterstrichen</u>
Beschleunigte Sprache:	>>